# 文史

## 第四十七輯

中華書局編輯部編

中華書局出版

責任編輯：李解民
　　　　　汪聖鐸
　　　　　金　鋒
　　　　　李晨光
　　　　　張　耕

**文　史**
第四十七輯
中華書局編輯部編

＊

中　華　書　局　出　版
（北京豐臺區太平橋西里38號　100073）
北京冠中印刷廠印刷

＊

787×1092 毫米 1/16·20 印張·380 千字
1998 年 12 月第 1 版　　1998 年 12 月北京第 1 次印刷
印數 1—3000 冊　　定價:27.00 元

ISBN 7－101－01922－6/K·870

# 目　　録

# 由鯀陻洪水論舜放四凶(上)

丁　山遺著

## (一)論共工壅防百川爲鯀陻洪水故事所分化

洪水前,《堯典》言"共工方鳩僝功"。共工者,鄭玄云:"水官名(《史記集解》引)其人名氏未聞,先祖居此官,故以官氏也。"(《尚書正義》引)洪水後,《堯典》言命鯀試治水,"九載,績用弗成"。鯀何以弗成? 據《洪範》云"鯀陻治水,汩陳其五行"也。周靈王太子晉則謂:

> 晉聞古之長民者,不墮山,不崇藪,不防川,不竇澤。昔共工氏棄此道也,虞于湛樂,淫失其身,欲壅防百川,墮高堙庳,以害天下。皇天弗福,庶民弗助,禍亂並興,共工用滅。其在有虞,有崇伯鯀,播其淫心,稱遂共工之過,堯用殛之于羽山。其後伯禹念前之非度,釐改制量,象物天地,比類百則,儀之于民,而度之于羣生。共之從孫四岳佐之,高高下下,疏川導滯,鍾水豐物,封崇九山,決汨九川,陂鄣九澤,豐殖九藪,汨越九原,宅居九隩,合通四海;故天無伏陰,地無散陽,水無沈氣,火無災憚,神無間行,民無淫心,時無逆數,物無害生,帥象禹之功,度之于軌儀,莫非嘉績,克厭帝心。皇天嘉之,祚以天下,賜姓曰姒,氏曰有夏,謂其能以嘉祉殷富生物也。祚四岳國,命以侯伯,賜姓曰姜,氏曰有呂,謂其能爲禹股肱心膂以養物豐民人也。……若啓先王之遺訓,省其典圖刑法,而觀其廢興者,皆可知也。其興者必有夏、呂之功焉;其亡者必有共、鯀之敗焉。……(《國語·周語》下)

由是言之,共工方鳩僝功,亦謂治水。但《淮南·本經》則謂"舜之時,共工振滔洪水,以薄空桑"。《兵略》又謂"共工爲水害,故顓頊誅之"。爲水害殆即所謂"壅防百川以害天下"矣。

共工壅防百川以害天下,鯀亦陻洪水以汩五行;鯀有子禹能平九土,"奠九州,《魯語》亦謂"共工氏之伯九有也,其子曰后土,能平九土。"鯀與共工之身世,何其傳說相同若是耶? 按《汲冢瑣語》:

> 晉平公夢見赤熊闚屏,惡之,而有疾。使問子產。子產曰:"昔共工之卿曰浮游,既敗于顓頊,自没,沈淮之淵。其色赤,其言善笑,其行善惡,其狀如熊,常爲天王祟。見之堂,則王天下者死,見之堂下,則邦人駭;見之門,則近臣憂,見之庭,則無傷;今闚君之

屏,病而無傷。祭顓頊、共工則瘳。"公如其言,而病間。(《御覽》九〇八卷及《路史後紀》二引)

昭七年《左傳》及《晋語》則並謂平公夢黄熊入于寢門。子産云:"昔堯殛鯀于羽山,其神化爲黄熊,以入于羽淵,實爲夏郊,三代祀之。晋爲盟主,其或者未之祀也乎?"同此夢熊故事,在《左氏》、《國語》傳爲鯀神,在《汲冢瑣語》則傳爲共工;是知鯀即共工之别名。共工壅防百川,即鯀陻洪水傳説所分化。

## (二)論共工、帝鴻、帝江、渾敦、驩兒,皆爲鯀之緩言

共工事跡,《堯典》但稱其"方鳩僝功"而已。太子晋則謂,"共工壅防百川,墮高堙庳,以害天下"。郯子則更謂"共工氏以水紀,故爲水師而水名",與黄帝以雲紀,炎帝以火紀,太暤以龍紀,少暤以鳳紀,後先並美。(詳昭十七年《左傳》)證之展禽云:"共工氏之霸九有也,其子后土,能平九土。"(詳《魯語》上)又,《大荒海内經》云:"炎帝……生祝融,祝融降處江水,生共工。共工生術器,是復土壤,以處江水。共工生后土,后土生噎鳴,噎鳴生歲十有二。"則術器能復土壤,非后土,即四岳;而共工生于江水,又霸九州,似可名爲帝江。《西山經》:

　　天山,英水出焉,而西南流,注于湯谷。有神馬,其狀如黄囊,赤如丹火,六足四翼,
　　渾敦無面目,是識歌舞,實惟帝江也。(《山海經》卷二)
"神馬",本又作"神鳥"。帝江,畢沅《校正》云:"江,讀如鴻。《春秋傳》云,帝鴻氏有不才子,掩義隱賊,好行兇慝,天下謂之渾敦是。此云帝江,猶言帝江氏子也。"余謂帝江渾敦無面目,實即渾敦之别名,文十八年《左傳》以渾敦爲帝鴻之子,非也。渾敦,《莊子·應帝王》作渾沌,云:

　　南海之帝爲儵,北海之帝爲忽,中央之帝爲渾沌。儵與忽,時相遇于渾沌之地,渾沌
　　待之甚善,儵與忽謀報渾沌之德,曰:"人皆有七竅以視、聽、食、息,此獨無有。嘗試鑿
　　之。"日鑿一竅,七日,而渾沌死。
《天地篇》又謂:"脩混沌氏之術者,識其一不知其二,治其内而不治其外,明白入素,無爲復朴,體性抱神,以遊世俗之間。"則此七竅不通之渾沌,明爲德至神全,毫無心機者之寓言。《西山經》謂"狀如黄囊,渾沌無面目",自是七竅不通之解。無面目之"神鳥",而號曰"中央之帝",是知帝渾沌即是帝鴻。

帝鴻,渾敦無面目之神鳥也。《西山經》又謂其色"赤如丹火",似可稱爲丹鳥氏。昭十七年《左傳》:"丹鳥氏,司閉者也。"杜《注》:"丹鳥,鷩雉也。以立秋來,立冬去,入大水爲蜃。"余謂丹鳥即鴻鴈。《月令》:"仲秋之月,鴻鴈來。"《注》引《夏小正》云:"八月,丹鳥羞白鳥。"春啓

秋閉，丹鳥司閉，猶言鴻鴈主秋。丹鳥合而爲鵰字。《汗簡》云："鵰，驩字也，見《尚書》。"韓愈《遠游聯句》："開弓射鵰哎。"《困學紀聞》云："《古文尚書》，驩兜字也。"（卷十八）證之《唐寫本尚書音義》（《吉石盦叢書》中）及古寫本《隸古定古文尚書》（羅振玉影印本）驩兜之驩，字並作鵰。又，《書·無逸》："其惟不言，言乃讙"（同驩）乃讙之驩，《沈子它毀銘》亦作〇。則所謂渾敦也，帝鴻也，當即驩兜之別名。蓋鵰鴻古本一字，渾敦即鵰哎之音轉，不獨如《左傳正義》云"《堯典》帝求賢人，驩兜舉共工應帝，是與共工相比。傳説共工之惡云，醜類比物，是與比周；知渾敦即驩兜"而已也。

另一理由是足以徵實驩兜即帝江者。驩兜，《淮南·地形》作驩頭國，謂在海外三十六國之南方。《山海經》亦作驩頭云：

> 讙頭國在畢方鳥南，其爲人，人面鳥喙，方捕魚。一曰在畢方鳥東。或曰讙朱國。（《海外南經》）

> 大荒中有人，名曰驩頭。鯀妻士敬，士敬子曰炎融，炎融生驩頭。驩頭，人面鳥喙，有翼，食海中魚。杖翼而行，維宜芑苣穋楊是食。有驩頭之國。（《大荒南經》）

至東方朔《神異經》隱括《山海經》爲文曰："南方荒中有人焉，人面鳥喙而有翼，兩手足扶翼而行，食海中魚。爲人很惡，不畏風雨，獸犯死乃休，名曰驩兜。"（《《史記·五帝紀》正義》引）是驩兜者，鳥身人首之動物；與神鳥帝江之"六足四翼，渾敦無面目"，貌正相似。《神異經》又謂："昆侖西有獸焉，其狀如犬，長毛四足，似羆而無爪，有目而不見，行不開，有兩耳而不聞，有腹無五藏，有頸直短，食逕過人。有德行而往抵角，有凶惡而行依憑之，名渾沌。"渾沌之貌，猶《莊子》所謂無"七竅"；其行爲則似《左傳》所謂"帝鴻氏子"；當是附會《莊子》、《左傳》而虛構之怪獸，故與《西山經》傳説之帝江不倫。其實渾沌者，渾渾沌沌之簡言。《吕覽·大樂》："太一出兩儀，兩儀出陰陽。陰陽變化，一上一下，合而成章；渾渾沌沌，離則復合，合則復離，是謂天常。"渾渾沌沌，正《淮南·天文》所謂，"馮馮翼翼，洞洞灟灟"，與《精神》篇所謂，"澒濛鴻洞，莫知其門"。高誘注《吕覽》云，"渾，讀如袞冕之袞；沌，讀近屯"；注《淮南》云，"鴻讀子贛之贛；洞讀同游之同"。實則東真二部，古音相近，鴻洞即渾沌之音譌。鴻洞急言之爲江，爲鴻，渾沌急言之則爲鵰，爲鯀。自音韻學考之，鯀之爲鯀當即渾沌合音。知鯀即渾沌，渾敦即帝江，帝江即共工也，則鯀，亦得謂即共工合音。

## （三）論帝江之最初神格爲江神

共工，《西山經》謂之帝江，《左傳》謂之帝鴻。《荀子·成相》："禹有功，抑下鴻。"《楚辭·天問》："不任汩鴻，師何以尚之？"鴻，舊注皆謂鴻水，是以共工遂傳爲"水官"，或"以水紀官"。

蔡墨曰："龍，水物也，水官弃矣，故龍不生得。"（詳昭廿九年《左傳》）《考工記》亦謂："畫繢之事，山以章，水以龍。"是共工之爲水官，必與水龍有關。

　　《周本紀》言"共工游于涇上"一事，襲《周語》爲文也。但，共王，《周語》則作恭王，《趠曹鼎銘》則作𦰩王。《堯典》言，"共工象恭滔天。"象恭者，貌若恭愻也。《漢書·王遵傳》引書則作"象龔"；《陳侯因𪟣錞銘》亦作"𦰩哉"。凡後世所謂共給恭愻字見于金文者無不作𦰩。則共工之共，初當如《僞孔子家語》作龔。龔在《說文》，與𦰩別爲二字，其見于卜辭金文者則通從廿作：

　　　𦰩《藏龜拾遺》六頁　　　　𦰩《前編》二，第十三頁　　　𦰩《前編》七，第卅一頁

　　　𦰩《仲𦰩父甗》　　　　𦰩《𦰩离》　　　　　𦰩《頌鼎》

並象雙𦰩手拱龍形。《商頌·長發》："受小共大共，爲下國駿厖。"《箋》云："共，執也。小共大共，猶所執搢小球大球也。"如鄭君説，共亦玉類也，故字或作珙。余謂，共當讀爲瓏。《說文》："瓏，禱旱玉也，爲龍文。"按：古常禱雨，鮮聞禱旱，禱旱疑即舞雩，"龍文"當爲"龍形"。昭廿九年《左傳》："公至自乾侯，使獻龍輔于齊侯。"杜《注》，"龍輔，玉名。"龍輔，即禱雨所用之瓏，土龍之變相也。《淮南·齊俗》："土龍始成，大夫端冕以迎送之。"端冕迎送，𦰩愻之至也。則𦰩所從龍，非玉龍，即土龍，其字當象禱雨時拱奉土龍之形。郯子謂"共工以水紀官"，毋寧謂𦰩工本是水怪。《淮南·本經》曰"共工振滔洪水"，無異言洪水之災，由于共工水怪矣。

　　共工之工，舊説謂即司空，或官之聲轉。余謂工之爲言江也。《釋名·釋水》瀆："江，公也，小川流入其中，所公共也。"《水經·江水注》引作"江，共也。"《大荒經》正謂："祝融降處江水，生共工。"由是由之：共工之爲共工，初爲江神，故又名帝江；江水爲江，亦得名于鴻水，故帝江或又謂之帝鴻。

## （四）論帝鴻即陽鳥，隨日南北，故或以象徵旱神

　　雖然帝鴻爲名，不盡因于鴻水。卜辭有云：

　　　己巳，卜貞帝𦒃，

　　　貞帝𦒃三羊，三豕，三犬。（《前編》四、第十七葉）

帝𦒃郭沫若先生"疑即《山海經》帝俊生帝鴻之帝鴻。"（詳《卜辭通纂考釋》七七二版）則鴻本象鴻雁形。《詩·小雅》"鴻雁于飛，肅肅其羽。"毛《傳》："大曰鴻，小曰雁。"又《豳風·九罭》："鴻飛遵渚，公歸無所。"《箋》云"鴻，大鳥也。"《史記·陳涉世家》："燕雀安知鴻鵠之志哉！"《索隱》引《尸子》云："鴻鵠之鷇，羽翼未合，而有四海之心。"鴻鵠志在四海，喻楚莊王也。《吕覽·

重言》："荆莊王立三年,不聽,而好讔。成公賈入諫曰:'有鳥止于南方之阜,三年不動,不飛不鳴,是何鳥也?'王曰:'三年不動,將以定志意也。是鳥雖無飛,飛將冲天;雖無鳴,鳴將駭人。'冲天駭人,固即《莊子·逍遥游》所謂鵬鳥矣。鵬鳥化于北冥,海運則將徙于南冥,頗似鴻雁之春北秋南。"《易説》云:"二月驚蟄,候雁北鄉";《月令》云:"季秋之月,鴻雁來賓";此《管子·霸形》所謂:"今彼鴻鵠,有時而南,有時而北,有時而往,有時而來"也。鴻雁,春避陽暑而北,秋避陰寒而南,正與太陽之冬南至,夏北至,行跡相應;故或謂之隨陽鳥。《易·漸》"鴻漸于干"。《集解》:"鴻,隨陽鳥也。"《禹貢》:"彭蠡既猪,陽鳥攸居。"《僞孔傳》亦謂"陽鳥"爲"隨陽之鳥,鴻雁之屬"。孔氏《正義》云:"此鳥南北,與日進退,故稱陽鳥。"陽鳥,鴻雁別名也。但在《春秋元命苞》則又演爲日中三足烏神話,云:"陽成于三,故日中有三足烏。烏者,陽精。"陽之精,《淮南·天文》則以爲火氣,云:"積陽之熱氣生火,火氣之精者爲日,……日者,陽之主也。"《洪範》庶徵之"恒暘",劉向以爲春秋大旱也。京房《易傳》,亦謂:"陰侵陽,其旱,萬物根死,數有火災。"(詳《漢書·五行志》)由五行家言,鴻雁既爲隨陽之鳥,自得謂即陽氣之精;鴻爲陽精,則火災旱災,自得疑隨陽鳥而至;陽鳥在初民心目中,自得疑爲旱神的象徵。帝鴻氏,以鴻水名義考之,似爲江神;若由隨陽鳥名義尋之,當爲季侯之神或炕旱之神。鯀陻洪水與共工壅防百川,皆旱災之象也。使其神話非演自鴻雁隨陽,竊嘗疑其變自夸父飲河故事。

## (五)論夸父飲河即虹飲水之喻言。虹亦共工本名

《大荒北經》言:"后土生信,信生夸父。夸父不量力,欲逐日景。逮之禺谷,將飲河而不足也,將走大澤。未至,死于此。應龍已殺蚩尤,又殺夸父,乃去南方處之,故南方多雨。"應龍所處多雨,與女魃所居不雨,正相對爲文,則夸父飲河不足,能使河水涸竭,亦爲旱神。《淮南·墜形》:"海外三十六國,夸父在其北方。"《吕覽·求人》:"禹北至犬戎之國,夸父之野。"高誘《注》:"夸父,獸名也。"固非。《海外北經》云:

夸父與日逐,走入日。渴,欲得飲。飲于河、渭,河、渭不足。北至大澤,未至,道渴而死。弃其杖,化爲鄧林。

郭《注》:"夸父,蓋神人之名也。其能及日景而傾河、渭,豈以走飲哉?幾乎不疾而速,不行而至者矣。"夸父究爲何神?自來無説。按,《爾雅·釋天》:"螮蝀謂之雩。螮蝀,虹也。"郭《注》:"俗名美人虹,江東呼雩。"雩夸同諧于聲,則夸父自得謂即雩之聲轉,亦得疑即螮蝀之別名。螮蝀,《詩·鄘風》作蝃蝀云:

蝃蝀在東,莫之敢指,女子有行,遠父母兄弟。

朝隮于西,崇朝其雨,女子有行,遠兄弟父母。

毛《傳》:"蝃蝀,虹也,夫婦過禮則虹氣盛。隮,升也。"《箋》云:"虹,天氣之戒。朝有升氣于西方,終其朝則雨,氣應自然。"按:京房《易占》:"蜺三出三已,三辰除,除則日出且雨。"(《漢書·五行志》引)韋昭曰:"三辰,若寅至辰也,蜺旦見西,晏則雨。"是《詩》之朝隮,當讀爲蜺。蜺,《說文》作霓,云:"屈虹,青赤或白色,陰氣也。"《春秋元命苞》亦謂:"陰陽交爲虹蜺。"是蜺者朝見于西之虹,虹者夕見于東之蜺,蜺亦虹也。《釋名·釋天》:

> 虹,攻也,純陽攻陰氣也。又曰蝃蝀。其見,每于日在西而見于東,啜飲東方之水氣也。見于西方曰升,朝日始升而出見也。又曰美人,陰陽不和,婚姻錯亂,淫風流行,男美于女,女美于男,恒相奔隨之時,則此氣盛,故以其盛時名之也。

證之京房《易占》云"后妃有專,蜺再重;赤而專,至衝旱;妻不壹順,黑蜺四背,又白蜺雙出日中;妻以貴高夫,茲謂擅陽,蜺四方,日光不陽,解而温;内取,茲謂禽,蜺如禽在日旁;……"專以蜺象占夫婦之事。後漢靈帝光和元年(公元一七八年)有虹蜺晝降于嘉德殿前。楊賜亦謂:"虹蜺皆妖邪所生,不正之象,詩人所謂蝃蝀者也。於《中孚經》曰:'蜺之比,無德以色親。'……昔虹貫牛山,管仲諫桓公,無近妃宫。"(《後漢書》本傳)《後漢書》注引《韓詩序》曰:"蝃蝀,刺奔女也。蝃蝀在東,莫之敢指者,詩人言邪色乘陽,人君淫佚之徵。"則以虹蜺象徵"婚姻錯亂,淫風流行"者,實古來傳説。意其傳説來源,必有風流韻事如嫦娥奔月者。劉敬叔《異苑》謂:"古者有夫妻,荒年菜食而死,俱化爲青虹,故俗呼爲美人虹。"

虹蜺之别,據《詩》云"蝃蝀在東,朝隮于西",不過朝夕名辭不同而已。屈原《遠游》:"建雄虹之采旄兮,五色雜而炫耀",又曰:"雌蜺便娟以增撓兮,鸞鳥軒翥而翔飛",則又以爲虹雄蜺雌。《月令》:"季春之月,虹始見。季冬之月,虹藏不見。"孔氏《正義》因郭璞《爾雅音義》"雄者曰虹,雌者曰蜺"説而申之曰:"雄謂明盛者,雌謂闇微者。虹是陰陽交會之氣,純陰純陽,則虹不見。若雲薄漏日,日照雨滴,則虹生。"是古人所謂"陰陽交爲虹蜺"者,陰謂陰雲,陽謂太陽,日照雲水,折光成虹。虹之成因,孔氏之説極爲磽晰。但,在古代陰陽家則恒以陰陽象徵男女;日雲相薄,仿佛男女相會,故有雄虹雌蜺,蝃蝀戒淫奔,夫婦化爲青虹諸神話。

《説文》:"虹,螮蝀也。狀似蟲。從虫工聲。蚰,籒文虹,從申。申,電也。"余謂申之爲言神也。土神爲坤,虫神爲蚰。《楚辭·天問》:"白蜺嬰茀,胡爲此堂?"王逸《注》云:"蜺,雲之有色似龍者也。茀,白雲逶移似蛇者也。"以龍蛇狀虹蜺,足徵《説文》"虹狀似蟲"説,本漢儒習語。"光和元年,有黑氣墮北宫温明殿東庭中,(按,《楊賜傳》作嘉德殿)黑如車蓋,起奮訊身五色,有頭,體長十餘丈,形貌似龍。上問蔡邕。對曰:'所謂天投蜺者也'"。(詳《後漢書·五行志》)天投蜺,《洪範五行傳》正視爲龍蛇之孽。是虹在古人傳説中,或以爲龍蛇之神也。龍非水不生得,故漢以來時常有虹飲水傳説。《漢書·燕王旦傳》云:"天雨,虹下屬宫中,飲井水,井水竭。"任昉《述異記》云:"晋時,晋陵薛願家有虹飲其釜中,水須臾而竭。"沈括《夢溪筆談》亦謂"世傳虹能入澗飲水,信然。嘗見夕虹下澗中飲者,兩頭皆垂澗中。使人過澗,隔虹對立,相去數丈之間,如隔綃縠。"余謂《山海經》所謂夸父飲河、渭不足,北飲大澤者,即虹蜺飲水故事之寓言。夸鼙陰陽聲轉;而虹諧工聲,名正同于鼙工,是知鼙工壅防百川,夸父飲河亦必虹飲水故事傳說之變相。

## (六)論虹象兩頭蛇鯀篆作蚰即其別體,
## 鯀陻洪水亦演自虹飲神話

虹之狀貌,據《後漢書·五行志》云:"身五色,有頭,體長十餘丈,形似龍"。未言頭形如何。《夢溪筆談》則云:"虹飲,兩頭皆垂澗中。"驗以《海外東經》云:'虹虹在君子國北,各有兩首。"郭《注》云:"虹音虹,螮蝀也。"

虹之形狀在古代神話中似爲兩頭蛇。甲骨文曰:

　　……虫殴〔虹〕于西……(《前編》七、七、一)

　　……昃亦虫殴虫出〔虹〕自……于河,在十二月。(《前》七,四十三,二)

　　……王固曰,虫祟。八日庚戌、虫各雲自東宦母。昃,亦虫出〔虹〕自北,飲于河。
(菁華四葉)

《卜辭通纂考釋》釋蜺云:"象雌雄二虹而兩端有首。《爾雅·釋天》蜺爲絜貳。蓋古人以單出者爲虹,雙出者爲蜺。"(八六葉)山謂蜺者,隮也。朝隮爲蜺、夕出爲虹、卜辭既云"殴蜺于西"又云"昃亦虫出虹"是蜺虹一物,不如徑釋〔虹〕爲虹。"出虹自北、飲于河,此正"夸父北飲大澤"或"飲于河、渭"說所自出。然則,共工壅防百川神話,自商有之。

鯀,《説文》云:"鯀魚也。從魚,系聲。"段《注》:"此未詳爲何魚? 禹父之字,古文多作骸,作骸,《禮記》及《釋文》作鮌。"按:《詩·敝笱》:"其魚魴鰥。"毛《傳》:"鰥,大魚也。"《箋》云:"鰥,魚子也。"魚子,《爾雅·釋魚》則謂之鯤。鯤在《莊子·逍遙游》則謂:"其廣數千里,未有知其脩者。"竊意鯤、鰥、鯀,形或不同,音本相似,初蓋一字,後乃岐爲三名,鯀之爲鯀,當因神話中鯤魚爲名。

鯤諧昆聲。《禮記·王制》:"昆蟲未蟄。"《夏小正》:"昆小蟲抵蚳。"說者以爲昆當爲蚰。《説文》:"蚰,蟲之總名也。從二虫,讀若昆。"是也。則卜辭所常見

　　辛卯賣于〔蚰〕 (《殷栔類纂》卷十三)

　　壬辰卜,翌甲午,賣于 〔蚰〕 羊虫歲。(《後編》上、九葉)

當是昆蟲之初文。但,例以二玉相合爲玨,二邑相比爲〔邑邑〕,二户相向爲門,二弓相重爲

弖，凡叠文者，多象物之兩體。則蚰從二虫，自得謂象兩頭蛇，亦即 🜲 之或體。顧其字，《説文》以來皆讀爲昆，昆或譌爲鯀。辭云："贲于蚰"，以聲音通假考之，疑贲當讀爲郊，蚰當讀爲鯀。即子産所謂"鯀爲夏郊"（詳昭七年《左傳》）展禽所謂"夏后氏郊禹。"（詳《魯語》上）余故謂鯀之爲蚰，亦得名于虹，🜲 者，虹之初文也。

　　蚰，孳乳爲螽。《洪範·五行傳》："言之不從，是謂不艾，厥咎僭，厥罰恒陽。時則有介蟲之孽。"説曰："介蟲孽者，謂小蟲有甲，飛揚之類，陽氣所生也。于春秋爲螽，今謂之蝗，皆其類也。"（詳《漢書·五行志》）螽從蚰，冬聲，讀若終。而陸終之終，《邾公釛鐘銘》則從夅作鼨。章古文墉字，《説文》所謂"城垣"是也。《吕覽·行論》："堯以天下讓舜。鯀欲爲亂，比獸之角，能以爲城，舉其尾，能以爲旌。"其《君守篇》正謂"夏鯀作城"，《世本·作篇》亦謂"鯀作城"。余謂，鯀之作城故事，即由鼨字演來。所謂陸鼨者，亦鯀之別名。鼨字孳乳于蚰，余故謂卜辭所見蚰字，爲鯀之本字。

　　另一種理由，足證鯀亦得名于虹者，屈原《遠游》嘗以虹喻采旄矣。東方朔《自悲》亦嘗謂"借浮雲而送予，載雌蜺而爲旌。"（詳《楚辭·七諫篇》）旌旄爲形，誠似虹蜺。若以"比獸之角能以爲城"神話，《世本》即演爲"鯀作城"故事爲例；則"舉獸之尾能以爲旌"，旌亦得傳爲鯀作。鯀之作旌，由《吕覽》説，舉獸之尾也。而《左傳》及《天問》正謂鯀死化爲黄熊。是則蜺旌妙喻，必演自鯀爲虹蜺神話，鯀之爲蚰，礭即虹字别構。虹蜺飲井而井水竭，夸父飲河而河、渭涸，竊謂鯀陻洪水故事必自"虹飲于河"之殷代神話演來；而世傳舜"流共工于幽州，殛鯀于羽山"，亦當演自禱雨神話。

## （七）論殛鯀于羽山，即放驩兜于崇山，故鯀又稱崇伯

　　自箕子陳《洪範》，首傳："鯀陻洪水，汩陳五行，鯀則殛死。"子産申言："堯殛鯀，神化黄熊，以入羽淵。"自爾以來，諸子百家莫不盛傳"鯀殛"之事。羽山何在？由《大戴禮·五帝德》及《五帝本紀》"殛鯀于羽山以變東夷"説，應在海外九夷。《漢書·地理志》東海祝其縣下云："《禹貢》羽山在南，鯀所殛。"杜預《左傳注》亦云。漢之祝其，今爲江蘇贛榆；則古之所謂羽山者，誠在東裔。然《五藏山經》則次羽山于南次二經云：

　　堯光之山，東三百五十里，曰羽山。其下多水，其上多雨，無艸木，多蝮虫。

　　蝮虫即應龍，應龍所處多雨，故羽山之上多雨，下則多水。據經文，羽山東千六百餘里爲浮玉之山，又東千里爲會稽之山；則此山應在今皖、贛境，計與東海羽山，道里懸絶，地望不應。意此山或因多雨得名，非由殛鯀而著。鯀化黄熊，以入羽淵，《水經·伊水注》則謂即禪渚云：

禪渚水上承陸渾縣東禪渚。渚在原上，陂方十里，佳饒魚葦，即《山海經》所謂南望禪渚，禹父之所化。郭景純《注》云：「禪一音暖。」鯀化羽淵，而復在此，然已變怪，亦無往而不化矣。世謂此澤爲慎望陂。陂水南流注于涓水。涓水又東南流，注于伊水。

按：《中山經》云：「青要之山，實惟帝之密都。北望河曲，是多駕鳥；南望禪渚，禹父之所化。」畢沅《校正》云：「渚，在今河南嵩縣。」考：今嵩縣雖非漢崇高舊治，亦因崇山爲名。崇山，《詩》言嵩嶽，卜辭曰岳，爲殷、周禱雨勝地，至漢靈帝熹平五年（公元一七六年），猶使中郎將堂谿典請雨其上。（詳《後漢書·靈帝紀》及注引《東觀漢記》）則鯀化羽淵，宜在崇山附近之禪渚；所謂羽山者，羽之爲言雨也，霝也，即謂禱雨之山矣。古者禱雨，必潔土爲龍，以象徵雨神，世謂之應龍。《大荒北經》言：「應龍殺夸父，乃去南方處之，故南方多雨。」夸父，即鯀。則所謂「殛鯀于羽山」者，猶言應龍殺夸父，亦雨神殺旱神之寓言。故羽山地望，以禱雨故事測之，則謂在東海，或在南荒；毋寧謂即崇高維岳。崇岳，在古代傳說中，正鯀之食地也。

太子晉嘗稱鯀爲崇伯，（詳《周語》下）《連山易》亦謂「有崇伯鯀伏于羽山之野」。是鯀之食土，必在崇山附近。《周語》：「夏之興也，融降于崇山。」韋《注》：「融，祝融也。」祝融，《邾公釛鐘銘》作陸韹。韹爲蚰所孳乳，即鯀之別名。則融降崇山，即鯀降崇山。《西山經》「崇吾之山，在河之南。有獸焉，其狀如禺而文，臂豹虎而善投，名曰舉父。」舉父，郭《注》云：「或作夸父。」夸父即鯀。是崇吾山之獸，即鯀所化之黃熊；鯀爲崇伯，明演自「融降崇山」神話，其化黃熊，亦演自崇吾山之夸父故事。再就夏后氏都邑論之，禹居陽城，啓居黃台之邱，太康失邦，夏桀亡國，皆在鄩水附近，密邇于崇高；（詳拙著《由三代都邑論其民族文化》篇）則夏后氏郊鯀，即郊祀崇山之神。《牧誓》：「乃惟四方之多罪逋逃是崇是長。」是崇之崇，《漢書·谷永傳》引作宗。然則，《莊子·齊物論》云：「堯欲伐宗、膾、胥敖。」又《養生主》云：「堯攻叢、枝、胥敖。」所謂宗也、叢也，當即崇伯鯀之國，亦自「殛鯀于羽山」之神話演來。然而，《孟子·萬章》、《莊子·在宥》以及《堯典》、《五帝德》俱謂「放讙兜于崇山」，何也？曰：讙兜亦鯀之緩言，崇山即羽山之本名。換言之，「放讙兜」與「殛鯀」皆禱雨崇山擊殺旱神之寓言也；羽山者，禱雨神話中之崇山而已。

## （八）論流共工于幽州演自逐旱魃回朔漠神話

「流共工于幽州」，說始于《孟子·萬章》，《堯典》因之。幽州，《莊子·在宥》作幽都；《五帝本紀》則云：「流共工于幽陵，以變北狄」，雖襲《五帝德》爲文，而名則微異。《史記正義》引《括地志》云：「故龔城，在檀州燕樂縣界，故老傳云，舜流共工幽州，居此城。」按：唐之檀州，今爲河北省密雲縣治，漢爲漁陽郡犀奚，于《地理志》，正屬漢武帝所置十三部刺史之幽州。但，

《地理志》及《後漢郡國志》均不載龔城。所謂“故龔城”者,當與鼻工無與。

幽州,除《堯典》云,“舜肇十有二州”足以爲證外,在《堯典》即有“宅朔方,曰幽都”傳說之異。幽都之名,微獨《莊子》傳說爲然,《五藏·北山經》亦謂:

> 錞于毋逢之山,北望惟號之山,其風如飆;西望幽都之山,浴水出焉。是有大蛇,赤首白身,其音如牛,見則其邑大旱。

幽都之山,郭注未詳所在。若依《元命苞》言:“幽之爲言窈也,言風出入窈冥,敏勁易曉,故其氣躁急。”《史記·曆書》言:“幽者,幼也。”幽幼音同誼通;則所謂“幽都之山”者,疑即《西山經》之㴎山,正與帝江所在之天山相接。又,幽都所產大蛇,見則大旱,正與共工壅川事相應,意者,幽都之山,當在中國西北隅。《呂覽·有始》:“天有九野,西北曰幽天。”《淮南·天文》亦云。高《注》:“幽,陰也,西方季秋,將及于陰,故曰幽天。”是天以西北爲幽也。《淮南·墬形》:“八紘之外,乃有八極,西北方曰不周之山,曰幽都之門。”是地亦以西北爲幽也。中國西北,地臨戈壁,流沙千里,終年不雨,在古人想象中,應爲旱神之窟宅。《大荒北經》言:“蚩尤作兵伐黃帝,請風伯雨師,從大風雨。黃帝乃下天女曰魃,雨止,遂殺蚩尤。魃不得復上,所居不雨,叔言之帝,後置之赤水之北。魃時亡之。所欲逐之者,令曰,神北行。”余謂舜流共工于幽都,即黃帝置旱魃于赤水北故事之變相。赤水何在?舊說紛紜。由《離騷》“忽吾行此流沙兮,遵赤水而容與”,及《大荒西經》云昆侖邱在“流沙之濱,赤水之後”考之,疑即《禹貢》所謂“導弱水,至于合黎,餘波入于流沙”,赤水或即今之居延海。黃帝所置女魃,疑在此。然而,非幽都之山,亦非㴎山也。幽都,《孟子》作幽州。《周官·職方》“東北曰幽州”,《爾雅·釋地》“燕曰幽州”,余謂水中可居者爲州,幽州即㴎澤。《西山經》云:

> 長沙之山,泚水出焉,北流注于㴎水。西北三百七十里,曰不周之山。北望諸毗之山,臨彼嶽崇之山,東望㴎澤,河水所潛也。其原渾渾泡泡。……

㴎澤,在不周山東,與《淮南》所謂“不周之山,幽都之門”,地望密合。郭《注》“河南出昆侖,潛行地下,至葱嶺,出于闐國,分流岐出,合而東流,注㴎澤。已復南行,出于積石山,而爲中國河也。㴎澤,即蒲澤,一名蒲昌海,廣三四百里。其水停,冬夏不增減。去玉門關三百餘里,即河之重源,所謂潛行也。”《水經·河水注》亦謂“河水東注于㴎澤,經所謂蒲昌海。余考羣書,咸言河出昆侖,重源潛發,淪于蒲昌,出于海水,逕積石而爲中國河。”按,蒲昌海,即今新疆之羅布淖爾。《史記·大宛傳》謂之鹽澤,《漢書·地理志》敦煌郡云:“正西關外,有白龍堆沙,有蒲昌海”是也。蒲昌海既爲幽州,則所謂白龍堆沙者,或即不周之山。《大荒西經》又云:

> 西北海之外,大荒之隅,有山而不合,名曰不周負子。有兩黃獸守之。有水,曰寒暑之水,水西有濕山,水東曰幕山。有禹攻共工之國。

此幕山者，當即《西山經》所謂崒山，在不周山西北百二十里。若禹攻共工之國，郭《注》"言攻其國，殺其臣相柳于此。"余謂"禹攻共工"即所謂"流共工于幽州"，幽州正爲古之蒲昌海。是流之言放逐也。"流共工于幽州"，必演自逐旱神回朔漠神話；猶《大荒北經》言"所欲逐魃者，令曰，神北行"矣。

## （九）論共工怒觸不周山爲不周風吹折沙邱之喻言

不周山，《西山經》謂河水所潛，《大荒西經》謂在"西北海之外"以其"有山而不合"也；故《淮南·墜形》謂爲"幽都之門"。其所以不合者，《淮南·天文》以爲共工所觸云：

> 昔者共工與顓頊争爲帝，怒而觸不周之山，天柱折，地維絶。天傾西北，故日月星辰移焉；地不滿東南，故水潦塵埃歸焉。

證之《天問》："八柱何當？東南何虧？"洪氏《補注》引《河圖》云："崑崙者地之中也。地下有八柱，柱廣十萬里。有三千六百軸，互相牽制，名山大川，孔穴相通。"又《水經·河水注》引《神異經》云："崑崙，有銅柱焉，其高入天，所謂天柱，圍三千里。"則不周山即昆侖山。觸昆侖者，《淮南子》謂是共工；《天問》則云"康回馮怒，地何故以東南傾"？康回，王逸《注》謂即"共工名"。丁晏《天問箋》謂爲庸回之誤。按：《堯典》言"共工静言庸違"。《潛夫論·明暗篇》及《吳志·陸抗傳》引並作"庸回"。按：《秦詛楚文》曰："楚王熊相康回無道，淫佚甚亂。"此最可證庸回庸違，皆康回傳寫之誤。文十八年《左傳》：

> 昔少皞氏有不才子，毀信廢忠，崇飾惡言，靖譖庸回，服讒蒐慝，以誣盛德。天下之民，謂之窮奇。

康回之窮奇，《五帝紀集解》引服虔《左傳注》，亦"謂共工氏也"。是康回，本共工表德之稱，非人名也。共工争帝，《淮南》以後，僞《列子》外，書不足徵。而《墨子·尚賢》中則謂"昔者伯鯀，帝之元子，廢帝之德，庸既乃刑之羽之郊；則此親而不善，以得其罰者也。"《吕覽·行論》則謂"堯以天下讓舜。鯀爲諸侯，怒于堯曰：得天之道者爲帝，得地之道者爲三公；今我得地之道而不以我爲三公，以堯爲失論。怒甚猛獸，欲以爲亂，召之不來，仿佯于野，以患帝舜。于是殛之于羽山，副之以吳刀。"此正屈原《離騷》所謂"鯀婞直以亡身兮，終然殀乎羽之野"《九章·惜誦》云"行婞直而不豫兮，鯀功用成而不就"。據先秦學者傳説，固嘗有鯀與舜争帝之事矣。是怒觸昆侖山者，當爲伯鯀。《天問》于"康回馮怒"前言"鯀何所營？禹何所成？"繼言"九州安錯？川谷何洿？"中間全述鯀、禹之事，不涉他人，尤可證鯀用其回邪而盛怒，遂致地不滿東南，而《淮南》謂之共工，此亦共工即鯀之切證。

中國地形，因西北多山，東南臨海，自然形成東南傾。但，因瀕海關係，風自東南者，常暖而多雨；大陸多高山大漠，風自西北來者，遂常苦晴旱。東南風，《吕覽·有始》謂之“熏風”，《淮南·墜形》謂之“景風”。西北風，《吕覽》謂之“厲風”，《淮南》謂之“麗風”，《史記·律書》暨《白虎通·八風》則並謂之“不周風”。《白虎通》云：“不周者，不交也，陰陽未合化也。”陰陽未合，據五行家言，正爲炕旱之象。然則，不周之山，亦即《北山經》所謂“惟號之山，其風如刕；幽都之山，有大蛇，見則大旱”，亦旱神所居之山，郭注《西山經》謂“西北不周風自此山出，殆爲近之。

雖然，“不周風自此山出”，非“觸不周山”也。共工怒觸不周山故事，余則疑即流沙之寓言。《禹貢》：“導弱水，至于合黎，餘波入于流沙。《漢書·地理志》張掖郡居延縣云：“居延澤在東北，古文以爲流沙。”流沙者，風吹流磧如水流行也。《後周書·西域傳》：“鄯善西北，有流沙數百里。夏日有熱氣，爲行旅之患。風之欲至，惟老駝知之，即鳴而聚立，埋其口鼻于沙中。人每以爲候。其風迅駛，斯須過盡。若不防者，遇則危斃。”《大唐西域記》亦謂：“度沙磧，至凌山，多暴龍，難陵犯。微有違犯，灾禍目睹，暴風奮發，飛沙雨石，遇者喪没，難以全生。”(卷一《跋禄迦國》)暴風所過，積沙成堆，或“形如卧龍，無頭有尾，高大者二三丈，卑者丈餘。”(詳《清一統志》引《安西府舊志》)世謂之白龍堆。或“積沙爲山，峰巒危峭，四面沙隴，背脊如刀，人登之，即鳴，隨足陷落，經宿風吹，輒復如舊”，(詳《元和郡縣圖志卷》)世謂之鳴沙，或曰神沙山。厲風濟，則昨日峰巒，今成原衍；此處龍堆，可置異地。宋玉《招魂》所謂“西方之害，流沙千里，旋入雷淵，靡散而不可止”者，此也。若夫“共工怒觸不周山”神話，以西北風一名“不周風”考之，竊嘗疑即不周風吹折沙邱之寓言。《長春真人西游記》言“阿不罕山少西海子傍有風冢，其上土白堊多粉裂其上，二三月中，即風起南山，巖穴先鳴，蓋先驅也。風自冢間出，初旋動如羊角者百千數，少焉合爲一風，飛沙走石，發屋拔木，勢振百川，息于巽隅。”(卷下)巽于《説卦》爲東南；阿不罕山，即金山，(今曰阿爾泰山)于中國方位，正在西北；《西游記》所謂風冢，當即《山海經》所謂不周風所自出。是《淮南子》所謂“天柱折，地維絶，天不滿西北，地不滿東南”者，當由我國西北金山所産不周風吹折沙邱之現象，遞傳遞演，而至于閎大不經矣。《海内西經》云：“流沙出鍾山。”《西山經》云：

鍾山，其子曰鼓，其狀如人面而龍身，是與欽䲹殺葆江于昆侖之陽。帝乃戮之鍾山之東，曰瑶崖。欽䲹化爲大鶚，其狀如鵰，而黑文，白首，赤啄而虎爪，其音如晨鵠，見則有大兵。鼓亦化爲鵕鳥，其狀如鴟，赤足而直啄，黄文而白首，之音如鵠，見即其邑大旱。

葆江，郭《注》云：“一作祖江。”祖江，余謂即江神帝江。鼓與欽䲹殺帝江，猶《大荒北經》言女魃殺蚩尤。鼓化爲鵕，鼓疑鯤之音譌，鵕疑鵬之形誤；猶《莊子》言“北冥有魚，其名爲鯤，化而爲鳥，其名爲鵬。”鵬古文作鳳字。鳳，卜辭通讀爲風。鵬之海運將徙南冥也，余嘗謂象徵颶風之南行。(詳《句芒考》)則鵕鳥見即大旱，鵕鳥亦帝鴻之别名。鴻者，鵬也。鵬音轉爲鴻，正同鍾山音轉舂山之例。是鶄也,鴻也,鵬也,皆假名于風者也;鼓也,鯤也,鯀也,鄩工也,皆假名于虹者也;虹化爲風,風動沙行,是知共工怒觸不周山神話,必自西北游牧沙漠之民族傳來。《左傳》所謂"少皞氏有不才子,天下謂之窮奇"者,窮奇,舊説謂即共工氏。余謂窮奇即有窮后羿,后羿即夸父;夸父爲北狄民族,窮奇亦演自北方民族所傳虹蜺神話。

# 《晋書》時誤補校(一)

## 牛　繼　清

中華書局點校本《晋書》在校勘時誤方面做出了很大成績，但由于種種原因，仍有相當部分没有校出，或是校記有誤。現就薄力所及，補校如下(點校本卷數及頁碼隨引文標出。補校以陳垣《二十史朔閏表》爲定朔依據，凡涉及定朔誤差者一般不出校記)。

1.(魏陳留王咸熙二年)十一月，初置四護軍，以統城外諸軍。乙未，命諸郡中正以六條舉淹滯：一曰忠恪匪躬，二曰孝敬盡禮，三曰友于兄弟，四曰潔身勞謙，五曰信義可復，六曰學以爲己。(卷三頁50)

按十一月辛亥朔，無乙未。是年閏十一月辛巳朔，乙未十五日，疑乙未上脱"閏月"二字。或爲己未之誤，己未九日。

2.(武帝太康元年)五月辛亥，封孫皓爲歸命侯，拜其太子爲中郎，諸子爲郎中。(卷三頁72)

按《三國志》卷四十八《吴書·三嗣主傳》、《通鑑考異》引《三十國春秋》均言"四月甲申，封歸命侯"，《通鑑》從之。四月丁巳朔，甲申二十八日，五月丁亥朔，辛亥二十五日。不知孰是？姑存疑。

3.(晋武帝太康三年)閏(四)月丙子，司徒、廣陸侯李胤薨。癸丑，白龍二見于濟南。(卷三頁73)

按閏四月丙子朔，無癸丑。《宋書》卷二十八《符瑞志中》作"太康三年閏四月己丑，白龍二見濟南歷城"。己丑十四日，當是。

4.(太康十年)十一月丙辰，守尚書令、左光禄大夫荀勖卒。帝疾瘳，賜王公以下帛有差。含章殿鞠室火。

甲申，以汝南王亮爲大司馬……。(卷三頁79)

按是月壬戌朔，無丙辰。"含章殿鞠室火"，《晋書》卷二十七《五行志上》、《宋書》卷三十二《五行志三》繫于十月庚辰，十月壬辰朔，無庚辰。該文下有"甲申"，則當爲"十一月庚辰"，庚辰十九日，甲申二十三日。

5.(元康七年)秋七月，雍、梁州疫。大旱，隕霜，殺秋稼。關中饑，米斛萬錢。詔骨肉相賣者不禁。丁丑，司徒、京陵公王渾薨。(卷四頁94)

按是月丁未朔，無丁丑。《宋書·五行志》、《晋書·五行志》載雍、梁二州疫、大旱、隕霜諸事均在七年七月。《資治通鑑》卷八十二晋紀四亦誤。

# 《釋名》校箋（未完稿）

## 周祖謨遺著

## 序

　　《釋名》八卷，二十七篇，宋陳振孫《直齋書錄解題》題爲《漢徵士北海劉熙字成國撰》。案劉熙史無傳記。《三國志·吳志·程秉傳》稱秉"汝南南頓人也，逮事鄭玄，後避亂交州，與劉熙考論大義，遂博通五經。"又《薛綜傳》説："沛郡竹邑人也。少依族人避地交州，從劉熙學。"據此可知劉爲漢末儒者，曾由北方到南方，避亂交州，所以程秉、薛綜得以從他問學。據史書所記，程秉、薛綜至交州都是在士燮作交阯太守的時候，史稱士燮"體器寬厚，謙虛下士，中國士人往依避難者以百數"，劉熙一定也是其中之一。《世說新語·言語篇》劉孝標注引晉伏滔論青楚人物説："後漢時禰正平、劉成國，魏時管幼安、邴根矩皆青土有才德者也。"案禰衡是平原人，劉熙、管寧、邴原都是北海人，北海即青州地。後漢時，鄭玄也是北海的名儒，卒於漢獻帝建安五年（200），而伏滔不舉鄭玄，却舉劉熙，推想劉熙的年輩也許稍晚於鄭玄，所以與禰衡等三人相提并論。

　　案范曄《後漢書·文苑傳》裏又曾稱劉珍撰《釋名》三十篇，以辯萬物之稱號。因此有人疑惑《釋名》是否爲劉熙所作。考《三國志·吳志·韋曜（昭）傳》稱曜繫獄，因獄吏上書言："見劉熙所作《釋名》，信多佳者。"韋曜生於漢獻帝建安九年（204），卒於吳末帝二年（273），生當漢末三國時代，他説《釋名》爲劉熙所作，自然比范蔚宗的話可信。錢大昕已分辨明確（見《潛研堂文集》卷二十七〈跋釋名〉）。劉熙除著有《釋名》以外，還有《孟子注》、《謚法注》見於慧琳《一切經音義》引，可惜都早已失傳。

　　《釋名》是在《爾雅》、《方言》、《説文》幾部書之後專門從聲音上推求語詞意義的一部訓詁書。劉熙在自序裏説：

　　　　夫名之於實，各有義類，百姓日稱而不知其所以之意，故撰天地、陰陽、四時、邦國、都鄙、車服、喪紀，下及民庶應用之器，論叙指歸，謂之釋名，凡二十七篇。

　　劉熙解釋詞義的方法是即聲以求義，訓詁學家稱之爲"聲訓"。這種方法在先秦古書中已經出現不少，到漢代以後，應用更多。今文經家説字解經特別喜歡以聲爲訓，班固所作《白虎通德論》可以説是代表。但是專就日常應用的語詞分門別類加以詮釋，則始自劉熙。劉熙生當古文經盛行之後，不能不受經傳注釋家如賈逵、馬融、鄭玄等人解釋字義的影響，他同時又繼承了今文經家因聲求義和即形説義的方法，以探求事物得名之由，所以寫成這部前所未有的訓詁書。

劉熙推求事物得名之由，有多種不同的著眼點：有就品物的形狀或性質而立説的，有就物的構成或功能而立訓的，取譬多方，隨事而易，足見其能。其中所説固然多屬於主觀臆測，不免爲人所詬病，甚至於有人以爲毫無足取；可是我們不能不注意到《釋名》在中國語言學發展史上的地位和今日對我們的用處。首先，從總體來看，這部書是把日常通用的事物名詞和一部分表示性質及行爲的語詞依照事物的屬類加以區分而編次成書的，這代表了中國人早期記錄以通用語詞爲主的詞彙所採取的一種分類方式。劉熙所分的類別和所收的詞語可以説是圍繞著人的社會生活而取材的，是現實的，實際的，跟大量記錄古語詞的《爾雅》不同。如釋飲食、釋彩帛、釋首飾、釋衣服、釋宮室、釋牀帳、釋用器、釋樂器、釋兵、釋車、釋船等篇所釋都是生活上的事物，而且分類比較細。劉熙在序列詞語的時候，總是盡量把有關聯之事物的詞綴繫在一起，如〈釋形體〉以“鼻”、“口”、“頰”、“舌”、“齒”、“頤”、“牙”、“輔車”相連。〈釋彩帛〉以“青”、“赤”、“黄”、“白”、“黑”、“絳”、“紫”、“紅”、“緗”、“緑”相連。在〈釋言語〉一篇，除把意義相近的詞如“言”、“語”、“説”、“序”以及“罵”、“詈”、“祝”、“詛”、“盟”、“誓”之類相次之外，還把一些意義相反的詞比次在一起。如“善惡”、“好醜”、“遲疾”“緩急”、“巧拙”、“燥濕”、“强弱”、“能否(pǐ)”、“躁静”、“逆順”、“清濁”、“貴賤”、“榮辱”、“禍福”、“進退”、“羸健”、“哀樂”等等兩兩相對，這些都表現出劉熙對詞彙系統的理解和對詞義的分析都具有一定的科學性，并且達到一定的水平。

其次，劉熙所立的聲訓，或取同韵，或取雙聲，或取聲近，目的即在於從聲音相關、義則相近之理以説明一個詞所具有之意義的由來，大有語源學的意味，這爲後代研究訓詁的人開闢了一條途徑。如根據文字的諧聲偏旁來推尋同聲符字的涵義，或根據古音的聲韵部類以證明字義的相通，都不能不説與《釋名》有一定的關係。所以《釋名》這部書在中國語言學史上自有其地位。

今天我們來看這部書還是很有用處的。其中的聲訓可以幫助我們瞭解漢代的語音，用以考察歷史上語音的演變；其中所記錄的一些方言詞語的讀音，對研究漢代方言也有些幫助。另外，劉熙對名物和制度的解説可以使我們瞭解漢代的社會文化和人民的風習，還可以有助於與其他古籍注釋相印證，如鄭玄《三禮》注之類，爲用甚廣，不止一端，就看我們怎麼取裁了。

前人對這部書一直很重視，在類書、字書、音義書中稱引頗多。使人遺憾的是在清代以前没有人爲《釋名》作注釋，傳寫既久，訛誤增多。宋代雖有刻本，已亡佚無存。現在我們能看到的古本是明代嘉靖三年(1524)呂柟翻刻的南宋臨安府陳道人書鋪本，其中訛字脱文不勝枚舉。後來吳琯刊《古今逸史》、郎奎金刊《五雅全書》，所刻《釋名》都從呂本出，無大差异。郎奎金書更名《逸雅》。

　　明本既然訛誤很多，清代乾隆年間畢沅作《釋名疏證》就根據前代群書所引校訂明本之誤，一時稱爲善本。不過在矜慎之中仍有不足之處。後來吳志忠又根據顧千里提示的《釋名略例》從事校正，以意爲定，也不免得失參半。光緒二十一年王先謙又撰集《釋名疏證補》一書，在校勘方面，采錄了畢、吳兩家所説，又兼采成蓉鏡《補證》、吳翊寅《校議》和孫詒讓《札迻》中的校語，并以胡玉搢、許克勤兩家所校附於《釋名疏證補》之後，集錄衆説，可謂美備。然而，病在缺乏斷制，糾葛不清的地方尚多；有些可以用於校勘的材料也還没有利用上。今謹就往日箋識所得，重加刊定，即以吳琯所刻《古今逸史》本爲底本，取其刻板比呂柟本工整，可以免除許多繁瑣的話。現在就原書加點句讀，而以校記附於每卷之後，以爲研習此書者參酌。

# 《釋名》卷第一

一葉上

　　七行　天，豫司兖冀以舌腹言之。“豫司”《續博物志》一引作“豫并”，疑誤。本書“風”下以“兖豫司冀”合言，不言“并”。

　　八行　天，垣也，垣然高而遠也。“垣”字誤，畢本改作“坦”是也。“天”“坦”雙聲，爲舌頭音透母字。

一葉下

　　三行　月，缺也，滿則缺也。畢云：“《左傳正義》引作滿而闕，《初學記》、《太平御覽》（下簡稱《御覽》）引作言滿則復闕。”

　　四行　景，境也，明所照處有境限也。畢本無“明”字。

　　六行　宿，宿也，星各止宿其處也。玄應《一切經音義》二（下簡稱玄應書）星宿條引作“言星各止住其所也”。《御覽》引作“止宿其所”。案“宿，宿也”，字重，上爲名詞，音息救切，下爲動詞，音息逐切。《釋名》中以同字爲訓者，音義多有分別。

　　七行　氣，餼也，餼然有聲而無形也。畢據《御覽》引改“餼”作“愾”。案“愾”音苦愛切，廣韻云：“大息”，字與“慨”同音。

　　九行　陰，陰也。氣在內奧蔭也。下“陰”字畢本作“蔭”，當據正。

二葉上

一行　寒,捍也,捍格也。　吳本依上"陰""陽"兩條辭例,於"捍格"上增"氣"字。

暑,煮也,熱如煮物也。　吳本於"熱"上加"氣"字。

熱,熭也,如火所燒熭也。　吳本"熱"上增"亦曰熱"三字,與"暑煮也"連爲一條。

二行　春,蠢也,動而生也。　《玉燭寶典》一引作"蠢動而生也"。《藝文類聚》三十(下簡稱《藝文》)引作"物蠢而生",《御覽》引作"萬物蠢然而生"。吳本作"物蠢動而生",義較完備。

五行　四時,四方各一時。　吳本於時下增"也"字。

八行　金,禁也,其氣剛嚴能禁制也。　畢本據《御覽》引改爲"氣剛毅能禁制物也",義較完備。

九行　木,冒也,華葉自覆冐也。　冐當作冒。

十行　火,化也,消化物也。亦言毀,物入中皆毀壞也。　"中"字《藝文》卷八十引作"即",《韻補》卷三引作"則"。

二葉下

四行　卯,冐也,載冐土而出也。　"冐"當作"冒"。

三葉上

一行　亦言脱也,落也。　吳本改作"亦言脱也,物脱落也"。

三行　甲,孚也,萬物解孚甲而生也。　畢本據段校本作"甲,孚甲也"。案《史記·律書》云:"甲者,萬物剖孚甲而出也"。

五行　丁,壯也,物體皆丁壯也。　案玄應書卷十五引作"丁,壯也,言物體皆壯健也。"

六行　庚猶更也,庚堅强貌也。　吳校作"庚猶更,更堅强貌也"。案《韻補》卷二引作"庚,剛也,堅强貌也"。

九行　霜,喪也,其氣慘毒,物皆喪也。　案《玉燭寶典》卷一引作"物喪之也"。

十行　雪,綏也,水下遇寒氣而凝,綏綏然也。　案《玉燭寶典》一引曰:"雪,媛也,水下遇寒而歸凝,媛媛然下也。"畢云:《文選注》、《初學記》、《廣韻》、《御覽》皆引作"水下遇寒而凝,綏綏然下也"。今案《蘇氏演義》卷三引亦作"綏綏然下也",今本脱"下"字,當補。

三葉下

三行　又言運也,運行也。　吳於"運行"上增"若"字。

四行　電,殄也,乍見則殄滅也。　畢本據玄應書卷七引改作"言乍見即殄滅也"。　案《法華經玄贊》卷十(下簡稱《玄贊》)引"則"亦作"即"。

四行　震,戰也,所擊輒破,若攻戰也。又曰辟歷,辟,折也,所歷皆破折也。　畢本改"折"

字爲"析",是也。蘇輿謂"辟歷"下之"辟"字衍,"所歷皆破析也"乃總申辟歷之義,承析字言之。《御覽》天部十三引正作"霹靂析也。"案蘇説是也。案《御覽》所引"霹靂析也"句在"震戰也"三句上,《法苑珠林》卷四引與《御覽》同。日本《倭名類聚抄》卷一(下簡稱《倭名抄》)引《釋名》云:"霹靂,霹析也,靂歷,所歷皆破析也"。今疑《釋名》原本"又曰辟歷,辟析也,所歷皆破析也"數句蓋承"電殄也"一條而作"又曰辟歷,辟歷,析也,所歷皆破析也"。

六行　靄,砲也,其所中物皆摧折,如人所盛砲也。　畢本據玄應書卷九引"砲"作"跑","盛砲"作"蹴跑"。畢云:"《玉篇》跑,蒲篤切,蹴也。則蹴跑二字不誤矣。《御覽》蹴作蹙,後又因形近,遂譌爲盛。"

十行　男美於女,女美於男,恒相奔隨之時,則此氣盛。　畢本據《藝文》卷二引改"恒"爲"互"。

四葉上

二行　傷害於物,如有所食齧也。　"食"吴本改作"蝕"。

二行　暈,捲也,　氣在外捲結之也。　《開元占經》八日占四引"捲"字皆作"卷"。

三行　曀,翳也,言掩翳日光,使不明也。　畢本據玄應書卷九引"言"下增"雲氣"二字。又案"掩"玄應書作晻,卷十、十一又引作"隱"。同爲影母字。

六行　日月虧曰食,稍稍侵虧,如蟲食草木葉也。　"食"玄應書卷二、十四、廿二引均作"蝕",《廣韻‧職韻》食下引同,畢本據改。"稍稍"兩書引均作"稍小"。

七行　晦,灰也。　畢本此上據《初學記》引補出"朏,月未成明也。霸,月始生霸然也。晦,月盡之名也"三句。

七行　朔,蘇也。　畢本據《初學記》引於"朔"補"月初之名也"一句。

八行　弦,月半之名也。其形一旁曲,一旁直,若張弓施弦也。　《净土經三部音義》卷二(下簡稱《净土音義》)引"名"字上有"異"字。又《倭名抄》卷一引"其"字上有"言"字。卷二引無"施"字,《書抄》、《類聚》、《御覽》引同。惟《净土音義》卷二引有"施"字。

四葉下

一行　晨,伸也,旦而日光復伸見也。　玄應書卷二引作"言其清旦日光復伸見也"。

二行　氛,粉也。潤氣著草木,因寒凍凝,色白若粉之形也。玄應書卷　引作"因冷則凝,色白若粉也"。《説文繫傳》氣部雰下引作"潤氣著草木,遇寒而凍,色白曰雰"。

三行　霧,冒也,氣蒙亂覆冒物也。　《玉燭寶典》卷十一引作"霧,冒也,氣蒙冒地物"。

四行　彗星,光梢似彗也。　玄應書卷二、四、十四引"光"字上有"星"字,依下"筆星""流星"例,當據補。

四行　孛星,星旁氣孛孛然也。　劉台拱《經傳小記》云:"案釋智圓《楞嚴經疏》引《釋名》云,言其氣孛孛然似掃彗也。"

六行　枉矢,齊魯謂光景爲枉矢,言其光行若射矢之所至也。　吳本作"齊魯謂光爲枉"。

八行　厲,疾氣也,中人,如磨厲傷物也。　案玄應書卷廿一"疾厲"條引作"癘,病氣流行中人,如磨礪傷物也"。王念孫《廣雅疏證》卷一上引《釋名》作"癘,厲也,病氣流行中人",蓋據玄應書校改,是此條病氣之"厲"字當作"癘"。

八行　疫,役也,言有鬼行疫也。　案玄應書卷廿一引作"疫,役也,言有鬼行役,役役不住也"。下"疫"字誤,當作役。

九行　疵,截也,　氣傷人如有斷截也。　畢本"疵"字從《周禮·均人》職改作"札"。《韻補·月韻》引此文作"氣傷人如有所截斷也"。

五葉上

一行　瘠,痟也,如病者瘠瘦也。　畢本"痟"字並改爲省。省瘦爲古之常言。

二行　孽,孽也,遇之如物見毣孽也。　玄應書卷三引此文,上"孽"字從虫作"蠥",下兩"孽"字皆從木作"櫱"。

五行　地者底也,其體底下,載萬物也。亦言諦也,五土所生,莫不信諦也,《易》謂之坤,坤,順也,上順乾也。　《玉燭寶典》卷一引曰"地,底也"無"者"字,《莊子釋文》、《爾雅釋文》引同。又《玉燭寶典》引"信諦"作"審諦",《御覽》引同。

七行　已耕者曰田,田填也,五稼填滿其中也。　案《倭名抄》卷一引云"土已耕者爲田,田,填也,五穀填滿其中也"。《齊民要術》引"五稼"亦作"五穀"。

八行　壞,瀼也,肥濡意也。　此條訓釋上下文意不合。畢本據說文所云"益州鄙言人盛,諱其肥,謂之瀼",改此文作"壞,瀼也,肥瀼意也"。

十行　下濕曰隰,隰,墊也,墊,溼意也。　王先慎謂《說文》墊,藏也,無下溼義。墊當作墊。《方言》、《說文》、《莊子司馬注》並云墊,下也。書"下民昏墊",鄭注陷也。某傳溺也。土爲水溼,勢若陷溺,是此文當作"下溼曰隰,隰,墊也,墊,溼意也"。今案,原本《玉篇》:"隰,辭立反,《尚書大傳》隰隰言溼也。《廣雅》(當作《釋名》):隰隰,墊也;墊墊,溼意也。"據此可證王說不誤。《方言》卷六墊下也,郭注音丁念反。

五葉下

一行　下而有水曰澤,言潤澤也。　《妙法蓮華經釋文》中卷(下簡稱《妙法》)引無"而"字,《御覽》、《廣韻》引同。

三行　土黃而細密曰埴。埴,膩也,黏昵如脂之膩也。　"膩",畢本據《莊子·馬蹄篇》釋文引改作"膱",是也。慧琳《音義》卷十三引亦作"膱"。又"昵"疑爲譌字,當作"泥"。

八行　陵,隆也,體高隆也。　　"高隆"韻補引作"隆高",是也。畢本不誤。

六葉上

一行　山小高曰岑。岑,嶄也,嶄然也。　　"山小"下畢本據《初學記》、《御覽》引增"而"字,
　　　與上下辭例相合。又"嶄然"改作"嶄嶄然",是也。《詩·小雅》"漸漸之石",字作"漸",毛
　　　傳云:漸漸,山石高峻。《廣韻》漸音慈染切,嶄音士減切。

二行　上銳而長曰嶠,形似橋也。　　畢本據《初學記》、《御覽》改爲"山銳而高曰喬"。案原
　　　本《玉篇》山部"嶠,渠驕反。"《爾雅》:山銳而高嶠,郭璞曰:言纖峻。《釋名》言形似橋也。

二行　小山別大山曰甗。甗,甑也,甑一孔者,甗形孤出處似之也。　　首句畢本據《御覽》
　　　改爲山,上大下小曰甗"。案原本《玉篇》山部甗下云:"魚偃反。《爾雅》重甗陳,郭璞曰:
　　　山形如累兩甑也。《釋名》:甑,孔曰甗,山孤處以(似?)之爲名也"。

六葉上

五行　礐,學也,大石之形學學形也。"礐",畢云當從山作"嶨"。又下"形"字畢本據《初學
　　　記》、《御覽》引改作"然",是也。

七行　山上有水曰浮。浮,脫也。"浮"畢本據《爾雅》改爲"浮",是也。

六葉下

二行　山體曰石,石,格也,堅捍格也。　　"格"字《初學記》與《韻補》《藥韻》引俱作"硌"。
　　　硌,《廣韻》音落。

七行　江,公也,小水流入其中,公共也。　　《水經注》引作"江共也,小水流入其中,所公共
　　　也。《文選·江賦注》及《北堂書鈔》引"小水流入其中",下有"出物不私"四字,是傳本有
　　　不同。此條"公共"上當補"所"字。

八行　淮,圍也,圍繞楊州北界,東至海也。　　案"楊"當作"揚"。

九行　濟,濟也,源出河北,濟河而南也。　　畢本於"濟也"下據《北堂書鈔》、《初學記》、《御
　　　覽》引增"言"字,是也。案此條"濟,濟也",字同而音讀有不同,前者水名,《廣韻》音子禮
　　　切,後者爲渡水之濟,音子計切;一是上聲,一是去聲,不能相混。《釋名》中類此者尚有
　　　多處。

十行　山夾水曰澗。澗,間也,言在兩山之間也。　　《倭名抄》卷一、《藝文》九引均無"之"
　　　字。

七葉上

四行　所出同,所歸異,曰沘泉。　　"沘"字畢本據《爾雅·釋水》作"肥"。

六行　水上出曰涌泉、瀆泉並是也。　　"瀆"字吳本改作"濆"。

八行　水決復入爲汜。汜,已也,如出有所爲,畢已而還入也。　　"爲汜"吳本據上下辭例

改爲"曰汜"。又《韻補》卷三汜下引作"畢己復還而入也"。

九行　風吹水波成文曰瀾。瀾,連也。波體轉流相及連也。　《倭名抄》卷一引作"風吹水波成文曰漣。波體轉相連及也"。《韻補·先韻》引亦作"相連及也",當據改。

十行　水小波曰淪。淪,倫也,小文相次,有倫理也。　"小文"畢本據《御覽》引改作"水文",是也。

七葉下

二行　《水經》川歸文處也。　吳本此句屬下條"海晦也",改爲"《水經》川所歸之處曰海",是也。

三行　海,晦也,主承穢濁,其水黑如晦也。　"主"《韻補》卷三引作"言"。"黑如晦"《初學記》六引作"黑而晦",畢本據改。

五行　澮,會也,小溝之所聚會也。　《說文解字繫傳》廿二〈〈下引"澮"作"〈〈","小溝"作"小水"。

七行　"使從旁廻也",畢本"廻"作"回"。

七行　小渚曰沚。沚,止也,小可以止息其上也。　吳云:"小疑衍"。

八行　小沚曰沘。沘,遲也。　"沘"畢本據《御覽》引改作"坻"是也。《爾雅·釋水》、《說文》均作"坻"。

十行　島,到也,人所奔到也。亦言鳥也,物所赴如鳥之下也。　玄應書卷一引作"亦曰鳥,人物所趣,如鳥之下也。

八葉上

七行　涇上有一泉水,亦是也。　"涇"畢云:"當爲陘字之誤"。吳本作"丘"。"泉"吳本作"淵"。

十行　如乘曰乘丘。　吳本據《爾雅·釋水》於"如乘"下加"者"字。

八葉下

一行　四馬曰乘。一基在後,似車;四列在前,似駕馬車之形也。　郎本"馬車"作"車馬"。畢云:"此車字疑是衍文"是也。

三行　其止污水留不去成泥也。　"止"吳本作"上"。

七行　道出其前曰載丘,在前故載也。　"故載也"吳本作"故言載也"。

十行　水出其左曰營丘。　畢云案《水經·淄水》注引《爾雅》曰水出其前,左爲營丘。《禮記檀弓正義》及《史記·周本紀》皆引作《爾雅》曰水出其前而左曰營丘,今本及《爾雅》皆脫"前而"二字。

九葉上

三行　路,露也,人所踐蹈而露見也。　畢本。

七行　齊魯謂四齒杷爲欋。欋杷地則有四處,此道似之也　"齊魯"下《廣韻》引有間字。玄應書卷二引作"此道似之,因爲名焉"。

十行　駬馬有四年,今此道有七,比於劇也。畢云:"於疑當作之。《初學記》云比之方駬劇。"吳本作"比於駬劇也"。劇爲形容詞。

九葉下

城下道曰隊。隊,翱也,都邑之内翱翔祖駕之處也。　原本《玉篇》"隊,胡勞反。《釋名》:城下道曰豪。豪翔也,都邑之内所翱翔也。"　畢本據《初學記》、《御覽》引"都邑"上增"言"字。又據玄應書引"都邑之内"下增"人所"二字。

# 《釋名》卷第二

十葉上

六行　楊州　吳本作"揚州"是也。

七行　必取荆爲名者。　畢云:《藝文類聚》、《爾雅·釋文》及疏引皆無此句。

八行　常警備之也。　案《五行大義》一引"常"作"當"是也。

十葉下

一行　并州曰土無也。　畢本據《御覽》引改爲并州兼并也。唐韋澳《諸道山河地名要略·并州》引《釋名》曰并者兼也。又云:"不以衛水爲號,不以常山爲稱,而云并者,兩谷之間也。"

九行　鄭,町也,其地多平,町町然也。　《説文繫傳》十二鄭下引作"鄭町也,其地町然平也。"

十行　楚,辛也。　畢云:"辛下當有楚字,觀下文辛楚可見。"

十一葉上

一行　周地在岐山之南,其山四周也。　吳本作"周,周也"。

四行　魯,魯鈍也,國多山水,民性樸魯也。《説文繫傳》七魯字下引作"魯國多山水,民性樸鈍"。當據正。

六行　齊,齊也,地在渤海之南,勃齊之中也。王先謙云:吳校下"勃"作"如",是。

八行　越,夷蠻之國也。　畢沅以"也"字爲衍文。

十一葉下

一行　河内,河水從岐山而南。　畢沅曰:"岐山當是梁山之譌。"

四行 上黨,黨,所也;在山上,其所最高,故曰上也。 "故曰上也"畢本作"故曰上黨也",是。

十行 南陽,在國之南,而地陽也。 畢沅據《史記·秦本紀》正義及《御覽》引改爲"南陽,在中國之南,而居陽地"。

十二葉

二行 大曰邦。邦,封也,封有功於是也。 吴校本於"大"下增"邑"字。《韻補》引作"邦,封也,有功於是,故封之也。"

二行 國城曰都者,國君所居。 畢沅據《御覽》引重"都"字。唐《法琳辯正論》引《釋名》云"都者,覩也"。

四行 邑猶悒也。 畢沅據《初學記》及《御覽》引改"悒"作"俋"。《説文》無俋字。吴校本則作"猶悒悒也"。

六行 懸係於郡也。 《玉燭寶典》四引無"係"字。

九行 一聚之所尊長也。 畢沅據《御覽》引删"之"字。釋形體。

十二葉下

八行 胑枝也似水之枝格也。 吴改"水"爲"木"是也。蘇輿云:《御覽·人事》十六引正作木。

九行 筋力也,肉中之力,氣之元也,靳固於身形也。 案《説文》:筋,肉之力也。吴校改此條作"筋,靳也。肉之力,氣之元,靳固身形也"。

十行 膜,幕也。 《净土三部經音義》三引作"脈,幕也",《御覽》引同。

十三葉上

一行 血,濊也,出於肉,流而濊濊也。 《韻補·質韻》引"濊濊"下有"然"字。

二行 汁,涕也,涕涕而出也。 汁訓涕,音不合。吴校改作"涕,汁涕涕而出也"。

二行 汋,澤也,有潤澤也。 畢云:"人身無所謂汋者。汋字蓋誤也。疑當爲液。"案盧文弨《鍾山札記》四云:"汋同液。"

三行 汗,涆也。出在於表涆涆然也。 王先謙云:"涆字字書所無,疑是涣涣之誤。易言涣汗,又疊韻字。《説文》涣,流散也。《詩·溱洧》:方涣涣兮,傳:涣涣盛也,以釋汗字,於義亦安。"

三行 髓,遺也。遺澧也。 吴校作"髓,遺也,遺遺然也。"畢沅云:"《説文》無遺字,《廣韻》魚盛貌,集韻始有膏液一釋。"

四行 髮,拔也,拔擢而出也。 拔當作拔。

四行 鬢,峻也。所生高峻也。 鬢别見下文,畢校改作囟,囟峻同音。吴校字作頤。

五行　髦,冃也。覆冃頭頸也。　　冃當作冒。

五行　頭,獨也,於體高而獨也。　　《御覽》引作"處體高而獨尊也。"《倭名抄》卷二引作"言處體而獨貴也。"體下脫"高"字。

七行　故幽州人則謂之鄂也。　　《御覽》引無"則"字。

九行　睫,插接也,插於眼眶而相接也。　　畢校作"插也,接也",於"插"下增一"也"字。《御覽》引作"睫,接也,插於匡而相接也"。《韻補·洽韻》引作"睫,插也,插於目眶也"。

十三葉下

二行　頰,夾也,兩旁稱也。　　《韻補·洽韻》引作"面兩旁稱也",此兩字上脫面字。

四行　頤,養也,動於下,止於上,上下咀物以養人也。　　《韻補·陽韻》止作應,人下又有者字。

五行　牙,櫨牙也,隨形言之也。　　畢沅移此條次於前面齒始也一條後。櫨爲櫨梨字,王先謙謂此櫨爲齵之誤字。齒不相值爲齵。

六行　輔車,其骨強,所以輔持口也。　　畢沅以此條承上頤養也之下,據《左傳》僖公五年"輔車相依"正義引於"輔車"上增"或曰"二字。考慧琳《音義》卷七十四頷車下引《釋名》:"頷,含也,口含物之車也。或曰輔車,其骨強,所以輔持口也。或曰牙車,牙所載也。或言頰車,亦所載頰也。"今本"或曰頷"下脫"車"字,"所以載頰","頰"則誤爲"物",當改正。

十四葉上

一行　吻,免也。入之則碎,出則免也。　　《御覽》引無"之"字。《韻補·銑韻》引作"入則定碎,出則免也"。

一行　又取抆也。　　抆當作抆。

二行　舌卷也,可以卷制食物使不落也。　　畢沅改舌卷也爲或曰口卷也,與上文吻免也相連。《周禮·考工記》梓人鄭注云:"吻,口脣也",是舌卷爲口卷之譌。

四行　口下曰承漿,漿水也。　　畢沅據《御覽》引校改爲"口下曰承漿,承水漿也"。

六行　亦取須,體幹長而後生也。　　畢沅曰:"當云亦取須也,須體幹長而後生也。"

七行　隨口動搖髯髯然也。　　髯髯畢改作冉冉。

八行　距拒也,言其曲似拒也。　　二拒字畢校作矩。吳本同。

十行　咽,咽物也。　　吳校作"咽,所以咽物也"。王先謙云:"此文疑當云咽,咽也,言咽物也。《史記·扁鵲倉公傳》正義云咽,嚥也,言咽物也。即用此文。"

十行　䐼在頤纕理之中也。　　畢本"䐼"字上有"或謂之"三字,吳校作"或曰"。"在頤"畢本作"在頤下"。吳校同。

十四葉下

一行　青徐謂之腥，物投其中受而下之也。　　畢沅云：“物投其中”上當有“腥投也”三字。又謂之噫，氣所流通，阨要之處也。　王先謙云：“氣所流通”上當有“噫阨也”三字。

二行　胡，互也，在咽下垂，能歛互物也。　　“在咽下垂”《文選·洞簫賦》引無“下”字。玄應書卷一引作“在咽下垂者也”。

四行　氣所壅塞也。　　玄應書卷一引作“謂氣至壅塞也”。

六行　無物不貫心也。　　畢本據《御覽》引删“心”字。案《韻補》引作“無物不貫於心也”，貫下有於字。

六行　五行屬木。　　畢本據《御覽》引作“於五行屬木”。

七行　凡物以大爲幹也。　　“大”畢據《御覽》引改作“木”。

七行　肺，敄也。　　敄畢改作“勃”，是也。

十五葉上

一行　胞，鞄也。鞄，空虛之言也。　　畢本胞作脬，鞄作鞄。

二行　自臍以下曰水腹云云　　畢本改承“臍劑也”條下。

四行　言所在蔭翳也。　　《倭名類聚抄》卷二引“言”下有“其”字。

五行　肋，勒也，檢勒五臟也。　　醫心方卷十三引“檢勒”上有“所以”二字。《廣韻》肋字下引同。

五行　膈，塞也，塞上下，使氣與穀不相亂也。《韻補·質韻》引膈作鬲。吳校“塞也”作“隔也”。《御覽》引作“隔塞上下，使不與氣穀相亂也”。

七行　與臑脅皆相會閭也。　　皆字畢本據《御覽》引改作背。

七行　臂，裨也，在旁曰裨也。　　裨當作裨。

九行　節，有限節也。　　畢沅云：“指附於手，爪附於指，不應有手有爪，而獨無指。此當云指節也，有限節也。”案指節聲韻不合。

十五葉下

三行　臀，殿也。　　臀字誤，畢本作臀。

四行　尻所在寥牢深也。　　《御覽》引無尻字。

六行　膝，伸也，可屈伸也。　　案“伸也”疑當作“屈也”。

六行　脚，却也，以其坐時却在後也。　　《倭名抄》作“言坐時却在後也”。

七行　膝頭曰膊。“膊，圍也。”　　圍，吳校作圜，是也。

十七葉上

二行　則無蚩繆也。蚩癡也。　　蚩吳校作蚩是。又“蚩癡也”。畢沅云：當別爲一條。

四行　趨,赴也,赴所至也。　　至,畢本據《御覽》引改作期。

十七葉下

一行　奔,變也。　　吳本據上文徐行曰步、疾行曰趨、疾趨曰走三例於奔變也上增"疾走曰
　　奔"四字。

三行　騎,支也,兩腳枝別也。　　支,吳校改作枝。又兩腳枝別,枝《御覽》引作跂。

四行　載,載也,在其上也。　　畢據《禮記正義》引改作"載,戴也,戴在其上也"。

五行　檐,任也。　　檐字誤,《妙法蓮花經釋文》引作擔,是也。

七行　僵,正直畺然也。　　畺,吳改作僵。

八行　企啓開也目延竦之時諸機樞皆開張也。　　畢據玄應書引改作"企,啟也,啟,開也。言
　　自延竦之時樞機皆開張也。"

九行　體皮皆從引也。　　皮,畢校改作支。

九行　察是非也。　　畢據玄應書引察下有其字。

十八葉上

一行　跪,危也,兩藤隱地體危倪也。　　案《淨土三部經音義》卷一引作"兩膝隱地體危隉
　　也"。

三行　於婦人爲扶,自抽扶而上下也。　　扶,吳校均作拔。

四行　連翻使上及言也。　　畢據玄應書引於"及"下增"之"字。

四行　使順已也。　　已吳校改作己,是也。"使"下玄應書卷廿四引有"令"字當增。

五行　徒演廣也。　　徒,畢校據上下文例改作"使",是也。

五行　掬,局也。使相局近也。　　局字當作局。

六行　撮,捽也,暫捽取之也。　　案《法華經玄贊》卷六引作"撮,卒也。謂暫卒取之"。玄
　　應音義卷六引"暫"作"擊",而卷八則引作"暫"。

六行　摣,叉也,五指俱往也。　　案《法華經玄贊》卷九引作"摣,叉也,謂五指俱往叉取"。
當據校。

七行　捉捉也,使相促及也。　　案《韻補·屋韻》引作捉促也,當據正。

八行　其處皮薰黑色如鐵也。　　案《韻補·質韻》引作其處皮熏黑如鐵也。無色字。

九行　蹋蹋也。　　當作蹋楊也。

九行　批,神也。兩相神助,共擊之也。　　案神當作裨。又漢書王莽傳中宋祁注引蕭該
《漢書音義》引《釋名》"兩"字下有"指"字。又無之字。

十行　四指廣博亦似擊之也。　　玄應書卷十四作"以擊之也",無"亦"字,"似"作"以",是
也。

十八葉下

　一行　挾，夾也，在傍也。　吳校"在"上有"夾"字。

　六行　攬，斂也，斂置手中也。　斂當作斂。

　七行　拍，搏也，手搏其上也。　搏畢本作搏是也。又玄應書卷四引"手"字上有"以"字。
　　　韻補藥韻引同。

　七行　摩挲，猶末殺也。　案玄應書卷二十引作"摩抄抹搬也"。字有不同。

　八行　蹙，遵也，遵迫之也。　遵字畢改作道。

　八行　踐，殘也，使殘壞也。　《韻補·先韻》殘下引"使"字上有"踐"字。當據補。

　九行　踏，藉也，以足藉也。　案玄應書卷九行作"以藉足也"。吳校依以下幾條文例作
　　　"以足藉之也"。

　十行　以足踐之如道路也。　《法華經玄贊》八、《法華經釋文》下引並無"路"字。

十九葉上

　一行　躡懾也，登其上使懾服也。　懾畢本作攝。

　四行　偃蹇也，偃息而卧不執事也。　此條偃蹇爲一詞，依上下文例，"偃息而卧"上當出
　　　"偃"字，其上"也"字當删。畢本已改正。

　五行　蹇，跛蹇也。　此條玄應書卷三卷九兩引皆與上條相連。"蹇，跛蹇也"即釋"偃蹇"
　　　之"蹇"。畢本已改正。

　九行　倚篅，倚伎也。篅，作清篅也，言人多伎巧，尚輕細如篅也。　吳本校作"倚徙，倚技
　　　也。徙，篅也，言人多技巧尚輕細如篅也"。

十九葉下

　一行　齧，噬齧也。　語説卷掣與人相持齧也。　"相持齧"吳校作相持如噬齧也。

　二行　喕摘，猶譎摘也。　吳校作"言詗摘也"。

　五行　精氣變化。　精氣《御覽》引作精神。《韻補·箇韻》引同。

八行　欠欽也，開張其口聲脣嶔嶔也。　《韻補·先韻》引無"聲脣"二字。吳本校作"開張其
　　　口作聲，脣嶔嶔然也。"畢據《御覽》引作"開張其口脣欽欽然也。"

二十葉上

　一行　人始生曰嬰兒。胷前曰嬰。抱之嬰前乳養之也。　畢云：《一切經音義》引作"投之
　　　胷前以乳養之"，故曰嬰兒。案玄應書卷二引則"投"作"抱"，"乳"字上有"而"字，不作
　　　"以"。又案《弘決外典抄》卷四引《釋名》云："人之初生曰嬰兒者，胸前曰嬰。接之嬰前
　　　而乳養之，故曰嬰也。"

　四行　青徐州曰娪。吳校"州"作"人"。

五行　兒始能行曰孺。　畢本據《御覽》引於"孺"下增"子"字。

九行　幼少也,言生日少也。　《韻補·嘯韻》引作"幼,小也;小,少也。言生日少也。"

九行　十五曰童。　《釋氏要覽》上"師資童子"條引《釋名》曰:"兒年十五曰童。童,獨也。"

二十葉下

一行　二十曰弱,言柔弱也。　玄應書卷二引作"二十曰弱冠,言雖成人而冠體尚弱也。"與此不同。

二行　五十曰艾。艾,治也。　吴校"治"作"刈"。畢本據玄應書引改作"艾,乂也,又治也"。

四行　耆,指也。不從力役,指事使人也。　玄應書卷十引作"耆,指也。謂指事使人,不自執役也"。

六行　或曰黄耇,鬢髮變黄也。　吴校"鬢"上有"黄"字,是也。劉熙分釋黄耇二字,故下文云耇,垢也。

七行　皮色驪悴,恒如有垢者也。　悴,畢本據《御覽》引改作顇。又《御覽》引無"者"字。

八行　皮有班黑。　畢本據《御覽》引"黑"作"點",是也。"班"吴校作"斑"。

八行　或曰齯齯。　下齯字誤,《御覽》引作"齒"。

九行　更生細者。　"者"《御覽》引作"齒"。

九行　百年曰期頤,頤養也,老昏不復知服味善惡,孝子期於盡養道而已也。　案《禮記·曲禮》鄭注云:"期猶要也,頤養也,不知衣服食味,孝子要盡養道而已。"此處釋名未釋"期"字。

二十一葉上

二行　故其制字人旁作山也。　案《三教指歸注》卷中引作"故制字人傍山也"。

四行　親襯也,言相隱襯也。　蘇輿云:"襯疑當作儭。《一切經音義》四儭,且吝反,又義覲反。儭,至也,近也。"

四行　父,甫也,始生己也。　畢沅曰:"甫有始義。"吴校"始"上有"甫始也"三字。

五行　母,冒也,含生己也。　吴校"含"字上有"冒含也"三字。

五行　祖,祚也,祚物先也。　畢云:"《御覽》引無物字。"

九行　弟,弟也,相次第而上也。　"弟也"當作"第也"。"上"《御覽》引作"生",畢本據改。

十行　孫,遜也。遜遁在後生也。　畢云:"生字疑衍。"

二十一葉下

八行　仲父之弟曰叔父。叔少也。　《韻補》引此下有"幼者稱也",一句。

八行　叔之弟曰季父。　案玄應書卷一引"叔"下有"父"字,《御覽》引同。

# 《晋書》時誤補校(二)

## 牛 繼 清

6. 永康元年春正月癸亥朔,大赦,改元。己卯,日有蝕之。丙子,皇孫蕤卒。(卷四頁 96)

按是月癸亥朔,丙子不當在己卯後。又己卯十七日,不應有日蝕,參見《晋書》卷十二《天文志中》校勘記。辛卯晦日,疑爲辛卯之誤。

7. (太興三年)夏四月壬辰,枉矢流于翼軫。(卷六頁 153)

元帝太興三年四月壬辰,枉矢出虛、危,没翼、軫。(卷十三頁 398)

按該年四月乙未朔,無壬辰。《宋書》卷二十四《天文志二》同。此當爲襲《宋志》而誤。

8. (太興四年)九月壬寅,鎮西將軍、豫州刺史祖逖卒。冬十月壬午,以逖弟侍中約爲平西將軍、豫州刺史。(卷六頁 155)

按該年九月丁巳朔,無壬寅。十月丙戌朔,無壬午。《資治通鑑》卷九十一晋紀十三同誤。《晋書》卷六十二《祖逖傳》借術士之口言"祖豫州九月當死"。疑日干支有誤。

9. (元帝永昌元年)四月,敦前鋒攻石頭,周札開城門應之,奮威將軍侯禮死之。……辛未,大赦。敦乃自爲丞相、都督中外諸軍、録尚書事,封武昌郡公,邑萬户。丙子,驃騎將軍、秣陵侯戴若思,尚書左僕射、護軍將軍、武城侯周顗爲敦所害。(卷六頁 156)

按四月甲申朔,無辛未、丙子。《建康實録》卷五"晋"亦作"四月,敦先鋒攻石頭軍"。《宋書》卷二十四《天文志二》作"永昌元年三月,王敦率江、荆之衆,來攻京都,六軍距戰,敗績。於是殺護軍將軍周顗、尚書令刁協,驃騎將軍劉隗出奔。四月,又殺湘州刺史譙王承、鎮南將軍甘卓";同書卷三十一《五行志二》、《晋書》卷十三《天文志下》、《資治通鑑》卷九十二晋紀十四均繫三月。三月甲寅朔,辛未十八日,丙子二十三日,當是。

10. (成帝咸和三年)三月丙子,皇太后庾氏崩。(卷七頁 172)

按三月己卯朔,無丙子。《資治通鑑》卷九十四晋紀十六同誤。

11. (穆帝永和三年)五月戊申,進慕容皝爲安北將軍。(卷八頁 193)

按是月戊午朔,無戊申。

12. (永和五年)十一月丙辰,石鑒弑石遵而自立。(卷八頁 196)

按是月甲戌朔,無丙辰。《資治通鑑》卷九十八晋紀二十在十一月,不繫日。《晋書》卷一○七載記七《石季龍下》言"遵凡在位一百八十三日",而《通鑑》(同上卷)載石遵于永和五年五月庚寅廢石世自立。則鑒之弑遵應在十一月壬辰,恰一百八十三日,"丙辰"當爲"壬辰"之誤,壬辰十九日。

# 兩漢魏晋南北朝正史西域傳
# 所見西域里數(上)

## 余 太 山

兩漢魏晋南北朝正史所見西域里數集中於《史記·大宛列傳》、《漢書·西域傳》、《後漢書·西域傳》、《晋書·四夷傳》、《梁書·諸夷傳》、《魏書·西域傳》和《周書·異域傳》。這些里數不僅是判定西域諸國方位的重要依據,而且是探索當時道路走向的第一手資料,因而歷來受到西域史研究者的重視。① 兹擬以前人有關成果爲基礎,對這些里數作一全盤的考察。

## (一)《史記·大宛列傳》

1 "大宛在匈奴西南,在漢正西,去漢可萬里"。這一里數見諸張騫首次西使歸國後向武帝所作報告,而張騫往赴大宛乃自漠北匈奴單于庭附近出發,取道巴爾喀什湖北岸,循楚河南下,穿越吉爾吉斯山脉,復沿納倫河進入費爾干納盆地。② 因此,"可萬里"應該表示自漢都長安經由匈奴單于庭,按上述路綫赴大宛國王治的行程。

2 "鹽澤去長安可五千里"。這一里數亦見諸張騫的上述報告。傳文在"鹽澤去長安"句前有云:"樓蘭、姑師邑有城郭,臨鹽澤。"樓蘭、姑師是張騫首次西使歸國時途經的兩個城郭小國,前者位於鹽澤西北,③ 後者位於鹽澤西南。兩國當時均"臨鹽澤",故張騫標出鹽澤去長安距離,事實上記錄了自兩國王治赴長安的大致行程。④

3 "烏孫在大宛東北可二千里"。里數表示自大宛國王治赴烏孫國王治的大致行程。

4 "康居在大宛西北可二千里"。里數表示自大宛國王治赴康居國王治的大致行程。

5 "奄蔡在康居西北可二千里"。里數表示自康居國王治赴奄蔡國王治的大致行程。

6 "大月氏在大宛西可二三千里"。里數表示自大宛國王治赴大月氏國王治的大致行程。"可二三千里"當爲"可二千里"之訛,"三"字衍。⑤

7 "安息在大月氏西可數千里"。里數表示自大月氏國王治赴安息國王治的大致行程。

8　"條枝國在安息西數千里"。里數表示自安息國王治赴條枝國王治的大致行程。

9　"大夏在大宛西南二千餘里媯水南。……其都曰藍市城"。里數表示自大宛國王治赴大夏國王治藍市城的大致行程。時大月氏設王庭於媯水北,自大宛往赴,較赴藍市城爲近,故一曰"可二千里",一曰"二千餘里"。

10　"大夏去漢萬二千里"。里數表示自大夏國王治藍市城經大宛國王治赴漢都長安的行程;亦即藍市城去大宛國王治"二千餘里",與大宛國王治去長安"可萬里"之和。

11　"身毒國又居大夏東南數千里"。里數表示自大夏國王治藍市城赴身毒國王治的大致行程。

今案:與里數1、2相同,里數3至11亦出諸張騫首次西使歸國後的報告。張騫既以去長安里數標誌方位,也就不難想見里數1和里數10應爲自大宛國王治和大夏國王治赴漢都長安的行程,而里數3至9以及里數11應爲自一國王治赴另一國王治的行程。又,張騫首次西使先抵大宛,於大宛得導譯,始知赴諸國途徑,故里數3至9以及里數11均直接或間接以大宛爲基準點,大宛國王治去長安里數事實上成了計算自各國王治赴長安行程的基數,里數10便是明證。又,在記録大宛國王治去長安里數時,特別點明"大宛在匈奴西南",這不僅是爲了標志大宛國的方位,而且是爲了表示該里數乃經由匈奴單于庭的行程。這些記録里數的方法,開兩漢魏晋南北朝正史西域里數記録之先河,影響極其深遠。

# (二)《漢書·西域傳》

1　西域"東西六千餘里,南北千餘里"。

1.1　"六千餘里":玉門、陽關與葱嶺之間的大致距離。傳文:西域"東則接漢,阨以玉門、陽關,西則限以葱嶺"。

1.2　"千餘里":北山(今天山)和南山(今崑崙山、喀喇崑崙山)之間的大致距離。傳文:西域"南北有大山"。

今案:"東西六千餘里,南北千餘里"的西域乃狹義之西域。

2　"蒲昌海,一名鹽澤者也,去玉門、陽關三百餘里"。一般認爲"三百餘里"前奪"千"字,應據《水經注》卷二補。但是,按之傳文所載鄯善國王治去陽關及去長安里數,可以推知陽關去長安爲四千五百里。又據《史記·大宛列傳》鹽澤去陽關僅五百里。換言之,毋寧説,《漢書·西域傳》此處"三"字當爲"五"字之奪訛。

3　"都護治烏壘城,去陽關二千七百三十八里"。里數表示自烏壘城經渠犁赴陽關的行程。傳文:烏壘"南三百三十里至渠犁"。

4　"婼羌國"王號去胡來王,去陽關千八百里,去長安六千三百里"。

4.1　"千八百里":自婼羌國去胡來王王治經鄯善國王治赴陽關的行程;亦即去胡來王王治去鄯善國王治二日行程(2×100里),與鄯善國王治去陽關1600里之和。

4.2　"六千三百里":自婼羌國去胡來王王治經鄯善國王治赴長安的行程亦即去胡來王王治去鄯善國王治200里,與鄯善國王治去長安6100里之和。

今案:傳文稱:"出陽關,自近者始,曰婼羌。"故先列婼羌,繼述鄯善。然而婼羌去陽關、去長安反較鄯善去陽關、去長安各遠200里,知自婼羌赴陽關、長安乃經由鄯善國王治。傳文:婼羌國"辟在西南,不當孔道。……西北至鄯善,乃當道云",可以爲證。

5　"鄯善國"王治扜泥城,去陽關千六百里,去長安六千一百里。……西北去都護治所千七百八十五里,至山國千三百六十五里,西北至車師千八百九十里。……西通且末七百二十里"。

5.1　"千六百里":自扜泥城沿阿爾金山北麓赴陽關的行程。

5.2　"六千一百里":自扜泥城經陽關赴長安的行程。

5.3　"千七百八十五里":自扜泥城北上經尉犁國王治赴烏壘城的行程。傳文:尉犁國"至都護治所三百里,南與鄯善、且末接"。

5.4　"千三百六十五里":自扜泥城北上赴山國王治的行程。傳文:山國"東南與鄯善、且末接"。

5.5　"千八百九十里":自扜泥城經山國王治赴車師前國王治的行程。

5.6　"七百二十里":自扜泥城西赴且末國王治的行程。

6　且末國"王治且末城,去長安六千八百二十里。……西北至於都護治所二千二百五十里。……南至小宛可三日行。……西通精絕二千里"。

6.1　"六千八百二十里":自且末城經鄯善國王治赴長安的行程;亦即且末城去鄯善國王治720里,與鄯善國王治去長安6100里之和。

6.2　"二千二百五十八里":自且末城經尉犁國王治赴烏壘城的行程。傳文:且末國"北接尉犁"。今案:這"二千二百五十八里"也可能是自且末城經渠犁赴烏壘城的行程。傳文:渠犁"東南與且末接"。

6.3　"可三日行":自且末城南赴小宛國王治的行程。"可三日行"約爲300里。

6.4　"二千里":按理應爲自且末城赴精絕國王治的行程,然而這一里並非數實測所得,乃是精絕國王治去長安8820里,與且末城去長安6820里之差。由於前者以經由北道測得的扜彌去長安里數爲基數,這"二千里"不足爲據。

7　小宛國"王治扜零城,去長安七千二百一十里。……西北至都護治所二千五百五十八里”。

7.1　“七千二百一十里”：自扜零城經且末國王治赴長安的行程；亦即扜零城去且末國王治三日行程（300 里），與且末國王治去長安 6820 里之和。“七千二百一十里”應爲“七千一百二十里”之訛。

7.2　“二千五百五十八里”：自扜零城經且末國王治赴烏壘城的行程；亦即扜零城去且末國王治 300 里，與且末國王治去烏壘城 2258 里之和。

8　精絕國“王治精絕城，去長安八千八百二十里。……北至都護治所二千七百二十三里，南至戎盧國四日行。……西通扜彌四百六十里”。

8.1　“八千八百二十里”：按理應爲自精絕城經且末國王治赴長安的行程；亦即精絕城去且末國王治 2000 里，與且末國王治去長安 6820 里之和。其實，由於前面所説的原因，這“八千八百二十里”是扜彌國王治去長安 9280 里與扜彌國王治去精絕城 460 里之差。

8.2　“二千七百二十三里”：自精絕城北上經渠犁赴烏壘城的行程。傳文：“南與精絕接”。

8.3　“四日行”：自精絕城南赴戎盧國王治的行程。

8.4　“四百六十里”：自精絕城西赴扜彌國王治的行程。

9　戎盧國“王治卑品城，去長安八千三百里。……東北至都護治所二千八百五十八里”。

9.1　“八千三百里”：這可能是自卑品城經婼羌國去胡來王王治赴長安的行程；亦即卑品城去去胡來王王治二十日行程（2000 里），與去胡來王王治去長安 6300 里之和。傳文：戎盧國“南與婼羌（接）”。知戎盧國之南亦有婼羌，經此婼羌東行，可抵去胡來王王治。

9.2　“二千八百五十八里”：自卑品城經小宛國王治赴烏壘城的行程，亦即卑品城去小宛國王治三日行程（300 里），與小宛國王治去烏壘城 2558 里之和。

10　扜彌國“王治扜彌城，去長安九千二百八十里。……東北至都護治所三千五百五十三里。……西通于闐三百九十里”。

10.1　“九千二百八十里”：按理應爲自扜彌城經精絕國王治赴長安的行程；亦即扜彌城去精絕國王治 460 里，與精絕國王治去長安 8820 里之和。其實，這“九千二百八十里”是于闐國王治去長安 9670 里與于闐國王治去扜彌城 390 里之差。

10.2　“三千五百五十三里”：自扜彌城經由姑墨國王治，也可能是經由龜茲國王治，赴烏壘城的行程。傳文：扜彌國“東北與龜茲、西北與姑墨接”。

10.3　“三百九十里”：自扜彌城西赴于闐國王治的行程。

11　渠勒國“王治鞬都城，去長安九千九百五十里。……東北至都護治所三千八百五十二里"。

11.1　"九千九百五十里"：這可能是自輮都城經戎盧國王治赴長安的行程；亦即輮都城去戎盧國王治十六日半行程(1650里)，與戎盧國王治去長安8300里之和。傳文：渠勒國"東與戎盧(接)"。

11.2　"三千八百五十二里"：自輮都城經扜彌國王治赴烏壘城的行程；亦即輮都城去扜彌國王治三日行程(300里)，與扜彌國王治去烏壘城3553里之和。傳文：渠勒國"北與扜彌接"。今案：扜彌國王治去烏壘城"三千五百五十三里"(里數10.2)應爲"三千五百五十二里"之訛。

12　于闐國"王治西城，去長安九千六百七十里。……東北至都護治所三千九百四十七里。……西通皮山三百八十里"。

12.1　"九千六百七十里"：自西城經姑墨國王治赴長安的行程；亦即西城去姑墨國王治十五日行程(1500里)，與姑墨國王治去長安8150里之和。兩者之和較9670里尚短20里，或者因爲西城去姑墨國王治原來測定爲1520里，後來被約略折合爲"十五日"行程了。傳文：于闐國"北與姑墨接"。

12.2　"三千九百四十七里"：自西城經扜彌國王治赴烏壘城的行程；亦即西城去扜彌國王治390里，與扜彌國王治去烏壘城3552里之和。"三千九百四十七里"或爲"三千九百四十二里"之訛。

12.3　"三百八十里"：自西城赴皮山國王治的行程。

13　皮山國"王治皮山城，去長安萬五十里。……東北至都護治所四千二百九十二里，西南至烏秅國千三百四十里。……北至姑墨千四百五十里。……西北通莎車三百八十里"。

13.1　"萬五十里"：自皮山城經于闐國王治赴長安的行程；亦即皮山城去于闐國王治380里，與闐國王治去長安9670里之和。

13.2　"四千二百九十二里"：自皮山城經于闐國王治赴烏壘城的行程；亦即皮山城去于闐國王治三日半行程(350里)，與于闐國王治去烏壘城3942里之和。今案：此處據皮山城去烏壘城里數可推得的皮山城去于闐國王治之行程與里數12.3不符，説明里數13.2與里數12.3所據資料不同。

13.3　"千三百四十里"：自皮山城赴烏秅國王治的行程。今案：此里數與據里數14.2可推得的皮山城去烏秅國王治的里數不符，説明兩者所據資料不同。

13.4　"千四百五十里"：自皮山城赴姑墨國王治的行程。

13.5　"三百八十里"：自皮山城赴莎車國王治的行程。

14　烏秅國"王治烏秅城，去長安九千九百五十里。……東北至都護治所四千八百九十二里。……其西則有縣度,去陽關五千八百八十八里,去都護治所五千二十里"。

14.1　"九千九百五十里":自烏秅城經蒲犁國王治赴長安的行程;亦即烏秅城去蒲犁國王治四日行程(400里),與蒲犁國王治去長安9550里之和。

14.2　"四千八百九十二里":自烏秅城經皮山國王治赴烏壘城的行程;亦即烏秅城去皮山國王治六日行程(600里),與皮山國王治去烏壘城4292里之和。

14.3　"五千八百八十八里":自縣度經烏秅城赴陽關的行程。

14.4　"五千二十里":自縣度經烏秅城赴烏壘城的行程。

今案:據里數14.3和里數14.4可推得不同的縣度去烏秅城里數,這説明計測烏秅城去長安、去烏壘城的基準點不同。

15　西夜國"王號子合王,治呼揵谷,去長安萬二百五十里。……東北到都護治所五千四十六里"。

15.1　"萬二百五十里":自呼揵谷經莎車國王治赴長安的行程;亦即呼揵谷去莎車國王治三日行程(300里),與莎車國王治去長安9950里之和。

15.2　"五千四十六里":自呼揵谷經莎車國王治赴烏壘城的行程;亦即呼揵谷去莎車國王治300里,與莎車國王治去烏壘城4746里之和。

16　蒲犁國"王治蒲犁谷,去長安九千五百五十里。……東北至都護治所五千三百九十六里,東至莎車五百四十里,北至疏勒五百五十里,……西至無雷五百四十里。"

16.1　"九千五百五十里":自蒲犁谷經疏勒國王治赴長安的行程;亦即蒲犁谷去疏勒國王治二日行程(200里),與疏勒國王治去長安9350里之和。

16.2　"五千三百九十六里":自蒲犁谷經西夜國子合王所治赴烏壘城的行程;亦即蒲犁谷去子合王所治三日半行程(350里),與子合王所治去烏壘城5046里之和。

16.3　"五百四十里":自蒲犁谷赴莎車國王治的行程。

16.4　"五百五十里":自蒲犁谷赴莎車國王治的行程。今案:此里數與據里數16.1可推得的蒲犁谷去疏勒國王治之行程不同,説明里數16.4與里數16.1所據資料不同。

16.5　"五百四十里":自蒲犁谷赴無雷國王治的行程。

17　依耐國"王治去長安萬一百五十里。……東北至都護治所二千七百三十里,至莎車五百四十里,至無雷五百四十里,北至疏勒六百五十里"。

17.1　"萬一百五十里":自依耐國王治經無雷國王治赴長安的行程;亦即依耐國王治去無雷國王治二日行程(200里),與無雷國王治去長安9950里之和。

17.2　"二千七百三十里":自依耐國王治經無雷國王治赴烏壘城的行程。

17.3　"五百四十里":自依耐國王治赴莎車國王治的行程。

17.4 "五百四十里":自依耐國王治赴無雷國王治的行程。今案:此里數與據里數 17.1 和里數 17.2 可推得的依耐國王治去無雷國王治之行程各不相同,説明里數 17.4 與里數 17.1、里數 17.2 所據資料不同。

17.5 "六百五十里":自依耐國王治赴疏勒國王治的行程。

18 無雷國"王治盧城,去長安九千九百五十里。……東北至都護治所二千四百六十五里,南至蒲犂五百四十里"。

18.1 "九千九百五十里":自盧城經蒲犂國王治赴長安的行程;亦即盧城去蒲犂國王治四日行程(400 里),與蒲犂國王治去長安 9550 里之和。

18.2 "二千四百六十五里":自盧城經疏勒國王治赴烏壘城的行程。

18.3 "五百四十里":自盧城赴蒲犂國王治的行程。今案:此里數與據里數 18.1 可推得的盧城去蒲犂國王治之行程不同,説明里數 18.3 和里數 18.1 所據資料不同。

19 難兜國"王治去長安萬一百五十里。……東北至都護治所二千八百五十里,(西)〔東〕至無雷三百四十里,⑥西南至罽賓三百三十里"。

19.1 "萬一百五十里":自難兜國王治經無雷國王治赴長安的行程;亦即難兜國王治去無雷國王治二日行程(200 里),與無雷國王治去長安 9950 里之和。

19.2 "二千八百五十里":自難兜國王治經無雷國王治赴烏壘城的行程。

19.3 "三百四十里":自難兜國王治赴無雷國王治的行程。今案:此里數與根據里數 19.1 和里數 19.2 可推得的難兜國王治去無雷國王治的行程各不相同,説明里數 19.3 與里數 19.1、里數 19.2 所據資料各不相同。

19.4 "三百三十里":自難兜國王治赴罽賓國王治的行程。今案:此里數可能有誤。⑦

20 罽賓國"王治循鮮城,去長安萬二千二百里。……東北至都護治所六千八百四十里,……東至烏秅國二千二百五十里,東北至難兜國九日行。……起皮山南……二千餘里乃到縣度"。

20.1 "萬二千二百里":自循鮮城經烏秅國王治赴長安的行程;亦即循鮮城去烏秅國王治 2250 里,與烏秅國王治去長安 9950 里之和。

20.2 "六千八百四十里":自循鮮城經烏秅國王治赴烏壘城的行程;亦即循鮮城去烏秅國王治十九日半行程(1950 里),與烏秅國王治去烏壘城 4892 里之和。"六千八百四十里"應爲"六千八百四十二里"之奪訛。

20.3 "二千二百五十里":自循鮮城赴烏秅國王治的行程。今案:此里數與據里數 20.2 可推得的循鮮城去烏秅國王治的行程不同,説明里數 20.3 與里數 20.2 所據資料不同。

20.4 "九日行":應爲自循鮮城赴難兜國王治的行程。今案:"九日行"約 900 里,於里數19.4不符,似乎説明兩者所據資料不同;然而本里數可能有誤;而如前述,里數19.4也可能有誤。⑧

20.5 "二千餘里":自皮山國王治經烏秅國王治赴縣度的行程。

21 烏弋山離國"王去長安萬二千二百里。……東北至都護治所六十日行。……行可百餘里,乃至條枝國"。

21.1 "萬二千二百里":應爲自烏弋山離國經罽賓國王治赴長安的行程。今案:傳文稱罽賓"西南與烏弋山離接"。烏弋山離既在罽賓西南,去長安里數不應與罽賓相同,知此里數有誤。

21.2 "六十日行":應爲自烏弋山離國王治經罽賓國王治赴烏壘城的行程。今案:罽賓國王治去烏壘城6840里,已逾"六十日行",知此行程有誤。

21.3 "可百餘日":自烏弋山離國王治經安息國王治赴條枝國王治的行程。⑨

22 安息國"王治番兜城,去長安萬一千六百里。……東界去王都數千里"。

22.1 "萬一千六百里":應指自番兜城經大月氏國王治赴長安的行程。今案:傳文:大月氏國"西至安息四十九日行"。安息國既在大月氏國之西,去長安里數不應與大月氏國相同,知此里數有誤。"萬一千六百里"或爲"萬六千五百里"之訛。⑩

22.2 "數千里":此里數承襲《史記·大宛列傳》。

23 大月氏國"治監氏城,去長安萬一千六百里。……東至都護治所四千七百四十里,西至安息四十九日行"。

23.1 "萬一千六百里":自監氏城經捐毒國王治赴長安的行程,亦即監氏城去捐毒國王治十七日半行程(1750里),與捐毒國王治去長安9860里之和。"萬一千六百里"或爲"萬一千六百十里"之奪訛。

23.2 "四千七百四十里":自監氏城經休循國王治赴烏壘城的行程;亦即監氏城去休循國王治1620里,與休循國王治去烏壘城3121里之和。"四千七百四十里"應爲"四千七百四十一里"之奪訛,而監氏城去休循國王治"千六百一十里"(里數30.5)應爲"千六百二十里"之訛。

23.3 "四十九日行":自監氏城西赴安息國王治的行程。

24 大夏"有五翖侯:一曰休密翖侯,治和墨城,去都護二千八百四十一里,去陽關七千八百二里;二曰雙靡翖侯,治雙靡城,去都護三千七百四十一里,去陽關七千七百八十二里;三曰貴霜翖侯,治護澡城,去都護五千九百四十里,去陽關七千九百八十二里;四曰肸頓翖侯,治薄茅城,去都護五千九百六十二里;去陽關八千二百二里;五曰高附翖侯,治高附城,去都護六千四十一里,去陽關九千二百八十三里"。

24.1　"二千八百四十一里"：自和墨城經大月氏國王治赴烏壘城的行程；亦即和墨城去大月氏國王治一日行程(100里)，與大月氏國王治去烏壘城4741里之和。"二千八百四十一里"，應爲"四千八百四十一里"之訛。

24.2　"七千八百二里"：自和墨城經大月氏國王治赴陽關的行程。"七千八百二里"應爲"七千八十二里"之訛。

24.3　"三千七百四十一里"：自雙彌城經和墨城赴烏壘城的行程；亦即雙彌城去和墨城七日行程(700里)，與和墨城去烏壘城4841里之和。"三千七百四十一里"應爲"五千五百四十一里"之訛。

24.4　"七千七百八十二里"：自雙彌城經和墨城赴陽關的行程；亦即雙彌城去和墨城700里，與和墨城去陽關7082里之和。

24.5　"五千九百四十里"：自護澡城經雙彌城赴烏壘城的行程；亦即護澡城去雙彌城二日行程(200里)，與雙彌城去烏壘城5541里之和。"五千九百四十里"應爲"五千七百四十一里"之奪訛。

24.6　"七千九百八十二里"：自護澡城經雙彌城赴陽關的行程；亦即護澡城去雙彌城200里，與雙彌城去陽關7782里之和。

24.7　"五千九百六十二里"：自薄茅城經護澡城赴烏壘城的行程；亦即薄茅城去護澡城二日行程(200里)，與護澡城去烏壘城5741里之和。"五千九百六十二里"應爲"五千九百四十一里"之訛。

24.8　"八千二百二里"：自薄茅城經護澡城赴陽關的行程；亦即薄茅城去護澡城200里，與護澡城去陽關7982里之和。"八千二百二里"應爲"八千一百八十二里"之奪訛。

24.9　"六千四十一里"：自高附城經薄茅城赴烏壘城的行程；亦即高附城去薄茅城十一日行程(1100里)，與薄茅城去烏壘城5941里之和。"六千四十一里"應爲"七千四十一里"之和。

24.10　"九千二百八十三里"：自高附城經薄茅城赴陽關的行程；亦即高附城去薄茅城1100里，與薄茅城去陽關8182里之和。"九千二百八十三里"應爲"九千二百八十二里"之訛。

今案：現存數據表明，大夏五翎侯治所去烏壘、陽關里數的計測有共同的基準點。由於若干數據已有訛誤，特予校正。據校正後的五翎侯治所去烏壘、陽關里數可推得相同的烏壘城去陽關里數：2241里。這一里數與里數3不符，是因爲兩者所據資料不同。

25　康居國"王冬治樂越匿地到卑闐城。去長安萬二千三百里。……至越匿地馬行七日，至王夏所居蕃内九千一百四里。……東至都護治所五千五百五十里"。

25.1　"萬二千三百里":似爲自卑闐城經烏孫國王治赴長安的行程;亦即卑闐城去烏孫國王治三十四日行程(3400里),與烏孫國王治去長安8900里之和。傳文:烏孫國"西北與康居(接)"。

25.2　"馬行七日":應爲自卑闐城赴越匿地的行程。

25.3　"九千一百四里":應爲之卑闐城赴蕃内的行程。"九千一百四里"或爲"一千一百四里"之訛。[①]

25.4　"五千五百五十里":可能是自卑闐城經龜兹國王治赴烏壘城的行程;亦即卑闐城去龜兹國王治五十二日行程(5200里),與龜兹國王治去烏壘城350里之和。今案:"五千五百五十里"可能是"五千五百五十一里"之奪訛,蓋龜兹國王治去烏壘城"三百五十里"(里數38.2)或爲"三百五十一里"之訛。

26　"康居西北可二千里,有奄蔡國"。里數承襲《史記·大宛列傳》。

27　"康居"有小王五:一曰蘇𧶠王,治蘇𧶠城,去都護五千七百七十六里;二曰附墨王,治附墨城,去都護五千七百六十七里,去陽關八千二十五里;三曰窳匿王,治窳匿城,去都護五千二百六十六里,去陽關七千五百二十五里;四曰罽王,治罽城,去都護六千二百九十六里,去陽關八千五百五十五里;五曰奧鞬王,治奧鞬城,去都護六千九百六里,去陽關八千三百五十五里。

27.1　"五千七百七十六里":自蘇𧶠城赴烏壘城的行程。

27.2　"八千二十五里":自蘇𧶠城赴陽關的行程。"八千二十五里"或爲"八千三十五里"之訛。

27.3　"五千七百六十七里":自附墨城赴烏壘城的行程。"五千七百六十七里"或爲"五千七百六十六里"之訛。

27.4　"八千二十五里":自附墨城赴陽關的行程。

27.5　"五千二百六十六里":自窳匿城赴烏壘城的行程。

27.6　"七千五百二十五里":自窳匿城赴陽關的行程。

27.7　"六千二百九十六里":自罽城赴烏壘城的行程。

27.8　"八千五百五十五里":自罽城赴陽關的行程。

27.9　"六千九百六里":自奧鞬城赴烏壘城的行程。"六千九百六里":應爲"六千九十六里"之訛。

27.10　"八千三百五十五里":自奧鞬城赴陽關的行程。

今案:現存數據表明,康居五小王治所去烏壘、陽關里數的計測有共同的基準點,很可能自五小王治所赴烏壘、陽關經由蒲犁、西夜和莎車。由於若干數據已有訛誤,特予校正。據校正後的五小王治所去烏壘、去陽關里數可推得相同的烏壘城去陽關里數:2259里。[12]

28　大宛國"王治貴山城,去長安萬二千五百五十里。……東至都護治所四千三十一里,北至康居卑闐城千五百一十里,西南至大月氏六百九十里"。

28.1　"萬二千五百五十里":應爲自貴山城經休循國王治赴長安的行程。今案:此里數有誤。大宛在康居、大月氏之東,去長安里數不應反較後兩者爲大。

28.2　"四千三十一里":自貴山城經休循國王治赴烏壘城的行程;亦即貴山城去休循國王治九日行程(900里),與休循國王治去烏壘城3121里之和。"四千三十一里"應爲"四千二十一里"之訛。

28.3　"千五百一十里":自貴山城赴卑闐城的行程。

28.4　"六百九十里":應爲自貴山城赴大月氏國王治的行程。今案:這一里數并非實測所得,祇是休循國王治去大月氏國王治1610里與休循國王治去貴山城920里之差;由於1610里并非自休循國王治經由貴山城赴大月氏國王治的行程,這"六百九十里"顯然是不足爲據的。[13]又,如前所述,休循國王治去大月氏國王治"千六百一十里"應爲"千六百二十里"之訛,因而休循國王治去貴山城"九百二十里"應爲"九百三十里"之訛。

29　桃槐國"王去長安萬一千八十里"。里數可能表示自桃槐國王治經休循國或捐毒國王治赴長安的行程。

30　休循國"王治烏飛谷,……去長安萬二百一十里。……東至都護治所三千一百二十一里,至捐毒衍敦谷二百六十里,西北至大宛國九百二十里,西至大月氏千六百一十里"。

30.1　"萬二百一十里":自烏飛谷經捐毒國王治赴長安的行程;亦即烏飛谷去捐毒國王治260里,與捐毒國王治去長安9860里之和。今案:"萬二百一十里"應爲"萬一百一十里"之訛,捐毒國王治去長安"九千八百六十里"應爲"九千八百五十里"之訛。

30.2　"三千一百二十一里":自烏飛谷經捐毒國王治赴烏壘城的行程;亦即烏飛谷去捐毒國王治260里,與捐毒國王治去烏壘城2861里之和。

30.3　"二百六十里":自烏飛谷赴捐毒國王治的行程。

30.4　"九百二十里":自烏飛谷赴大宛國王治的行程。今案:如前所述,"九百二十里"應爲"九百三十里"之訛。又,這一里數與據里數28.2可推得的烏飛谷去大宛國王治的里數(900里)不盡相符,是因爲後者不過略數。

30.5　"千六百一十里":自烏飛谷赴大月氏國王治的行程。今案:如前所述,"千六百一十里"應爲"千六百二十里"之訛。

31　捐毒國"王治衍敦谷,去長安九千八百六十里。……東至都護治所二千八百六十一里。……西北至大宛千三十里"。

31.1　"九千八百六十里"：自衍敦谷經疏勒國王治赴長安的行程；亦即衍敦谷去疏勒國王治五日行程(500里)，與疏勒國王治去長安9350里之和。今案：傳文"至疏勒"下奪衍敦谷至疏勒國王治里數，然據此可知自疏勒有道可通捐毒。⑭又，如前所述，"九千八百六十里"應爲"九千八百五十里"之訛。

31.2　"二千八百六十一里"：自衍敦谷經尉頭國王治赴烏壘城的行程；亦即衍敦谷去尉頭國王治十四日半行程(1450里)，與尉頭國王治去烏壘城1411里之和。

31.3　"千三十里"：自衍敦谷赴大宛國王治的行程。

32　莎車國"王治莎車城，去長安九千九百五十里。……東北至都護治所四千七百四十六里，西至疏勒五百六十里，西南至蒲犁七百四十里"。

32.1　"九千九百五十里"：自莎車城經疏勒國王治赴長安的行程；亦即莎車城去疏勒國王治六日行程(600里)，與疏勒國王治去長安9350里之和。

32.2　"四千七百四十六里"：自莎車城赴烏壘城的行程，可能經由皮山國王治。

32.3　"五百六十里"：自莎車城赴疏勒國王治的行程。今案：此里數與據里數32.1可推得的莎車城去疏勒國王治里數不符，是因爲後者不過略數。

32.4　"七百四十里"：自莎車城赴蒲犁國王治的行程。今案：此里數與里數16.3不同，未知孰是？但據蒲犁、莎車去烏壘里數推算，本里數誤差較小。

33　疏勒國"王治疏勒城，去長安九千三百五十里。……東至都護治所二千二百一十里，南至莎車五百六十里"。

33.1　"九千三百五十里"：自疏勒城經姑墨國王治赴長安的行程；亦即疏勒城去姑墨國王治十二日行程(1200里)，與姑墨國王治去長安8150里之和。

33.2　"二千二百一十里"：自疏勒城經姑墨國王治赴烏壘城的行程；亦即疏勒城去姑墨國王治1200里，與姑墨國王治去烏壘城1021里之和。"二千二百一十里"應爲"二千二百二十一里"之奪訛。

33.3　"五百六十里"：自疏勒城赴莎車國王治的行程。

34　尉頭國"王治尉頭谷，去長安八千六百五十里。……東至都護治所千四百一十一里，……西至捐毒千三百一十四里，徑道馬行二日"。

34.1　"八千六百五十里"：自尉頭谷經溫宿國王治赴長安的行程；亦即尉頭谷去溫宿國王治300里，與溫宿國王治去長安8350里之和。

34.2　"千四百一十一里"：自尉頭谷經姑墨國王治赴烏壘城的行程；亦即尉頭谷去姑墨國王治四日行程(400里)，與姑墨國王治去烏壘城1021里之和。"千四百一十一里"應爲"千四百二十一里"之奪訛。

34.3　"千三百一十四里"：自尉頭谷赴捐毒國王治的行程。今案：此里數與據里數31.2可推得的尉頭谷赴捐毒國王治里數不同，說明兩者所據資料不同。

34.4　"馬行二日"：自尉頭谷取"徑道"赴捐毒國王治的行程。

35　烏孫國"大昆彌治赤谷城，去長安八千九百里。……東至都護治所千七百二十一里，西至康居蕃内地五千里"。

35.1　"八千九百里"：自赤谷城經姑墨國王治赴長安的行程；亦即赤谷城去姑墨國王治七日半行程(750里)，與姑墨國王治去長安8150里之和。

35.2　"千七百二十一里"：自赤谷城經姑墨國王治赴烏壘城的行程；亦即赤谷城去姑墨國王治七日行程(700里)，與姑墨國王治去烏壘城1021里之和。今案：據里數35.1與里數35.2可推得的赤谷城去姑墨國王治里數不同，很可能是因爲赤谷城去長安"八千九百里"其實是"八千八百五十里"的略數。

35.3　"五千里"自赤谷城赴蕃内的行程。

36　姑墨國"王治南城，去長安八千一百五十里。……東至都護治所一千二十一里，[15]南至于闐馬行十五日，……東通龜茲六百七十里。"

36.1　"八千一百五十里"：自南城經龜茲國王治赴長安的行程；亦即南城去龜茲國王治670里，與龜茲國王治去長安7480里之和。

36.2　"一千二十一里"：自南城經龜茲國王治赴烏壘城的行程；亦即南城去龜茲國王治670里，與龜茲國王治去烏壘城350里之和。今案：如前所述，龜茲國王治去烏壘"三百五十里"應爲"三百五十一里"之奪訛。

36.3　"馬行十五日"：自南城赴于闐國王治的行程。

36.4　"六百七十里"：自南城赴龜茲國王治的行程。

37　温宿國"王治温宿城，去長安八千三百五十里。……東至都護治所二千三百八十里，西至尉頭三百里，北至烏孫赤谷城六百一十里。……東通姑墨二百七十里"。

37.1　"八千三百五十里"：自温宿城經姑墨國王治赴長安的行程；亦即温宿城去姑墨國王治二日行程(200里)，與姑墨國王治去長安8150里之和。

37.2　"二千三百八十里"：應爲自温宿城經姑墨國王治赴烏壘城的行程。今案：此里數有誤。温宿在尉頭之北，去烏壘里數不應大於尉頭近七千里。[16]

37.3　"三百里"：自温宿城西赴尉頭國王治的行程。

37.4　"六百一十里"：自温宿城赴烏孫國王治的行程。

37.5　"二百七十里"：自温宿城東赴姑墨國王治的行程。今案：此里數與據里數37.1可推得的温宿城去姑墨國王治的里數不同，說明兩者所據資料不同。

38　龜茲國"王治延城,去長安七千四百八十里。……東至都護治所烏壘城三百五十里"。

38.1　"七千四百八十里":自延城經渠犂赴長安的行程。

38.2　"三百五十里":自延城赴烏壘城的行程。如前所述,"三百五十里"應爲"三百五十一里"之奪訛。

39　烏壘"與都護同治,其南三百三十里至渠犂"。里數表示自烏壘赴渠犂的行程。

40　渠犂"至龜茲五百八十里。……輪臺西於車師千餘里。……東通尉犂六百五十里"。

40.1　"五百八十里":自渠犂赴龜茲國王治的行程。

40.2　"千餘里":自車師前國王治赴輪臺的行程。

40.3　"六百五十里":自渠犂赴尉犂國王治的行程。

41　尉犂國"王治尉犂城,去長安六千七百五十里。……西至都護治所三百里"。

41.1　"六千七百五十里":自尉犂城經鹽澤西北今樓蘭遺址一帶赴長安的行程。

41.2　"三百里":自尉犂城赴烏壘城的行程。

42　危須國"王治危須城,去長安七千二百九十里。……西至都護治所五百里,至焉耆百里"。

42.1　"七千二百九十里":可能是自危須城經山國王治赴長安的行程。

42.2　"五百里":自危須城經焉耆國王治赴烏壘城的行程;亦即危須城去焉耆國王治100里,與焉耆國王治去烏壘城400里之和。

42.3　"百里":自危須城赴焉耆國王治的行程。

43　焉耆國"王治員渠城,去長安七千三百里。……西南至都護治所四百里,南至尉犂百里"。

43.1　"七千三百里":自員渠城經山國王治赴長安的行程;亦即員渠城去山國王治160里,與山國王治去長安7170里之和。"七千三百里"應爲"七千三百三十里"之奪訛。

43.2　"四百里":自員渠城經尉犂國王治赴烏壘城的行程;亦即員渠城去尉犂國王治100里,與尉犂國王治去烏壘城300里之和。

43.3　"百里":自員渠城赴尉犂國王治的行程。

44　烏貪訾離國"王治于婁谷,去長安萬三百三十里"。里數可能表示自于婁谷經單桓國王治赴長安的行程。傳文:烏貪訾離國"東與單桓(接)"。

45　卑陸國"王治天山東乾當國,去長安八千六百八十里。……西南至都護治所千二百八十七里"。

45.1 "八千六百八十里"：可能是自乾當(國)〔谷〕經車師前國赴長安的行程。

45.2 "千二百八十七里"：自乾當谷經車師前國王治赴烏壘城的行程；亦即乾當谷去車師前國王治二日行程(200里)，與車師前國王治去烏壘城1087里之和。今案：據里數45.1和里數45.2可推得的乾當谷去車師前國王治里數不同，說明兩者所據資料不同。

46 卑陸後國"王治番渠類谷，去長安八千七百一十里"。里數表示自番渠類谷經卑陸國王治赴長安的行程。

47 郁立師國"王治內咄谷，去長安八千八百三十里"。里數可能表示自內咄谷經卑陸國王治赴長安的行程。

48 單桓國"王治單桓城，去長安八千八百七十里"。里數可能表示自單桓城經劫國王治赴長安的行程。

49 蒲類國"王治天山西疏榆谷，去長安八千三百六十里。……西南至都護治所千三百八十七里"。

49.1 "八千三百六十里"：可能是自疏榆谷經車師前國王治赴長安的行程。

49.2 "千三百八十七里"：自疏榆谷經車師前國王治赴烏壘城的行程；亦即疏榆谷去車師前國王治三日行程(300里)，與車師前國王治去烏壘城1087里之和。今案：據里數49.1和里數49.2可推得的疏榆谷去車師前國王治里數不同，說明兩者所據資料不同。

50 蒲類後國"王去長安八千六百三十里"。里數表示自蒲類後國王治經蒲類國王治赴長安的行程。

51 西且彌國"王治天山東于大谷，去長安八千六百七十里。……西南至都護治所千四百八十七里"。

51.1 "八千六百七十里"：自于大谷經東且彌國王治赴長安的行程。

51.2 "千四百八十七里"：自于大谷經東且彌國王治赴烏壘城的行程；亦即于大谷去東且彌國王治一日行程(100里)，與東且彌國王治去烏壘城1487里之和。今案："千四百八十七里"應爲"千五百八十七里"之訛。又，據里數50.1和里數51.2可推得的于大谷去東且彌國王治里數不同，說明兩者所據資料不同。

52 東且彌國"王治天山東兑虛谷，去長安八千二百五十里。……西南至都護治所千五百八十七里"。

52.1 "八千二百五十里"：自兑虛谷經車師前國王治赴長安的行程。

52.2 "千五百八十七里"：自兑虛谷經車師前國王治赴烏壘城的行程；亦即兑虛谷去車師前國王治四日行程(400里)，與車師前國王治去烏壘城1087里之和。今案："千五百八十七里"應爲"千四百八十七里"之訛。又，據里數52.1和里數52.2可推得的兑虛谷去車師前國王治里數不同,說明兩者所據資料不同。

53　劫國"王治天山東丹渠谷,去長安八千五百七十里。……西南至都護治所千四百八十七里"。

53.1　"八千五百七十里":自丹渠谷經車師前國王治赴長安的行程。

53.2　"千四百八十七里":自丹渠谷經車師前國王治赴烏壘城的行程;亦即丹渠谷去車師前國王治四日行程(400里),與車師前國王治去烏壘城1087里之和。今案:據里數53.1和里數53.2可推得的丹渠谷去車師前國王治的里數不同,然而或許據後者可推得者是估計數,據前者可推得者較近實際。

54　狐胡國"王治車師柳谷,去長安八千二百里。……西至都護治所千一百四十七里,至焉耆七百七十里"。

54.1　"八千二百里":自車師柳谷經車師前國王治赴長安的行程;亦即車師柳谷去車師前國王治半日行程(50里),與車師前國王治去長安8150里之和。

54.2　"千一百四十七里":自車師柳谷經車師前國王治赴烏壘城的行程。今案:據里數54.1和里數54.2可推得的車師柳谷去車師前國王治的里數不同,然而或許據前者可推得者是估計數,據後者可推得者(60里)較近實際。

54.3　"七百七十里":自車師柳谷赴焉耆國王治的行程。

55　山國"王去長安七千一百七十里。……西至尉犁二百四十里,西北至焉耆百六十里,西至危須二百六十里"。

55.1　"七千一百七十里":自山國王治經由羅布泊西北今樓蘭遺址一帶赴長安的行程。

55.2　"二百四十里":自山國王治赴尉犁國王治的行程。

55.3　"百六十里":自山國王治赴焉耆國王治的行程。

55.4　"二百六十里":自山國王治赴危須國王治的行程。今案:這一里數與據里數42.1可推得者不同,說明兩者所據資料不同。

56　車師前國"王治交河城。……去長安八千一百五十里。……西南至都護治所千八百七里,至焉耆八百三十五里"。

56.1　"八千一百五十里":自交河城經焉耆國王治赴長安的行程;亦即交河城去焉耆國王治八日半行程(850里),與焉耆國王治去長安7300里之和。今案:交河城去焉耆國王治應爲835里,焉耆國王治去長安應爲7330里,此處分別作850里和7300里均是估計數。

56.2　"千八百七里":自交河城經焉耆國王治赴烏壘城的行程。"千八百七里"應爲"千八十七里"之訛。

56.3　"八百三十五里":自交河城赴焉耆國王治的行程。今案:本里數與據里數56.2

可推得的交河城去焉耆國王治的里數不同,説明兩者所據資料不同。

57　車師後國"王治務塗谷,去長安八千九百五十里。……西南至都護治所千二百三十七里"。

57.1　"八千九百五十里":可能是自務塗谷經郁立師國王治赴長安的行程。

57.2　"千二百三十七里":自務塗谷經車師前國王治赴烏壘城的行程;亦即務塗谷去車師前國王治五日行程(500里),[⑰]與車師前國王治去烏壘城1087里之和。"千二百三十七里"應爲"千五百八十七里"之訛。

58　"車師去渠黎千餘里"。里數表示自車師前國王治赴渠犁的行程。

總上所列,《漢書·西域傳》的里數主要有以下四種:

1　長安里數:自西域各國王治赴西漢都城長安的行程。

2　烏壘里數:自西域各國王治(或其屬國首府)赴西漢西域都護治所的行程。

3　陽關里數:自大月氏、康居屬國的首府以及若干重要地點(如縣度、烏壘)赴陽關的行程。

4　區間里數:西域各國王治及重要地點之間的行程。

長安里數、烏壘里數、陽關里數一般説來是由相關的區間里數累計而成。因此,探索三者的内涵,不僅能爲判定諸國方位提供重要依據,且有助於究明西漢各國以及當時諸國之間道路的走向。應該指出的是,同一區間里數,往往因資料來源不同而不同。具體而言,有的因路途經由不同而不同,有的是實測所得,有的只是按日行百里換算成的馬行天數,諸如此類。爲了全面反映西漢與西域諸國以及西域諸國間的交通情況,《漢書·西域傳》的編者盡量利用了通過各種渠道獲得的里數資料,從而無意、有意地保留了若干客觀上無法協調的數據。這就是在今天看來,《漢書·西域傳》的里數記録充滿矛盾、撲朔迷離的最根本的原因。不用説,由於當時條件的局限導致的測算錯誤,也增加了解讀這些里數的困難。這裏的考釋,旨在恢復傳文的本來面貌,説明這些里數具有内在聯繫和相對的合理性。至於這些里數與客觀實際是否符合,不是主要考慮的問題。

①　研究兩漢魏晉南北朝西域史,尤其是考證西域諸國地望者,大多注意利用正史西域傳提供的里數,但很少有人對里數本身作系統的研究。據我所知,堪稱對西域里數進行系統研究的有以下論著:徐松《漢書西域傳補注》;岑仲勉《漢書西域傳地里校釋》。中華書局,1981年;A. Herrmann, Die Alken Seidenstrassen zwischen China und Syrien, Berlin, 1910;松田壽男《古代天山の歷史地里學的研究》,早稻田大學出版部,昭45;松田壽男"イラン南道論",載松田壽男古稀紀念《東西文化交流史》,雄山閣,1975, pp. 217—251;長澤和俊"漢書西域傳の里數",早稻田大學院"文學研究科紀要"第25輯,1979, pp. 111—128;長澤和俊"古代西域南道考",載護雅夫編《内陸アジア·西アジアの社會と文化》,東京山川出版社,1983, pp. 57—77。其中,唯松田氏、長澤氏的研究切中肯綮,其餘則不過偶有言中而已。松田氏的研究雖然主要涉及《漢書·西域傳》的里數,但奠定了西域里數研究的基礎,本文則以此爲出發點。爲避免繁瑣,凡採納以上諸家之説,不再個別交待,不同意見亦不一一辨析。

② 參看余太山"張騫西使新考",載《兩漢魏晋南北朝與西域關係史研究》,中國社會科學出版社,1995,pp.203—213,esp.204—206。

③ 參看余太山《塞種史研究》,中國社會科學出版社,1992,pp.215—216。

④ 參看注③所引余太山書 p.229。

⑤ 參看注③所引余太山書 pp.100—101。

⑥ "西"乃"東"字之訛,蓋難兜去長安里數較無雷爲短。

⑦⑧　參看注③所引余太山書 p.145。

⑨ 參看注③所引余太山書 p.170,187。

⑩ 參看注③所引余太山書 p.176。

⑪ 參看注③所引余太山書 p.98。

⑫ 以上據松田氏説,岑仲勉另有説,亦可通,見注①所引書 pp.237—265。

⑬ 參看注③所引余太山書 p.75,101。

⑭ 參看注③所引余太山書 p.88。

⑮ 中華書局標點本改"一千"爲"二千",未安。

⑯ 參看注③所引余太山書 p.138。

⑰ 《後漢書·耿秉傳》:"車師有後王、前王,……其廷相去五百餘里"。

# 漢唐間東北地區農牧生產述略(下)

張　澤　咸

## 二

### 1. 隋唐時期東北地區概況

隋唐時期是我國中古的盛世,但就其在東北地區的直轄地域而言,却是並不很廣。《隋書》卷三十《地理志》記隋在東北,祇有一郡遼西、一縣柳城而已。戰國秦漢以來長期隸屬中央政權的遼東地區;北朝後期已被高麗佔領。隋煬帝時,裴矩上奏云:"高麗之地,本孤竹國也,周代以之封箕子,漢時分爲三郡。晋氏亦統遼東,今乃不臣,故先帝(隋文帝)欲征之久矣。"其後,他又對唐高祖説:"遼東之地,周爲箕子之國,漢家玄菟郡耳。"① 唐太宗東征途中,也對侍臣們説:"遼東,舊中國之有,自魏涉周,置之度外。隋氏出師者四,喪律(師?)而還,殺中國良善,不可勝數。"② 隋唐統治者反復發動對高麗戰争,旨在收回遼東故地。

經過幾代人的努力,唐高宗時,打敗了高麗,却没有做到像漢武帝那樣滅亡朝鮮在"東域"設置四郡,而是有如唐人杜佑所説,東境國土比不上西漢。當然,唐代特創了設置羈縻州的制度,在東北大地上便分別設有奚州九、府一(饒樂都督府),契丹州十七、府一(松漠都督府),靺鞨州三、府三(黑水都督府、渤海都督府、安靜都督府)。羈縻州的建制使唐政府聲威遠播。按規定,"即其部落列置州縣,其大者爲都督府,以其首領爲都督、刺史,皆得世襲。雖貢賦版籍多不上户部,然聲教所暨,皆邊州都督、都護所領,著于令式"。例如黑水都督府,"南距渤海,北、東際於海,西抵室韋"。室韋都督府所轄自黑龍江上游以至外興安嶺。這都清楚顯示出,都督府的轄地已超越黑龍江以北和烏蘇里江以東地區。貞觀二十一年(647)六月詔:"隋末喪亂、邊疆多被抄掠,今鐵勒並歸朝化。……宜遣使往燕然等州,……將物往贖,遠給程糧,送還桑梓。其室韋、烏羅護(即烏洛侯)、靺鞨三部被延陀抄失家口者,亦令爲其贖取"。③ 室韋、烏羅護、靺鞨均屬東北諸族,唐太宗將他們視同漢民,也同樣一律贖回。北宋史家爲此評論説:"唐之德大矣,際天所覆,悉臣而屬之。薄海内外,無不州縣。遂尊天子曰天可汗,三王以來,未有以過之。至荒區君長,待唐璽纛乃能國,一不爲賓,隨輒夷縛,故蠻琛夷寶,踵相逮於廷。"④ 所論甚是。唐太宗"胡漢一家"的思想,是唐代開明民族政策的基礎。引致了四海稱贊,在中古之世,確是難能可貴。

隋唐時,生活在東北地區的少數族人主要有高麗、靺鞨、奚、契丹、室韋、女真等族。

楊堅建立隋國後,迅速着手經營東北,榆關頓時成爲要津。開皇三年(583)三月,"城榆關"。明年四月,以賀婁子幹"曉習邊事,授榆關總管十鎮諸軍事",着手備戰。⑤九年滅陳,統一南北後,更加注意遼東事務。開皇十九年(597),寫信給高麗王,指責他"驅逼靺鞨,固禁契丹",且爲江南陳國滅亡而傷感。爲此迅速發兵征討高麗。其後,隋煬帝、唐太宗、高宗都賡續前志,先後多次出兵征遼。貞觀十九年(645)十月出征,"拔玄菟、橫山、蓋牟、磨米、遼東、白巖、卑沙、麥谷、銀山、後黃十城,徙遼、蓋、嚴三州戶口入中國者七萬人"。⑥但唐朝爲此也付出了傷亡很重的代價。直至唐高宗總章元年(668),最終戰敗高麗,收取漢玄菟郡地,"分其地置都督府九,州四十二,縣一百,又置安東都護府以統之。擢其酋渠有功者授都督、刺史及縣令,與華人參理百姓"。總章三年(670)正月,"列遼東地爲州縣"。⑦然而,《舊唐書》卷三八《地理志》稱:"高宗時,平高麗、百濟,遼海以東皆爲州,俄而復叛,不入提封。"爲什麼會如此呢? 那是由於長安的唐政府面臨西與吐蕃、東與高麗兩條戰綫的同時作戰,在中古社會條件下,戰綫過長,兵力調動和財政支付都是難以承受。神功元年(697),宰相狄仁傑疏稱:"近者國家頻歲出師,所費滋廣,西戍四鎮,東戍安東,調發日加,百姓虛弊。……如臣所見,請捐四鎮以肥中國,罷安東以實遼西,省軍費於遠方,並甲兵於塞上,則恒、代之鎮重,而邊州之備實矣。"⑧爲了改變東西兩條戰綫面臨的緊張窘迫的困境,安東都護府的府址便不斷地向後轉移,隨着東方兵力的撤離,東北的邊境綫自然也是向後移動。《通典》卷一七二《州郡》記杜佑言:"漢之東境有樂浪郡,……今東極安東府,則漢遼東郡也。其漢之玄菟、樂浪二郡並在遼東郡之東,今悉爲東夷之地矣。"《舊唐書》卷三八《地理志》云:"今舉天寶十一載(732)地理,唐土東至安東府,……南北如前漢之盛,東則不及,……"注云:"漢地東至樂浪、玄菟,今高麗、渤海是也,今在遼東,非唐土也。"這些事實正是唐朝在東方的國土遠不及漢代的明證。

## 2. 高麗族的農牧生産

高麗是唐代東北地區的著名少數民族,名將高仙芝、王思禮、李正己、名官王毛仲等都是高麗人,武周大臣楊再思身披紫袍,善爲高麗舞。唐高宗且説:"高麗百姓,即朕之百姓也。既爲萬國之主,豈可推過於小蕃。"⑨凡此等等,説明高麗與唐朝的關係密切。

高麗占有遼東、樂浪時,國力甚强,擁有旱田農作,又大力發展漁獵、畜牧。考古學者在其故地發現了大量陶、石網墜,鐵制漁鈎。推知捕魚業仍占居重要地位,同時,主要獵取虎、兔、鹿、野豬等等。漢代高句麗的鐵器類型與形制,通常和遼東西地區相同,很可能是從漢地輸入,自南北朝以來的高句麗鐵器已擁有濃厚的本民族特色,鐵制工具增多。《通典》卷一八六《邊防》云:"馬訾水,一名鴨緑水,……高麗之中,此水最大,波瀾清澈,所經津濟,皆貯大船。"江中大船是高麗人采伐山中林木自制。南齊高祖建元三年(481),高麗遣使貢獻,"乘舶汎海,使驛常通,亦使魏虜"。[10]南北朝以來,泛海通航南北的海船,亦當由高麗人自制。

### 3. 靺鞨族的農牧生産

靺鞨是隋唐時東北地區有名的少數民族。北齊河清三年(563),"室韋、庫莫奚、靺鞨、契丹並遣使朝貢"。[11]很可能是靺鞨名稱首見於史册。可是,《通典》卷一八五《東夷序略》稱:"古之肅慎,宜即魏時挹婁,……後魏以後曰勿吉國,今則曰靺鞨焉。"是知靺鞨是挹婁、勿吉的异稱。杜佑又説:"隋文帝開皇初,靺鞨國有使來獻,謂即勿吉也。"自注云:"勿吉與靺鞨音相近。"又説:"大唐聖化遠被,靺鞨國頻使貢獻,詳考傳記,挹婁、勿吉、靺鞨,俱肅慎之後裔。"還説:"勿吉又曰靺鞨。"[12]《北史》、《唐會要》、兩《唐書》也都有上述類似的記述。謹案《隋書》卷八一《靺鞨傳》云:"靺鞨,在高麗之北,邑落俱有酋長,不相總一,凡有七種。"勿吉、靺鞨都位居高麗以北,挹婁、肅慎居地也是如此。本文不是考察諸族源流,且從現有資料來看,不少問題也難以弄明。[13]因此,權且將同一地域的諸族視爲當地先後的居民而區别對待。

隋文帝責備高麗"驅逼靺鞨",是指它"率靺鞨之衆萬餘騎寇遼西",但事態並不嚴重,就總體而言,靺鞨與隋的關係比較密切。唐太宗貞觀二年(628)三月,"靺鞨内屬",可知隋唐之際,靺鞨與内地關係相當融洽。

唐代靺鞨有數十部,"黑水靺鞨最處北方,尤稱勁健"。他們居於松花江與黑龍江合流處以及黑龍江下游地區。玄宗開元十年(722),任命黑水部酋倪屬利稽爲勃利州(今俄國伯力)刺史。[14]開元十三年,安東都護薛泰請於黑水靺鞨内置黑水軍,又以最大部落爲黑水府,"仍以其首領爲都督,諸部刺史隸屬焉,中國置長史,就其部落監領之。十六年,其都督賜姓李氏,名獻誠。授雲麾將軍兼黑水經略使,仍以幽州都督爲其押使,自此朝貢不絶"。[15]所稱長史監領,《新唐書》卷二一九作"置長史臨總"。《舊唐書·渤海傳》作黑水州置長史,遣使鎮押。《資治通鑑》卷二一三作"置長史以鎮之"。這都突出表明,黑水府州雖然不是唐朝直屬州縣,仍然設置長史,對該地行使主權。"長史"一官,初設於秦漢,歷代皆置,其地位不可小視。唐代都護府、都督府和諸州都置長史,品秩各有差异,但均居幕僚之首。玄宗開元二十二年(734)十二月,"幽州長史張守珪發兵討契丹",斬契丹王屈烈及其大臣,"立其酋長李過折爲契丹王"。[16]長史權重,灼然可見。早在漢代,邊郡於郡丞外,復置長史,佐太守掌兵馬。甚至度遼將軍、護羌校尉、護烏桓校尉亦各置長史,職掌軍政。唐朝於黑水州置長史,即是歷史傳統的沿襲與繼承,由中原政權對邊地加以監領。

隋唐時,居於北方寒地的黑水靺鞨"無屋宇,並依山水掘地爲穴,架木於上,以土覆之,狀如中國之冢墓,相聚而居。夏則出隨水草,冬則入處穴中,父子相承,世爲君長。俗無文字,兵器有角弓及楛矢。其畜宜猪,富人至數百口,食其肉而衣其皮"《新唐書》卷二一九記爲

“畜多豕，無牛、羊，有車、馬，田偶以耕，東則步推，有粟、麥，土多貂鼠、白菟、白鷹”。綜合看來，黑水靺鞨在唐代基本上仍處於射獵爲生階段。唐以前，挹婁、勿吉已有五穀、麥、粟、穄等耐旱作物，實行耦耕，唐代黑水靺鞨仍是如此。胡三省注《通鑑》云：“黑水靺鞨在流鬼國西南，女真即其遺種也。”《金史·世紀》所記女真先世狀況也和唐代靺鞨一樣。[17] 由此可見，自漢、魏以至唐、宋時，黑龍江下游廣大地區的生産長期是相當滯後，進步非常緩慢。

渤海國强盛時，黑水靺鞨曾經服屬於它。五代天成元年（926），渤海敗亡後，天成四年、長興元年（930），黑水部相繼派使向中原進獻方物。長興二年五月，青州奏，黑水兀兒部至登州賣馬。[18] 可證晚唐五代時，黑水靺鞨還是以游牧爲生的。

粟末靺鞨位於黑水靺鞨以南；並連接遼東半島。唐高祖武德初，在營州靺鞨部居地設置燕州，以其首領突地稽爲總管，他曾率領所部隨唐太宗出征，以功賜姓李氏。其子李謹行轉戰四方，功勛卓著，自有家僮數千，財力雄厚。隨着高麗覆亡，一大批上層分子被遷往内地，不少粟末靺鞨人在酋長大祚榮率領下徙居營州。武周聖曆中（698），大祚榮在營州以東的靺鞨故地建立震國。先天二年（713），唐册拜大祚榮爲渤海郡王，并以其所統治地區爲忽汗州，加授他爲忽汗州都督。自此以後，歷代沿襲渤海王職的人一律依慣例爲忽汗州（吉林敦化）都督。

#### 4. 渤海國的農牧生産

渤海自大祚榮建國直至被契丹滅亡，前後經歷十五世二百多年（698—926）。在此期間，有幾位統治者貢獻較大。大祚榮以外，大武藝在位時（719—737），“斥大土宇，東北諸夷畏臣之”。大仁秀時（818—830），“頗能討伐海北諸部，開大土宇有功”。所以，《新唐書·渤海傳》說：“至是遂爲海東盛國，地有五京、十五府、六十二州。”[19] 渤海國實力達到烏蘇里江以東，直至日本海。

渤海國疆域，《新唐書》說，“地直營州東二千里，南比新羅，以泥河爲境，東窮海，西契丹”。并具體開列了六十州的名稱，但有些州名在今何地，却是不大清楚。作爲海東盛國，占有來自唐朝以及肅慎、濊貊、沃沮、高麗、挹婁、夫餘、拂涅等族國的地區，號稱强大的黑水靺鞨也不例外。[20] 金毓黻撰《東北通史》上卷考定渤海國的國境：

　　　　南與新羅，以泥河爲界，西南以鴨緑江之泊灼口及長嶺府之南境，與唐分界，東際海，西界契丹，東北至黑水靺鞨，西北至室韋，地方五千里。

值得注意的是譚其驤教授主編《中國歷史地圖集》第五册《渤海圖》具體繪出了五京十五府所在，而對六十二州也有一些未能繪出。圖下注記以建興二年（820）爲準。如前所述，建興是大仁秀在位年號。按《遼史》卷三八《地理志》稱：“唐元和中（806—820），渤海王大仁秀南定新羅，北略諸郡，開置郡邑。”金先生所考渤海疆域的與唐分界，譚先生主繪的渤海圖所描分界綫,他們所持最重要依據是德宗貞元宰相賈耽所述方域道里中"營州入安東道"所記爲準。就我管見所及,金毓黻撰《渤海國志長編》和《東北通史》,還有王承禮的《渤海簡史》(黑龍江人民出版社,1984),李殿福、孫文良合撰《渤海國》(文物出版社,1987),都没有説渤海國土及於遼東。我對此頗有些疑惑。

《通典》卷一七二《州郡序目》云:"高宗平高麗、百濟,得海東數千餘里,旋爲新羅、靺鞨所侵,失之。"《新五代史》卷七四《渤海》云:"武后時,契丹攻北邊,高麗别種大乞乞仲象與靺鞨酋長乞四比羽走遼東,分王高麗故地。"《通典》卷一八六《高句麗》條記唐高宗時,討平高麗後,"餘衆不能自保,散投新羅、靺鞨舊國,土盡入於靺鞨,高氏君長遂絶"。杜佑在《州郡·序目下》注文中又説:"漢之東境有樂浪郡,……今東極安東府,則漢遼東郡也,其漢之玄菟、樂浪二郡,並在遼東郡之東,今悉爲東夷之地矣。"按照他自定撰寫體例,注文所稱之"今"是指唐天寶之後。如果東夷是指新羅,那麼,渤海大仁秀"南定新羅",渤海亦應據有其地了。

如果再往後看,《資治通鑑》卷二七三記後唐同光二年(924)七月,"契丹恃其强盛,……先舉兵擊渤海之遼東,遣其將秃餒及盧文進據營、平等州以擾燕地"。《舊五代史》卷一三七《契丹傳》稱:"同光中(923—926),阿保機深著關地之志,欲收兵大舉,慮渤海躡其後,三年(925),舉其衆討渤海之遼東。……"説明衰落時期的渤海仍然占有遼東地區。

《渤海國志長編》卷十四《地理考》指出遼滅渤海後,對渤海地名或仍其舊,或改易新名,核其性質,如同僑置。元人修《遼史》不究原委,往往以耶律僑置之名爲大氏始建之地,實爲巨謬。但我在上面所云渤海占有遼東,都是在渤海亡國之前。金先生同時也指出了《遼史·地理志》采摭諸州縣名差備。今循其思路,就該書卷三八所記略加徵引,以證鄙説:"東京遼陽府,……唐高宗平高麗,於此置安東都護府,後爲渤海大氏所有。""遼陽縣,……漢浿水縣,高麗改爲勾麗縣,渤海爲常樂縣。""仙鄉縣,本漢遼隊縣,渤海爲永豐縣。""鶴野縣,本漢居就縣地,渤海爲雞山縣。""析木縣,本漢望平縣地。渤海爲花山縣。""紫蒙縣,本漢鏤芳縣地,……渤海復爲紫蒙縣。""興遼縣,本漢平郭縣地。渤海改爲長寧縣,唐元和中,渤海王大仁秀……遂定今名。"又如"辰州,奉國軍,節度。本高麗蓋牟城,唐太宗會李世勣攻破蓋牟城,即此,渤海改爲蓋州,又改辰州。""鐵州,建武軍,刺史。本漢安市縣,高麗爲安市城。唐太宗攻之不下,薛仁貴白衣登城,即此。渤海置州,故縣四:位城、河端、蒼山、龍珍,皆廢。""興州,中興軍,節度,本漢海冥縣地,渤海置州,故縣三……皆廢。""湯州,本漢襄平縣地,渤海置州,故縣五,……皆廢"。如此等等還有不少,足可表明渤海是曾占有遼東地區,難道這些都是不足爲據的僑置等等嗎?

本文反復説渤海佔有遼東,是因爲它涉及渤海的農牧業狀況。遼河平原、松嫩平原、三江平源以及上京(黑龍江寧安渤海鎮)、中京(吉林和龍)江河兩岸的沖積地和朝鮮北部的南海府地區,自漢魏以來即傳入漢制鐵農具;前述三江平原東寧團結遺址出土漢代鐵鑵、鐵鐮。李殿福等撰《渤海國》還談到松嫩平原的大安漢書遺址、望海屯遺址發現漢代鐵鐼,農安田家坨子遺址發現漢代鐵鑵;再有前述《榆樹老河深》漢夫餘墓中存在若干鐵制生產工具,如此等等,推知渤海境內應已相當廣泛使用鐵農具。到渤海大仁秀時期,寧安縣上京龍泉府一帶出土了鐵鏵、鏟、鍤等起土農具以及收穫所用鐵鐮。1963 年,上京遺址所出鐵鏵呈不等邊三角形,中空,便於插入木質犁具。後背有穿孔,用以固定犁鏵,很可以看出是以畜力牽引耕作。包括綏芬河等地出土鐵鐮、鐵鍤等鐵器,鐵農具的使用,很有助於擴大農田面積。糧食的品種,因地制宜,分布在不同的地域,既有旱作的粟、麥、穄、豆,在水源充沛地方,還創造性地栽種水稻,"盧城(吉林和龍?)稻,俗所貴者",顯然獲得了重大成功,這對東北地區農業開發具有極爲重大的意義。"珊城(吉林琿春)之豉",非常有名,表明東京龍原府地區生產出衆多大豆,自上古以至唐代,大豆是列入糧食作物的。

渤海也盛產經濟作物,中京顯德府"顯州(吉林敦化)之布",以麻爲原料。《渤海國》一書記敦化六頂山以及和龍的渤海墓葬中都發現了麻布殘塊。《遼史》卷三《太宗紀》天顯五年(931)三月"辛未,人皇王(渤海東丹王)獻白綎",即可作爲渤海產麻布的旁證。在此之前,肅慎、夫餘、沃沮已能製布,渤海產布已是源遠流長。

"龍州(黑龍江寧安)之紬","沃州(朝鮮鏡城)之縣",説明渤海國南北不少地區養蠶頗多,估計是以柞葉飼養。漢代,濊已知養蠶作綿,唐代黑水靺鞨向唐貢獻魚牙紬,朝霞紬,亦可作爲盛產絲織品的旁證。

渤海國建立以前,東北大地的先民廣泛從事游牧。肅慎、挹婁、勿吉人善於養馬、養猪,渤海都沿襲繼承。太白山(長白山)產白菟,拂涅、黑水靺鞨均產白菟。"率賓(俄國雙城子)之馬"很名貴。在此之前,夫餘、勿吉都曾以名馬爲貢品。唐代淄青節度使李正己"貨市渤海名馬,歲歲不絶"。[21]可證渤海產馬衆多。"扶餘(吉林四平)之鹿","鄚頡(黑龍江阿城)之豕",都是富有代表性的畜產品,這些畜產有的是人工養牲,也有的是山野狩獵之物。

渤海國內河湖沼澤不少,水產品豐富。南海府的昆布,湄沱湖(鏡泊湖)的鯽魚,都很有名。境內山地很廣,木材衆多,以木造船而外,還出產不少果品,丸都(吉林集安)之李,樂游(?浪)之梨,也都非常出名。

"五京"是渤海國的著名政治、經濟中心。上京龍泉府地位最北,位於開發較早的牡丹江地區,中京顯德府位於上京以南,居五京中央,地處河谷平原。東京龍原府(吉林琿春)地處圖們江小盆地,是濊貊人聚居地和渤海國重要漁鹽產地。西京鴨綠府(吉林渾江)位居長白山與鴨綠江間,鴨綠江兩岸頗多小盆地,便於耕作。南京南海府在今朝鮮境內咸鏡南道一帶,東臨日本海,海產品比較豐富。

《册府元龜》卷九七一《朝貢門》記唐玄宗開元時,渤海靺鞨的歷次進獻物品,較有代表性的,如開元六年(718)八月,獻鯨鯢魚睛、貂鼠皮、白兔、猫皮。十七年(729)二月,獻鷹與鯔魚。十八年二月,獻馬三十疋,五月,獻海豹皮五張,豹鼠皮三張,瑪瑙杯一,馬三十疋。二十五年(737)四月,獻鷹、鶻。二十六年閏八月,獻豹鼠皮一千張,乾文魚一百口。二十七年二月,獻鷹。二十八年(740)十月,獻貂鼠皮、昆布。通過這些貢品可知,隨着鐵鏃的使用,渤海人的狩獵技術大大提高,鷹可用以輔助狩獵,以虎、豹、海豹、貂、貂鼠、熊羆等物進貢,可見渤海人的狩獵業仍很盛行。以鯨鯢魚睛等進獻,説明他們能下海捕鯨,技術頗爲高明。他們還養殖了多種魚類和水生藻類,所有這一切,揭示了渤海國是以農業爲中心多種生產較爲全面均衡的發展。

## 5. 安東都護府等控制地區的農牧生產

唐代遼東西地區還存在有安東都護府、營州以及松漠都督府和饒樂都督府,前面對它們都略有涉及,仍有必要再集中加以紹介。

安東都護府是唐朝在國土四周所設重要都護府之一。按規定,"都護、副都護之職,掌撫慰諸蕃、寧寧外寇,覘候姦譎,征討攜離。長史、司馬貳焉,諸曹如州、府之職"。[22]表明都護府是邊防地區的特設行政機構。

唐高宗總章元年(668),"李勣平遼東,……置安東都護府於平壤城以統之。……以薛仁貴檢校安東都護,總兵二萬以鎮之"。[23]《唐六典》卷三記安東爲上都護府,安東、平、營、檀、嬀等州爲"邊州"。同書卷五記河北幽州節度使,統有"安東鎮守、渝關守捉、北平守捉三使屬焉"。由此可見,安東都護是直接承擔國土東邊的安全。薛仁貴爲安東都護時,"撫恤孤老,有幹能者,隨才任使,忠孝節義,咸加旌表,高麗士衆莫不欣然慕化"。[24]成績比較突出。

然而,"華人參理"政事的方式引發了不少糾紛,唐政府且忙於應付西面戰事的牽累,無暇東顧。儀鳳元年(676)二月,"徙安東都護府於遼東故城,先有華人任安東官者,悉罷之"。[25]聖曆二年(699),"授高藏男德武爲安東都督,以領本蕃,自是高麗舊户在安東者漸寡少,分投突厥及靺鞨等,高氏君長遂絶矣"。[26]《唐會要》卷七三記狄仁傑上表説:"中國之與蕃夷,天文自隔,遼東所守,已是石田。靺鞨遐方,更爲雞肋,弱枝强幹,有國通規。……且得其地不足以耕織,得其人不足以賦税,此乃前王之所棄,陛下營師而取之,恐非天意。臣請罷薛仁貴,廢安東鎮。"此一表章不見於他書,薛仁貴早在此以前亡故,何能如是説?然而,《狄仁傑傳》稱,"仁傑又請廢安東,復高氏爲君長,……事雖不行,識者是之"。那又不能説此事全爲烏有。史籍記唐休璟、薛訥、薛泰等在武周晚年至玄宗初年先後爲安東都護,却未記述政績。《唐會要》卷七三記開元二年(714)十月,改平州爲安東都護府,以許欽湊爲都護。《舊唐書》卷三九記天寶二年(743)移都護於遼西故郡,大體説明都護府址是向後撤退。

　　安東都護府初置時包括九府、四十二州,後存十四州。地域大致包括今遼寧大部和吉林西南部。玄宗開元後期,渤海靺鞨越海入侵登州,[27]此時,新羅稱雄於朝鮮半島,未見出兵侵吞遼東。我頗疑是在這期間渤海占有了遼東。

　　與安東密切相連的營州柳城郡,乃是唐朝在東北的直轄地。秦漢以來,營州長期是朝廷軍政要地。十六國時,前燕、後燕、北燕均在此立國。北魏向東北拓展亦以此爲據點,正式建立營州,治和龍城,領六郡、十四縣,[28]北齊初,王峻爲營州刺史,"營州地接邊城",局勢不穩定。峻治理很嚴,"合境獲安",並吸引了室韋入貢。其後,代人高保寧爲營州刺史鎮黃龍,"夷夏重其威信"。[29]隋文帝開皇中,韋沖爲營州總管,"懷撫靺鞨、契丹,皆能致其死力,奚霫大懼,朝貢相繼,高麗嘗入寇,沖率兵擊走之"。可見營州所在民族雜居,軍政地位很重要。《隋書》卷三十《地理志》記遼西郡"舊置營州",統柳城一縣,因是邊郡,"人性勁悍,習於戎馬"。隋末喪亂,虎賁郎將羅藝殺渤海太守等,"威振邊朔,柳城、懷遠並歸附之。藝黜柳城太守楊林甫,改郡爲營州,以襄平太守鄧暠爲(營州)總管,藝自稱幽州總管"。[30]營州地位與幽州持平。武德四年(621)六月,"營州人石世則執總管晋文衍舉州叛,奉靺鞨突地稽爲主"。[31]這位執總管叛投靺鞨的石世則,疑是胡姓酋豪。突地稽是靺鞨部酋長,"隋末,率其屬千餘內附,居營州,授金紫光禄大夫、遼西太守"。貞觀初,賜姓李氏。他的兒子李謹行"勇蓋軍中,累遷營州都督,家童至數千"。[32]可知靺鞨人在營州有雄厚實力。高宗乾封元年(666),唐發大軍出征高麗,營州都督高侃爲遼東道行軍總管,是出征大軍的主力之一。高麗亡後,靺鞨首領大祚榮"率家屬徙居營州",直至高歲通天元年(696),李盡忠等反於營州,殺死都督趙文翽。造反原因是"文翽剛愎,契丹饑不加賑給,視酋長如奴僕",[33]他們攻陷營、冀、瀛等州,破壞很重。由於契丹人大亂營州,靺鞨大祚榮等被迫率部衆東走,"保險以自固",並擊敗了前來征討的唐朝大將李楷固。

　　營州都督府址原在柳城(遼寧朝陽),"控帶奚契丹",契丹攻陷營州後,府址西移至幽州漁陽城。玄宗開元五年(717),奚與契丹"款塞歸附",朝廷采納宋慶禮建議,重築營州城於柳城,以慶禮爲營州都督,姜師度爲營田支度使,"慶禮清勤嚴肅,開屯田八十餘所,招安流散,數年之間,倉廩充實,市里浸繁"。他本人"量畚築,執蔂畚,親總其役"。由是,"罷海運,收歲儲,邊亭晏然,河朔無擾",而且,達到了"居人漸殷"。[34]慶禮死後,張九齡嚴正地駁斥了他人對慶禮的誣陷,"稼穡爲艱,又能實於軍廩,……況營州者,鎮彼戎夷,扼喉斷臂,……往緣趙翽作牧,馭之非才,自經隳廢,便長寇孽"。慶禮在任時,却使瘡痍滿目的生產得到振興。很可惜,安定局面爲時太短暫,由於契丹內閧,有人投奔營州,"營州都督許欽澹遣安東都護薛泰帥驍勇五百"與奚王等出討,反爲契丹戰敗,薛泰被擒,"營州震恐,許欽澹移軍入渝關"。[35]營州地區農作也因動亂而深受影響。

開元二十一年(733)，張守珪接任營州都督，曾數次擊敗契丹。二十九年(741)七月，“幽州節度副使安禄山爲營州刺史、充平盧軍節度副使、押兩蕃、渤海、黑水四府經略使”。㊱他以營州等地爲據點，積極謀劃反唐。天寶十四年(755)十一月，安禄山率所部及同羅、奚、契丹、室韋等十五萬衆反於范陽。明年四月，唐朝任命潛謀反對安禄山的劉客奴爲柳城郡守、平盧節度支度營田陸運、押兩蕃、渤海、黑水四府經略及平盧軍使，仍賜名正臣。又以王玄志爲安東副大都護、保定軍及營田使。乾元二年(758)二月，“以安東副大都護王玄志爲營州刺史、充平盧節度使”，㊲但這時府政權的實力銳減，已無力有效地控制營州和其他東北廣大地區。

《通典》卷一七二《州郡序目》記開元盛世，“又於邊境置節度、經略使，式遏四夷”。其中，“平盧節度使：(原注：治柳城郡，管兵三萬七千五百人，馬五千五百疋)鎮撫室韋、靺鞨，統平盧軍(原注：柳城郡城内，開元初置，管兵萬六千人，馬四千二百疋)、盧龍軍(原注：北平郡城内，管兵萬人，馬五百疋)、渝關守捉(原注：柳城郡西四百八十里，馬百疋)、安東都護府(原注：西去柳城郡二百七十里，管兵八千五百人，馬七百疋)”。顯而易見，唐在營州配置的兵力和馬匹遠遠超越安東都護府，表明它是唐朝在東北地區最重要的軍政據點。

《唐六典》卷三，《新唐書》卷三九均記營州貢麝香，安東府貢人葠，那是當地最出名的土特產。《太平寰宇記》卷七一記營州土產爲“豹尾、麝香。畜宜牛、馬、羊、豕”。《唐六典》卷二二云：“其營州管内蕃馬出貨，選其少壯者，官爲市之。”表明營州管内牲畜飼養衆多，馬產尤爲有名。

唐德宗貞元宰相賈耽考述唐代邊州入四夷的重要通路七條，第一條便是營州入安東道，記録了自營州至東北安東以及渤海等地的里程，揭示了營州的重要交通地位。

## 6. 奚族居住區的農牧生產

饒樂都督府和松漠都督府都在本文中一再提及，那是在奚與契丹族人集中居住地建置。唐人常稱奚與契丹人爲“兩蕃”。同起於“松漠之間”(内蒙古哲里木盟)。他們的大量政治活動超越了東北地區；但東北是他們的大本營；兩個都督府也在本區境内，故有必要再集中介紹。

奚與契丹都在北魏時始見於史册。奚族存在歷時近千年，基本上沒有正式建立國家。契丹族人在晚唐五代時正式建立大遼國，入主中原，歷時二百餘年(916—1125)。但本文叙事，原則上止於唐宋之際。

隋唐以前，奚族稱爲庫莫奚。《魏書》、《周書》、《隋書》、《北史》、兩《唐書》、《新五代史》均有專傳，它是東胡宇文氏的別種，被前燕宇文晃(晄)打敗，餘部居於松漠間，長期以游牧爲生。

北魏登國三年(388)“五月，北征庫莫奚，六月，大破之，獲其四部雜畜十餘萬”。㊳文成帝和獻文帝時，"庫莫奚歲致名馬、文皮"。北齊文宣帝天保三年(552)正月，"親討庫莫奚於代郡，大破之，獲雜畜十餘萬"。孝昭帝皇建元年(560)，"北討庫莫奚，出長城，虜奔遁，分兵致討，大獲牛馬"。明年，綦連猛從肅宗征奚，"獲馬二千匹，牛羊三萬頭"。[39] 這些事例説明，奚人養牲特多。

隋唐時，奚人仍舊"每隨逐水草，以畜牧爲業，遷徙無常，居有氈帳，兼用車爲營……部落皆散居山谷，無賦税。其人善射獵，好與契丹戰争"。因此，奚人常以名馬向隋唐政府進獻。隋唐之際，突厥突利可汗在幽州北建立牙庭，"管奚、霫等數十部，諸部多怨之。貞觀初，奚、霫等並來歸附"，[40] 霫居潢水北，多善射獵。由此看來，奚、霫是以牲畜向突利交税。

唐太宗時，奚族酋長率部內屬，唐於其地置饒樂都督府，牙帳在今內蒙寧城以西，以其酋長爲饒樂都督，賜姓李氏。《舊唐書》卷三九《地理志》記武德五年(622)，分饒樂府置崇州、鮮州，以居奚人部落，隸營州都督。唐代名將李寶臣、張孝忠都是出自奚族。[41]

大致自中唐時開始，頗有一些奚人從事種植。開元二十六年(738)，營州都督、河北節度使張守珪的部將"假以守珪之命，逼平盧軍使烏知義率騎邀叛奚餘燼於潢水之北，將踐其禾稼"，可知已有些奚人在潢水(遼河上游西拉木倫河)北面從事種植業。《新唐書·奚傳》稱："其地東北接契丹，西突厥，南白狼河(今大凌河)，北霫，……稼多穄，已穫，窖山下。斷木爲臼，瓦鼎爲飦，雜寒水而食。"穄爲黍類，是寒温帶旱作物。生活在遼西和內蒙科爾沁草原地區的奚人已在種植穄類。唐武宗、宣宗之際，回鶻特勤遏捻爲可汗時，"復有衆五千以上，其食用糧、羊，皆取給於奚王碩舍朗。大中元年(847)春，張仲武大破奚衆，其回鶻無所取給，日有耗散"。[42] 這些點滴事例説明，奚人有糧有畜，至少是農牧兼行的。

晚唐五代時，契丹阿保機當政，奚與室韋都服屬於它。奚人爲契丹守界，備受凌辱，"奚王去諸怨叛，以別部西徙嬀州(河北涿鹿)，依北山射獵"，族人增至數千帳，"始分爲東西奚。去諸之族，頗知耕種，歲借邊民荒地種穄，秋熟則來穫，窖之山下，人莫知其處"。[43] 這批西遷奚人或稱北山奚，已在從事粗放種植業。那些原居營州以西直至幽州東北的奚人，《五代會要》卷二八稱："幽州置饒樂府長史一人以監之。人馬約二萬，後徙居琵琶川，在幽州東北數百里，出古北口地，宜羊、馬，羊則純黑，馬趫前蹄堅，善走，以馳獵爲務，逐獸高山，自下而上，其勢若飛。"是知這些東奚人仍以游牧爲生。《遼史》卷三四《兵衛志》云："太祖即位五年(911)，討西奚、東奚，悉平之。盡有奚、霫之衆。"[44] 被契丹征服的諸支奚族人，他們的生活方式也逐漸發生了一些變化。

北宋熙寧十年(1078)，蘇頌使遼，途經牛山(今承德東北)，咏懷云："農人耕鑿遍奚疆，部落連山復枕岡，種粟一收饒地力。開門東向雜邊方，田疇高下如棋布，牛馬縱橫似穀量。"自注云："耕種甚廣，牛羊遍谷，問之，皆漢人佃奚土，甚苦輸役之重。"他還説："千里封疆薊蓟

間,……居人處處營耕牧”。“邊人居落噉重林,……田塍開鑿隨高下”。“相傳經過白霫東,
依稀村落有鄉風,……漸使黔黎安畎畝,方知南露徧華戎”。[45]詩文説明了原先東霫人所在,
至北宋中期,既有大量牧畜,也存在大小不等的梯田、山田。可見宋遼對峙的十一世紀,衆多
生活在東北邊緣地區並未建國的東霫人也是逐漸走向了農牧兼營。

### 7. 契丹人的農牧生産

　　契丹是宇文部鮮卑的另一支。《魏書》卷一〇〇《契丹傳》稱,“在庫莫奚東,异種同類”。
北魏道武帝時,契丹“與庫莫奚分背,經數十年,稍滋蔓。於和龍(遼寧朝陽)之北數百里,多
爲寇盜”。初分爲八部,“各以其名馬、文皮入獻天府,……皆得交市於和龍、密雲之間”。契
丹初登歷史舞臺,即以畜牧著稱,將馬匹作爲禮物送人,也以馬匹作爲商品貿易。《遼史》卷
三二《營衛志》引“舊志曰:契丹之初,草居野次,靡有定所。……生生之資,仰給畜牧,績毛飲
湩,以爲衣食”。它是極爲簡要地説明畜牧對契丹人生活的重要性。北齊天保四年(553)九
月,“契丹犯塞”,齊分兵掩襲,“虜獲十萬餘口,雜畜數十萬頭”。文宣帝親臨營州,且登碣石
山,臨滄海,可證契丹人在遼東西地區是廣泛從事畜牧。

　　隋代,契丹“部落漸衆,遂北徙逐水草,當遼西正北二百里,依託訖臣水(今老哈河)而居,
……逐寒暑,隨水草畜牧”。父母死,置屍樹上,收遺骨焚化,祈望“射獵時,使我多得猪
鹿”。[46]他們依舊是以射獵游牧過日子。

　　契丹“當唐之世,其地北接室韋,東鄰高麗,西界奚國,而南至營州”,“逐獵往來,居無常
處”。[47]唐初以來,或附突厥,或附於唐。貞觀中,其酋長內屬,唐於其地置松漠都督府,以其
首領爲都督,賜姓李氏。唐代著名將領李光弼、王武俊等都是契丹族人。[48]

　　《舊唐書》卷三九在營州都督府之後,總括説:“自燕以下十七州,皆東北蕃降胡散諸處幽
州、營州界內,以州名羈縻之,無所役屬。”所列十七州名稱中有八州(威、玄、師、帶、沃、昌、
信、青山)是處置契丹部落,除青山州隸幽州都督外,其餘均隸營州都督。很可以看出契丹部
落在東北地區的分布廣泛。十七州中的其餘九州,是奚州二,靺鞨州四,突厥、降胡和海外新
羅各一。武則天時,營州都督趙文翽因處事不當,被激怒的契丹別將孫萬榮等執殺,亂事迅
速擴大到東北的東南和河北地區,這在前面已有説明。

　　《新唐書》卷四三下《地理志》記契丹松漠都督府領有八州,孫萬榮反叛後廢罷。玄宗開
元二年再重建。包括今內蒙古東南、遼寧北部和吉林西南地。玄宗天寶時,契丹曾多次與范
陽節度使安禄山交兵。原先,唐朝是“以范陽節度爲押奚、契丹使,自(肅宗)至德後,藩鎮擅
地務自安,郵戍斥候益謹,不生事於邊,奚、契丹亦鮮入寇”。就契丹而言,它在東北地區是在
日益努力壯大自己的實力。

　　契丹族人居處草原與半乾旱地帶,長期游牧爲生。《遼史》卷五九《食貨志》曰:“契丹舊

俗,其富以馬,其强以兵。縱馬於野,弛兵於民。……馬逐水草,人仰湩酪,挽强射生,以給日用,糗糧芻茭,道在是矣。"這段話很能概括他們射獵爲生的情狀。天顯三年(924),阿保機西征,"冬十月丙寅朔,獵寓樂山,獲野獸數千,以充軍食。……十一月乙未朔,……射虎於烏剌邪里山,抵霸室山,六百餘里且行且獵,日有鮮食,軍士皆給"。[49]契丹族人的流動射獵躍然紙上。

唐末,契丹"部落寖强",關內大地已處於混亂不堪,"北疆多故,(契丹)乃鈔奚、室韋,小小部種皆役服之。因入寇幽、薊。(幽州節度使)劉仁恭窮師踰摘星山討之,歲燎塞下草,使不得留牧,馬多死,契丹乃乞盟,獻良馬求牧地。仁恭許之"。[50]可知唐朝末年,契丹人仍然依賴天然牧場放牧生活,有如《遼史》卷三二《營衛志》所言:"大漠之間,多寒多風,畜牧畋漁以食、皮毛以衣,轉徙隨時,車馬爲家。……遼國盡有大漠,浸包長城之境,因宜爲治,秋冬違寒,春夏避暑,隨水草就畋漁,歲以爲常。四時各有行在之所,謂之捺缽。"這些當然是就大遼國的情況立論,但却是更適用於未建國以前契丹族人生活的寫照。

唐"天祐末,阿保機乃自稱皇帝,署中國官號。其俗舊隨畜牧,素無邑屋,得燕人所教,乃爲城郭宫室之制於漠北,距幽州三千里,名曰漢城。……同光中,阿保機深著關地之志,欲收兵大舉,慮渤海蹀其後。三年(920),舉其衆討渤海之遼東"。[51]阿保機正式建國,標志契丹族人生活發展史上的重大轉折,從此,契丹人開始有了邑屋定居,不再一律是氈帳營生的了。

當然,契丹人游牧爲生並非至此結束。阿保機述律后說:"吾有西樓羊馬之富,其樂不可勝窮也。"[52]通讀《遼史》、《契丹國志》等現存文獻資料,大遼國統一了東北大地,而其大本營東京道境內仍是以畜牧爲重。

還有必要指出,阿保機營建宫室,關心農事,並非是他一人首創之功。他的叔父述瀾"始興板築,置城邑,教民種桑麻,習織組,已有廣土衆民之志"。板築住房初步改易帳居氈幕,由靡有定所轉向相對定居。

定居生活是人們從事農作的必要前提和重要保證。阿保機建國以前,"皇祖匀德實爲大迭烈府夷離堇,喜稼穡,善畜牧,相地利以教民耕。仲父述瀾爲于越,飾國人樹桑麻,習組織。太祖平諸弟之亂,弭兵輕賦,專意於農"。阿保機父"撒拉的仁民愛物,始置鐵冶,教民鼓鑄,是爲德祖,即太祖之父也"。[53]由於先祖們已開始變易舊俗,阿保機得以繼續順應時勢,在炭山東南灤河上,"其地可植五穀,阿保機率漢人耕種,爲治城郭邑屋廛市如幽州制度,漢人安之,不復思歸"。[54]自此再向前邁進,耶律德光會同三年(940)十一月丁丑,"詔有司教民播種紡績"。四年"冬十月辛丑,有司奏燕、薊大熟"。[55]《遼史·食貨志》記會同時在水草豐美地游牧,且以善地爲農田,農作至是有了新發展。

北宋真宗大中祥符五年(1012)十月,王曾使遼還,他談到自己的見聞。"自過古北口,即蕃境,居人草菴板屋,亦務耕種,但無桑柘,所種皆從壟上,蓋虞吹沙所壅,山中長松鬱然。深谷中多燒炭爲業,時見畜牧牛馬槖駝,尤多青羊黃豕,亦有挈車帳,逐水草射獵,食止麋粥、䴳糒"。⑤⑥這種農牧兼備、防風沙而耕壟上的狀況是符合五代以來契丹社會實際和特定地理環境的措施。

### 8. 室韋人的農牧生產

東北地區也是室韋人的集中住地,唐政府設置了室韋都督府以羈縻之。

失韋(室韋)亦始見於北魏,北朝隋唐以迄遼金時代均見於史册。位居勿吉以北,生活於嫩江流域和黑龍江南北地區。長期以來,室韋諸部與中原政權常保持進貢聯繫,北朝後期以至隋代,失韋也曾臣屬突厥。

北朝時,失韋"頗有粟、麥及穄,唯食猪、魚,養牛、馬,俗又無羊,夏(?冬)則城居,冬(?夏)逐水草,亦多貂皮,丈夫索髮,用角弓,其箭尤長"。⑤⑦說明失韋的先民們很早已開始從事原始種植,但從主要方面來説,乃是從事狩獵和逐水草的畜牧生活。

北朝以至隋代,室韋分爲五部,"並無君長,人民貧弱,突厥常以三吐屯總領之"。那時,南室韋"漸分爲二十五部,每部有餘莫弗瞞咄,猶酋長也"。北室韋"分爲九部落,用樺皮蓋屋"。南室韋"多草木,饒禽獸"。"氣候多寒,田收甚薄,無羊,少馬,多猪、牛,造酒食噉,與靺鞨同俗"。北室韋與鉢室韋,"氣候最寒,雪深没馬,冬則入山居土穴中,牛畜多凍死。饒麞鹿,射獵爲務,食肉衣皮,鑿冰,没水中而網射魚鼈。……俗皆捕貂爲業,冠以狐貉,衣以魚皮"。⑤⑧這些情況説明隋代室韋的地域分布比北朝時增廣,直至興安嶺西部俱輪泊(呼倫池)南北,石勒喀河,額爾古納河以北和黑龍江以北及以東的廣大地區。

唐初以來,室韋即開始進獻。杜佑説,室韋分爲九部。《新唐書》説,"分部凡二十餘",但强弱大小互不相同。《舊唐書》卷一九九下《室韋傳》記其居地,"東至黑水靺鞨,西至突厥,南接契丹,北至於海(鄂霍次克海)"。隨着突厥的衰亡,室韋人相繼西遷。武宗會昌二年(842),李德裕奏稱:"幽州進奏官孫方造云:(張)仲武破回鶻之時,收得室韋部落主妻兒,昨室韋部落主欲將羊、馬、金帛贖妻兒,……"⑤⑨室韋主用羊馬贖妻兒,是和北朝至隋代在東北的室韋無羊少馬狀況頗有差異的。

唐代室韋人"畜宜犬、豕,豢養而噉之。其皮用以爲韋,男子女人通以爲服"。"其畜無羊少馬,有牛不用,有巨豕食之,韋其皮爲服若席"。在東北地區的室韋人善養猪狗及無羊少馬的狀況是和蒙古高原諸族人的生活習尚存在顯著不同的。

居於嫩江下游地區的南室韋以畜牧爲主,輔以粗放性農作;而居於嫩江上游以至黑龍江以南的北室韋乃是半獵半牧,漁獵和畜牧並存,和前代一樣,依舊是"俗皆捕貂爲業,冠以狐貉,衣以魚皮"。⑥⑩地處黑龍江以北和額爾古納河下游的深山老林(大興安嶺和外興安嶺)的大室韋、缽室韋和蒙兀室韋，還是處於狩獵經濟階段，發展最爲落後。

唐代室韋人"剡木爲犁，不加金刃，人牽以種，不解用牛"。他們有牛而不知用，以人力牽引不加金刃的木犁勞動，耕作原始粗放，自然是收穫量少。早在北魏時，室韋人已有粟、麥、穄，隋代的南室韋"田收甚薄"，唐代依舊是"田穫甚褊"，那是非常自然的。

晚唐五代時，原在額爾古納河一帶的蒙兀室韋西遷至蒙古高原斡難河流域，游牧爲生。正在崛興的契丹大力壓抑室韋諸部。如《遼史》卷一記"明年歲甲子(904)……九月，討黑車子室韋，……大破室韋，明年(905)七月，復討黑車子室韋"。契丹正是以武力脅迫室韋諸部爲其"屬國"，遼國所置"屬國軍有黑車子室韋、黃室韋、大小黃室韋"，在"北面部族官"、"北面邊防官"和"北面屬國官"中，也涉及不少室韋部落稱號。[61]由此看來，直至遼代，室韋諸部大抵仍生活在今嫩江流域北部和外興安嶺以南、黑龍江中上游地區。

也正是晚唐五代時，室韋內部出現了某些值得注意的變化。胡嶠《陷虜記》云："東北，至轄劫子(即蒙兀室韋)，其人髡首，披布爲衣，不鞍而騎，大弓長箭，尤善射，遇人輒殺而生食其肉，契丹等國皆畏之。契丹五騎遇一轄劫子，則皆散走。其國三面皆室韋，……其地多銅鐵金銀，其人工巧，銅鐵諸器皆精好，善織毛錦，地尤寒，馬溺至地成冰堆。"[62]遼國"坑冶，則自(遼)太祖始併室韋，其地産銅鐵金銀，其人善作銅鐵器"。[63]衆多擅長射獵而又善於冶煉銅鐵器的室韋人正是唐代的蒙兀室韋。也正是這麼一批人，到了金朝末年，以蒙兀室韋爲軸心，並融合其他一些族人，逐漸形成了蒙古族，在高原大地發展新的畜牧和種植業。

### 9. 女真族的農牧生産

最後，還要對生活在東北地區並與唐五代有一定關係的女真人也略作介紹。

宋人說："女真，東北別國也。蓋渤海之別種。本姓拏，唐貞觀中，靺鞨來朝，中國始聞女真之名，契丹謂之慮真。地多山林，俗勇悍善射，能爲鹿鳴，以呼鹿而射之。食生肉，……獸多野狗、野牛、驢之類，行則以牛馱物，遇雨多張生牛革以禦之。所居以樺皮爲屋。……地多良馬，常至中國貿易……"[64]這就是說，唐初還祇是從靺鞨使者口中間接得知女真人的種種情形。元人馬端臨的記事也是如此，他還進一步把女真與肅慎、挹婁、勿吉、靺鞨直接掛鈎，說女真"世居混同江之東，長白山、鴨綠水之源，……唐開元中，其酋來朝，拜爲勃利州刺史，遂置黑水部，以部長爲都督，朝廷爲置長史監之，訖唐世朝貢不絕。五代時，始稱女真，後避契丹主宗貞諱，更爲女直"。[65]如前所述，開元中(十年)，來唐進獻，拜爲勃利州(今俄國伯力)刺史的本是黑水靺鞨，馬端臨卻是直接把他們視爲女真人。

《金史》卷一《世紀》稱："五代時，契丹盡取渤海地，而黑水靺鞨附屬於契丹。其在(遼陽)南者籍契丹，號熟女直，其在北者不在契丹籍，號生女直。生女直地有混同江、長白山。混同江亦號黑龍江，所謂白山、黑水是也。""生女直無書契、無約束，不可檢制"。"生女直舊無鐵，鄰國有以甲冑來鬻者,傾貲厚買以與貿易,……得鐵既多,因之以修弓矢,備器械,兵勢稍振,前後願附者衆"。這些事實充分説明,生活在白山黑水間的生女直,直至五代時的經濟形態仍是極爲落後。

《遼史》卷一記唐天復三年(903)春,遼太祖"伐女直,下之,獲其户三百"。天祐三年(906)"十一月,遣偏師討奚、霫諸部及東北女直之未附者悉破降之"。説明東北的女直人一開始便被契丹族人征服奴役。

《契丹國志》卷二二《四至鄰國地里遠近》記熟女真"耕鑿與渤海人同,無出租賦,……居民皆雜處山林,耕養屋宇,與熟女真五節度同……"。[66]"生女真國,西南至熟女真國界,……居民屋宇、耕養、言語、衣裝,與熟女真國並同,亦無君長所管,精於騎射,前後屢與契丹爲邊患,契丹亦設防備"。由此觀之,熟女真雖雜處山林,農作已大致與渤海國相同,生女真人比較原始,他們精於騎射,與契丹交争非常激烈。

概括地説,唐五代對女直的認識是在逐步加深,初唐祇是得自傳聞,盛唐已正式設置長史加强對該地的管理。晚唐五代以來,女真族中的熟女真已粗知耕鑿,那些尚不屬於契丹籍的生女直既不知有鐵,也難知耕鑿,精於騎射,以漁獵爲生,有待接受先進文明的洗禮,以加速其經濟的向前發展。

總之,隋唐時期東北地區的農業生產比前代很有進展,種植業中心已是顯著向北推移。在今吉林省東部和龍、琿春、敦化等局部小盆地區,糧、豆生產已是相當出色,特別是水稻種植成功,在東北地區實是史無前例。絲麻業、林果業以及各種水產品都有了新的特色。包括三江平原在内的黑龍江地區以及吉林西北等地仍以游牧爲主,很少農作。過去農作比較發達的遼東西地區,在此期間陷於嚴重民族紛爭,在頗大程度上制約和妨害農作的發展。從宋慶禮屯田營州的成果以及"居人漸殷"的事實,表明這一地區很有發展農作的潛力,一俟社會安定,生產振興,自是必然的結果。

李錫厚教授對初稿提了兩條中肯意見,謹此致謝。

① 《舊唐書》卷63《裴矩傳》2407頁,又卷199上《高麗傳》5321頁。
② 《册府元龜》卷117《親征》1400頁。
③ 《册府元龜》卷42《仁慈》478頁,《資治通鑑》卷198貞觀二十一年六月丁丑6248頁。
④ 《新唐書》卷219《北狄傳贊》6183頁。
⑤ 《隋書》卷1《高祖紀》19頁,又卷53《賀婁子幹傳》1353頁。
⑥ 《隋書》卷81《高麗傳》1815—6頁,《資治通鑑》卷198貞觀十九年十月6230頁。
⑦ 《舊唐書》卷5《高宗紀》92頁,94頁,又卷199上《高麗傳》5327頁。
⑧ 《舊唐書》卷89《狄仁傑傳》2890—1頁。
⑨ 《舊唐書》卷5《高宗紀》92頁,又卷104《高仙芝傳》3203頁,又卷106《王毛仲傳》3252頁,又卷110《王思禮傳》3312

⑨　頁，又卷 124《李正己傳》3534 頁，又卷 90《楊再思傳》2918 頁。

⑩　《南齊書》卷 58《高麗傳》1009 頁。

⑪　《北史》卷 8《齊武成紀》284 頁，《北齊書》卷 7《武成紀》92 頁。

⑫　《通典》卷 186《邊防·勿吉》5022—3 頁。

⑬　舉例來說，《北史》卷 7《齊文宣紀》，天保五年（554）七月，"肅慎遣使朝貢"251 頁，又卷 8《齊武成紀》，河清二年（563）"靺鞨遣使朝貢"284 頁；又卷 8《齊後主紀》，武平三年（571）"勿吉遣使朝貢"294 頁，十多年間，肅慎、靺鞨、勿吉先後朝貢，能説這三者是不同族類和不同時期的嗎？

⑭　《舊唐書》卷 199 下《靺鞨傳》5358 頁，《新唐書》卷 219《黑水靺鞨傳》6178 頁。

⑮　《唐會要》卷 96《靺鞨》1723 頁，原作開元十年；《舊唐書》卷 199 下作開元十三年，《資治通鑑》卷 213 作開元十四年。

⑯　《舊唐書》卷 8《玄宗紀》202 頁，《資治通鑑》卷 214 作幽州節度使 6808 頁。

⑰　《舊唐書》卷 199 下《靺鞨傳》5358 頁，《資治通鑑》卷 213 開元十四年末 6774 頁。

⑱　《五代會要》卷 30《黑水靺鞨》365 頁。

⑲　渤海建置六十二州之説，《新唐書》和《遼史》卷 34《營衛志》所記皆同，但《新唐書》實際僅列舉六十州名稱。《渤海國志長編》卷 14《地理考》，據《遼史》補考出集州、龍州。

⑳　《唐會要》卷 96《靺鞨》，"及渤海浸强，黑水亦爲其所屬"1724 頁，《新唐書·黑水靺鞨傳》文義同，6179 頁。

㉑　《舊唐書》卷 124《李正己傳》3535 頁，《新唐書》卷 213，5990 頁。

㉒　《唐六典》卷 30《都護》755 頁，參看《通典》卷 32《都護》896 頁。

㉓　《唐會要》卷 73《安東都護府》1318 頁，參看《通典》卷 180《安東府》4776 頁，《舊唐書》卷 39《地理志》1526—7 頁。

㉔　《舊唐書》卷 83《薛仁貴傳》2782 頁，《資治通鑑》卷 201 總章元年十二月 6357 頁。

㉕　《資治通鑑》卷 202 儀鳳元年正月 6379 頁。

㉖　《舊唐書》卷 199 上《高麗傳》5328 頁，按，高德武稱安東都督，不稱都護，乃因聖曆元年已改都護府爲都督府，見《唐會要》卷 73。

㉗　《舊唐書》卷 199 上《新羅傳》5337 頁。

㉘　《魏書》卷 106 上《地形志》2494—7 頁，又卷 31《于洛拔傳》736 頁，卷 19 下《元胡兒傳》516 頁，卷 20《元猛傳》529頁。

㉙　《北齊書》卷 25《王峻傳》364 頁，又卷 41《高保寧傳》547 頁，又卷 4《文宣紀》57 頁。

㉚　《舊唐書》卷 56《羅藝傳》2278 頁；《資治通鑑》卷 186 武德元年十二月 5827 頁。

㉛　《資治通鑑》卷 189 武德四年六月 5920 頁，《新唐書》卷 1《高祖紀》112 頁，文字較略。

㉜　《新唐書》卷 110《李謹行傳》4122—3 頁，《舊唐書》卷 199 下《靺鞨傳》5359 頁。

㉝　《舊唐書》卷 6《則天皇后紀》125 頁，《資治通鑑》卷 205 萬歲通天元年五月 6505—6 頁。

㉞　《舊唐書》卷 185 下《宋慶禮傳》4815 頁，《資治通鑑》卷 211 開元五年 6727 頁。

㉟　《舊唐書》卷 37《五行志》1357 頁，《資治通鑑》卷 212 開元八年 6743 頁。

㊱　《舊唐書》卷 103《張守珪傳》3194 頁，又卷 9《玄宗紀》213—4 頁；《新唐書》卷 225《安禄山傳》繫其事於天寶元年。

㊲　《舊唐書》卷 145《劉全諒傳》3939 頁，《資治通鑑》卷 217 至德元載四月 6961 頁，又卷 220 乾元元年二月 7052 頁。

㊳　《魏書》卷 2《太祖紀》22 頁，又卷 100《庫莫奚傳》，將"雜畜"具體化爲"馬、牛、羊、豕十餘萬"2222 頁。

㊴　《北齊書》卷 4《文宣紀》56 頁，又卷 5《孝昭帝紀》83 頁，又卷 41《綦連猛傳》541 頁。

㊵　《舊唐書》199 下《奚傳》5354 頁，又卷 194 上《突厥·突利可汗傳》5160 頁。

㊶　《舊唐書》卷 141《張孝忠傳》3854 頁，又卷 142《李寶臣傳》3865 頁。

㊷　《舊唐書》卷 195《回紇傳》5215 頁，又卷 103《張守珪傳》3195 頁。

㊸　《新五代史》卷 74《奚》909 頁，《五代會要》卷 28《奚》345 頁。

㊹　《遼史》卷 1《太祖紀》"五年春正月丙申，上親征西部奚，……所向輒下，遂分兵討東奚，亦平之……。"4—5 頁。又卷 34《兵衛志》，396 頁。

㊺　蘇頌《蘇魏公文集》卷 13《牛山道中》10 頁上，又《和仲巽奚山部落》3 頁下，又《和過打造部落》7 頁下，《奚山道中》9 頁下（四庫全書本）。

㊻　《北齊書》卷 4《文宣帝紀》57 頁；《隋書》卷 80《契丹傳》1882 頁，參《遼史》卷 32《營衛志》378 頁。

㊼㊾　《新五代史》卷 72《契丹傳》886 頁，《新唐書》卷 219《契丹傳》作"靺鞨、室韋"，6167 頁。

㊽　《新唐書》卷 136《李光弼傳》4583 頁，《舊唐書》卷 142《王武俊傳》3871 頁。

㊾　《遼史》卷 2《太祖紀下》20 頁。

(50) 《新唐書》卷219《契丹傳》6172頁,《舊五代史》卷137《契丹傳》1828頁。
(51) 《舊五代史》卷137《契丹傳》1830頁。
(52) 《資治通鑑》卷271龍德元年十一月8870頁。
(53) 《遼史》卷59《食貨志》923—4頁,又卷2《太祖紀贊》24頁。
(55) 《遼史》卷4《太宗紀》49—50頁,參卷59《食貨志》924頁。
(56) 《續資治通鑑長編》卷79大中祥符五年十月1796頁。
(57) 《魏書》卷100《失韋國傳》2221頁;《北史》卷94,3129頁,均作"夏則城居,冬逐水草",疑"夏""冬"二字爲誤植。
(58) 《隋書》卷84《室韋傳》1882頁,《通典》卷200《室韋》5487—8頁。
(59) 李德裕《會昌一品集》卷14《請發鎮州馬軍狀》115—16頁(國學基本叢書本,商務),《資治通鑑》卷246,7996—7頁。
(60) 《唐會要》卷96《室韋》1721頁。
(61) 《遼史》卷36《兵衛志》429—31頁;又卷46《百官志》723—766頁。
(62) 《新五代史》卷73《四夷附録》907頁。
(63) 《遼史》卷60《食貨志下》930頁。
(64) 《宋會要輯稿·蕃夷》3之1《女真》7711頁(中華書局,1957年影印本)。
(65) 《文獻通考》卷327《四裔·女真》2570頁;《金史》卷1《世紀》1頁。
(66) 五節度是指黑龍江下游的剖阿里、盆奴里、奥里來、越里篤、越里吉五屬國,由遼朝設置以管轄軍政事務。

# 《晋書》時誤補校（三）

## 牛　繼　清

13.（穆帝升平二年）十一月庚子，雷。辛酉，地震。（卷八頁203）

升平二年十一月辛酉，地震。（卷二十九頁897）

按是月辛巳朔，無辛酉。前有庚子（二十日），疑爲辛丑（二十一日）之誤。

14.（哀帝）興寧三年七月甲申，初封會稽王。（卷九頁224）

按是月癸卯朔，無甲申。同書卷八《海西公紀》作“（七月）壬子，立皇后庾氏。封琅邪王昱子昌明爲會稽王”。《建康實録》卷八“晋”則云：“秋七月己酉，改封會稽王昱爲琅邪王，以昱子昌明爲會稽王。壬子，立皇后庾氏。”己酉七日，壬子十日，父子兩人同日封王似不妥，應從《海西公紀》作“壬子”。《資治通鑑》卷一百一晋紀二十三襲《孝武帝紀》誤爲“甲申”。

15.（孝武帝太元四年）二月戊午，苻堅使其子丕攻陷襄陽，執南中郎將朱序。（卷九頁229）

按是月甲申朔，無戊午。《資治通鑑》卷一百四晋紀二十六同誤。

16.（太元四年三月）癸未，使右將軍毛武生帥師伐蜀。（卷九頁229—230）

按陳垣《二十史朔閏表》該年四月癸未朔，則三月不當有癸未，《資治通鑑》卷一百四晋紀二十六同。或陳《表》排朔有誤，姑存疑。

17.（太元十八年）九月丙戌，龍驤將軍楊佺期擊氐帥楊佛嵩于潼谷，敗之。（卷九頁240）

按是月己丑朔，無丙戌。《資治通鑑》卷一百八晋紀三十同誤。疑爲“丙辰”之誤，“戌”、“辰”形近，丙辰二十八日。

18.（安帝元興三年）三月戊午，劉裕斬玄將吳甫之于江乘，斬皇甫敷於羅落。己未，玄衆潰而逃。庚申，劉裕置留臺，具百官。壬戌，桓玄司徒王謐推劉裕行鎮軍將軍、徐州刺史、都督揚徐兗豫青冀幽并八州諸軍事、假節。劉裕以謐領揚州刺史、録尚書事。辛酉，劉裕誅尚書左僕射王愉、愉子荆州刺史綏、司州刺史溫詳。（卷十頁256）

按三月戊午朔，壬戌不當在辛酉前。《宋書》卷一《武帝紀上》作“（三月）庚申，……推高祖爲使持節、都督揚徐兗豫青冀幽並八州諸軍事、領軍將軍、徐州刺史”。“校勘記”引《太平御覽》卷一二八引徐爰《宋書》、《魏書·島夷·劉裕傳》、《建康實録》并作“鎮軍將軍”。誅王愉父子事在後不繫日。《南史》卷一《宋本紀上》、《建康實録》卷十“晋”亦作“庚申”。則“壬戌”當爲“庚申”之誤，庚申三日，辛酉四日，合序。此文“壬戌”爲訛衍。

# 唐代鴻臚寺及其外交管理職能

## 黎　虎

　　唐朝是我國中古時代外交發展最輝煌的時期,也是其外交管理制度業已成熟和完善的時期,在秦漢、魏晋南北朝的基礎上躍上了一個新的臺階。唐代中央的專職外交管理機構,仍如兩漢魏晋南北朝時期以九卿系統的鴻臚寺和尚書系統的主客司(曹)共同構成雙軌管理體制。由於這個時期三省六部制的確立和完善,尚書與卿監關係的相對協調,這兩個部門之間的關係也進一步順暢,即主客司主管外交政令,鴻臚寺主管外交事務,職責分明,分工明確,密切配合,共同完成有關各項外交職事。像魏晋南北朝時期那樣職事相互交錯重疊,相互侵權的情况已經基本不見。但是到了唐朝中後期,由於使職差遣制度的發展及其定型化,使三省制下的職事官制度遭到破壞;又由於宦官勢力在政治舞臺上的崛起,他們不僅控制朝政,也侵奪各種行政事務。這些對於外交管理機構也産生了嚴重的影響,官、職分離,外交工作往往不是由外交管理機構,而是由差遣或使職來執行的情况同樣存在。因而唐代中後期鴻臚寺外交職權也逐漸式微,但是其在有唐一代始終存在,作爲外交專職機構的地位亦始終没有變化。故欲明唐代中央外交管理機構情形,必先辨析鴻臚寺及其外交管理職能。關於這一問題迄未引起學術界之注意,尚無專文論述者,故草此文,試略述之。

## 一　鴻臚寺的設置與變遷

　　隋朝建立後,繼承北齊制度,設置鴻臚寺。開皇三年(583)廢鴻臚寺入太常,十二年(592)復置。寺中以卿一人爲長官,正第三品;少卿一人爲次官,正四品上;丞二人,正七品下;以及主簿、録事等辦事人員。據《唐六典》卷8《左散騎常侍等》,此外尚有贊者十二人。據《隋書》卷28《百官志下》、《唐六典》卷18《鴻臚寺》,鴻臚寺下統轄典客、司儀、崇玄三署。隋煬帝時典客署改稱典蕃署。三署各置令爲長官,丞爲副。典客署又有掌客十人,司儀署有掌儀二十人。隋煬帝時加置少卿二人,降爲從四品。

　　唐初依隋制設置鴻臚寺。龍朔二年(662)改稱同文寺,[①]咸亨元年(670)復稱鴻臚寺。武后光宅元年(684)改稱爲司賓寺,神龍元年(705)復稱鴻臚寺。鴻臚寺以卿一人爲長官,從三品；少卿二人爲副，從四品上。《唐六典》卷18《鴻臚寺》謂："鴻臚卿之職，掌賓客及凶儀之事，領典客、司儀二署，以率其官屬，而供其職務；少卿爲之貳。"所謂"賓客"之事，主要就是外交（及少數民族）接待事務。"凶儀"也包含有關外交事務。在鴻臚卿和少卿之下還有丞二人，從第六品上，"掌判寺事"，有似今世之辦公廳主任；主簿一人，從第七品上，"掌印，勾檢稽失"；還有錄事二人，從第九品上，"掌受事發辰"。管理受事日期和完成任務的程限。此外尚有流外吏職人員，《舊唐書》卷44《職官志三》載，有"府五人，史十一人，亭長四人，掌固六人"等。

　　鴻臚寺的屬官有典客、司儀二署。典客署負責蕃客的接待、迎送等事務，司儀署負責喪葬禮儀及有關事務。據《舊唐書》卷44《職官志三》，唐初改典蕃署爲典客署，置令一人爲長官，從第七品下；丞二人爲副，從第八品下。還有掌客十五人，正九品上。此外尚有流外吏職人員：典客十三人，府四人，史八人，賓僕十八人，掌固二人。司儀署也置令一人，正八品下；丞一人，正九品下。流外吏職人員有司儀六人，府二人，史四人，掌設十八人，齋郎三十三人，掌固四人，幕士六十人。

　　鴻臚寺的屬官除上述二署外，在唐中後期還有禮賓院。《通鑑》卷232唐貞元三年條胡三省注云："鴻臚掌四夷之客，有禮賓院。"同書卷240元和十四年條注云："唐有禮賓院……宋白曰：屬鴻臚寺。"禮賓院初設時似還不屬鴻臚寺，《唐會要》卷66《鴻臚寺》載，天寶"十三載二月二十七日，禮賓院自今後，宜令鴻臚勾當檢校。應緣供擬，一物已上，并令鴻臚勾當。"可見是從天寶十三載（754）才歸鴻臚寺統轄。元和九年（814）時，將禮賓院設置於長興里之北。[②]禮賓院亦負責蕃客接待及迎送等事務，但其活動多見於唐後期，成爲唐後期重要的外事接待部門，取鴻臚寺許多職責而代之。

　　此外，鴻臚寺屬官在唐初尚有崇玄署，負責寺、觀的管理。每寺、觀各設監一人，隸鴻臚寺。開元二十五年（737）將道觀改隸宗正寺，佛寺改隸尚書祠部。鴻臚寺還有左右威遠營，《舊唐書》卷138《賈耽傳》載賈耽爲鴻臚卿，"時左右威遠營隸鴻臚，耽仍領其使。"據《唐故鴻臚少卿貶明州司馬北平陽府君（濟）墓志銘并序》，大約在大曆十四年（779）陽濟亦曾被"拜鴻臚卿兼威遠營使"。[③]可見威遠營使多由鴻臚官員兼領。建中元年（780）始劃歸金吾衛，《唐會要》卷66《鴻臚寺》謂是年七月，"以鴻臚寺左右威遠營隸金吾。"左右威遠營的職事不明，不過從其劃歸金吾衛統轄來看，可能也是負責巡察警衛之事。

## 二　鴻臚寺的外交職掌

　　鴻臚寺的職掌到了隋唐時期已經變爲相對單一的外事管理部門。漢代的鴻臚職掌尚繁,除了外交、民族事務之外,還有封國王侯事務和郡國計吏事務等。到了魏晋南北朝時期由於政治體制和中央與地方關係的變化,鴻臚不再負責郡國計吏事務,又由於封建王侯制度的逐漸蜕變,這方面的職任有所削弱,最後其職劃歸宗正寺管轄。這樣一來鴻臚寺就成爲專職於外事的部門了。正如《歷代職官表》卷17《理藩院》唐代按語説:“自東晋迄於唐,諸侯王皆僅存空名,無分藩之制,故封授削奪之政令,俱改歸宗正,不屬鴻臚,所存者惟蕃國朝覲之禮,猶大行人之一職。”唐代的鴻臚寺除了管理高級官員的喪葬和二王之後(唐封隋楊後裔爲酅公,北周宇文氏之後爲介公)之外,主要就是負責外交事務了。鴻臚寺的外交職掌相當廣泛繁雜,現據有關官志所記其職責,結合散見於各種文獻記載的實際事例,綜合叙述於後。

### 1. 迎來送往

唐人習慣把外國、外族稱爲“蕃”,因而把來朝的君主、酋渠和外交使節都稱爲“蕃客”。據《唐六典》卷4《尚書禮部·主客郎中》條記載,唐代的“蕃國”原有三百餘國,到開元年間爲七十餘國,“凡四蕃之國經朝貢已後自相誅絶及有罪見滅者,蓋三百餘國。今所在者,有七十餘蕃。”注文中詳細記載了這七十餘蕃的名稱,他們“各有土境,分爲四蕃焉。”這七十餘蕃,東至日本、新羅等,西達大食、波斯、拂菻、五天竺、獅子國等,北抵堅昆、室韋等,南際尸利佛誓、真臘等。這七十餘蕃在今天看來實際上包含兩個部分,一類是當時和今天都是外國者,如日本、拂菻、天竺、獅子國、尸利佛誓等,一類是當時與唐政權對立而今天爲國内少數民族者,如突厥、吐蕃、靺鞨等。

鴻臚寺的一項重要任務就是負責迎送蕃客。鴻臚寺所屬典客署的職責之一,《舊唐書》卷44《職官志三》謂,凡蕃客之“送迎皆預焉”。典客署還有屬官掌客,《新唐書》卷48《百官志三》謂其職“掌送迎蕃客”。舉凡蕃客從入境至出境的全部事務幾乎都與鴻臚寺有關。茲分述其迎送蕃客方面的職掌。

(1)入境魚符管理。唐朝制度規定在邊境地區設置銅魚符,作爲外交使節入境之憑證。《唐會要》卷100《雜録》載,“故事:西蕃諸國通唐使處,悉置銅魚。雄雌相合,各十二只,皆銘其國名,第一至十二,雄者留在内,雌者付本國。如國使正月來者,賫第一魚,餘月準此,閏月賫本月而已,校其雌雄合,乃依常禮待之。差謬,則推按聞奏。”又據《新唐書》卷24《車服志》記載:“初,高祖入長安,罷隋竹使符,班銀菟符,其後改爲銅魚符……蕃國亦給之,雄雌各十二,銘以國名,雄者進内,雌者付其國。朝貢使各賫其月魚而至,不合者劾奏。”可知銅魚符是由“竹使符”和“銀菟符”演變而來的。唐代行用魚符之制,作爲官員身分地位之憑證。據《唐六典》卷8《門下省·符寶郎》條載,高級官員給以“隨身魚符”,“所以明貴賤,應征召”。又有“銅魚符,所以起軍旅,易守長。”可見唐朝是把内部的魚符制度,行用於外交方面。按照這個規定,來使必須經過查驗魚符,符合無誤才能承認其外交使節的身分,才能得到相應的外交禮儀的接待，否則就要受到調查審問，并將審查結果上報有關部門。這種外交魚符的管理工作是由鴻臚寺具體負責的，《唐會要》卷100《雜録》載，開元十六年(728)十一月五日，"鴻臚卿舉舊章奏曰：'近緣突騎施背叛，蕃國銅魚，多有散失，望令所司復給。'"從這個材料我們可以看到，蕃國銅魚的管理是由鴻臚寺負責的；這個制度在唐前期是曾經嚴格執行的；但是到了開元中葉此制已經有所頹壞。

唐朝對於來使進行入境驗證一直是相當嚴格的。德宗貞元二十年(804)，《大日本史》卷242《諸蕃十一·唐》載，日本桓武天皇派遣藤原葛野麻呂爲遣唐大使，其所率使團"往到唐福州長溪縣，州縣吏疑其無符印，責之。葛野麻呂贈書福州觀察使，略云：'……又竹符銅契，本備奸詐，世淳人質，文契何用。是故我國淳樸已降，常好事鄰，所獻信物，不用印書，所遣使人，無有奸僞……然今州使責以文書，疑彼腹心，檢括船上，計數公私……'"可見外國使團到達邊境州縣時，要對來使責以"符信"。不過從這個材料來看，當時福州方面查驗的主要是日本方面的印信文書，不是指其有無銅魚符。大概這種魚符之制，主要行用於唐前期及"西蕃"諸國，唐後期或對"東夷"諸國已有變化。但是對於外國來使在邊境地區須查驗證件則是一致的。

(2)核准進京員額。外國使團經過驗證獲准入境後，并非全體成員均可進入首都，還須核準員額，規定進京人數。鴻臚寺的職責之一是管理來使進京人數的核準，《新唐書》卷48《百官志三》載鴻臚寺職責之一爲："海外諸蕃朝賀進貢使有下從，留其半於境；縣海路朝者，廣州擇首領一人、左右二人入朝；所獻之物，先上其數於鴻臚。"這項制度在唐代執行頗嚴。大曆十三年(778)，據《續日本紀》卷35《天宗高紹天皇》寶龜九年十月、十一月條，日本光仁天皇派遣的使團到達揚州海陵縣，"得觀察使兼長史陳少游處分：屬(安)禄山亂，常館凋弊，入京使人，仰限六十人。"這是揚州觀察使陳少游向中央請示後獲准的進京人數。但是日本使團卻以"八十五人發州入京"。他們一行"行百餘里，忽據中書門下牒，搏節人數，限以二十人。臣等請更加廿三人。"最後是以四十三人獲准進入長安。可見雙方在進京人數上是有反復而激烈的交涉的。貞元二十年(804)葛野麻呂所率遣唐使團到達福州後，《日本後紀》卷12《皇統彌照天皇》延曆廿四年六月條，"新除觀察使兼刺史閻濟美處分，且奏，且放廿三人入京。"被核准進京的人數不一定都按照《新唐書》卷48《百官志三》所規定的比例，有時所放人數是相當少的，如文宗開成三年(838)，藤原常嗣所率遣唐使團有四舶共六百五十一人，除第三舶一百四十人沒有到達外，尚有五百餘人。④但是他們到達揚州後，得到批准進京的不過三十五人，據日僧圓仁所著《入唐求法巡禮行記》卷1，其"入京官人：大使一人、長岑判官、菅原判官、高岳録事、大神録事、大宅通事，別請益生伴須賀雄、真言請益圓行等，并雜職已下卅五人。"

　　上引幾則日本遣唐使進京人數核準事例中，我們未能看到鴻臚寺在其中的作用。不過從外交使節獻物的報批程序中可以參證其事。上引《新唐書》卷48《百官志三》於記述鴻臚寺負責確定外國使團入京人數之後，接着就談到其"所獻之物，先上其數於鴻臚。"《唐六典》卷18《鴻臚寺·典客署》條注對此有更具體詳細的記載："入境州縣……具其名數牒寺。寺司勘訖……仍牒中書……別聽進止。"即由使節入境之州縣上報鴻臚寺，鴻臚寺審核之後上報中書，聽候裁決。可見鴻臚寺是在地方政府與中央中樞部門之間起着聯繫作用，具體的處置事務是由鴻臚寺管理的。核準來使進京員額的程序當亦大體如此。至於蕃客到京之後鴻臚寺根據核準員額進行接待更是不言而喻的。

　　有些重要的賓客，也可能派遣鴻臚官員前往迎接，《冊府元龜》卷999《外臣部·入覲》，卷621《卿監部·司賓》載，大業三年（607）六月突厥啓民可汗來朝，隋煬帝就曾"遣鴻臚卿史祥迎接之"。

　　（3）禮送返國。蕃客在京完成使命之後，由鴻臚寺負責禮送其返國的各項事宜。《新唐書》卷48《百官志三》謂，"凡客還，鴻臚籍衣賚賜物多少以報主客，給過所。"由鴻臚寺先提出賜給衣糧和其他物品的數量，造冊呈報尚書主客司。同時向有關部門辦理好蕃客離京的通行證—過所，交給蕃客。賜物的數量多少都有規定，《唐會要》卷100《雜錄》載武周聖曆三年（700）三月六日敕："東至高麗國，南至真臘國，西至波斯、吐蕃及堅昆都督府，北至契丹、突厥、靺鞨，并爲入番，⑤以外爲絶域，其使應給料各依式。"給予多少的原則，據《新唐書》卷221下《西域傳下贊》，是"視地遠近而給費"。其具體標準即爲《唐會要》卷100《雜錄》所載證聖元年（694）九月五日敕的規定："蕃國使入朝，其糧料各分等第給：南天竺、北天竺、波斯、大食等國使宜給六個月糧，尸利佛誓、真臘、訶陵等國使給五個月糧，林邑國使給三個月糧。"以後又陸續有補充規定，開元四年（716）正月九日敕曰："靺鞨、新羅、吐蕃先無里數，每遣使給賜，宜準七千里以上給付也。"從中可見當時按照路程遠近制定給賜標準的情況。因此這種糧料又叫"程糧"，《新唐書》卷46《百官志一》謂由海路返國者，給予"入海程糧"，由陸路返國者，給予"度磧程糧"。辦理好還賜物品的手續之後，又由典客署具體導引蕃客領取賜物，《唐六典》卷18《鴻臚寺·典客署》條謂："若還蕃，其賜各有差，給於朝堂，典客佐其受領，教其拜謝之節焉。"

　　蕃客離京返國時，重要的賓客也可能由鴻臚官員陪送至邊境。天寶十一載（752），日本孝謙天皇所遣藤原清河率領的使團返國時，據《大日本史》卷116《列傳》第43《藤原清河傳》，唐玄宗"特差鴻臚卿蔣挑捥送至揚州"。

　　**2. 辨其等位**

　　蕃客進京後，則需要辨別其等位、嫡庶。這項工作非常重要，是對蕃客接待禮儀規格、待遇高低、授官大小、册封等級的依據和前提。而這項辨別等位的工作是鴻臚寺的又一重要職掌。據《舊唐書》卷44《職官志三》所載鴻臚寺職掌："凡四方夷狄君長朝見者,辨其等位,以賓待之……及夷狄君長之子襲官爵者,皆辨其嫡庶,詳其可否。"這個記載表明,辨等位主要是針對四方夷狄君長,辨嫡庶主要是針對夷狄君長之子。前者是爲了確定"以賓待之"的規格,後者是爲了確定其是否可以繼承官爵。《新唐書》卷48《百官志三》謂,辨等位的根據是其"蕃望高下",即其國勢之强弱大小、國際地位之高低、與唐朝利害關係親密程度等。實際上辨別等位不僅是對夷狄君長而言,一切外來使節均須如此,因爲只有確定等位以後,才能確定"以賓待之"的規格等級。這種"以賓待之"體現在各個方面,首先是決定其朝見時的座次班位,"朝見辨其等位,第三等居武官三品之下,第四等居五品之下,第五等居六品之下,有官者居本班。"其次決定其所享受的供應待遇,其具體待遇據《唐六典》卷18《鴻臚寺·典客署》條注是:"三品已上準第三等,四品、五品準第四等,六品已下準第五等。其無官位者,大酋渠首領準第四等,小酋渠首領準第五等。"即第三等蕃客可享受三品以上官員的待遇,第四等蕃客可享受四、五品官員的待遇,第五等蕃客可享受六品以下官員的待遇。其供應之差別:"諸蕃使主、副五品已上給帳、氈、席,六品已下給幕及食料。"甚至蕃客在唐身亡後的喪事也是依不同等級而有所區別。由此可見辨別蕃客等位是一項非常重要的事情,在唐人的眼中,這是鴻臚寺的最重要職責之一,孫逖《鴻臚少卿壁記》説,鴻臚的職掌是"致其饗餼,辨其等威。"⑥把"辨其等威"看作是鴻臚寺的兩大職掌之一。做好這項工作的目的,常衮《授蔣涣鴻臚卿制》謂,是爲了"待遇諸國,宜約故事,使有準以明等威也。"⑦鴻臚寺的屬官在接待蕃客時也都是根據其等位行事的,《唐六典》卷18《鴻臚寺·典客署》條稱典客署"皆辨其等位而供其職事"。爲了做好"辨其等位"的工作,鴻臚寺對於四方來朝的蕃客都要登記造册,《新唐書》卷48《百官志三》謂:"凡四夷君長,以蕃望高下爲簿。"

**3.擬授官位**

鴻臚寺辨別蕃客的等位之後,便須據此而擬定授予其不同的官位。唐朝對於來朝的蕃客,往往根據其蕃望和等級的高下,而授予不同的官位。鴻臚寺負責擬定授予何種官位。吐火羅(在葱嶺西,烏滸河南一帶)葉護那都泥利之弟僕羅,於神龍元年(705)入朝,留宿衛。他曾上書申訴鴻臚寺授官不當。僕羅《訴授官不當上書》稱:"僕羅至此,爲不解漢法,鴻臚寺不委蕃望大小,有不比類流例,高下相懸,即奏擬授官。"這説明授予蕃客官位之事,是由鴻臚寺提出初步方案,然後經上奏批准;授官的原則是根據蕃望大小,即蕃客的等位。他在上書中列舉了授官不當的具體情況:"竊見石國、龜兹,并餘小國王子首領等,入朝元無功效,并緣蕃望授三品將軍。況僕羅身特勒本蕃,位望與親王一種,比類大小與諸國王子懸殊,却授僕羅四品中郎。但在蕃王子弟婆羅門瞿曇金剛龜兹王子白孝順等,皆數改轉,位至諸衛將軍。唯僕羅最是大蕃,去神龍元年蒙恩敕授左領軍衛翊府中郎將。至今經一十四年,久被淪屈,不蒙準例授職,不勝苦屈之甚。"⑧據《唐六典》卷 5《尚書兵部》"兵部尚書"條,唐制以正三品之懷化大將軍、從三品之歸德將軍授予蕃官,"凡懷化、歸德將軍量配於諸衛上下。"僕羅認爲石國、龜玆和其餘小國王子蕃望不如自己,却被授予三品將軍,并改轉位至諸衛將軍,即指他們已被授予懷化、歸德將軍,并已量配於諸衛上下。又據《唐六典》卷 24《諸衛》"左右領軍衛"條,其屬有"翊府中郎將各一人,正四品下。"僕羅認爲自己一直是四品中郎,即指正四品下之左領軍衛翊府中郎將。他的訴狀上呈後,據《册府元龜》卷 999《外臣部·請求》載,唐玄宗作了批示:"敕鴻臚卿準例定品秩,勿令稱屈。"可見根據條例確定蕃客官品是鴻臚寺的職司所在。姑不論當時鴻臚寺對於僕羅的官位除授是否不當,從中可見授予蕃客官位是一個很敏感的外交問題,它事關對於蕃客及其所代表的國家的外交待遇。因而辨別蕃望等位以恰當授予官位是一項政策性很强的事情。唐朝對蕃客封官是相當普遍的,這對於當時開展對外關係起了重大的作用。不過有時封授蕃官也有過濫之處,《大唐新語》卷 13《諧謔》載:"則天朝,諸蕃客上封事,多獲官賞,有爲右臺御史者。則天嘗問張元一曰:'近日在外有何可笑事?'元一對曰:'……左臺胡御史,右臺御史胡。'胡御史,元禮也。御史胡,蕃人爲御史者。"

### 4.執行册封

對於諸蕃的册封,也是根據其蕃望與等位授予,而册封的具體執行者也是鴻臚寺。鴻臚寺在這方面的職掌主要有兩個方面。一方面是負責在京城册封的宣授。德宗貞元十六年(800)派遣韋丹持節册命金俊邕爲新羅王,行至鄆州,得知金俊邕病卒,其子金重興立,於是詔韋丹中路返回。後來到了憲宗元和三年(808),新羅遣使金力奇來朝。《唐會要》卷 95《新羅》載,金力奇上言:"貞元十六年,奉詔册臣故主金俊邕爲新羅王,母申氏爲太妃,妻叔氏爲王妃。册使韋丹至中路,知俊邕薨,其册却回在中書省。今臣還國,伏請授臣以歸。"根據新羅方面的請求,憲宗下敕曰:"金俊邕等册,宜令鴻臚寺於中書省受領,至寺宣授與金力奇,令齎歸國。仍賜其叔彦昇門戟,令本國準例給。"從這個材料可以看到是由鴻臚寺負責到中書省領受册命,然後回到鴻臚寺向受封者宣授。另一方面是親往受封國授予。《唐六典》卷 18《鴻臚寺》載,鴻臚寺的職掌規定:"若諸蕃大酋渠有封建禮命,則受册而往其國。"鴻臚寺官員出使受封國授予册命的事例甚多,這裏略舉幾例:《舊唐書》卷 194 下《突厥傳下》載,貞觀六年(632)派遣鴻臚少卿劉善因出使西突厥,"就蕃立"阿史那彌射爲奚利邲咄陸可汗。《新唐書》卷 217 上《回鶻傳上》載,貞元五年(789),唐朝得知回鶻天親可汗卒,遣鴻臚卿郭鋒持節册拜其子爲忠貞可汗。不久可汗死,又遣鴻臚少卿庾鋌册其幼子阿啜爲奉誠可汗。《舊唐書》卷 18 下《宣宗紀》載,大中元年(847),"册黠戛斯王子爲英武誠明可汗,命鴻臚卿李業入蕃册拜。"總之,從唐初到唐後期都有鴻臚寺官員出使册命的記載。在以其他官員出使册命時,有時也假以鴻臚寺官寺銜,《舊唐書》卷9《玄宗紀下》載,開元二十五年(737)新羅王金興光卒,其子金承慶繼位,"遣贊善大夫邢璹攝鴻臚少卿,往吊祭册立之。"

### 5. 接轉文書奏事

蕃客到達京城後,一應外交文書的呈遞,面見皇帝奏事等,都由鴻臚寺負責接受和安排。《隋書》卷81《東夷·倭國傳》載,隋煬帝大業三年(607),倭國王多利思比孤遣使朝貢,"其國書曰:'日出處天子致書日没處天子無恙'云云。帝覽之不悦,謂鴻臚卿曰:'蠻夷書有無禮者,勿復以聞。'"隋煬帝因對倭國國書的口氣不滿,故命令鴻臚寺今後凡執禮不恭的外交文書均不得上呈。從這個材料可以知道,外交使節所携來的國書,首先直接遞交給鴻臚寺,然後由鴻臚寺再轉呈皇帝。到了唐朝,鴻臚寺在這方面的職責更有了細緻的規定,《新唐書》卷48《百官志三》謂:"蕃客奏事,具至日月及奏之宜,方别爲狀,月一奏,爲簿,以副藏鴻臚。"方,四方之意。中國古代習慣把周鄰國家和民族按四方劃分,即所謂東夷、西戎、北狄、南蠻。故爾接待四鄰國家、民族的機構稱爲四夷館或四方館。這裏規定蕃客奏事,由鴻臚寺按東西南北四方之國分别整理成上報公文——"狀"。狀中寫明蕃客到達的日期及其所要奏告的主要内容。這種公文每月呈報一次,并且裝釘成册,正本上報,副本留在鴻臚寺存檔。顯然,蕃客的文書和奏事都要經過鴻臚寺,由其負責接轉和管理。《唐會要》卷95《新羅》載,文宗開成四年(839),新羅神武王卒,文聖王繼位,第二年四月,"鴻臚寺奏:'新羅國告哀。'"可見新羅的告哀文書是先送達鴻臚寺,再由其上奏皇帝。唐朝後期,蕃客奏事由鴻臚寺所屬的禮賓院具體負責。文宗開成三年(838),藤原常嗣率領的日本使團中有七位僧人隨行,他們希望到臺州國清寺尋師。這些僧人上岸後,在揚州等待唐朝政府的批准。據圓仁《入唐求法巡禮行記》卷1載,藤原常嗣一行"到京之日,即奏請益僧往臺州之事;雇九個船,且令修之事。禮賓使云:未對見之前,諸事不得奏聞。再三催勸上奏,但許雇船修理,不許遣臺州。"這裏可見外交使節奏事要通過禮賓院的官員禮賓使來辦理,他們的請求由禮賓使負責轉達,他們對見皇帝的日程由禮賓使負責安排。

### 6. 朝見禮賓

鴻臚寺的職掌總的來說都可以說是禮賓工作,正如《隋書》卷22《五行志上》所謂"鴻臚,賓客禮儀之所在。"其中尤以蕃客朝見時的禮儀最爲重要,這是鴻臚寺的重要職掌之一。《唐六典》卷18《鴻臚寺》載鴻臚寺的職掌規定:"凡四方夷狄君長朝見者,辨其等位,以賓待之。"根據蕃客的等級而安排其在朝見中的班位。其等級分班之具體情況已見上文之叙述,這裏不再重復。根據所定蕃客等位,朝見時由鴻臚寺官員負責引導入班。《新唐書》卷16《禮樂志六》謂"蕃國主來朝"時,"蕃主入,鴻臚迎引詣朝堂,依北面立,所司奏聞。"蕃客參加其他朝會活動時,也是由鴻臚寺負責導引,如"仲冬之月,講武於都外",這項禮儀活動照例也邀請蕃客參加。其時"諸州使人及蕃客先集於北門外……皇帝入次,謁者引諸州使人,鴻臚引蕃客,東方、南方立於大次東北,西方、北方立於西北。"謁者所引導的是地方政府的代表,鴻臚所引導的是外賓,可見其有明確的分工。由於朝見時的班位座次是由鴻臚寺具體安排的,所以外國使節如對於班位安排有异議,也是直接向鴻臚寺提出交涉。天寶十二載(753),以藤原清河爲大使、大伴古麻吕爲副使的日本使團,出席蓬萊宮含元殿舉行的元正朝賀,據《大日本史》卷242《諸蕃十一·唐》載,最先所安排的外交使團班位是:"(藤原)清河等列西畔第二,在吐蕃下,新羅使東畔第一,在大食國上。"日本使團對此安排不滿,"古麻吕不肯就坐,謂掌客曰:'新羅者我屬國也,其使者不當在我邦之上。'廷争之,唐人不能奪,改以清河等坐東畔第一,引新羅使列西畔第二。"這裏日本使團是向掌客提出抗議的。掌客是鴻臚寺所屬典客署的官員,而典客署的職務,據《舊唐書》卷44《職官志三》是:"凡朝貢……皆預焉。辨其等位,供其職事。"

### 7. 接受貢獻

接受蕃客的貢獻物品,也是鴻臚寺的職掌。這方面的工作有以下幾個步驟:第一步是接受呈報。《新唐書》卷48《百官志三》謂,蕃客"所獻之物,先上其數於鴻臚。"其具體程序,《唐六典》卷18《鴻臚寺·典客署》條注謂:"若諸蕃獻藥物、滋味之屬,入境州縣與蕃使苟匭封印,付客及使,具其名數牒寺。"蕃客入境之後,地方政府與蕃使將所獻物品包裝封印之後,寫清其品種和數量,上報鴻臚寺。可見蕃客的貢獻都匯總於鴻臚寺。第二步是驗收。鴻臚寺接到報告之後,會同有關部門進行查驗,《新唐書》卷48《百官志三》謂:"獻馬,則殿中、太僕寺苟閱,良者入殿中,駑病入太僕。獻藥者,鴻臚寺驗覆。"馬匹則會同殿中省、太僕寺官員驗收,殿中省掌管天子服御之事,其中包括輿輦牛馬,太僕寺掌管廄牧輦輿之政,故蕃客獻馬由其驗收。藥物和其他物品則由鴻臚寺負責驗收。第三步是定價。《唐六典》卷18《鴻臚寺·典客署》條注謂:"寺司勘訖,牒少府監及市,各一官領識物人定價。"鴻臚寺於驗收完畢之後,發文給少府監和市易部門,由他們委派懂行之人進行定價。這裏没有具體説明"市"是哪個部門,可能是指太府寺屬官,《新唐書》卷48《百官志三》謂太府寺"總京都四市",其屬官兩京諸市署的職責之一就是"掌財貨交易、度量器物,辨其真僞輕重。"那麽其屬下必有能勝任這一職責的"識物人"。另外一些無法定價的物品,則由鴻臚寺酌情定價,以爲報答。《白氏六帖事類集》卷22引唐《主客式》謂:"諸蕃夷進獻,若諸色無估計物,鴻臚寺量之酬答也。"何謂"無估計物"?《新唐書》卷48《百官志三》有較具體的解釋,如"鷹、鷂、狗、豹無估,則鴻臚定所報輕重。"第四步是上報轉交。在進行定價的同時,據《唐六典》卷18《鴻臚寺·典客署》條注,"仍牒中書,具客所將獻物。"把蕃客貢獻物品開列清單上報中書省。在完成驗收和定價之後,鴻臚寺還要"量事奏送"。根據驗收的情况上報并負責轉交。例如《通鑑》卷197唐貞

觀十八年條載,貞觀十八年(644)九月乙未,"鴻臚奏'高麗莫離支貢白金.'"這就是鴻臚寺在
接到高麗貢物之後的上奏。得到上級批准之後,由鴻臚寺引導蕃客呈送貢物,《新唐書》48
《百官志三》謂:"凡獻物,皆客執以見,駝馬則陳於朝堂。"通過上述程序,蕃客之貢獻方告基
本完成,其中自始至終皆由鴻臚寺具體聯絡和操作。

　　由於鴻臚寺職司蕃客貢獻,所以政府官員如收到蕃客饋贈,也通過鴻臚寺而上交。《册
府元龜》卷971《外臣部·朝貢》載,開元二十三年(735)二月,吐蕃贊普遣其臣悉諾勃藏來賀
正,貢獻方物,同時以銀器贈送給宰臣。侍中裴耀卿、中書令張九齡、禮部尚書平章事李林甫
等奏曰:"臣等忝職樞近,不合輒受吐蕃餉方物,并望敕鴻臚進内。"他們將所收受吐蕃禮品交
鴻臚寺上交。鴻臚寺官員也可能收到蕃客的饋贈。《新唐書》卷106《高智周傳》附《蔣涣傳》
載,蔣涣於"永泰初歷鴻臚卿,日本使嘗遺金帛,不納,唯取篆一番,爲書以貽其副云。"唐代官
員一般不得接受蕃客私贈物品。

　　我國古代外交關係中的"貢"與"賜"是相互關聯而不可分割的,鴻臚寺在主管接受貢獻
的同時,亦負賞賜之責。對來使的賞賜和對蕃國的其它賞賜,均由鴻臚寺具體執行。《舊唐
書》卷195《回紇傳》載,文宗太和元年(827)"命中使以絹二十萬匹付鴻臚寺宣賜回鶻充馬
價"。這種"賞賜"實際上是一種外貿物資的償付。

## 8. 設宴款待

　　蕃客來京後都要受到宴享款待,這方面的事務也由鴻臚寺具體負責。《舊唐書》卷44
《職官志三》謂,其"享宴之數……皆載於鴻臚之職焉。"宴享數量和標準,有明確的規定,由鴻
臚寺負責掌握。鴻臚寺所屬典客署官員,《新唐書》卷48《百官志三》謂,其宴享"皆預焉"。
此即前引孫逖《鴻臚少卿壁記》所稱鴻臚寺又一重要職掌"致其饗餼"的内容之一。張鷟《龍
筋鳳髓判》卷2《沙苑監》條,記一判例云:"鴻臚寺狀稱:默啜使人朝,宴設蕃客,沙苑監李秀
供羊瘦小,邊使咸怨,御史彈付法。"默啜爲突厥可汗,其使來朝,鴻臚寺設宴款待,而負責牛
羊供應的沙苑監負責人李秀所供羊瘦小,招致來使的不滿,受到御史的檢舉。可見鴻臚寺爲
宴享蕃客的管理部門。其判辭云:"聖朝仁以接物,德以和人,矜其屬國之情,待以蕃臣之禮。
李秀職編沙苑,位綰牧司,輒隱肥羊,翻將瘦羜。一羊供國,罕見滋蕃,三百維群,如何檢察,
羸肌薄毳,供旦餼而難充,瘦骨穿皮,濟晨炊而無用……遂使賢王結恨,耻大國之風輕,驕子
相嫌,鄙中州之禮薄。憲司彈劾,允合公條,大理糾繩,固難私縱。"這裏强調了宴享蕃客的重
要意義,饈饌菲薄,可能影響外交關係,事關國體,故須追究其責任。

　　爲了宴享蕃客,鴻臚寺專門設立有宴會的場所一"錫宴堂"。《全唐詩》卷583載溫庭筠
一詩題爲:《鴻臚寺有開元中錫宴堂,樓臺池沼雅爲勝絶,荒凉遺址,僅有存者,偶成四十韵》。
從中可見錫宴堂有亭臺樓閣等建築物,以及池沼園林等景物,環境非常幽雅。詩中有云:"盤

斗九子粽，甌擎五雲漿……錫宴得幽致，車從真煒煌。"可以想見當年肴饌豐盈、車馬駢闐的宴會盛況。

　　唐代後期鴻臚寺宴享蕃客的部門已主要由禮賓院負責。韓愈《論佛骨表》謂，對於蕃客"來朝京師，陛下容而接之，不過宣政一見，禮賓一設。"⑨即於宣政殿召見，禮賓院設宴款待。《通鑑》卷 241 唐元和十四年胡注曰："唐有禮賓院，凡胡客入朝，設宴於此。"可見禮賓院爲宴享蕃客的部門和場所。《册府元龜》卷 976《外臣部·褒异》載，大曆二年(767)三月己卯，"宴吐蕃使於禮賓院"。

　　那麼禮賓院與錫宴堂是什麼關係呢？禮賓院是在天寶十三載(754)劃歸鴻臚寺管轄的，而錫宴堂早在開元中已經建立。我們看到禮賓院的活動均在天寶之後的唐代後期，這樣似可推斷天寶十三載之前宴享蕃客由鴻臚寺之錫宴堂負責，其後則由禮賓院負責，而且錫宴堂可能也歸其管理了。

### 9. 館待蕃客

　　鴻臚寺的又一重要職掌是負責客館的管理，以接待蕃客。北朝時在鴻臚寺設典客監或典客署，以管理客館事宜。隋唐時期繼承這一制度并有很大發展。這個時期也以典客署負責客館的管理，《唐六典》卷 18《鴻臚寺·典客署》條載，唐制規定典客署的職責之一是："凡酋渠首領朝見者，則館而以禮供之。"《新唐書》卷 48《百官志三》謂，典客署還特置掌客十五人，"顓莅館舍"，專職負責客館事務。此制當是繼承隋朝制度，隋朝鴻臚寺所統典客署也掌管客館。據《隋書》卷 84《北狄·西突厥傳》，開皇末年突厥處羅可汗之弟婆實與妻向氏入朝，"遇達頭亂，遂留京師，每舍之鴻臚寺。"這裏所謂鴻臚寺，實際上是指其所轄典客署管理的蕃客館。仁壽(601—604)年間楊素用事，據《隋書》卷 25《刑法志》載，楊素"於鴻臚少卿陳延不平，經蕃客館，庭中有馬屎，又庶僕氈上樗蒲。旋以白帝，帝大怒曰：'主客令不灑掃庭内，掌固以私戲污敗官氈，罪狀何以加此。'皆於西市棒殺，而榜棰陳延，殆至於斃。"楊素發現蕃客館的衛生有些問題，工作人員在氈子上游戲，便向隋文帝告狀，於是懲辦了自鴻臚少卿、主客令以至掌固等一干官員和吏役。這裏的主客令即典客令，《通鑑》卷 178 隋文帝開皇十七年條在注解這件事時說："隋志：鴻臚寺統典客令，即主客也。"典客令即典客署的長官，掌固爲典客署的下級官員。可見蕃客館是由典客署負責管理的。而鴻臚少卿爲典客署的主管上級，因此也受到懲處。

　　唐代由於外交的進一步擴大，蕃客數量空前增加，《通鑑》卷 199 唐太宗貞觀二十二年條稱："是時四夷大小君長爭遣使入獻見，道路不絕，每元正朝賀，常數百千人。"因而鴻臚寺的接待任務非常繁重。唐朝中期以後，僅回紇使者就常數百千人之多。一方面是前來交市的人員激增。由於幫助唐朝平定安史之亂，《舊唐書》卷 195《回紇傳》謂"回紇恃功，自乾元之後,屢遣使以馬和市繒帛,仍歲來市,以馬一匹易絹四十匹,動至數萬馬。其使候遣、繼留於鴻臚者非一。"《新唐書》卷217上《回鶻傳上》亦謂其"使者相躡,留舍鴻臚。"另一方面是前來和親的人員數量很大。德宗貞元四年(788),以咸安公主嫁回紇可汗。可汗派遣其宰相爲首一千餘人的使團,以及回紇公主所率大酋之妻五十人,一同前來迎娶公主和交付聘禮,"有詔其下七百,皆聽入朝,舍鴻臚。"穆宗長慶元年(821)以太和公主嫁回鶻,據《舊唐書》卷195《回紇傳》,這年五月"回鶻宰相、都督、公主、摩尼等五百七十三人入朝迎公主,於鴻臚寺安置。"可見鴻臚寺所管理的客館數量是相當大的。由於回紇恃功,加以留住人員多,代宗大曆年間屢屢發生入住鴻臚寺的回紇人員滋事事件。《舊唐書》卷11《代宗紀》載,大曆七年(772)正月,"回紇使出鴻臚寺劫掠坊市,吏不能禁止,復三百騎犯金光、朱雀等門。是日皇城諸門皆閉,慰諭之方止。"《舊唐書》卷195《回紇傳》載,同年七月又有"回紇出鴻臚寺,入坊市强暴,逐長安令邵說於含光門之街,奪說所乘馬將去。說脫身避走,有司不能禁。"大曆十年(775)九月,"回紇白晝刺人於東市,市人執之,拘於萬年縣。其首領赤心聞之,自鴻臚寺馳入縣獄,劫囚而出,砍傷獄吏。"從中可見鴻臚寺接待蕃客任務之繁劇。

鴻臚寺也是收容、拘禁蕃客的地方。《通鑑》卷246唐武宗會昌二年條載,會昌二年(842)武宗擬"遣回鶻石戒直還其國,賜可汗書。"宰相李德裕不同意,《全唐文》卷705載其上書《論回鶻石戒直狀》謂:"石戒直久在京城,事無巨細,靡不諳悉。昨緣收入鴻臚,懼朝廷處置,內求奉使,意在脫身。"當時回鶻犯邊,雙方關係緊張,石戒直有通回鶻嫌疑,爲保守機密,故拘留於鴻臚寺。等待遣返的蕃客也由鴻臚寺管束,《册府元龜》卷980《外臣部·通好》載,敬宗寶曆二年(826)二月,"鳳翔節度使進到落蕃回鶻四人,敕旨令付鴻臚寺,待有還蕃使即放歸國。"這是將邊境所上落蕃回鶻人,暫時安置於鴻臚寺,待日後交使節帶回本國。俘虜赦免後亦歸鴻臚寺收容,《新唐書》卷221上《西域傳上》載,貞觀二十二年(648)阿史那社爾擒龜兹王布失畢等人,解至京師,太宗"詔赦罪,改館鴻臚寺。"即由鴻臚寺所轄有關部門負責安排照料。

不過在唐後期又可見到禮賓院亦爲蕃客留宿之所。圓仁《入唐求法巡禮行記》卷1載,開成三年(838)日本藤原清河所率使團,於"十二月三日平善到上都,安置東京禮賓院者。"這時已由禮賓院負責館待。《通鑑》卷249唐宣宗大中五年條載,大中五年(851),吐蕃論恐熱入朝,"上遣左丞李景讓就禮賓院問所欲",可見吐蕃使者下榻於禮賓院。這些都是蕃客入住禮賓院的事實。從前述禮賓院於唐後期主管宴享蕃客的事實推之,這個時期的客館管理也可能已歸禮賓院負責了。

### 10. 廩食供應

蕃客住唐期間,由唐朝政府免費給予糧料——廩食。廩食供應由鴻臚寺具體負責管理。

此即孫逖《鴻臚少卿壁記》所稱鴻臚寺重要職掌"致其饗餼"的又一方面内容。唐朝前期由鴻臚寺所轄典客署具體管理此事,《新唐書》卷48《百官志三》載其職掌規定:"酋渠首領朝見者,給廩食。"亦即《唐六典》卷18《鴻臚寺·典客署》條謂"館而以禮供之"的重要内容之一。前文已經談及,這種供應是按照蕃客的等級而給予的。典客丞的二人中,有一人分管蕃客膳食,"丞一人判厨事,季終則會之。"到了唐朝中後期,這方面的事務也由鴻臚寺所轄禮賓院負責了。《新唐書》卷167《裴延齡傳》載,裴延齡對唐德宗説:"按禮天下賦三之。"其中三分之一"以事賓客",用作"鴻臚禮賓,勞予四夷。"就是説由鴻臚寺之禮賓院負責"勞予四夷"。除了供應糧食之外,生活所需的其他物品也在供應之列,《唐六典》卷18《鴻臚寺·典客署》條載:"諸蕃使主、副五品已上給帳、氈、席,六品已下給幕及食料。"這是給予住宿卧具等物。"所乘私畜抽換客舍放牧,仍量給芻粟。"這是負責放養其牲畜。蕃客的菜肴供應也歸鴻臚寺負責,元稹《對蕃客求魚判》有云:"蕃官至,鴻臚寺不供魚,客怒,辭云'獺未祭'。朝議失隨時之義。"[10] 這是鴻臚寺必須滿足蕃客肴饌需求之證。

　　除了外交使節之外,其他住唐蕃客也由鴻臚寺供應廩食,如留學生、質子等即屬此例。《册府元龜》卷999《外臣部·請求》載,敬宗寶曆元年(825)五月,新羅王金彦昇遣使入朝,奏曰:"先在太學生崔利貞、金叔貞、朴季業四人請放還蕃。其新赴朝貢金允夫、金立之、朴亮之等一十二人,請留在宿衛,仍請配國子監習業,鴻臚寺給資糧。"[11] 這個要求得到了唐敬宗的批准。《唐會要》卷36《附學讀書》載文宗開成元年(837)六月敕:"新羅宿衛生、王子金義宗等,所請留住學生員,仰準舊例留二人,衣糧準例支給。"此類事例甚多,不煩列舉。對留學生除供應糧食外,還供應衣被等物。

　　由於需要鴻臚寺供應的蕃客數量衆多,因而這成了當時政府的一項沉重的財政負擔。德宗貞元三年(787)檢括出僅西域胡客就有四千餘人。天寶以來入朝的西域胡客,因代宗初年,河、隴地區被吐蕃占據,斷絶了歸路,於是他們都留居於唐,長達四十年之久。據《新唐書》卷170《王鍔傳》載,他們在唐期間的生活費用"皆仰稟鴻臚禮賓,月四萬緡,凡四十年,名田養子孫如編民。"這筆開支相當巨大,《通鑑》卷232唐德宗貞元三年條謂,爲了供應他們的需要,當時"禮賓委府、縣供之,於度支受直。度支不時付直,長安市肆不勝其弊。"胡注:"府縣,謂京兆府及其所屬赤縣、畿縣也。"以致政府財政部門無法按時滿足其需要,嚴重擾亂了長安的市場供應。當時王鍔被任命爲鴻臚少卿,他目睹這個問題的嚴重,據《新唐書》卷170《王鍔傳》,於是"悉藉名王以下無慮四千人,畜馬二千,奏皆停給。"被查出胡客四千人。這些胡客群起到宰相府申訴,《通鑑》卷232唐德宗貞元三年條載,宰相李泌對他們説道:"此皆從來宰相之過,豈有外國朝貢使者留京師數十年不聽歸乎!今當假道於回紇,或自海道各遣歸國。有不願歸,當於鴻臚自陳,授以職位,給俸禄爲唐臣。"不願回國者可以到鴻臚寺提出申請,辦理入唐籍手續。結果"胡客無一人願歸者,(李)泌皆分隸神策兩軍,王子、使者爲散兵馬使或押牙,餘皆爲卒,禁旅益壯。鴻臚所給胡客才十餘人,歲省度支錢五十萬緡;市人皆喜。"德宗貞元九年(793)初稅茶,據《舊唐書》卷49《食貨志下》,全國每年茶稅總收入四十萬緡,而鴻臚寺供西域胡客每年竟達五十萬緡,而且一直供應了四十年。這只是西域胡客一項,如加上其他方面的蕃客,則其數量就更爲龐大了。

### 11. 醫藥喪葬

蕃客在唐期間的醫藥、喪葬也由唐朝政府負責,這項事務也是歸鴻臚寺管理。《舊唐書》卷44《職官志三》載,典客署的職掌規定:蕃客"如疾病死喪,量事給之。""量事給之"的具體內容,據《唐六典》卷18《鴻臚寺》是:"若疾病,所司遣醫人給以湯藥。"這是疾病方面的管理。如果蕃客死亡,則負責料理其喪事,這方面的管理內容是:"若身亡,使主、副及第三等已上官奏聞。其喪事所須,所司量給;欲還蕃者,則給輿遞至境。"使團的正副長官及三等以上蕃客死亡,要上報有關部門,同時派靈車送至邊境交付對方。《册府元龜》卷975《外臣部·褒异》載,開元十六年(728)四月癸未,"渤海王子留宿衛大都利行卒……賜絹三百匹、粟三百石,命有司吊祭,官造靈輿歸蕃。"即屬此例。第四等以下蕃客的禮遇則在其次,《唐六典》卷18《鴻臚寺》注謂,"首領第四等已下不奏聞,但差車、牛送至墓所。"不僅不須上報,而且遺體也不解送本國,就地埋葬。天寶八載(749)對此又作了補充規定,《唐會要》卷66《鴻臚寺》載,是年三月二十七日敕曰:"九姓、堅昆諸蕃客等,因使入朝身死者,自今後,使給一百貫充葬,副使及妻,數內減三十貫。其墓地,州縣與買,官給價直。其墳墓所由營造。"根據這項規定,此後外交使節如有死亡,均就地埋葬,不再解送回國。

### 12. 蕃客活動安排與監督

蕃客在唐期間的活動和其他行動均由鴻臚寺負責安排和監督。(1)參觀活動安排。外國使節在唐朝的參觀活動由鴻臚寺負責聯繫與安排,《册府元龜》卷974《外臣部·褒异》載,開元五年(717)十月乙酉,"鴻臚寺奏:日本國使請謁孔子廟堂,禮拜寺觀。從之。"這是來使提出參觀要求之後,由鴻臚寺上報有關部門,得到批准。可見蕃客在唐的行動是受鴻臚寺監督管理的,他們有所要求是通過鴻臚寺反映和答覆的。(2)購物管理。蕃使需要到市場購物,亦由鴻臚寺負責管理。《龍筋鳳髓判》卷2《主客》條有云:"鴻臚寺中,土蕃使人,素知物情,慕此處綾錦及弓箭等物,請市,未知可否?"判辭曰:"祗如土蕃使者,實曰酋豪,蒙遜沮渠之苗,禿髮烏孤之族。占風入謁,越駝嶺而輸誠,就日來朝,隔驢山而納款。歡鶴綾之絢爛,彩映冰霜,睹鳳錦之紛葩,光含日月。彎弧六合,犀角麋筋,勁箭三同,星流電激。聽其市取,實可威於遠夷,任以私收,不足損於中國。宜順其性,勿阻蕃情。"⑫這個記載反映的情況是,住宿於鴻臚寺的吐蕃使者想要購買綾錦、弓箭等物品,向鴻臚寺官員提出請求,鴻臚寺即向有關部門請示,最後得到批准,同意他們購買這些物品。(3)服飾管理。蕃客在京期間的衣飾也由鴻臚寺負責監督管理,《舊唐書》卷 10《德宗紀》載,大曆十四年(779)七月庚辰,"詔鴻臚寺,蕃客入京,各服本國之服。"《唐會要》卷 100《雜録》亦載此詔稱:"回紇諸蕃住京師者,各服其國之服,不得與漢相參。"可見使節在唐期間包括服飾在內的行爲均由鴻臚寺負責監管。

### 13. 質子、留學生管理

除了蕃國首領和外交使節由鴻臚寺負責管理之外,其他外來人員也都歸其管理,其中以質子和留學生爲最重要。唐代來華的質子和留學生不僅數量甚多,而且他們在外交方面亦具有重要作用。這些人員均由鴻臚寺負責具體管理,《舊唐書》卷 199 上《東夷·新羅傳》載,開成五年(840)四月,鴻臚寺奏:新羅國"質子及年滿合歸國學生等共一百五人,并放還。"《新唐書》本傳記此事曰:"鴻臚寺籍質子及學生歲滿者一百五人,皆還之。"從這件事情可以看到,質子與留學生均在鴻臚寺造冊登記,鴻臚寺有他們的簿籍;質子與留學生的去留由鴻臚寺管理,由其上報有關部門批准方可返國。前文我們談到鴻臚寺負責質子的官位授予,留學生糧料衣被的供應等,亦是其管理質子、留學生事務的內容之一。

日本遣唐使除携來大批留學生之外,還有大量的留學僧和學問僧等,他們也歸鴻臚寺管理。據日人元開《唐大和上東征傳》記載,天寶二年(743)鑒真於揚州準備偷渡日本時,因被人告發,其隨行人員被淮南道當局拘捕,其中有榮睿、普照、玄朗、玄法等四位日本留學僧。對這四人的處置經過情形是這樣的:"其日本僧四人,揚州上奏;奏至京鴻臚寺,檢案問本配寺,寺衆報曰:'其僧隨駕去,更不見來。'鴻臚依寺報而奏,便敕下揚州曰:'僧榮睿等,既是蕃僧,入朝學問,每年賜絹廿五匹,四季給時服;兼予隨駕,非是偽濫。今欲還國,隨意放遣,宜委揚州,依例送遣。'"⑬可見對於在地方犯事之蕃僧,由當地政府上奏皇帝,皇帝責成鴻臚寺查處;鴻臚寺翻檢存檔文書,查到了這四位日本學問僧在長安期間所配之寺院,責成寺院調查,寺院將情況報告鴻臚寺;鴻臚寺將所瞭解到的情況上奏皇帝,於是作出了相應的"敕旨"下達揚州執行。

### 14. 翻譯

翻譯是鴻臚寺一貫的職掌,此即蘇頲《授張暐鴻臚少卿制》所謂"總象胥之事",⑭因此寺中設置有翻譯人員。《唐六典》卷 2《尚書吏部·吏部郎中員外郎》條注謂唐制:"凡諸司置直,皆有定制",其中"鴻臚寺譯語并計二十人"。這二十名譯語就是鴻臚寺的專業翻譯人員,他們的品級地位并不高,《新唐書》卷 45《選舉志下》謂其升遷限制:"鴻臚譯語,不過典客署令。"不超過從七品下的典客署令職位。但是實際上他們在外交工作中具有不可或缺的重要作用。一是進行口譯,并常兼導引賓客。《新唐書》卷 221 下《西域傳下》載,開元年間箇失密遣使者物理多來朝，"因丐王册，鴻臚譯以聞。"這是通過鴻臚譯語人員翻譯來使語言。《新唐書》卷217上《回鶻傳上》載，德宗以咸安公主嫁回鶻，貞元四年(788)回鶻公主等來迎親，"回鶻公主入銀臺門，長公主三人候諸內，譯史傳導，拜必答，揖與進。帝御秘殿，長公主先入侍，回鶻公主入拜謁已，內司賓導至長公主所，又譯史傳問，乃與俱入。"在這種隆重的禮儀場合，"譯史"不僅擔當翻譯人員，而且兼司導引賓客的作用。二是進行外交文書的筆譯。《册府元龜》卷980《外臣部·通好》載，武宗會昌三年(843)九月在答覆黠戛斯的報書中，逐一回答、批駁了黠戛斯來文史所提出的問題，其中一則謂："又云'爾地致書，彼此不會。'且書不可以盡言，言不可以盡意，況蕃、漢文字，傳譯不同，祇在共推赤心，永保盟好，豈必緣飾詞語。"指出在外交文書的傳譯過程中，難免有言不盡意之處。這表明雙方之外交文書需經過"傳譯"，而這應是鴻臚官員之職責。由於鴻臚"譯語"官員的工作對象是蕃客，故《唐會要》卷66《鴻臚寺》謂其經常"出入客館"。除了專業的譯語人員之外，有的鴻臚寺高級官員也具有譯語能力，《新唐書》卷143《崔漢衡傳》載，曾任鴻臚卿的崔漢衡就能"夷言"。

### 15. 瞭解蕃情

由於鴻臚寺總管外交事務，是唐與外界交往接觸的第一綫和總門户，《唐會要》卷7《封禪》所謂"殊方異類，輻輳鴻臚"，它有瞭解和掌握外界情况的便利條件。因而鴻臚寺就負有瞭解蕃情的職責。隋文帝開皇二十年(600)，倭國遣使來朝，《隋書》卷81《東夷·倭國傳》稱"上令所司訪其風俗"。這裏的"所司"，當包括鴻臚寺。由於鴻臚寺有許多譯語官員，也爲這一工作提供很大方便，《新唐書》卷217下《回鶻傳下》載，武宗會昌年間黠戛斯遣使來唐時，就曾"使譯官考山川國風"。唐制規定鴻臚寺要將所掌握的蕃情上報有關部門，《唐六典》卷5《尚書兵部·職方郎中》謂："其外夷每有番官到京，委鴻臚訊其人本國山川、風土，爲圖以奏焉；副上於省。"這是要求鴻臚向到京蕃客瞭解蕃情并將其上奏，并將副本報尚書省職方郎中。《唐會要》卷63《史館上》"諸司應送史館事例"條注，規定鴻臚寺應將"蕃國朝貢"之事"勘報史館，修入國史"。其具體要求是："每使至，鴻臚勘問土地、風俗、衣服、貢獻、道里遠近，并其主名字報。"這是要求鴻臚將蕃情上奏并報史館。鴻臚寺不僅要將蕃情上報，它也要把所掌握的蕃情積累起來，以備修史或咨詢之用。《新唐書》卷217下《回鶻傳下》載，武宗會昌中，黠戛斯遣使來朝，宰相李德裕上言："貞觀時，遠國皆來，中書侍郎顏師古請如周史臣集四夷朝事爲《王會篇》。今黠戛斯大通中國，宜爲《王會國》以示後世。"於是"有詔以鴻臚所得續著之。"可見從唐初起就命鴻臚寺搜集四方遠國來使的資料，鴻臚寺繪有諸國使者的圖像，并收藏於寺中，會昌年間黠戛斯大通中國，故政府擬修《王會圖》時得以調閱參考。《唐會要》卷100《雜録》載，天寶年間，唐玄宗曾向鴻臚卿王忠嗣詢問"諸蕃諸國遠近"，可見這是鴻臚長官必須具備的知識。《新唐書》卷43下《地理志七下》載，賈耽曾撰《海內華夷圖》及《古今郡國縣道四夷述》，"從邊州入四夷，通譯於鴻臚者，莫不畢紀。"可見賈耽有關四夷的地理著作中有取材於鴻臚寺者。而賈耽本人就曾擔任過鴻臚卿，這對於撰述此書無疑也是一有利條件。《新唐書》撰者在《西域傳》中歷述西域諸國情况後，於《新唐書》卷 221 下《西域傳下》云："貞觀後，遠小國君遣使者來朝獻，有司未嘗參考本末者，今附之左方。"由此可見大多數西域國家的情况和有關資料均爲唐政府"有司"所搜羅匯總并加以保管，鴻臚寺即這些"有司"中的重要部門。只有少數國家"未嘗參考本末"，據《西域傳》所附，其遠者有東歐之佛菻（東羅馬帝國）、東北非之磨鄰（埃塞俄比亞境内的阿克蘇姆）[15]等國，小者有火辭彌（阿姆河下游）、俱爛那（科克恰河上游）等國。其中關於磨鄰國之資料，乃采自杜環《經行記》[16]所記載。

### 16. 銜命出使

鴻臚寺官員還經常銜命出使，承擔各項外交使命。這種出使可以分爲兩類情况，一類是直接以鴻臚寺官員的實際身分出使，即以本官或帶憲銜出使；一類是以它官攝鴻臚官員出使。

我們先看第一類以本官出使的情况。

唐初，武德五年（622）至貞觀元年（627）期間，鄭元璹曾多次以鴻臚卿出使突厥進行"招慰"，與"可汗結和"。[17]《新唐書》卷 215 上《突厥傳上》載，貞觀四年（630）唐儉以鴻臚卿出使突厥，"持節慰撫"。[18]貞觀六年（632）《舊唐書》194 下《突厥傳下》載，劉善因以鴻臚少卿出使突厥冊封彌射爲可汗。《新唐書》221 上《西域傳上·吐谷渾》及卷 2《太宗紀》載，貞觀八年（634）趙德楷以鴻臚丞出使吐谷渾被扣留。《舊唐書》卷 8《玄宗紀上》載，開元十九年（731）崔琳以鴻臚卿"入吐蕃報聘"。《舊唐書》196 下《吐蕃傳下》載，建中四年（783）崔漢衡以鴻臚卿"充入蕃計會使"，出使吐蕃。[19]《册府元龜》卷 980《外臣部·通好》載，貞元七年（791）"以鴻臚卿張茂宣充入回鶻使"。《新唐書》卷 216 下《吐蕃傳下》載，元和十年（815）因吐蕃遣使"入謝"，以鴻臚少卿李銛出使吐蕃"報之"。《通鑑》卷 246 唐武宗會昌元年條載，會昌元年（841），"以鴻臚卿張賈爲巡邊使，使察回鶻情僞。"《册府元龜》卷 965《外臣部·册封》載，大中元年（847）以鴻臚卿李業出使黠戞斯，册其"酋領爲英武誠明可汗、國曰堅昆。"

使職加憲銜在唐後期是一種頗爲普遍的現象，鴻臚官員出使時亦常帶憲官。《舊唐書》卷 195《回紇傳》載，乾元二年（759）回紇毗伽闕可汗卒，"以左金吾衛將軍李通爲試鴻臚卿，攝御史中丞，充吊祭回紇使。"《册府元龜》卷 980《外臣部·通好》載，建中四年（783）二月，"以鴻臚卿崔漢衡兼御史大夫，持節答蕃使，送（吐蕃使者）區頰贊等歸蕃。"《唐會要》卷 97《吐蕃》載，貞元三年（787）"（崔）澣復以鴻臚卿，兼中丞，又充入蕃使"，答復吐蕃有關談判要求，約定會盟日期。[20]《册府元龜》卷 980《外臣部·通好》載，貞元五年（789），以李銛"爲鴻臚少卿攝御史中丞,持節充入吐蕃使。"《舊唐書》卷195《回紇傳》載,貞元六年(790)六月,"以鴻臚卿郭鋒兼御史大夫,充册回紇忠貞可汗使。"但是這年四月忠貞可汗已被殺,國人另立其子爲可汗。不久即遣使來唐告哀,且請册新君,於是貞元七年(791)"以鴻臚少卿庾鋌兼御史大夫,册回紇可汗及吊祭使。"《册府元龜》卷965《外臣部·册封》載,永貞元年(805)回紇懷信可汗卒,"以鴻臚少卿兼御史中丞孫杲充吊祭册立使"。

　　第二類以它官攝鴻臚官員出使。《册府元龜》卷998《外臣部·奸詐》載,聖曆元年(698)突厥以女請親,武則天令武延秀納爲妃,於是遣"右武衛郎將楊鸞莊攝司賓卿,大賫金帛送赴虜庭。"武則天光宅元年(684)改鴻臚寺爲司賓寺,司賓卿即鴻臚卿。《新唐書》卷4《中宗紀》載,景龍元年(707)"假鴻臚卿臧思言使於突厥,死之。"[21]《舊唐書》185下《良吏傳下·和逢堯傳》載,景雲二年(711)"突厥默啜請尚公主,許之,(和)逢堯以御史中丞攝鴻臚卿充使報命。"《通鑑》卷212唐玄宗開元七年《考異》引《實錄》載,開元七年(719)渤海王大祚榮卒,"遣左監門率吳思謙攝鴻臚卿,充使吊祭"。[22]《舊唐書》卷194上《突厥傳上》載,開元十三年(725)玄宗東封泰山,爲防備突厥乘機侵略,謀遣使征其大臣扈從,"乃遣中書直省袁振攝鴻臚卿,往突厥以告其意。"《册府元龜》卷964《外臣部·册封》載,開元十六年(728)以大理正喬夢松攝鴻臚少卿出使册於闐王、疏勒王。[23]《舊唐書》卷199上《東夷·新羅傳》載,開元二十五年(737)新羅聖德王卒,"遣左贊善大夫邢璹攝鴻臚少卿,往新羅吊祭,并册立其子承慶"。[24]《册府元龜》卷979《外臣部·和親》載,乾元元年(758)以寧國公主嫁回紇可汗,以"右司郎中(李)巽改尚書兵部郎中兼御史中丞、鴻臚少卿,充寧國公禮會使。"

　　從上述材料可見奉命出使的鴻臚寺官員多爲鴻臚寺的高級長官卿、少卿,偶爾有以丞出使的。他們出使均負有外交重任,涉及外交的各個方面,故有册封使、吊祭使、和親使、招慰使、報聘使、計會使、巡邊使、禮會使等。以鴻臚寺官員出使,一方面是因爲外交是其本職工作,另一方面也因爲鴻臚官員一般具有較強的外交才能,《命崔琳使吐蕃詔》載,唐玄宗在任命崔琳出使吐蕃的詔書中就曾説:"吐蕃向化,遣使入朝,既懷舊恩,請繼前好。今緣公主在彼,又復蕃客欲還。使於四方,必資德望,鴻臚卿崔琳,久歷朝序,備曉政途,好謀而成,臨事能斷。俾衡國命,以赴蕃庭。宜令持節引入吐蕃使,所司準式發遣。"[25]這是因其外交方面之歷練與才幹而被任命出使。

## 三　鴻臚寺的外交場所職能

　　鴻臚寺既然全面負責外交事務的管理,因此其本身也成爲重要的外交場所,許多外交活動都是在鴻臚寺進行的,從而使其具有多方面的外交職能。

### 1. 宣示場所

鴻臚寺是唐朝政府向蕃客宣示外交事項,或談判、慰問、會見等場所。《唐會要》卷6《雜錄》載,元和十五年(821),穆宗許以永安公主嫁回紇保義可汗。第二年(即長慶元年,822)三月,保義可汗卒,崇德可汗繼立,於五月"遣使請迎所許嫁公主"。但是唐朝方面已決定改以太和公主嫁之,於是"詔緣改定太和公主出降回紇事宜,令中書舍人王起赴鴻臚寺宣示回紇等使。"這是因爲唐朝與回紇在以哪位公主出嫁的問題上發生了爭議,"朝廷以封第五妹爲太和公主以降,今回紇雖狄人,固請永安而終不許,故命中書舍人王起充鴻臚寺以宣諭焉。"㉖故唐朝特派遣官員至鴻臚寺向回紇使者通告并説明以太和公主出嫁回紇的問題。

《舊唐書》卷195《回紇傳》載,文宗太和元年(827),"命中使以絹二十萬匹付鴻臚寺宣賜回鶻充馬價"。這是唐朝派遣宦官將二十萬匹絹撥付鴻臚寺向回紇使者宣告以充馬價。

《册府元龜》卷971《外臣部·朝貢四》載,玄宗開元五年(717)十月,"日本國遣使朝貢,命通事舍人就鴻臚宣慰。"這是唐朝派遣官員至鴻臚寺向來使進行禮節性會見和慰問。《新唐書》217下《回鶻傳下》載,武宗會昌年間,黠戛斯遣使來朝,"行三歲至京師,武宗大悦……詔宰相即鴻臚寺見使者。"這是宰相親至鴻臚寺會見來使,以示重視。《通鑑》卷249唐宣宗大中五年載,大中五年(851),吐蕃論恐熱來朝,"上遣左丞李景讓就禮賓院問所欲"。這是唐朝派遣官員至鴻臚寺所屬之禮賓院詢問來使的要求與願望。

### 2. 吊唁場所

吊唁蕃邦國喪是一項重要的外交禮儀活動,在唐朝每遇此事多令文武百官前往吊唁,而鴻臚寺就是這種吊唁場所。《舊唐書》卷195《回紇傳》及《册府元龜》卷976《外臣部·褒异三》載,德宗貞元五年(789)十二月,回紇汨咄禄長壽天親毗伽可汗卒,唐朝令"文武三品已上就鴻臚吊其來使"。貞元六年(790)回紇忠貞可汗卒,十二月"仍令三品已上官就鴻臚寺吊使者"。貞元十一年(795)以回紇奉誠可汗卒,"仍令文武三品已上官就鴻臚吊其使者。"憲宗元和三年(808)三月,以回紇滕里野人令倶録毗伽可汗卒,"仍令文武三品已上就鴻臚寺吊其使者。"穆宗長慶元年(821)二月,以回紇毗伽保義可汗卒,"仍令諸司三品已上官就鴻臚寺吊其使者"。文宗太和七年(833)四月以九姓回紇可汗卒,"仍令諸司文武三品、尚書省四品以上官,就鴻臚寺吊其使者。"《唐會要》卷97《吐蕃》載,武宗會昌二年(842)吐蕃贊普卒,至十二月遣論贊熱等來告喪,"仍令文武常參官四品已上就鴻臚寺吊其使者"。這裏所稱往鴻臚寺吊其使者,除了指鴻臚寺機關外,也可能包括鴻臚寺所轄蕃客下榻的館舍。史書每稱"使者相躡,留舍鴻臚"、"皆聽入朝,舍鴻臚"㉗、"其使候遣,繼留於鴻臚寺者非一"㉘等等。這都説明所謂"舍於鴻臚"實際上就是舍於鴻臚寺的客館。那麼所謂"於鴻臚寺吊其使者",也可能有的是前往來使下榻的館舍進行吊唁。唐初就曾徑稱"即館吊其使",《新唐書》卷215上《突厥傳上》載,武德二年(619)突厥始畢可汗卒,高祖"詔群臣即館吊其使"。武德三年(620)突厥處羅可汗卒,"詔百官就館吊其使"。

### 3. 盟誓場所

鴻臚寺有時也用爲雙方盟誓場所。《舊唐書》卷196上《吐蕃傳上》載,肅宗至德元年(756),吐蕃使者來朝請和,唐朝提出到光宅寺爲盟,吐蕃使者曰:"蕃法:盟誓取三牲血歃之,無向佛寺之事,請明日須於鴻臚寺歃血,以申蕃戎之禮。"唐朝"從之"。這是應吐蕃的要求而在鴻臚寺盟誓。文史"須於鴻臚寺歃血"一語,《册府元龜》卷981《外臣部·盟誓》作"復於鴻臚寺歃血"。《南部新書》壬卷則記爲使者語後,"明日,復於鴻臚寺歃血。"後二書意義大體相同,據此則似在鴻臚寺歃血已有先例。

### 4. 教授留學生場所

留學生一般安排在國子監學習,但是有時也派人直接到鴻臚寺進行教授。《舊唐書》卷199上《東夷·日本國傳》載,日本國於"開元初,又遣使來朝,因請儒士授經。詔四門助教趙玄默就鴻臚寺教之,乃遺玄默闊幅布以爲束修之禮,題云'白龜元年調布'。人亦疑其僞……其偏使朝臣仲滿,慕中國之風,因留不去,改姓名爲朝衡。"這是應日本國使之請求,唐朝令國子監之四門助教趙玄默到鴻臚寺教授日本學生學習經書。中國史籍記載此事涉及日本方面之事有些舛誤。此事又見《唐會要》卷100《日本國》,而《新唐書》卷220《東夷傳》記作"開元初,粟田復朝,請從諸儒受經,詔四門助教趙玄默即鴻臚寺爲師"云云。仲滿即阿倍仲麻呂,他當時不是什麼"偏使",而是作爲留學生隨使團來到唐。據《大日本史》卷116《阿倍仲麻呂列傳》,他於"靈龜二年,選爲遣唐留學生,時年十六,往唐學問。"靈龜爲日本元正天皇年號,靈龜二年即唐開元四年(716)。率領阿倍仲麻呂的此次日本遣唐使不是粟田,而是多治比縣守。據《續日本紀》卷2《天之真宗豐祖父天皇》載,粟田所率使團是於文武天皇大寶二年(唐武后長安二年,702)朝唐,其後未再赴唐。同書卷7《日本根子高瑞净足姬天皇》載,多治比縣守是於元正天皇靈龜二年(唐開元四年,716)被任命爲遣唐押使,養老元年(唐開元五年,717)赴唐。則兩唐書所載趙玄默於鴻臚寺教授日本留學生事,乃開元五年多治比縣守朝唐時事。而所謂"白龜"者亦當爲"靈龜"之誤。要之,當時唐朝派人於鴻臚寺教授日本留學生一事則無疑問。

總上所述,可見鴻臚寺的外交職掌,在隋唐時期具有明顯的兩個特點:(1)實行全方位的外交管理。鴻臚寺對於外交工作的管理,從使節、賓客入境直至出境的全過程,從外交活動的禮賓接待,到後勤服務的生活管理,從蕃國檔案資料到外交文書,上至君主、使節,下至質子留學生、僧侶等,舉凡外事方面的全部事務,可以説是全面負責,全面管理,無所不包,無微不至。這是鴻臚寺作爲外交專職管理機構發展到唐代已臻於成熟的表現,也是唐代外交空前發展的必然要求和結果。(2)外交管理更爲專業化。鴻臚寺發展到唐代已經成爲地道的專職外交管理機構，漢代時其所擔負的如封國王侯事務、地方郡國事務，以及魏晋南北朝時期所增加的宗教事務等，到了唐代或已取消，或已轉給其它部門，或已大爲減輕，從而使其負責外交事務的職能凸顯出來，實現專業化的外交管理。《王崇俊墓志銘》謂："授公鴻臚卿，則四門來賓，遠方咸貢。"㉔强調了鴻臚官員的外交性質。雖然這時它還有某些與外交無關的事務，如官員喪葬與二王之後的事務等，但比起其所負外交事務來説已經微不足道，它可以説已是完全意義上的外交部門了。

　　以上我們叙述了鴻臚寺的機構設置、外交職掌及其外交場所職能，可以大體認識到鴻臚寺乃隋唐時期重要的專職外交管理機構，其所管理的外交事務非常繁雜，舉凡外交方面的事務無所不理。鴻臚寺作爲政府的專門外交機構，具有如下三個突出的專業機構特點：

　　首先，其官員人選要求嚴格，須具備外交素質和才能。《隋書》卷 41《蘇威傳》載，隋煬帝時，"方勤遠略，蠻夷朝貢，前後相屬。帝嘗從容謂宇文述、虞世基等曰：'四夷率服，觀禮華夏，鴻臚之職，須歸令望。寧有多才藝、美容儀，可以接對賓客者爲之乎？'"這裏對鴻臚官員的才能、儀表風度都提出了很高的特殊的要求。這在隋唐時期是有代表性的。

　　其次，對於鴻臚寺官員在辦理外交公務中的紀律要求也是很嚴格的。外交紀律中尤以保密要求爲最，《唐律疏議》規定："諸漏泄大事應密者，絞。非大事應密者，徒一年半；漏泄於蕃國使者，加一等。"此條之疏議曰："國家之事，不欲蕃國聞知，若漏泄於蕃國使者，加一等，合徒二年。其大事，縱漏泄於蕃國使，亦不加至斬。"㉚規定如將國家機密泄漏於外國使節，要比一般情況下加罪一等，但其量刑不超過斬刑。這對於外交管理機構及其官員的行政和行爲準則作了明確的規範。開元年間鴻臚官員就曾因辦理與渤海的交涉中泄密而被查處。開元十四年(726)黑水靺鞨朝唐引起渤海王武藝的不滿，於是興兵伐黑水，武藝之弟門藝曾爲質子於唐，深知此事必將導致與唐朝的對立，故極力反對。但武藝不聽，强迫門藝率兵攻打黑水。於是門藝弃衆投奔唐朝，唐朝授其爲左驍衛將軍。武藝得知後遣使唐朝歷數門藝的罪狀，并請求唐朝殺掉門藝。據《舊唐書》卷 199 下《渤海靺鞨傳》，唐玄宗派人秘密地將門藝護送至安西藏匿，而"報武藝云：'門藝遠來歸投，義不可殺。今流向嶺南，已遣去訖。'……別遣使報之。俄有泄其事者，武藝又上書云：'大國示人以信，豈有欺詐之理！今聞門藝不向嶺南，伏請依前殺却。'由是鴻臚少卿李道邃、源復以不能督察官屬，致有漏泄，左遷道邃爲曹州刺史，復爲澤州刺史。"㉛這個記載表明作爲鴻臚寺的長官，要對下屬官員泄漏外交機密負責，承擔責任。正如《通鑑》卷 213 唐玄宗開元十四年胡注所云："鴻臚掌四夷之客，故以漏泄爲罪。"但《新唐書》卷 219《渤海傳》記此事曰："別詔鴻臚少卿李道邃、源復諭旨。武藝知之……帝怒道邃、復漏言國事,皆左除。"據此則此次出使是由李道邃和源復二人前往,是由他們而非下屬官員泄漏機密。但有一點是肯定的,即不論鴻臚寺長官還是下屬官員泄漏外交機密都要受到懲處。可見鴻臚寺的外事紀律是嚴格的。

第三,由於鴻臚寺官員擔負繁重的外交事務,而鴻臚寺又是外交重地,保密要求高,因而對於鴻臚寺機關的管理也是很嚴格的。鴻臚寺有嚴格的門衛和官員出入的管理制度,《唐會要》卷66《鴻臚寺》載,開元十九年(731)十二月十三日敕云:"鴻臚當司官吏以下,各施門籍出入。其譯語、掌客出入客館者,於長官下狀牒館門,然後與監門相兼出入。"這個規定表明,鴻臚寺一般官員和職事人員出入鴻臚寺需要憑"門籍",即證明身分的出入證;而出入鴻臚寺所轄機構如客館,則需要憑鴻臚寺長官所下的"狀牒",即寫明該官員狀貌的公文,有類今天的身分證和介紹信,可見其門禁之森嚴。鴻臚寺機關及所屬各部門均有門衛以司出入人員的檢查,《册府元龜》卷997《外臣部·悖慢》載:"回紇以肅宗寶應三年閏正月乙酉夜,十有五人犯金光門,突入鴻臚寺,門司不能禁。"[32]這個材料表明鴻臚寺設有"門司"以司守衛,而且是晝夜值班的。從前引材料則知客館亦設有"監門"以司其職。

① 《通典》謂改稱司文寺,《唐會要》謂改稱司賓寺。

② 又見《舊唐書》卷15《憲宗紀下》、《册府元龜》卷14《帝王部·都邑二》。

③ 周紹良等編《唐代墓志匯編》貞元070,上海古籍出版社1992年11月第一版。案:陽濟卒於德宗貞元元年(785),墓銘撰於貞元十二年,(796)。墓銘云陽濟於"皇上登極,追念舊勛,拜鴻臚卿兼威遠營使。"故知此"皇上"必爲德宗。德宗於大曆十四年(779)五月登極,故陽濟之被任是職當在此年。

④ 參見木宮彦泰《日中文化交流史》第二篇第二章第76頁,商務印書館1980年4月第一版。

⑤ 《新唐書》卷221下《西域傳下》作"八蕃",是。

⑥ 《全唐文》卷312。

⑦ 《全唐文》卷412。

⑧ 《全唐文》卷999。

⑨ 《全唐文》卷548。

⑩ 《全唐文》卷652。

⑪ 又見《全唐文》卷1000新羅王金彦昇《分別遣蕃及應留宿衛奏》;《三國史記》卷10《新羅本紀》憲德王十七年條。

⑫ 又載於《全唐文》卷172。

⑬ 〔日〕真人元開《唐大和上東征傳》第45-46頁,中華書局1979年8月第一版。

⑭ 《全唐文》卷251。

⑮ 關於磨鄰的所在,說法頗歧异,今據沈福偉《中國與非洲》第六章第224—230頁說,中華書局1990年10月第一版。

⑯ 《通典》卷193《邊防九·大秦國》注引。

⑰ 見兩《唐書》本傳、《劉世讓傳》、《通鑑》卷190-192唐有關部分。

⑱ 參見兩《唐書》《李勣傳》。

⑲ 參見《通鑑》卷228唐德宗建中四年條。

⑳ 參見《舊唐書》卷196下《吐蕃傳下》、《通鑑》卷232唐德宗貞元三年(787)。

㉑ 《册府元龜》卷997《外臣部·悖慢》記爲神龍二年(706)。

㉒ 參見《册府元龜》卷974《外臣部·褒异》。

㉓ 參見《新唐書》卷221上《西域傳上》。

㉔ 參見《三國史記》卷9《新羅本紀》。

㉕　《全唐文》卷 30。

㉖　參見同書卷 98《回紇》,《舊唐書》卷 195《回紇傳》《新唐書》卷 83《諸帝公主傳》。

㉗　《新唐書》卷 217 上《回鶻傳上》。

㉘　《舊唐書》卷 195《回紇傳》。

㉙　周紹良等編《唐代墓志匯編》貞元 050,上海古籍出版社 1992 年 11 月版。

㉚　《唐律疏議》卷 9《職制》"漏泄大事"條,中華書局 1983 年 11 月第一版。

㉛　又見《冊府元龜》卷 1000《外臣部·釁怨》。

㉜　按:寶應僅有元年、二年,無三年。據陳垣《廿二史朔閏表》寶應二年正月閏,則此事當爲寶應二年(763)。《通鑑》
　　亦繫此事於代宗廣德元年,即寶應二年(卷 222 唐代宗廣德元年閏月條)。

# 《晋書》時誤補校(四)

## 牛 繼 清

19.(安帝義熙二年十月)乙亥,以左將軍孔安國爲尚書左僕射。(卷十頁259)

按十月癸卯朔,無乙亥。《資治通鑑》卷一百一十四晋紀三十六同誤。

20.(義熙四年)夏四月,散騎常侍、尚書左僕射孔安國卒。甲午,加吏部尚書孟昶尚書左僕射。(卷十頁260)

按陳《表》推該年五月甲午朔,則四月不當有甲午。《建康實錄》卷十作"丙午",丙午亦無,姑存疑。

21.(義熙)五年春正月辛卯,大赦。庚戌,以撫軍將軍劉毅爲衛將軍、開府儀同三司,加輔國將軍何無忌鎮南將軍。戊戌,尋陽地震。(卷十頁260)

按是月庚寅朔,戊戌不當在庚戌後,失序。《宋書》卷三十四《五行志五》、《晋書》卷二十九《五行志下》尋陽地震事均繫正月戊戌夜,此當爲報遲誤繫。《建康實錄》卷十尋陽地震繫於正月辛卯,當屬割裂《晋書·安帝紀》致誤。

22.(義熙十二年)冬十月丙寅,姚泓將姚光以洛陽降。己丑,遣兼司空、高密王恢之修謁五陵。(卷十頁265)

按是月乙巳朔,無己丑。《資治通鑑》卷一百一十七晋紀三十九同誤;《宋書》卷二《武帝紀中》十月"修復晋五陵,置守衛"。上有"丙寅"(二十二),則當爲"己巳"(二十五日)之誤,"巳"、"丑"形近。

23.安帝隆安五年閏月癸丑,天東南鳴。六年九月戊子,天東南又鳴。是後桓玄篡位,安帝播越,憂莫大焉。(卷十二頁337)

按安帝隆安只五年,無六年。上承隆安五年,下接桓玄篡位,桓玄篡位在元興二年十二月,則此"六年"應爲元興元年(隆安五年的下一年),該年九月丁卯朔,戊子二十二日。

24.(惠帝)永熙元年四月庚申,(武)帝崩。(卷十二頁339)

按永熙元年四月庚寅朔,無庚申。《晋書》卷三《武帝紀》、卷四《惠帝紀》載武帝崩均在太熙元年(即永熙元年)四月己酉,己酉二十日,則此"庚申"當爲"己酉"之誤。

25.(武帝)太康元年正月己丑朔,五色氣冠日,自卯至酉。占曰:"君道失明,丑爲斗牛,主吳越"。是時孫皓淫暴,四月降。(卷十二頁342)

按孫皓之降,《三國志》卷四十八《吳志·皓傳》作"(三月)壬申";《晋書》卷三《武帝紀》作"三月壬寅";《資治通鑑》從《晋紀》。三月戊子朔,無"壬申",壬寅十五日,當是。《通鑑考異》引《三十國春秋》作四月壬申(十六日),然以孫皓舉家"五月丁亥(初一)集於京邑"度之,其降不能在四月壬申。此"四月"當爲三月之誤,乃襲《宋書·天文志》所致。

# 《唐代墓誌彙編》殘誌辨證(中)

## 曹 汛

### 殘誌〇二三

　　誌文首行題"朝散大夫使持節韶州諸軍事韶州刺史上柱國陳府君墓誌銘并序,鄉貢進士黃粲撰。"誌主陳讜,字昌言,其先潁川人,世居侯官,官至韶州刺史,卒年八十三,葬於侯官葛崎。誌甚完整,僅未記卒年及葬年。陳讜兩唐書無傳,《淳熙三山志》卷二六:"鄭合敬榜進士陳讜字昌言,侯官人,終韶州刺史。"即是此人。鄭合敬乾符二年狀元及第,《登科記考》卷二三即據《三山志》著錄陳讜乾符二年進士及第,然以此誌所載陳讜生平事蹟考之,稱乾符二年進士及第實大誤。此誌云"裴公帥閩日,嘗大器之,命與子弟處,子弟即故相裴公坦也。"此閩帥裴公考即裴乂,按《淳熙三山志》卷二一,裴乂元和十四年爲福建觀察使,至長慶三年卒於位。乂子坦大和八年登進士弟。此誌接下又載,"年中而西與計偕,以發泄奇蓄,遇公道大開,聲光崛振,僅及□舉,遂擢高科。""舉"前泐失之字應爲"一"字,陳讜一舉及第,當在長慶以後。在福建與裴坦遊從時尚未舉試。誌又云"會故相國裴公時節制襄川,奏行業上聞,遂授春州刺史。"稱"故相國裴公"最值得注意,裴坦卒乾符元年,如照《淳熙三山志》定陳讜乾符二年及第,則坦卒時讜尚未及第,坦生前何能奏陳讜素行而得授春州刺史?裴坦節制襄川,考在咸通九至十二年間,《資治通鑑》卷二五一:"咸通九年九月戊戌,以山南東道節度使盧耽爲西川節度使。"裴坦爲山南東道節度使是接盧耽之任。《寶刻叢編》卷三著錄有"襄州新創池臺六詠,裴坦撰,正書,咸通十一年。"同書同卷著錄有襄州社稷壇記,山南東道節度使裴坦新修,咸通十二年刻。《通鑑》卷二五二又載,咸通十二年七月,以兵部尚書盧耽同平章事,充山南東道節度使。"這時盧耽又來接裴坦之任。陳讜授春州刺史應在咸通九至十二年間,之後陳讜又遷韶州刺史,自韶州刺史罷官東還,卒於道。誌稱裴坦爲故相,必在乾符元年坦卒去之後。咸通十五年十一月改元乾符,讜授春州刺史遷韶州刺史經歷咸通末至乾符初,頗疑陳讜即卒於乾符二年。《淳熙三山志》稱陳讜鄭合敬榜進士及第,應是將讜之卒年誤作及第之年。讜卒乾符二年,年八十三,以此反推,元和十四年在福建與裴坦遊從時年二十七,正能相合。

## 殘誌〇二四

誌文全文云:"十六宅故榮行富郎君,葬崇道鄉西趙村。十二月十五日。監護使丞務郎行內省掖庭局丞上柱國程式柔。"誌文應爲六行,行七字,著錄斷爲五行有誤。"省"字上疑脫一"侍"字,前一"丞"字應爲"承"之誤。唐制內侍省設掖庭、宮闈、奚官、內僕、內府五局,局有令丞,皆內官爲之,掖庭局掌宮人簿籍。程式柔以掖庭局丞監護榮行富喪事,榮亦是內官。《唐兩京城坊考》卷三:"朱雀門街東第五街,街東從北第一坊,盡坊之地築入苑十六宅。"《唐會要》卷五:"先天之後,皇子幼則居內,東封後,以年漸長成,乃於安國寺東附苑爲大宅,分院居之,名十王宅,令中官押之。""十王謂慶、忠、棣、鄂、榮、光、儀、穎、永、延、盛、濟等,以十舉全數,其後壽、信、義、陳、豐、恒、涼七王又就封,入內宅。開元二十五年,鄂、光得罪,忠王繼大統,天寶中,慶、棣又歿,惟榮、儀十四王居內。"兩唐書諸王傳略同。十六宅原稱十王宅,先是十二王居之,以十舉全數,後又有七王就封,十九王俱是玄宗之子。開元二十五年,鄂、光得罪,二十六年忠王册封爲皇太子,剩十六王居之。天寶中慶、棣又歿,剩十四王居之。十六宅之稱似應始於開元二十六年,以後沿稱之,趙明誠《金石錄》卷二十七唐棣王琰墓誌跋云:"天寶十載終於咸寧縣興寧里十六王之藩邸。"《唐語林》卷二:"大中十二年,以左諫議大夫鄭漳、兵部郎中李鄴爲鄆王已下侍讀,時鄆王居十六宅,夔、昭已下五王居大明宮內院,數日追制,改充夔王已下侍讀,五日一入乾符門講讀"。《新唐書》《五行志》:"昭宗時十六宅諸王以華侈相尚,巾幘各自爲制度,都人傚之,則曰:'爲我作某王頭。'識者以爲不詳。"是十六宅之稱一直沿用到唐末,但玄宗以後僅存其名,不再是所有諸王都住在裏面。榮行富、程式柔俱別無可考,稱十六宅故郎君而不稱是某王之內官,疑當是玄宗時諸王同居於十六宅時事,此誌上限似當在開元末天寶初,不出天寶年間。誌文例行事件,過於簡略,且草率從事有脫字誤字。檢對《北京圖書館藏中國歷代石刻拓本匯編》,此誌還是用廢誌石磨去重刻,原刻之"上"、"王塔"、"有"等字尚依稀可辨,這種情況,還不至於是將出土的前人舊誌磨去重刻,衹能是用當時廢去不用的誌石重刻,也許原本就是榮行富郎君的原來詳細墓誌,發覺有所不當,匆忙中磨去重刻的。此誌稱葬於崇道鄉西趙村,據武伯綸《唐長安郊區的研究》,崇道鄉在長安城東白鹿原一帶,唐屬萬年縣,(天寶七載一度改爲咸寧縣)。崇道鄉出土墓誌二十方左右,唐代每鄉五里,至武伯綸論文發表時,墓誌所見崇道鄉有只道里、齊禮里、夏里和蛇村里共四里,加上西趙村,正是五里。本書元和〇四四,元和五年會王繟葬萬年縣崇道鄉西趙原,白居易爲銘。王和王府內官葬城東,以其所居在東城是也。

## 殘誌〇二五

首行題"唐故潤州句容縣尉褚君墓記,前進士崔周楨撰。"記主褚峰,字君石,京兆人,進士及第,官潤州句容縣尉。記云"□□歲二月戊戌,監察御史齊公恒明以館客褚之喪赴于博陵崔周楨,且命撰記。"卒歲干支二字恰巧泐失,下文又云"卜以是月癸卯,權窆于□城北隅。"權葬即在卒後第六日。褚峰登進士第,而《登科記考》失考,官句容縣尉,《嘉定鎮江志》、《至順鎮江志》、《弘治句容縣志》俱未載。墓記撰者崔周楨稱前進士,是撰記時已進士及第而尚未授官。崔周楨進士及第,《登科記考》亦失考。《新唐書》《宰相世系表》載崔周楨,爲瑜子,官右補闕,表中與崔令欽同宗,令欽爲其叔祖輩。崔令欽爲玄宗至代宗時人,天寶末著《教坊記》,大曆初尚在世。新表多據《元和姓纂》,姓纂成書於元和七年,崔周楨官右補闕,應在元和時。因知崔周楨爲貞元、元和時人。記稱褚峰爲監察御史齊公恒明之館客,恒明"厚君之死",優厚經紀其喪事,爲當時所推獎。唐穆宗諱恒,恒州改鎮州,恒岳改鎮岳。此記稱"齊公恒明",以下又三見恒明,因知撰記時必在穆宗長慶之前。古人除對下輩子弟,不能直呼其名,恒明不可能是本名,祇能是表字。貞元、元和時有齊暎(暎或又誤作照),爲一代名人,見於《新唐書·宰相世系表》。暎歷官監察御史,見本書貞元一一九張遊藝墓誌;倉部員外郎,見《郎官石柱題名考》卷十八;倉部郎中,見《郎官考》卷十七;池州刺史,見《元和姓纂》卷三;刑部郎中及饒州刺史,並見本書大中一六四韋夫人齊氏墓誌及元稹《齊暎授饒州刺史王堪授灃州刺史制》。卒官衛尉少卿,見本書大中一六四。白居易《饒州刺史齊暎可朝散大夫制》,考爲僞文。本書貞元一一九收《唐故相州臨河縣尉張府君墓誌銘并序》,誌主張遊藝貞元十八年卒,誌稱遊藝有女三人,"次適高陽齊氏。齊氏有三子,長曰暤,試秘書省校書郎,次曰暎,監察御史,皆以文第於春官,並佐戎幕。次曰煦,又膺秀士之選。"貞元十八年齊暎官監察御史,與此記稱"監察御史齊公恒明"正合。疑齊暎字恒明,名與字正義有連屬。本書大和〇〇七收《唐故鄉貢進士京兆韋府君墓誌銘并序》,誌主韋行素爲齊暎之從甥和女婿,大和元年卒。誌稱"公舅暎,早著冠時之名,爲儒者軌範。"此記稱贊齊公恒明推獎友人之事蹟,豐厚料理其喪事,與韋行素墓誌稱頌齊暎"爲儒者軌範"正合,"監察御史齊公恒明"即監察御史齊暎,暎字恒明,已可最後論定。齊暎長慶初自刑部郎中出爲饒州刺史,元稹行制,卒官衛尉少卿在長慶之後,貞元十八年前後正是齊暎"早著冠時之名"的時候。此誌石今藏千唐誌齋,本書據千唐誌齋藏石及周紹良拓本著錄,此外北京圖書館亦藏有拓片。今查對《千唐誌齋藏石》第1209及《北京圖書館藏中國歷代石刻拓本匯編》第35冊76頁,此誌正文開頭"□□歲二月戊戌"一句,第一字泐失,第二字爲"戌"字,千唐拓本依稀可辨,北圖拓本字甚清晰。貞元十八年前後有貞元十年歲次甲戌,元和元年歲次丙戌,貞元十年二月甲辰朔,月內無戊戌和癸卯,元和元年二月乙未朔,月內有戊戌和癸卯。註主褚峰當卒於丙戌歲二月戊戌,即元和元年二月初四,是月癸卯權窆,即二月初九日。

### 殘誌〇二六

誌已殘缺不全,前面部分上有闕文,中亦有闕文,後面部分更全闕。錄文首行題"(上闕)大理司直兼殿中侍御史賜緋魚袋弘農楊公(中闕)誌銘并序,(上闕)歙池等州觀察判官將仕郎監察御史裏行吳興錢徽撰。"誌文有云"宣歙採石軍副使兼殿中侍(中闕)寢,河南長孫夫人稱字以復,年齡卅六,""王考諱纁,似續家訓,施于政經,歷職成能,累遷長安縣令。"因知誌主爲大理司直、宣歙採石軍副使兼殿中侍御史弘農楊公夫人河南長孫氏之墓誌,長孫氏爲長安縣令纁之女,卒年四十六。今按本書元和一〇五收《唐故朝議大夫守國子祭酒致仕上騎都尉賜紫金魚袋贈右散騎常侍楊府君墓誌銘并序》,即楊寧墓誌。誌稱"廉使博陵崔公優延禮貌,置在賓右,表授大理司直,充採石軍副使,進殿中侍御史。""以故夫人河南長孫氏合之","夫人故長安縣令纁之女。"兩誌對照,正合符契。楊寧有子四人,汝士、虞卿、漢公、殷士,俱爲一時名人。此誌爲吳興錢徽撰,徽爲著名詩人錢起之子,亦一時名人。楊寧墓誌亦錢徽所撰,署銜爲朝散大夫守太子右庶子武騎尉。楊寧墓誌載寧元和十二年卒,夫人故長安縣令纁之女,"先公一十三年歿於故鄩",因可推知夫人長孫氏卒於貞元二十年。楊寧墓誌又載,廉使博陵崔公表授試大理司直採石軍副使,崔公考即崔衍,崔衍貞元末爲宣歙觀察使,元和初入朝,時代正合。此誌云"河南長孫夫人稱字以復,年齡卅六,越以來(中闕)洛陽縣平陽鄉之原緩也。""越以來"下闕,應是越以來年某月某日葬於洛陽。長孫夫人貞元二十年卒,貞元二十一年入葬,此誌即作於貞元二十一年。錢徽貞元元年進士及第,又舉賢良方正能直言極諫登科,貞元八年後爲山南東道節度使樊澤掌書記。據《新唐書》卷一七七本傳載"自辟宣歙崔衍府入拜左補闕,以祠部員外郎爲翰林學士,三遷中書舍人,加承旨。"錢徽以祠外充翰林學士在元和三年,以誌錢徽署銜"(上闕)歙池等州觀察判官將仕郎監察御史裏行",正是貞元末入崔衍宣歙觀察使幕時所作,楊寧當時同在崔衍幕府,爲錢徽同僚。《千唐誌齋藏石》第1214刊出此誌拓片,作説明云:"錢徽活動於天寶十三(754)至大和三年(829)間,貞元初年中進士,元和八年入朝爲官。以誌文中記錄的錢徽職稱情況來看,其任此職的時間,大約在元和至大和三年之間。由此推知,鑴立這方墓誌的時間,大約在這一時期。"這一推斷,相差甚遠,不足爲據。

### 殘誌〇二七

首行題"唐故汝州司法參軍裴府君墓誌銘并序,從姪遵鴻撰。"誌本不殘,錄文一字不缺,但無確切紀年,僅云"乙卯歲六月十九日,有唐循吏朝散大夫汝州司法參軍裴君卒于位。"誌主裴涓,河東聞喜人。誌載世系簡表如下:

德超—思簡—休美—涓—顗

《新唐書》《宰相世系表》有裴涓,别是一人,又有裴顗,字士敦,爲謨子,亦與此不合。此誌本書又重見大曆〇四四,大曆十年歲次乙卯。大曆〇四四據李希泌藏拓本著録,原爲李根源舊藏,定乙卯爲大曆十年,甚是。

## 殘誌〇二八

首行題"唐故居士天水趙府君墓誌銘并序,將仕郎前試左武衛兵曹參軍申旿撰。"誌文首尾完整,因僅有干支而無紀年,故列入殘誌。《陶齋藏石目》著録此誌稱"申旿撰,正書,年月泐。"誌中年月俱未泐。《全唐文》卷八一七收此誌文,稱是趙申旿撰,擬作者小傳云:"申旿,於乾符時官左武衛兵曹參軍。"作趙申旿撰,列爲乾符時,俱有誤。誌主趙琮,字光,天水人,徙居青州,隱居不仕。"乙未歲季夏月五日,遇疾青州之私第,下於人世。丙申年七月三日,命知者卜得吉夕,殯於益都縣南建德雲門山東崗原禮(也)。"唐有五丙申,即貞觀十年(636)、萬歲通天元年(696)、天寶十五載(756)、元和十一年(816)、乾符三年(876)。誌云:"府君遇軍情變亂,不以交道仇□,生涯亦不遭毀蔽,錢穀湛然,上下無虞,叢食安貼。"青州地區軍情變亂,有天寶時安史之亂,安史之亂以後更有藩鎮之亂。安史之亂震蕩最大,天寶十五載正月一日,安禄山稱大燕,建元聖武,所據之地不再稱唐,此誌製成於丙申年七月三日前後,如是天寶十五載之丙申,正在安禄山稱燕建元聖武之後,誌仍稱唐,是爲不合。況且安史之亂更不是"遇軍情變亂"這幾個字可以概括得了的。藩鎮之亂始自河溯,波及山東、河南,牽延時間最久。杜牧憤河溯三鎮之桀驁,而朝廷議專事姑息,乃作《罪言》,大略以爲,國家自天寶盜起,河北百餘城不得尺寸,人望之若回鶻、吐蕃,無敢窺者,齊、梁、蔡被其風流,因亦爲寇,未嘗五年間不戰,焦焦然七十餘年矣。"河溯三鎮及齊、梁、蔡之亂,至元和十二年裴度爲淮西宣慰招討使,李愬夜襲蔡州擒吴元濟,十四年二月淄青都知兵馬使劉悟斬李師道請降,朝廷取勝而結束。此誌誌主趙琮卒於乙未,葬於丙申,所遇"軍情變亂"正是淄青李師道之亂。《舊唐書·憲宗紀》載,元和元年八月己巳,"以節度副使李師道權知鄆州事,充節度留後。"九月壬午,"以師道檢校工部尚書兼鄆州大都督府長史,充平盧淄青節度副大使,知節度事。"《吕元膺傳》載"元和十年鄆州李師道留邸伏甲謀亂,元膺進兵圍之半月,無敢進攻者。"舊紀又載,元和十年吴元濟反,李師道、王承宗陰助之。元和十一年削王承宗爵,命河東、幽州等六道軍進討。時唐軍與李師道、吴元濟、王承宗軍相持,師久無功。元和十一年李師道僞貢款誠而加檢校司空,十二年破蔡州擒吴元濟,十三年詔削奪淄青節度使李師道在身官爵,仍令宣武、魏博、義寧、橫海等五鎮之師分路進討,十四年劉悟斬李師道請降。淄青李師道之平定,是當時重大的歷史事件,柳宗元、白居易等俱有《賀平淄青表》,劉禹錫有《平齊行二首》之二云:"泰山沉寇六十年,旅祭又享生愁烟。"鮑溶有《讀李相心中樂》云"負海狂鯨縱巨鱗,四朝天子阻時巡"李相指李夷簡,鮑溶又有《和淮南李相公夷簡喜平淄青迴軍之作》。"四朝天子阻時巡"指的是蕭宗、代宗、德宗、順宗四朝,"泰山沉寇六十年"指的是自天寶安史之亂至元和末平淄青李師道。此誌誌主趙琮葬在丙申應是元和十一年的七月,正是李師道僞貢款誠加檢校司空之前,所以誌中才有"遇軍情變亂"又"叢食安貼",那樣兩面逢原、左右爲難的記載。希望國家統一,社會承平,生活安定,更能代表藩鎮叛亂地區人民大衆的普遍心理。趙琮卒歲不詳,淄青地區軍事變亂前後約六十年,正是趙琮一生的全部或大部。此誌之丙申爲元和十一年,至此可以最後論定。《古誌石華》收此誌,定爲乾符三年,實誤。《全唐文》收此誌文,稱作者爲乾符時人,是誤認丙申爲乾符三年,而乾符三年的青州,並没有較大的軍事動亂,是爲不合。誌文撰者申旿本姓申,《陶齋金石目》作申旿撰無誤。府君爲子孫尊其先世之辭,又是尊者長者之稱,外姓人撰誌敬稱府君之例甚多,《全唐文》作趙申旿撰是判斷失誤,而不是另有實據。《全唐文》的録文較本書更爲精整,本書録文已據《陶齋藏石記》卷三六校字,還可據《全唐文》再校,補正一些缺誤。

### 殘誌〇二九

　　首行題爲《劉府君故夫人上谷侯氏墓誌銘并序》。無撰者銜名。誌本不殘缺,録文僅有五字打圍框,唯無確切紀年。彭城劉君夫人上谷侯氏年五十八,"有唐壬申歲辛亥月,卒于外生深州管記之私第。"建亥月爲十月,十月辛亥可推知正月壬寅,正月壬寅建,必是丁年或壬年。壬申年十月正爲辛亥月。月干支五年成一循環,凡壬申年之十月皆爲辛亥月。有唐三百年四逢壬申,即咸亨三年(672)、開元二十年(732)、貞元八年(792)、大中六年(852)。此誌誌文用駢體,如"翱翔焉得敬鳳之稱,和柔焉有梁鴻之□。""陽臺之下,但望行雲;鳳樓之前,□聽去吹。"還是初唐、盛唐時的風格。《舊唐書·地理志》載,深州武德四年置,貞觀十七年廢,先天二年復割饒陽、安平、鹿城置深州,仍分置陸澤縣,天寶元年改深州爲饒陽郡,乾元元年復爲深州。此誌稱深州,咸亨三年在貞觀十七年廢深州之後,先天二年復置深州之前,是不能合。開元二十年在先天二年復置深州之後,天寶元年改深州爲饒陽郡之前,正能相合。此誌中之壬申,應是開元二十年,誌主卒於是年十月,葬於同年十一月。

### 殘誌〇三〇

　　此誌開首即是正文,末行始題《大唐故處士劉君墓誌銘并序》。誌首尾完整,一字不缺。

誌主姓劉，名益錢，洛陽人，"以五年正月廿二日卒於私第，春秋八十。即以其年二月二日葬於邙山廿五里禮也。"卒葬在同一年，而無明確紀年。益錢祖爲齊幽州長史，父爲隋貝州宗城縣令，則益錢應爲隋末唐初人，其卒葬均在唐初，誌文用駢體，正能説明問題。初唐武德、貞觀、永徽、顯慶、咸亨俱有五年，以其卒年八十，乃祖乃父在齊隋時歷官考之，卒年只能是顯慶五年（660）或咸亨五年（674）。永徽以前都早，咸亨接下紀年有五年者殆爲開元，開元五年（717）顯然又已太晚。如卒顯慶五年，則生於隋開皇元年（581），隋亡時三十八歲。如卒咸亨五年，則生於隋開皇十五年（595），隋亡時二十四歲。兩個推斷與其父在隋時爲縣令都能相合，顯慶、咸亨總是在高宗時。顯慶五年與咸亨五年二月二日，都應該是落葬吉日。值得注意的是，本書顯慶一二二翟惠隱誌、顯慶一二四賈元叡誌都顯是慶五年二月二日落葬，更值得注意的是，賈元叡卒於顯慶五年正月廿二日，假若劉益錢也是顯慶五年卒，則二人是同日卒去，同日落葬。同日卒去自然是偶合，同日卒去之人，選擇同日落葬，必定是陰陽家據青鳥之術卜占下葬吉日之最佳選擇。因此似可推定，劉益錢很可能也正是卒於顯慶五年。劉、翟、賈三誌俱出於洛陽，對檢北圖藏拓片，劉賈二誌字體亦甚相近。

## 殘誌〇三一

首行題"唐故左金吾衛倉曹參軍鄭府君墓誌銘并叙，荊南觀察判官試大理評事盧弘宣撰。"誌主鄭魯，字子隱，父寶，秘書省著作郎，贈左散騎常侍，祖游，晋州臨汾令。誌不載卒年葬年，僅云"是月（八月）十七日終于江陵縣之東郊別業，享年五十七"，"十一月四日窆于邙山之東麓，祔先人之舊域，故夫人之故封焉。"誌爲盧弘宣撰，盧弘宣元和中進士及第，累遷至給事中，見《新唐書·循吏傳》。盧弘宣開成時曾官吏部郎中，岑仲勉《郎官石柱題名新考訂》《盧弘宣》條："《古誌新目、故右金吾衛倉曹參軍鄭魯及夫人李氏合祔誌》，盧弘宣撰，目止記'十一月四日'，葬年不詳，待考。"岑仲勉所指即此誌，夫人李氏先卒，已自有誌，見本書元和一二四。鄭魯卒葬在同一年，卒葬之年可以考知。此誌云："昔常侍□世而府君專以□自任，以資其昆弟之學，體合持正，嘻然大同，上付下奉，由我而理。故其二仲，爲時名公，曰敬，官至絳州刺史，曰□易，官至工部郎中。令望懿德，潤視當世。追絳州、工部相繼凋謝，府君顧謂諸子曰：善自位者，然後爲用。前日家聲不泯，翳吾二仲，而今而後，非我所及。度吾能者，奉先訓，養諸孤，以謹家傣，其殆庶乎？謂京師難食，終不能衣食嫠幼，往歲工部佐戎於荊，嘗置不毛之田數百畝，蕪廢于兹亦一紀矣。府君乃喟然南來，復墾於是，疏卑爲漑，陪高而畝，及今三年，而歲入千斛。是歲分命迓二嫂氏泊諸孤於二京。春三月，絳州夫人盧氏從四子至自京師；秋八月，工部夫人盧氏至自洛陽。噫！府君遇疾於七月，工部夫人之至蓋亟矣。諸子以聞，則軒然而作曰：二嫂至矣，吾家畢集矣，吾於今而瞑，庶無愧矣。是月十七日，終於江陵縣之東郊別業。"誌載魯爲第四子,二仲爲時名公,即敬及易,此誌作"□易","易"前一□原是空格。鄭敬元和十年十一月八日卒,年六十,見本書元和〇八八《唐故朝散大夫絳州刺史上柱國賜紫金魚袋鄭公墓誌銘并序》,即鄭敬墓誌,爲其弟鄭易撰,結銜爲朝散大夫守尚書工部郎中。又本書元和一二四《唐右金吾衛倉曹參軍鄭公故夫人隴西李氏墓誌銘并序》,是爲鄭魯夫人李氏墓誌。誌云"景申歲五月,小彬伯父工部郎中捐館,伯之嗣子生始三日,諸父請以小彬奉工部喪事,夫人曰,吾聞兄弟之子亦子也,於我何異哉!遂勉而勖之,使從其諸父之命。"唐人諱丙作景,景申即元和十一年。元和十一年五月,守尚書工部郎中鄭易卒,鄭易元和十一年二月十三日爲鄭敬撰誌,元和十一年三月廿四日,鄭氏之嫡長殤,鄭易爲撰《唐故鄭氏嫡長殤墓記》,皆在其卒前不久。此誌云"迨絳州、工部相繼凋謝",鄭魯離京赴荆州經營田莊,"及今三載",從元和十一年下數三載,首尾連算應是元和十三年,從次年算起應是元和十四年。誌又云"夫人隴西李氏,齊州長史思整之曾孫,□州司户璩皓之孫,楚丘尉宣之女,冠族令德,不幸短命。"證以元和一二四鄭魯夫人李氏墓誌,李氏卒於元和十三年九月二日,在鄭魯卒去之前,鄭魯卒在八月十七日,祇能是元和十四年,不可能是元和十三年。

### 殘誌〇三二

　　錄文首行題"唐范陽盧君妻京兆澹氏墓誌銘并序,朝議郎守太子詹事柱國賜緋魚袋澹轔撰。"末行題"□姪鄉貢□□庠篆額,前婺州隋軍翟□書。"誌文據《芒洛冢墓遺文四編》卷六著錄,文字已殘缺不全,失卒年葬年。誌存"大中□年(闕)范陽盧□□□焉"之句,並非卒年葬年。誌主京兆澹氏,爲澹轔之女,適范陽盧氏。誌稱大父諱昱,澹轔父昱無考,轔見《元和姓纂》卷七,"轔"字作"鱗"。姓纂載會昌中進士啖鱗,啖氏避武宗諱改爲澹氏,《登科記考》卷二七據以著錄。《元和姓纂》成書於元和七年,焉能預知會昌中諱啖改澹之事?姓纂此條顯然是後人增補。此誌誌文今已載見《唐文續拾》卷六,據《修武志》著錄,文字齊全,泐失打□者甚少。據續拾全文,知澹氏卒於咸通十年五月,"大中□年"云云,全句是"大中五年予掌白馬□書奏遇范陽盧積遂妻焉。"《河朔金石目》卷九:"范陽盧君妻京兆澹氏墓誌銘,正書,澹轔撰,翟嚴書,咸通□年,月已模泐,在縣東關外高等小學校,道光丙申出土。"《河朔訪古新錄》卷十二修武縣第二十一:"城内西街文廟……唐范陽盧君妻京兆澹氏墓誌銘(澹轔撰,翟嚴書)係道光丙辰出土,嵌置書院大門外西墻上,村童用以撞錢,字已模泐不堪。"兩書之著錄俱有目無文。道光無丙辰,丙申爲道光十六年(1836)。《河朔金石目》云是"咸通　□年　月,已模泐。"而《唐文續拾》著錄爲"咸通十年五月",年月俱未泐。《河朔訪古新錄》稱原石"已模泐不堪",《唐文續拾》著錄文字卻大都完好。范鼎卿編《河朔金石目》及《河朔訪古新錄》在1914年,羅振玉編《芒洛冢墓遺文四編》更在其後,文字泐失已甚。《修武志》成書在前,文字大體完整。可惜《唐文續拾》據《修武志》之著録未分行款,本書殘誌雖劃出斷行符號,還有可疑之處,兩者對照,仍不能將續拾全文復原出原來的行款。著録墓誌文字,最好標記出原石多少行,行多少字,不然一有竄亂,便茫然無從核實了。

### 殘誌〇三三

著録誌文共三十字,内有一字泐失。録文分三行,共出四個斷行符號,如斷行無誤,則原拓應是五行,滿行七至八字不等。文全文云:"祖衍,皇朝右衛大將軍陳國公。父孝□,隆州新井縣令。竇晙,楊州海陵縣主簿。"今按竇衍《舊唐書》卷六一、《新唐書》卷九五俱附見《竇抗傳》。抗字道生,太穆皇后之從兄,隋洛州總管陳國公榮定之子。榮定《舊唐書》作"榮",脱一"定"字。《新唐書·竇抗傳》及《宰相世系表》俱作榮定不誤。榮定在隋封陳國公,抗襲爵陳國公亦在隋時。抗爲高祖李淵之姐夫,與高祖親狎,官至左武候大將軍,武德四年卒,贈司空。子衍襲爵陳國公已在唐朝。按《新唐書》卷七一下《宰相世系表》,竇衍譜系可列簡表如下:

榮定 隋陳懿公 — 抗 字道生,相高祖 — 衍 左武候將軍 ⎧ 孝儉 — 皞 太僕少卿
　　　　　　　　　　　　　　　　　　　　　　　　　⎨ 孝威
　　　　　　　　　　　　　　　　　　　　　　　　　⎩ 孝忠 簡州刺史

竇衍官職,《舊唐書》卷六一稱"官至左武衛將軍。"與新表不同。此誌作右衛大將軍。衍下輩範孝字,新表載衍三子,長子孝儉,未記歷官,孝儉子皞,官太僕少卿,次子孝威,未記歷官,三子孝忠,官簡州刺史。此誌衍子孝□,官隆州新井縣令,未詳爲誰,疑或是孝威,亦不敢遽定。竇抗卒武德四年(621),三十年約爲一代,推測其孫晙約卒於高宗武后時。

### 殘誌〇三四

首行題"唐故秦州上邽縣令豆盧府君夫□墓誌。"誌主鉅鹿魏氏,曾祖行覽,祖知古,父□,辛巳歲卒,年七十一。卒年只記出干支,無確切紀年。今按此誌本書又重見貞元一〇六,誌中辛巳定爲貞元十七年。貞元一〇六據周紹良藏拓本著録,殘誌〇三四據周紹良藏拓本和開封博物館藏石著録,是原石尚在。殘誌録文有四字泐失,貞元一〇六則一字不缺。"先君諱□,"貞元一〇六作"喆"不缺。喆爲知古子,並見《新唐書·宰相世系表》。魏知古《舊唐書》卷九八、《新唐書》卷一二四俱有傳。舊傳載知古開元三年卒,年六十九。新表載喆官延安太守,與此誌歷官巴、延、邛、歙、寧五州刺史可以相合。天寶元年後改州爲郡,改刺史爲太守,至德元載復舊,魏喆官延安太守應在天寶年間。以其祖師古生卒年和父喆歷官延安太守之時代參校,魏氏卒年辛巳定爲貞元十七年無誤。誌載"夫人年卅四,丁先府君憂。"因知魏

喆卒於廣德二年。

## 殘誌〇三五

首行題"唐故銀青光禄大夫檢校太子賓客兼監察御史柱國河南爾朱府君墓碣并銘,廣平程彥矩撰。"碣主爾朱逹,授山南東道節度兵馬使,遷東都留守押衙,享年廿九,卒於江陵。碣有缺泐,紀年不存,文有"□著行□□□□十四□□□公事關連",又有"以其年五月六日(下闕)卒于江陵府無競里私第。""用當年十一月(下泐)叶歸葬同州澄城縣武安鄉永平管。"此碣已載見《金石萃編》卷一一八,《古誌石華》卷二四,《全唐文》卷九〇二。據《金石萃編》及《全唐文》,"廿"應爲"卅"之誤。《八瓊室金石補正》卷七八著録,題爲《太子賓客爾朱逹墓碣》,校正了部分文字,題下註云"唐末。萃編載卷一百十八。"《金石萃編》附列唐後,《八瓊室金石補正》稱作唐末,亦有誤。《金石萃編》附録《關中金石志》及《潛研堂金石文跋尾》各一跋,潛研堂跋云:"洪容齋續筆云,唐至肅代以後,賞人以官爵,久而浸濫,下至州郡胥吏,軍班故伍,一命便帶銀青光録大夫階,殆與無官者等,明宗長興二年詔不得薦銀青階爲州縣官,賤之至矣。此爾朱逹正以軍校而帶銀青者也。逹卒無競里私第,歸葬同州澄城縣成安鄉,碣已損一角,有年月而不得紀年,大約在中葉以後矣。"岑仲勉《郎官石柱新考訂》云:"潛研堂跋謂肅代以後,官爵浸濫,胥吏軍校一命便至銀青,此石有年月而不得其紀年,大約在中葉以後云云,所見不俁。余因誌内尚存'十四'二字,下文有'以其年'字,假使十四爲紀年之數(雖未能確定),則遺石可能是咸通時物。"《讀全唐文札記》又云:"中唐後紀年至十四者,惟大曆、貞元、元和、咸通,余頗疑是咸通石也。"岑仲勉以爲是咸通十四年,實亦未確。碣云爾朱逹"輕玉帛若糞土,重然諾不顧千金。""家藏世萬,視之蔑然。"又云"然心□□度有規,將構第渚官,豈止於橡桷宏壯,甍棟膠□,□□選□□去卑濕,結峻守(宇)以疏氣,鑿巨沼以溺流,竹樹森羅,□□□□,□郡内幽絶,罔有鄰比。"爾朱逹在江陵大造宅第園林,自有它的時代背景,最值得注意。唐代自安史之亂造成藩鎮割據局面,到貞元初年,朱泚、李懷光變亂平定之後,中央朝廷與地方藩鎮實力,暫時保持一個平衡的局面。貞元元年五月詔曰:"今兵革漸息,夏麥又登,朝官有假日遊宴者,令京兆府不得聞奏。"貞元四年九月又下詔:"今方隅無事,丞庶少康,其正月晦日、三月三日、九月九日,宜任文武百官選勝地追賞爲樂。"《唐語林》卷八載,"德宗復京師,賜勳臣第宅音樂。""宴樂則宰臣具在。"宰臣家如日出無音樂之聲,金吾必奏。德宗動輒要問:"大臣今日何不舉樂?"《唐會要》卷四載,"德宗嘗泛舟魚藻宮水嬉,命皇太子升舟,舟具皆飾以金碧丹青,婦人盛飾操舟,光彩耀燭。"王建《宮詞》云:"魚藻宮中鎖翠娥,先皇行處不曾過。而今池底休鋪錦,菱角雞頭積漸多。""先皇"正是德宗時事。德宗時候皇室和上層社會之縱情奢侈,已公然不諱。李肇《國史補》云:"長安風俗,自貞元侈於遊宴。"杜牧《感懷》云："至於貞元末,風流恣綺靡。"白居易《杏爲梁　刺居處僭也》云："杏爲梁,桂爲柱。""高其牆,大其屋。""窮奢極麗越規模,付子傳孫令保守。"元稹有《陰山道》云："豪家富賈踰常制,會族清班無雅操。"白居易《新樂府》作於元和四年,元稹和之,當時正是在貞元侈靡後不久,爾朱遙家藏巨萬,"視之蔑然","輕玉帛若糞土,重然諾不顧千金。"臨卒之前還在江陵大構第宅園墅,疊山濬池,豪奢逾制,考其事正該在德宗貞元時期。碣文有"□□十四□□□",應是卒於貞元十四年。岑仲勉推測爲咸通十四年,咸通年間方隅有事,兵革不息,咸通元年浙東有裘甫領導的農民起義,九年有龐勛領導桂林戍卒在徐州附近舉行兵變,號召農民共同起義,攻克了徐州。咸通十四年元次年即乾符元年,更有王仙芝、黄巢領導的農民大起義,幾乎席捲了全國。爾朱遙大構第宅園墅,不可能發生在咸通十四年略前。爾朱遙曾祖祐任主客郎中,岑仲勉《郎官石柱新考訂》云"假定咸通十四年上溯百二十年爲四世,則祐或得是開天人物。"曾祖應上推三世九十年,今推定爾朱遙卒於貞元十四年,年三十九,祐官主客郎中,約在景龍前後。此誌稱碣,實亦方形墓誌,原石出鄐陽,北京圖書館藏拓本爲嘉道間顧千里自拓,長40,寬41厘米。

<h2 style="text-align:center">殘誌〇三六</h2>

　　誌已殘,録文前面部分缺上部,中間部分五行上下俱缺,再後全缺。録文首行"(上闕)尉歐陽府君夫人河東裴氏墓誌(上闕)殿中侍御史内供奉白季隨篆。"第二行爲"(上闕)維夏九日,涇陽縣尉歐陽瑛遘疾終"並着一行符號,然後另起爲第三行。第二行以下已按原格式,第一行與第二行相比,格式不合,録文第一行應爲原石第一、第二兩行。本書著録此誌據古文獻研究室藏拓本,北京圖書館亦有拓本,查《北京圖書館中國歷代石刻拓本匯編》第二十八册第30頁圖版,此誌存12行,行存一字至十四字不等。據北圖拓片,此誌前部八行上部還有幾個字可識出。本書著録第七行(實爲原石第八行)"迠曾祖諜","諜"字北圖拓本原爲"諡",録作"諜"當係形誤。爲此這裏按原格式重爲著録如下(爲排版方便,將竪行改爲橫行):
縣尉歐陽府君夫人河東裴氏墓誌
　　　　　殿中侍御史内供奉白季隨篆
　　　　唯夏九日涇陽縣尉歐陽瑛遘疾終
　　　　哀昭微之廨春秋二百五十二甲子
　　　　之天興縣邵吉原從　先塋禮也暨
　　　　有二日夫人裴氏殕其年十月十有
　　　　也歐陽族渤海郡厥先尚矣爰自漢
　　　　□纓迠曾祖諡皇朝散大夫洛

大夫邢州鉅鹿縣令考
黎蒸卜居郊墅
立　慈訓
壺

以殘存部分上下文意考之，第六七行應爲"□年□月十有二日夫人裴氏猝其年十月十有"
"□日合祔禮也歐陽族渤海郡厥先尚矣爰自漢"，第九行應爲"縣令祖禎□□大夫邢
州鉅鹿縣令考□□□□"，這樣試爲復原排列，都無不合，因此可推定原石滿行十九字。據殘
文知是唐故涇陽縣尉歐陽瑛及夫人裴氏合葬墓誌，歐陽瑛"春秋二百五十二甲子"，是享年四
十三歲。撰誌人銜名爲"殿中侍御史內供奉白季隨"白季隨建中元年（780）經學優深科登科，
見《册府元龜》卷六四五，《唐會要》卷七六，《登科記考》卷十一據以著録。登科不能當年授
官，建中建元四年，然後興元一年，接下爲貞元，白季隨官至殿中侍御史內供奉，疑當在貞元
初以後。毛鳳枝《關中金石文字存逸考》卷十著録此誌，稱全文見《古誌石華續編》，實際上還
是殘文，不是全文。毛氏跋云："此石本出鳳翔，今歸岐山縣知縣灌縣胡鴻賓大令昇猷，僅存
一角，已佚大半。諶爲率更兄弟行，《新唐書·宰相世系表》云爲鞏縣令，此誌朝散大夫下有
'洛'字，當係洛州鞏縣令也。表云諶子名禎，未載官職，未知即瑛祖父否？《新唐書·地理志》
鳳翔府有邵吉府，此誌邵吉原，當以此名。唐天興縣即今鳳翔縣。《文獻通考·選舉考》唐建
中元年經學優深科白季隨及第，即撰此誌之白季隨也。"毛鳳枝《關中石刻文字新編》卷三又
云"歐陽瑛夫人裴氏，列開元後，見《存逸考》卷十岐山縣。"同一人著書兩處説法不同，列"開
元後"顯然有誤。《北京圖書館藏中國歷代石刻拓本匯編》稱裴氏"唐建中間（780—783）葬於
陝西鳳翔府，"作"建中間"亦不如作建中後爲是，仔細推求，還應列入貞元間。

## 殘誌〇三七

誌文下部泐失。録文首行題"唐故定州義武軍節度使隨　使步軍都教練使左橫衝軍使
西（下泐）使銀青光禄大夫檢校户部尚書右監門衛大將軍守祁州刺史兼御史大夫上柱（下
泐）。"誌主諱楚，字夢嚴，其先弘農人，官至祁州刺史，卒年五十一。誌未著其姓，稱"其先弘
農人也"，弘農爲楊氏郡望。接下又云"周宣王太子之後，其上爰自興漢（下泐）"，周宣王本姬
姓，子曰尚父，邑諸楊，得氏於後。漢有赤泉侯喜、安平侯敞，徵君寶繼家華下，遂爲關西令
族。誌主姓楊，本書索引作"□楚"，蓋失考。誌云："先相府太師傾城（下泐）橫得志，散霜戈
而在野，凱捷如神，論功業則當（下泐）累踐隆途，伏遇相公，載委征戎（下泐）宸聰，奏授祁州
刺史。"義武軍治定州，領易、祁二州，楊楚以義武軍節度使隨使步軍都教練使左橫衝軍使守

祁州刺史,不可能是朝廷中宰相所奏授,祇能是帶使相銜之義武軍節度使所奏授。《舊唐書·德宗紀》:"建中三年二月戊午,以張孝忠檢校兵部尚書易定滄三州節度使。五月辛亥,易定節度賜名義武軍。"建中三年賜名後,義武軍節度使帶使相銜者,依次有張孝忠、張茂昭、鄭滉、康承訓、王處存、王郜等。前云"先相府太師",後云"伏遇相公",指的還是兩人,並且祇能是父子兩人。父子俱爲使相,先後官定州義武軍節度使加同平章事者,有張孝忠、張茂昭父子和王處存、王郜父子。張孝忠《舊唐書》卷一四一、《新唐書》卷一四八有傳。王處存《舊唐書》卷一八二、《新唐書》卷一八六有傳。張孝忠卒贈太師,王處存卒贈太子太師,與誌云"先相府太師"俱能相合。《舊唐書·地理志》載:"景福二年定州節度使王處存奏請於本部無極縣置祁州。州新置,未計户口帳籍。"張孝忠、張茂昭父子先後爲義武軍節度使在貞元、元和年間,王處存、王郜父子先後爲義武軍節度使在乾符至光化年間。奏授楊楚守祁州刺史之"相公",祇能是王郜。乾符六年十一月,以檢校刑部尚書王處存檢校户部尚書,兼定州刺史,充義武軍節度、易定觀察處置、北平軍等使,中和三年五月,以義武軍節度使檢校司空王處存檢校司徒同平章事,餘如故。並見《舊唐書·僖宗紀》。王處存乾寧二年卒,年六十五,贈太子太師,諡曰忠肅。處存卒後,三軍推其子副大使郜爲留後,朝廷從而命之,授以旄鉞。尋同平章事,累至太保。光化三年汴將張存敬進寇幽州,旋入祁溝,郜遣馬步都將王處直將兵拒之,爲存敬所敗。十月,郜委城攜族奔於太原。並見《舊唐書》卷一八二《王處存傳》。楊楚在"先相府太師"王處存時立有軍功,論功當賞,遂累踐隆途。處存卒去後,又得到王郜的重用,奏授爲祁州刺史。祁州析置於景福二年(893),當時處存尚在世。此誌稱王處存爲"先相府太師",必是乾寧二年(895)處存卒去贈太子太師之後。王郜奏授楊楚爲祁州刺史,約在乾寧二年繼任義武軍節度使後不久,楊楚後來即卒於祁州刺史任上。《新唐書·昭宗紀》載,光化三年"十月丙辰,(朱全忠)陷景州,執刺史劉仁霸。辛酉陷莫州。辛巳陷祁州,刺史楊約死之。甲申陷定州,義武軍節度使王郜奔於太原。"《新唐書》卷一八六《王處存傳》載,光化三年朱全忠使張存敬攻幽州,氏叔琮下深澤,執大將馬少安,"圍祁州,屠之,斬刺史楊約,休兵十日。"光化三年(900)祁州陷落被殺之刺史楊約,應該就是前祁州刺史楊楚之子,楚卒後繼其任者。以此反推,並證以王郜奏授楊楚爲祁州刺史的年代,可知楊楚之卒應在乾寧中至乾寧末。誌稱楊楚"有子二人,長曰(下泐)於倫□藝能咸達於精微",楊約或是其長子。誌云"(上缺)州安喜縣鮮虞鄉公乘里之新塋禮也。"即安葬安喜縣,安喜即定州治所,稱做新塋,是楊楚始葬於此,因唐末藩鎮割據,戰亂頻仍,不能返葬舊塋故也。

## 殘誌〇三八

　　誌主爲失名亡宮人,據《陝西金石志》卷九著録,未作斷行。今按《陝西金石志》卷九著録,稱此誌爲"亡宮九品墓誌銘",題下註云:"存,文備録。永淳二年。"著録云"石方一尺五分,十一行,行十二字,正書"。録文之後又著跋云:"按此等例行事件,當之者漫不經心,文詞清麗簡明,字亦透逸可觀,而薤露旋句,竟脱一字,亦太草草矣。"《陝西金石志》係 1934 年續修《陝西通志稿》中卷一百三十五以下之《金石志》部分,又單獨成書者,聘專人執筆,體例尚嚴整,但未作交代,不知何以定此誌爲九品亡宮人,亦不知何以定爲永淳二年(683)。《唐代墓誌彙編》全書收亡宮人墓誌六十餘方,始於貞觀,終於開元,天寶以後不見。此誌云"夙夜在今,小星之輝方耀;春秋非我,大年之數先窮。"誌文多用四言,斷句有力,時用四六駢句,下初唐風格,與高宗時相合。《陝西金石志》著録爲永淳二年,應有依據。本書録文銘辭有"薤露旋置置厚夜"之句,《陝西金石志》著録爲"薤露旋真真厚夜",跋稱"薤露旋"句脱一字,今以文意和韻脚臆補,"旋"下當脱一"悲"字。銘辭四言爲句,"置置厚夜"句《陝西金石志》録作"真真厚夜",此誌原石及拓片今未見,僅以文意審之,《陝西金石志》之"真真"應是"冥冥"二字,"冥"俗寫作"眞",誌石中常見"眞眞"錯録成"真真","眞"又爲"置"字別體,本書遂又錯録作"置置",是一錯再錯,"置置厚夜"已不成文句。

## 殘誌〇三九

首行題《亡宮人八品誌文一首》。誌文連銘詞共十七句,全文云:"亡宮者,本良家子也。充奉後庭,勤於法度。錫以班秩,酬乎厥勞。享年不永,遘疾云逝。春秋若干,以某年月日葬于亡宮之塋,禮也。乃刊貞石,式紀銘云:生爲匣玉,歿爲野土。一辭九重,千秋萬古。"唐亡宮人誌,一般不書姓名。但像這樣並卒年卒歲亦不書者,實爲僅見,因此讓人覺得它好像是一個宮人墓誌的標準樣本。本書開元四三二收一亡宮人墓誌,文句與此誌全同,僅九、十兩句作"春秋八十五,以開元廿四年六月□日葬于亡宮之塋。"銘詞亦全同。本書開元四五七收一宮人墓誌,全文云:"亡宮者,不知其誰子也。以良家入選,充奉後庭。以忠順賢明,勤於法度,是用錫以班秩,酬乎厥勞。以開元廿五載遘疾奄逝,春秋七十五,即以其年十月廿七日歸葬于亡宮之塋,禮也。乃刊沉石,遂述銘云:生爲匣玉,歿爲土,一辭九重,千秋萬故。"誌文與銘詞俱與此誌大同小異。本書開元二三〇《八品亡宮年卅墓誌銘并序》,開元十四年六月十四日落葬,誌文與開元四五七大同小異,銘詞則全同此誌及開元四三二。此誌無紀年,全同一誌爲開元廿四年,大同小異二誌爲開元廿四年、廿五年,則此誌顯然亦是開元年間所製。宜從本書統一體例,附開元末。此種宮人墓誌,中宗神龍紀年最多,開元次之,天寶以後未見。誌文常重複,成爲一定格式,有一式兩見、三見,甚至有一式七、八見者。

## 殘誌〇四〇

　　誌已殘缺，首行僅存"覺禪師塔銘"，不詳是"覺禪師"還是"□覺禪師"。誌云"（上缺）蘭氏，河南人。"又云"是布衣服體□□身以忍辱而當違（下缺）"，"尼衆供養"。禪師出身望族，因受屈而皈依佛門，爲比丘尼。誌云"蘭氏"恰巧上缺，應是姓賀蘭氏。誌載其俗家世系簡表如下：

賀蘭蕃（周驃騎將軍　隋禮部尚書）— 仁（户部尚書）— 石（岐楊縣令）— 溫（曲沃縣□）— 覺禪師

蘭姓非河南郡望，賀蘭氏望出河南。本書開元一二七收《唐故正議大夫使持節相州諸軍事守相州刺史上柱國河南賀蘭公墓誌銘并序》云："公諱務溫，字茂弘，河南洛陽人也。"誌載賀蘭務溫世系簡表如下：

賀蘭蕃（周開府儀同三司　隋禮部尚書）— 師仁（散騎常侍）— 越石（洺州長史）— 務溫（相州刺史）

自賀蘭蕃至務溫，與此誌自蘭蕃至溫的輩分關係，一一相合，因知此誌之叙名亦爲雙名單稱。《金石萃編》卷七八唐《三尊真容像支提龕銘》後附《述二大德道行記》稱𡼥谷寺主義紘時"其時州將賀蘭溫，六條儒雅，八正居懷"云云，即指相州刺史賀蘭務溫，雙名單稱亦當時通例。覺禪師俗姓賀蘭，爲賀蘭務溫之女。兩誌所載各人官職，除賀蘭蕃外，均不盡相合。合理的解釋是，此誌在前，賀蘭務溫誌在後，此誌所記是當時實情，務溫後來終官相州刺史，務溫誌所載師仁、越石的官職略有提高，當是後來追贈。據開元一二七賀蘭務溫墓誌，務溫卒年六十五，開元九年落葬。務溫娶河間李氏，夫人李氏墓誌見本書天寶〇七九。李氏爲河間公第二女，年十九歸於賀蘭氏，天寶二載卒，年七十七。賀蘭務溫墓誌載，"屬太后親政，獄連皇枝，公婚結河間，官因左退，貶授泉州莆田主簿，大牟、介休二令，重貶汴州司倉。時姚韋便□禁闈，是平生密友，歎是遐遠，公言朝廷，尋而有勅改括蒼令。公自流落不偶，十七八年，遊心老莊，取樂閑放而已。""中宗龍飛再張日月，洗是幽滯，始趨天闕，入拜少府監丞，仍加朝散。累遷主客員外，祠部郎中。"禮部尚書薛稷熏灼當代，務溫不爲之撓，及秉機務，因而左出，拜儀州刺史，除揚州司馬，又拜相州刺史，卒。賀蘭務溫娶河間李氏，考在垂拱元年（685），是年武則天親政，"獄連皇枝"，務溫因而貶官；從此十七、八年貶斥在外，神龍元年（705）中宗復位，始洗冤召回。賀蘭務溫遭貶曾官莆田主簿，大牟、介休、括蒼縣令，此誌稱"父溫，絳州曲沃（缺）""聲調高下，材期登於金紫，位奄屈於銅（缺）"，銅章墨綬爲縣令儀制，務溫當時官曲沃縣令。誌又云"以忍辱而當違（缺）"，則撰誌時賀蘭務溫一家仍在幽滯受屈之中，因知是神龍元年以前。誌又有"攀八普之真輪，遊四依之正轍，弱冠（缺）"，下文已缺，推測覺禪師是早年皈依佛門，弱冠時卒去。以其父母生卒年考之，卒後塔葬，應在武則天後期，約在長安末年。塔誌格調低沉，稱其父奄屈於銅章墨綬，必在神龍元年昭雪之前。賀蘭務溫夫婦均信佛教，延和元年(712)汴州佛像放金色光，採訪使王志愔與祠部郎中賀蘭務溫同録祥瑞奏聞，見《宋高僧傳》卷二六及《五代名畫補遺》。李氏墓誌云："夫其特標正性，深悟禪門，心獨繫於真空，身乃齊於泡幻，樂道知命，含和待終。澹然無爲，歘而乘化。"本書著録墓誌，統一格式分〔蓋〕及〔誌文〕，此誌〔蓋〕欄下註云"似無"。此種塔銘未必葬在塔内，明置塔身上者，相當於碑銘，也就不存在是否另有誌蓋的問題。以下殘誌〇四一、〇四五、〇五二同此，不複贅記。

## 殘誌〇四一

誌已殘，首行僅存"(上闕)銘并序(上闕)錫撰。"年月僅存"即以其年七月十八日奉(中闕)塔之禮也。"今按此誌又重見本書大曆〇四二，甚爲完整，一字不缺。首行題"大唐真化寺多寶塔院故寺主臨壇大德尼如願律師墓誌銘并序，勅檢校千福寺法華道場沙門飛錫撰。"誌文首行云"大曆十年歲次乙卯五月廿九日，律師薨於長安真化寺之本院。"此誌又載《金石萃編》卷一，爲大曆十年撰製，本書已收作大曆〇四二是也，殘誌不應重出。

# 宋代安撫使制度（上）

## 李 昌 憲

安撫使制度是宋朝一項重要的政治制度。安撫使例以一路首州知州兼任，“掌一路兵民之事”。安撫使司與轉運司、提點刑獄司、提舉常平司爲宋代路級四大常設機構。管見所及，目前宋史學界尚少專文作系統論述。本人不揣謭陋，欲就安撫使制度的起源、産生及其歷史條件、權限、轄區、各個地區各個時期組織結構的异同等問題進行研究，希望能引起學術界對這一課題的注意，提高這一課題的研究水準。安撫司宋代又稱作帥司。但宋代稱帥司者，遠不止安撫司一個機構。據《宋會要·職官》41之129的記載，宋代稱作帥司的機構尚有都總管鈐轄司、麟府路軍馬司等。這些機構在安撫司設置之前，爲地方統兵機構。安撫司設置後，其主官安撫使兼都總管或都鈐轄，武官則祇能充任副職。在一路兵權上，宋貫徹了以近臣監臨將帥的意圖，較前更嚴密地體現了“事權分割”的精神。因此，鄙見以爲安撫司在基本職能上與諸司大體一致，并且存在着不可分割的、深遠的淵源關係，因而上述諸司亦在本文論述之列。

## 一、安撫使制度的醞釀期

安撫使出現于真仁時期，然追根窮源，當遠溯至五代十國時期，甚至于唐代。宋制，以一路首州、首府之知州、知府兼安撫使，兼兵馬都部署或都鈐轄，行一路兵民之權，因而，我們在研究安撫使制度時目光應首先注意到唐、五代時期出現的知州與都部署、都鈐轄等這樣一些新的歷史變動與新的制度，我以爲知州制與都部署至都監、監押這樣一個地方統兵體系的出現與發展是安撫使制度形成的前提條件。下面試就此加以論述，以尋求其間之傳遞嬗變之踪迹。

### 1、唐刺史制至宋知州制的演變

唐制，都督、刺史爲一州一府之守臣，中唐以後，出現了節度、觀察、防禦、團練使等名目，名稱雖有高下，其實都是一州一府之守臣。一言以蔽之，唐世于州郡所行爲刺史制。如此斷定，想來是不會成爲問題的。然唐世在都督、刺史等正官升遷或有故暫缺之際，往往臨時派員代理,主持州、府之務,即通常所謂的"知州府事"。武德二年,劉武周南下,進攻并州,并州總管(即都督)、齊王元吉棄并州還朝,以"判并州總管府司馬"劉德威"總知留府事"。①這或許就是知州府事較早的一個實例。唐代這樣的事例枚不勝舉,在事實上,知州府事已成爲刺史制的一種補充形式。代宗大曆二年五月一日,頒敕對知州府事作了以下的規定:

> 刺史有故及缺,使司不得差攝,但令上佐依次知州事。其上佐等多非其才,亦望委外道使臣精加銓擇,不勝任者,具以狀聞。②

敕令限定了知州事的人選,即在上佐——別駕、長史、司馬③——中依職次高下代理州務。同時也明確了使司即一道觀察使的權限,即不得在此法定人選以外任命他官權攝,但有權對代理的上佐進行考核和彈劾。文宗太和四年八月,又根據御史臺的奏文,針對執行中出現的問題,對知州府事作了補充規定,允許"自今已後,刺史未至,上佐闕人及別有勾當處,許差錄事參軍知州事。如錄事參軍又闕,則任別差判官。仍具闕人事由分析聞奏,并申中書門下、御史臺"。④但是,從唐代的實際情況來看,知州事不僅僅局限于上佐代理一州刺史之務,它亦可以他官代行一道節度使的權力。例如,穆宗長慶二年二月丙戌,就以兵部郎中、知制誥馮宿檢校左庶子,充山南東道節度使,權知襄州軍府事。⑤在方鎮割據勢力惡性膨脹的情況下,中央有權任命知州府,方鎮甚至兵變士卒也可以請求、擁立知州府。例如,貞元元年九月己亥,幽州節度劉怦病,請以子濟權知軍州事,⑥元和七年冬十月乙未,魏博三軍舉其衙將田興知軍州事,⑦都是具有代表性的例子。并且,在實際生活中,逐漸形成了這樣一個程序:知州——刺史,或知州——留後——節度使。在這個程序中,知州作爲最初的環節,成爲日後晉升爲正官的一個臨時性的過渡性的,然而是必不可少的一個環節。自中唐以後,以至宋初,莫不如此。例如:大曆時,薛嵩族子雄,初爲嵩屬吏,知衛州事,嵩歿,特詔授衛州刺史。⑧貞元十七年七月辛巳,德宗以前成德軍節度副使、檢校工部尚書、知恒府事、清河郡王王士真起復恒州長史、充成德軍節度使。宣宗時,成德軍節度使王紹鼎卒,宣宗以其弟"節度副使、都知兵馬使、檢校右散騎常侍、鎮府左司馬、知府事、兼御史中丞王紹懿本官充成德軍節度觀察留後,仍賜紫金魚袋。尋正授節度使、檢校工部尚書"。⑨宋太祖開寶元年冬十月乙未,以權知黎州曹光實爲黎州刺史。⑩

五代十國時期,知州府事這一措施得到廣泛地應用。在此值得指出的有兩點,其一是五代各朝在攻克戰勝之餘,往往委派文武官員權知州府事。如:周太祖郭威在平定泰寧軍節度使慕容彥超的叛亂後,委派端明殿學士顏衍銜權知兗州事。⑪周世宗柴榮在奪取南唐淮南十四州軍的過程中,先後以左金吾衛將軍馬崇新知滁州,給事中高防權知泰州,侍衛馬軍都指揮使韓令坤權知揚州軍府事。⑫其二是屏弱如後蜀這樣的割據國竟然發生了同時罷免三位節度使,并以文臣權知梓、閬、遂、黔、夔五大節鎮這樣的事件。《通鑑》晉高祖天福六年二月條詳細地記載了這一事件：

> 蜀自建國以來，節度使多領禁兵，或以他職留成都，委僚佐知留務，專事聚斂，政事
> 不治，民無所訴。蜀主知其弊，丙辰，加衛聖馬步軍都指揮使武德節度使兼中書令趙廷
> 隱、樞密使武信節度使同平章事王處回、捧聖控鶴都指揮使保寧節度使同平章事張公鐸
> 檢校官，并罷其節度使。

> 三月甲戌，以翰林學士承旨李昊知武寧（德）軍，散騎常侍劉英圖知保寧軍，諫議大
> 夫崔鑾知武信軍，給事中謝從志知武泰軍，將作監張贊知寧江軍。

由此觀之，在五代十國時期，由于中央集權的力量逐步地得到加強，統一的因素在逐步地增
長，在這樣的歷史條件下，知州府事越來越多地發揮出了積極的作用，這是與唐中後期相比
明顯不同的地方。宋朝建立後，決策集團意識清醒，繼續推行這一政策，在統一戰爭中，"凡
諸郡入版圖，率命朝臣出守，曰權知州事"，"三年一替"，以克服"諸侯難制"這個"唐室亂
源"。[13]宋人程大昌在《演繁露續集》中有一段較爲概括的文字可爲印證，茲摘錄如左：

> 唐世州軍分上中下三等，其結銜分節度、觀察、防禦、團練，名稱雖有高下，實皆守臣
> 也。于是，其銜爲某州節度若觀察或防團者，苟非遙領，即是真任此州太守，非虛稱矣。
> 太祖之平李筠也，會李繼勳上賞來朝，即命繼勳就守其郡。勳官品適與上黨郡品兩相當
> 匹，遂以繼勳爲昭義節度。既曰節度昭義，即是昭義太守焉耳，非如遙領節鎮，但虛假名
> 稱而已也。及平揚州，以宣徽使李處耘權知揚州。宣徽者，處耘之官也，權知揚州者，實
> 爲揚州太守也。爲其職元爲宣徽，故不改本鎮節鉞而實行州事。故其結銜曰權知揚州
> 也。此時雖一時權制，而太祖之規模實已素定矣。乾德元年，有事荆湖，方會兵襄陽，即
> 以邊光範權知襄州，其銜亦爲權知也。此時高繼冲尚據荆南，朝命已嘗使之權判荆南
> 矣。及其納土，不欲遽易他人，即就命繼冲爲荆南節度，而用王仁贍爲巡檢以參總其兵，
> 則仁贍實預州事，而繼冲之節度荆南者，但以繫銜而已。至其年六月，竟用仁贍權知荆
> 南，則太祖初模可考矣。既盡得荆湖北，乃遂分命呂餘慶鎮潭州、李防鎮衡州、薛居正鎮
> 鼎州，其結銜皆曰權知，而凡他臣得郡者皆做此爲制。行之既久，大藩鎮多授文臣，乃始
> 盡正其銜，明曰知某府、某軍州事也。

宋初在南方及原北漢地區行用新制——知州制，但是在廣大的北方地區，換言之，即原後周
版圖內仍較多地行用唐、五代的制度——刺史制。與南方及原北漢地區比，顯得較爲落後、
保守。僅以大藩鎮爲例，宋初，優禮勳戚故舊，往往授之。譬如張永德，太祖即位，加兼侍中。
永德入朝，授武勝軍節度使。太平興國二年來朝，拜左衛上將軍。[14]在鄧凡十七年。符彥卿，
周祖時，爲大名尹、天雄軍節度。太祖即位，加守太師。建隆四年春，來朝。開寶二年六月，
移鳳翔節度。[15]鎮大名凡十餘年。但是，我們應看到自五代以來，刺史、節度使往往帶軍職，

任政事,從征伐,不莅鎮。例如:建隆元年七月,成德節度使郭崇請入朝,戊午,命宣徽南院使昝居潤權知鎮州。[16]又如太祖子德昭,其本傳云,"太平興國元年,改京兆尹,移鎮永興,兼侍中,始封武功郡王"。其實德昭并未赴任,故下文有詔云,"與齊王廷美自今朝會宜班宰相之上"。而此時實任京兆者爲奚嶼。《吉金貞石録》所載有《興平縣浴室院鐘樓記碑》,是碑太平興國三年勒,碑陰落款云,"右贊善大夫、通判軍府事楊,水部員外郎、知軍府事奚,使武功郡王在京",即爲明證。又如太平興國五年七月,宋廷"命知萊州殿中丞鄭濬文、知單州左贊善大夫劉原德并通判本州事",原因是刺史楊重進、盧漢贇"赴本任"。同年十月戊寅,又"命萊州刺史楊重進、沂州刺史毛繼美率兵屯關南,亳州刺史蔡玉、濟州刺史上黨陳廷山屯定州,單州刺史盧漢贇屯鎮州,備契丹",[17]則鄭、劉二人似又當知本州事了,而其他三州亦當有知州事者。因此,我們可以這樣認爲,盡管北方在推行知州制時不如南方、河東徹底,但也絶非保持舊的制度一成不變。宋初,權知州府事的事例絶非個别偶然的現象,其數量正在迅猛地增加,如果稍加留意,就會不難發現一場變革正在悄然地、不動聲色地進行之中。如果對太祖、太宗兩朝從整體上作一個估量,應當説這一時期是刺史制、知州制并存的時期。除上引諸例外,試再舉一例以證之:

> 乾德四年七月乙丑,詔:自今諸州吏民不得即詣京師舉留節度觀察防禦團練使、刺
> 史、知州、通判、幕職州縣官。若實以治行尤異,固欲借留,或請立碑頌者,許本處陳述,
> 奏以俟裁。

在乙丑詔文中,將知州與節度以下諸使相提并舉便是一個極好的例證。在這一時期,刺史等是正官,知州府事仍然如唐、五代爲臨時、代理之職。上引太平興國五年七月條似可爲證。在官制上,這一階段刺史的地位仍然高于知州。上引開寶元年曹光實自權知黎州升任黎州刺史之經歷亦可爲證。由此可知,刺史、節度使等僅以"寓禄秩,叙位著"爲遷轉之階,尚非此時之事。那么,知州制完全取代刺史制當在何時呢? 史無明文,但以下的史料多少透露了其間的消息。咸平二年閏三月,官僚朱台符上奏,他在奏文中説:

> 刺史、縣令,親民之官,有民人焉,有社稷焉,蓋三代之諸侯也。故漢宣帝曰:"與我共治
> 者,惟良二千石乎!"光武亦曰:"郎官上應列宿,出宰百里,苟非其人,民受其弊。"誠重之也。
> 頃者,不除刺史,止以知州代之,其差委也,上自僕射、尚書,下至京官、奉職,率多輕授,未盡
> 當任。

> 咸平五年十月,洛苑使李繼和請擇防禦、團練莅鎮戎軍。真宗曰:"屢有人言,緣邊州軍
> 宜如往制,正除牧守。朕謂但得其人可也。前代兵權、民政悉付方伯,利害亦可見矣。"[18]

由此可知,知州制取代刺史制當是咸平二年以前之事。根據以下的史料,我們似乎可將這一重要變動的時間再作進一步地推斷,確定得再具體、明確一些。《重修毗陵志》卷八云,

唐制,守臣結銜曰某州刺史,五閩亦仍故號。藝祖革藩鎮之弊,凡諸郡入版圖,率命朝臣出守,曰權知州事。端拱後,去權字。關於端拱後正式確定以知州爲官銜之舉,《事物紀原》和《宋會要·職官》47之1也有記載,只是不如志文明確罷了。兩書文字約略相同,今僅引《事物紀原》卷六文字如下:

太祖始削外權,止令文臣權茫,後爲知軍州事,二品以上及帶兩府、宣徽者稱判。

上引如此,那麼,我們能根據這些史料得出什麼樣的結論呢? 我認爲太宗于端拱以後將州郡行政主官的官銜稱謂明文加以規範,整齊劃一,是知州制發展到一定階段後的產物,是知州制取代刺史制的主體地位以後的必然的行爲。如果我們將此舉作爲知州制正式確立的標志的話,那么,知州制正式取代刺史制應是太宗端拱以後至咸平二年以前八九年間之事。由於節、察、防、團及刺史唐末、五代以來完全由武人充當,刺史制在這一階段實質上已蜕變爲支持方鎮割據的地方行政體系的主體。因而,主要用文官充當州郡主官的知州制的確立,意義是重大的,它取代了方鎮割據賴以維繫其統治的地方官僚體系,爲以後的安撫使制度的誕生準備了第一個前提條件。

### 2、從都部署到都監、監押的地方統兵體系的形成

在唐宋之際所發生的衆多重大變革中,我們應注意到的第二個重大變革是地方統兵體制的變革。據宋人高承的考證,"唐中宗始以中官監押兵馬",至德宗、憲宗之時,則有"以中人爲都監"之事,如"韓全義討淮西,賈良國監之,高崇文討蜀,劉正亮監之"[19]等等。發展至穆宗之時,已形成宦官"内則參秉戎權,外則監臨藩嶽"的局面。[20]無論是監押還是都監,其職能都是代表皇帝對節度使之流的將帥實行監督,因而,唐代文獻上出現較多的是監軍或監軍使等等。監押與都監本無實質上的區別,據《舊唐書·僖宗紀》所載,"中和元年七月丁巳,以觀軍容使西門思恭爲天下行營兵馬都監押"。當日,西門思恭換授他職,改命"忠武監軍使楊復光爲天下行營兵馬都監,代西門思恭"。在這裏,同一職務,兩種提法,即是一個極好的例證。又"楊承和爲右神策副使,穆宗長慶元年十二月,以李光顏爲陳許節度兼深州節度,敕承和充深州諸道兵馬都監",《册府元龜》卷667所載如此。而《舊唐書·穆宗紀》則記爲"乃敕神策副使楊承和充深冀行營都監押"。因而,我們可以説,無論是都監、監押抑或是都監押,在其出現的初期都是作爲一種授權,都是要受命者代表中央行使對將帥監督的一種委任。由於都監、監押受到皇帝的信任,代表中央王朝,氣焰炙手可炎,因而不可避免地要干預軍政,甚至直接統兵作戰。據《册府元龜》同上卷的記載,"段文政爲内常侍,長慶二年,鎮州兵亂,賊圍深州,以文政充都監,領鄭滑、河陽、陳許三道兵赴深州應援"。由此看來,在唐代中期就已出現監軍向將官轉化的事例,而五代時期這樣的事例比比皆是,管見所及,僅舉數例以證:

唐末帝爲潞王時,鵬往依焉。及即位,用爲供奉官,累監軍旅。晋開運中,契丹迫澶

州，鵬爲前鋒監押，奮身擊敵，被創而還。

國初，用爲左飛龍使。乾祐初，領恩州刺史。趙暉討王景崇于岐下，彦從爲兵馬都監，破川軍有功，賊平，授濮州刺史。㉑

周肖處仁爲右金吾衛將軍。世宗率兵渡淮，以先鋒兵馬都監攻陷滁州，爲流矢所中而卒。㉒

作爲監軍，衆所周知，唐代僅置于道，監督節度使。然據現存史料，唐末道以下行政機構已出現監軍。《舊五代史·康福傳》云，康福"少事後唐武皇，累補軍職，充承天軍都監。莊宗嗣位……署爲馬坊使"。武皇卒于唐天祐五年正月，而唐于四年四月始亡，因而我們可以斷言，唐後期監軍制度已得到推廣，史文缺載，大概是這類官職品級低下，史官往往忽略不載，加之文獻散逸之故。進入五代，據現存文獻可以斷言，監軍制度已普通推行至州縣兩級，甚至于寨。下面試舉數例以證：

清泰初，(馬全節)爲金州防禦使。會蜀軍攻其城，州兵才及千人，兵馬都監陳隱懼，托以他事出城，領二百人順流而逸。

乾祐元年四月辛巳，陝州兵馬監押王玉奏收復潼關。

廣順三年九月丁酉，深州上言，"樂壽縣兵馬都監杜延熙爲戍兵所害"。㉓

是月(顯德四年五月)，權知府州折德愿上言，敗河東賊軍五百餘衆，于夾谷寨斬其寨主都章、都監張釗等。㉔

五代時州縣普遍設置監軍，還可從下面所舉例中得以窺見。契丹推翻後晉政權後不久，晉州爆發了一場反契丹占領的武裝起義，晉州軍民殺掉了歸順契丹的後晉官員，同時擁立後漢使節張晏洪爲權晉州兵馬留後、辛處明爲都監。㉕都監與兵馬留後同時由起義官兵擁立，這説明都監設置之久，在當時人們的心目中已是州郡不可或缺的常設官員。

五代時，軍隊中實行屯戍之制，不同指揮系統的軍隊，禁軍和方鎮兵，插花式地屯駐于州縣內，這些軍隊雖説有明文"令逐處守臣管轄斷決"，但實際上"多不稟藩臣之命"。㉖從所見到的史料來看，這些出戍軍隊，所在由當地兵馬都監、監押直接管轄統率，據《舊五代史·世宗紀》所載，"顯德元年三月丁丑，潞州奏，河東劉崇入寇，兵馬監押穆令均部下兵士爲賊軍所襲，官軍不利"。即是一例。另外，上引樂壽縣兵馬都監杜延熙爲戍兵所害也可作證明。

五代時不僅中央王朝控制區內所轄州縣設置了都監、監押，各割據國中也同樣設置了此類官職。

明宗長興三年二月，趙季良與諸將議遣昭武都監太原高彦儔將兵攻取壁州。五月，孟知祥乃以都押牙王彦銖爲東川監押。㉗

以上爲後蜀之事例。

是月(顯德三年三月),行光州刺史何超上言,爲(僞)光州兵馬都監張永翰舉城內附,其僞刺史張紹單騎而遁。㉘

以上爲南唐之例。

各割據國的州縣兩級設置都監、監押,這不僅説明了五代時期監軍設置的普遍,而且也從一個側面證明了各割據國的這項制度同起源于唐代,證明了這項制度在唐代推行到州縣兩級的時間之長與地域之廣。五代時期,後蜀、南唐與中原王朝爲敵國,一般是不會搬用其制度的。尤其是南唐及其前身吳國,自草創之始就與後梁等中央王朝對立,是絶不會沿用他們心目的僞制的。

五代早期出現了部署、都部署,其發展變化頗爲複雜。時出征則有行營兵馬都部署,或一行、一路都部署爲主帥,皇帝親征則有隨駕都部署與大内都部署,甚至修城亦有都部署總其成,由于這些與五代、宋的地方統兵體制無關,茲不贅述。大約在後梁時期,我們見到了作爲一州軍事主官的都部署的史料,稍後,後唐明宗初年,又見到了作爲邊防部隊統帥的都署的史料,茲摘録如下:

《全唐文·後唐招討使李存進墓碑》:天祐十一年(即後梁乾化三年)九月,(李存進)補天雄軍都部署、巡檢使,行營蕃漢馬步使仍舊。

《舊五代史·潘環傳》:天成初,授棣州刺史。會定州王都反,朝廷攻之,以環爲行營右廂步軍都指揮使。賊平,改易州刺史、北面沿邊都部署。(按:時契丹援王都而敗,後唐置此職,蓋防其續有侵軼。)

部署、都部署的這兩種職能,在五代、宋初續有發展。前者如後晋開運中,武行德率部逐契丹將奪河陽,知州事。後"聞漢祖起太原,即自稱河陽都部署"。㉙漢祖即位,授行德河陽三城節度。周世宗北伐時,這方面的事例就更多見。如韓令坤,時"副王晏爲益津關一路都部署,俄爲霸州都部署,率所部兵戍之"。又如高懷德,"世宗北征,命與韓通率兵先抵滄州。初得關南,又命副陳思讓爲雄州兵馬都部署"㉚等等。因而我們可以説宋代州置部署的制度五代時已基本形成。至于後者,可引《舊五代史·張虔釗傳》爲例,長興中,張虔釗爲山南西道節度使兼西面馬步軍都部署。明宗此舉當是防備孟知祥。孟知祥割據成功後,歷朝承襲明宗之制不改,如晋天福五年,有侯益"徙鎮秦州,充西面都部署"之事。周顯德中,有王景徙"鎮秦州,兼西面緣邊都部署"㉛之事。此三人以節度使而出任方面統帥,所轄兵力當包括興元或秦州在内的與後蜀接壤州縣境内的兵馬。在這裏緣邊都部署與節度使相比更多地具有實職的意味。這一制度延續至宋,又有新的發展。宋初在西面、西南面與北面均設置了沿邊都部署,以防禦契丹、吞并荆蜀。如上引王景"建隆二年春,來朝,復以爲鳳翔節度、西面緣邊都部署"。慕容延釗,"建隆二年,長春節來朝,表解軍職,徙爲山南東道節度、西南面兵馬都部署"。韓令坤，"建隆二年，改成德軍節度，充北面緣邊兵馬都部署"。㉜鄙見以爲，五代與宋初的緣邊都部署作爲方面軍的統帥，它上約與唐、五代節度使相當，下開啓宋代一路都部署之制。

宋代一路都部署何時設置，史無明文。由于宋初宋遼關係緊張，河北、河東地區是兩國發生冲突的主戰場，從對遼作戰與防禦的實際需要出發，自然要劃定戰區，這樣都部署路就逐漸形成了。我們目前看到的、能提供關於都部署路存在的、最早的史料保存在《長編》端拱元年八月甲子條中，該條云：

> 以宣徽南院使郭守文充鎮、定路都部署，上面命之曰："夫用兵者，先須知敵强弱，明于動静，賞罰必當，但戢兵清野，此大意也。且朝廷以鎮、定、高陽三路控扼往來咽喉，若敵無所顧，矜驕而來，則出奇兵掩之，萬不失一。"

該材料表明，端拱初，河北沿邊地區已形成三大戰區，即鎮州路、定州路與高陽關路。那麽，這三大戰區是何時建立的呢？檢《宋史·高懷德傳》，高懷德"太祖即位，拜殿前副都點檢，移鎮滑州，充關南（按：太平興國七年，改高陽關）副都部署，尚宣祖女燕國長公主，加駙馬都尉。李筠叛上黨，帝將親征，先令懷德率所部與石守信進攻，破筠衆于澤州南"。檢《長編》，高懷德拜殿前副點檢，移鎮滑州及率部平定李筠，分別爲建隆元年正月與四月之事，則高懷德充關南副都部署當是這其間之事，而關南都部署之設亦當是此時之事。因周世宗顯德六年五月平定關南，旋因病班師，六月病故，僅置雄、霸二州及二州都部署。㉝後周之君臣送往事居，亦未必得暇，故言。

僅次于此的史料，見于太宗太平興國年間，于時兩河地區多見都部署之置。

> 《長編》：太平興國四年八月癸亥，命潘美爲河東三交口都部署，以捍契丹。十月，契丹大入侵，鎮州都鈐轄、㉞雲州觀察使浚儀劉延（廷）翰帥衆禦之，先陳于徐河。

> 《長編》：六年十月甲申，以河陽節度使崔彦進爲關南都部署，馬軍都指揮使米信爲定州都部署。

以上四人均未明言是否爲一路都部署，然揆之以事理，四人絶非僅爲一寨、一州之軍事指揮官。《宋史·錢惟治傳》云，惟治"改領鎮國軍節度。雍熙三年，大出師征幽州，命惟治知真定軍府兼兵馬都部署"，上"密諭北面之寄"。可見錢惟治所領爲方面之任。又，《宋史·李繼隆傳》云，李繼隆，端拱元年"九月，出爲定州都部署"，"有詔廢威虜軍，繼隆言：'梁門爲北面保障，不可廢。'遂城守如故，訖爲要地"。可見李繼隆所治不僅定州一地。另外，上引郭守文有墓志銘，收于《小畜集》，題爲《宣徽南院使鎮州都部署郭公墓志銘》，銘文爲鎮州，而非鎮州路，可見上引史籍中四處不著"路"字，可能是史文省略之故。然管見以爲，將都部署路的設置定于建隆之初，似嫌倉促。蓋建國伊始尚恐無暇創制，而太平興國四年，宋新滅北漢，旋敗于契丹，承十數年之經驗與歷代之沿革，陸續設置四路都部署，以防禦契丹的侵入，似更合乎情理。

都部署路于太平興國年間出現後，隨着形勢的發展變化，其制度也不斷地得到發展與完善。雍熙二年，李繼遷勢力崛起，三年，聯姻遼國，實際上與遼結成軍事聯盟，宋朝兩面受敵。爲了適應這一新的形勢，宋在河東地區除并代路（即河東三交口都部署，又稱并州都部署。）外，又先後設置了麟府路、石隰路，以抗擊遼夏。兹引有關此三路最早的史料如下以證：

《宋史·李重貴傳》：至道二年，出爲衛州團練使。未行，會命將五路討李繼遷，以重貴爲麟府州濁輪砦路都部署。

《長編》：咸平四年八月，石隰州副都部署、唐州刺史王杲受詔步（部）軍儲赴河西，逗撓不進。壬寅，責授千牛衛將軍。

至于陝西沿邊地區，至晚于真宗咸平年間也已建立了鄜延、環慶、涇原等三都部署路，兹引文以證：

《長編》：咸平二年八月，曹彬之寢疾也，上召其子四方館使、麟府等州濁輪寨鈐轄璨歸闕，彬既歿，起復爲客省使、鄜延路副都部署。

《長編》：咸平五年正月甲辰，以右僕射張齊賢爲邠寧環慶涇原儀渭鎮戎軍經略使、判邠州，令環慶、涇原兩路及永興軍駐泊兵并受齊賢節度。

在這一時期裏，涇原、環慶兩路的治所隨着局勢的變化發生了變動。涇原、環慶兩路，唐時爲涇原渭武、邠寧慶衍兩節度使。唐時，涇原治于涇州，邠寧治于邠州，這是人所共知的事實。入宋，涇、邠二州仍爲兩節度使治所。據《宋史·張鐸傳》與《長編》所載，有張鐸者，"宋初，復鎮涇州"。太平興國十月庚戌，"以侵盜召歸京師"。邠州太祖一朝歷任者，據《宋史》諸傳所載，亦有劉重進、楊廷璋、伊審徵、袁彥、宋偓等人。太平興國二年八月在全國貫徹直屬京制度，邠、寧、涇、原四州均在這次所列名單之中。又據《長編》所載，前此乾德五年二月甲申慶州已"直隸京師"。這樣，涇、邠二州的地位自然下降。但是，太平興國初年該地區尚無、也不應有取代二者之州。但清人吳廷燮認爲太平興國元年渭、慶二州已是兩路治所，未見明證，似無道理。他在編制《北宋制撫年表》時，于涇原路首列曹瑋，置于淳化、至道之時，次列雷孝先，置于咸平三至五年。然檢二人本傳，參稽其他史料，全然不足爲憑。曹瑋本傳云，"瑋沉勇有謀。李繼遷叛，諸將數出無功，即召見，以本官同知渭州，時年十九。真宗即位，改內殿崇班，知渭州"。按，宋代官制，同知州即通判，內殿崇班位也不過大使臣，曹瑋再沉勇有謀，以官、以職、以年，宋廷都不會將一路兵權授予他。吳氏用其行狀，而不用其本傳，變"同知渭州"爲"知渭州"，用心可謂良苦。至于雷孝先，檢其本傳，云其"謫澤（潭）州都監，利、虢三州，改環慶路兵馬鈐轄、知邠州。逾年，領昭州刺史，爲益州鈐轄，再遷左藏庫使，擢西上閤門使、涇原路鈐轄兼知渭州"。檢《長編》，孝先"謫潭州都監"在天禧五年三月丙戌，其爲"涇原路鈐轄兼知渭州"，則應遠在天禧之後，當是仁宗時事。吳氏置於咸平中，失於深考。據傳世的文獻可知，太宗一朝與真宗咸平年間知涇州者有王文寶、李若拙、柴禹錫、魏廷式、譚延美等人，知邠州者有樊知古、程德玄、柳開、杜彦鈞之流，其名位均高于《年表》所列知渭、慶二州者，且爲一時之能臣，因而可以説直至咸平時二州尚不失爲陝西之大州。應當説宋人范純仁關于兩路移司時間的判斷是比較接近事實的。他在《條列陝西利害》中説："唐以涇原帥府在涇州，爲四鎮北庭，邠寧帥府在邠州爲静難軍。本朝置逐路總管，亦多在涇、邠二州。自康定、慶曆後來，方於慶州置環慶帥府，渭州置涇原帥府。"⑤在此，范純仁將兩路移司的時間均定在仁宗中期，筆者據現存史料認爲，涇原移司渭州的時間還可以提至咸平時。據《長編》咸平五年二月己卯條記載，時有知鎮戎軍李繼和根據對李繼遷作戰的實際需要，提出將涇原帥司移至涇原一路最前沿鎮戎軍的請求，可見此時涇原帥司尚未移動。但從咸平六年正月庚戌發生的一件事來看，此時涇原帥司可能已移至渭州。據《長編》的記載，是日，"涇原路部署陳興等言：'潘囉支遣咩逋族蕃官城逋馳騎至鎮戎軍，請會兵討繼遷。本軍疑其無文牒，遂護送部署司。咩逋懼而逸焉，墜崖死，護送者梟其首。'上令渭州以禮葬焉。"根據文意推測，似乎此時涇原路部署司已設在渭州。另外，從當時宋夏戰場的整個形勢來看，咸平五年三月，靈州失陷。六年春，宋夏議和，河西銀、夏等五州劃歸夏國。宋失朔方、定難兩節度使，涇原路成爲邊面，帥司自近裏的涇州移至近邊的渭州，看來是符合形勢發展變化的。最後，涇原路帥司真宗時確已移至渭州，我們還可以根據《長編》大中祥符八年十一月辛酉條所載得到確認，該條云，"權涇原路鈐轄兼知渭州郝榮言，涇州戍兵甚衆，請用閤門祇候一員爲都監。"由此可見，涇州前此已降爲渭州的支郡。至于環慶路，吳氏所列亦多不足爲據。據《長編》所載，邠寧環慶路部署司"先在邠州"，天禧三年六月己酉，宋徙於慶州。又據《長編》所載，咸平五年正月甲辰，"宋以右僕射張齊賢爲邠寧環慶涇原儀渭鎮戎軍經略使、判邠州，令環慶、涇原兩路及永興軍駐泊兵并受齊賢節度"。可見天禧以前邠州確仍爲陝西一大重鎮，地位過於慶州遠甚。景德、大中祥符時，邠州爲一路帥府，我們還可以從下列史料中得到佐證：

　　《宋史·周瑩傳》：景德二年，改知陝州，俄徙永興軍府，又移邠州，兼環慶路都部署。

　　《長編》：景德四年六月癸丑，命西上閤門使曹瑋代瑩爲邠寧環慶都鈐轄、兼知邠州。

　　《宋史·王嗣宗傳》：大中祥符四年，徙嗣宗知邠州，兼邠寧環慶路都部署。

　　凡此種種，都證明了天禧以前邠州一直爲邠寧環慶路之帥府，天禧三年帥府雖遷至慶州，但是，天禧三年六月以後不久，環慶路帥府似又從慶州遷回邠州。兹引《長編》爲證：

　　　　明道元年八月丁巳，以捧日天武四厢都指揮使、興州防禦使曹儀爲環慶路副都部署、兼知邠州。先是，儀季父瑋知邠州，有弓箭手都校李文岊者習知蕃漢事人多畏伏。

其後帥府亦以爲腹心。

　　再引《宋史·劉謙傳》爲證，該傳謂，"元昊反，(謙)改博州團練使、環慶路馬步軍總管、兼知邠州"。"以功擢龍神衞四厢都指揮使、象州防禦使。暴疾卒，贈永清軍節度觀察留後"。據《宋會要·儀制》11 之 18 載，劉謙的贈典頒行于康定元年十一月。這樣看來至康定時邠州仍爲一路帥府所在。那麼慶州究竟何時才成爲一路帥司治所的呢？據《長編》所載，慶曆元年五月壬申，"范仲淹知慶州兼管勾環慶路部署司"。十月甲午，陝西沿邊分爲四路。"知慶州范仲淹兼本路馬步軍都部署、經略安撫緣邊招討使"。自此以後，慶州的地位再未發生變動。這正與范純仁之語"自康定、慶曆後來"云云相吻合。

　　由此觀之，太宗、真宗兩朝河北、河東、陝西沿邊地區都部署路已大抵形成。這一時期，各都部署路的轄境雖史無明文，但據散見的史料及參之唐代方鎮所統支郡及慶曆以後出現的安撫司轄區，其中不少路的轄境已約略可辨。如陝西沿邊地區的環慶路，據《長編》咸平三年十月條所載，"邠寧環慶清遠副都部署、濱州防禦使王榮"云云，可知環慶路時轄邠、寧、環、慶四州及清遠一軍。又如涇原路，據上引張齊賢條所載，可知時轄涇、原、儀、渭四州及鎮戎一軍。河東的麟府路，據《宋史·職官二·樞密院》條及《長編》大中祥符五年十二月甲戌所載，轄麟、府、豐三州。高陽關路的轄地除雄、霸二州，係關南故地，自不必論外，據《宋史·兵一·侍衞司·騎軍·員僚直》條所載，尚有貝、冀二州。該條云：

　　　　顯德中，周平三關，召募强人及選高陽關馳捷兵爲北面兩直。……北面兩直，營貝、冀，隷高陽關都部署。

　　這一時期的都部署路如與仁宗慶曆以後出現的安撫司路相比，表現出了它自身的許多特點，表明這一制度尚處在發展過程之中。第一，這一時期的都部署與知州往往不相兼任，他表明宋朝政府在地方實行兵民分治的政策。這一特點在太宗朝表現得最爲明顯，如上引太平興國年間出任河東三交口都部署的潘美、出任鎮州都鈐轄的劉延翰、出任關南都部署的崔彦進、出任定州都部署的米信以及端拱間出任定州都部署的李繼隆、出任鎮州都部署的郭守文都未兼任并州、鎮州、瀛州、定州的知州。這一時期，兼任僅是個別的、特殊情況下的非常措施。雍熙中，太宗大舉北伐，爲增重事權，這期間，河北四路都部署或兵馬鈐轄同時兼任大名、鎮、定、瀛州的知州府。如上引錢惟治，雍熙三年"知真定軍府兼兵馬都部署"，即是一例。同時被授予方面之權的還有王承衍、劉知信、尹憲三人。據各人本傳的記載，王"雍熙中，出知天雄軍府兼都部署"。劉"北伐師還，俄知定州兼兵馬鈐轄"。尹"雍熙三年，詔知瀛州，兼兵馬鈐轄"。局勢平穩以後，四鎮相繼恢復舊制，罷兼知州府事。咸平以後，知州、都部署相兼任的事例逐漸增多，但遠未形成定制。故而大中祥符五年六月戊申，有"涇原路都鈐轄兼知渭州曹瑋，請如舊例，別遣官知渭州"之舉。七年十一月戊子，曹瑋受命經略秦州蕃部寇邊事宜時，又有“上表乞還州事，專督軍旅”之請。八年，曹瑋移秦州，兼涇原儀渭州鎮戎軍緣邊安撫使。九年十一月壬子，仍從曹瑋之請，免去其知秦州之職，改授秦州都部署，并用文臣李及知秦州，實行兵民分治。㊱又如天禧三年五月，鄜延路鈐轄高繼勳勒停，其軍馬公事交與知延州趙湘權管勾。㊲均可爲證。

　　第二，作爲三路各都部署路的首州行政主官多爲武臣勳舊，罕見文臣。以定州路爲例，太宗、真宗兩朝出任知州者，有祁廷訓、孟玄喆、杜彥珪、趙安易、曹璨、李繼隆、劉知信、張永德、裴濟、王漢忠、張訓、符昭壽、尹憲、魏震、吳元扆、王顯、馬知節、李允正、周瑩、王能、高繼勳、劉承宗、張昭遠等二十三人，除趙安易爲文臣外，餘者均爲武臣、勳戚。鎮州路，太宗、真宗兩朝，出任知州府者二十一人，除四人外，餘者亦均爲武臣、勳貴。高陽關路，則兩朝十六人，無一人爲文臣。至于陝西地區，情況亦大略相同。環慶路，兩朝可考者爲十一人，除樊知古、王嗣宗外，餘者均爲武臣。涇原路十人，除李若拙、魏庭式二人外，均爲武臣。鄜延路十七人，其中十二人是武臣、勳貴。作爲兩河首府的大名府與太原府來講，這種現象尚不十分突出，如前者，太宗、真宗兩朝出任知府者共有三十四人，其中十五人爲文臣，十九人是武臣、勳戚。後者共十九人，其中九人爲武臣勳舊。㊳之所以如此，我想可能是兩府任方面之重，地位特別崇高，不兼文韜武略，不足以鎮撫一方之故。

　　宋朝前期爲適應與遼、夏抗爭的形勢，于三路主要是沿邊地區創設了都部署路。其中河北地區設置了大名府、高陽關、鎮州、定州等四路，河東地區設置了并代、麟府、石隰等三路，陝西設置了鄜延、環慶、涇原等三路，共計十路都部署司。那麽，在幅員遼闊的南方、京東、京西以及三路近裏地區宋朝的軍政設施又是如何呢？我認爲宋懲唐末五代方鎮割據之弊，于太平興國二年八月“罷節鎮統支郡，以轉運使領諸路事”，㊴成功地消除了分裂、割據的因素，但是，兩漢以來，州置刺史、州牧，隋唐以來，設置都督（總管）、節度使，亦是適應客觀形勢的需要，自有其存在的道理的。故而真宗時名儒楊億極力主張“復置支郡，隸于大府”。他認爲“昔者，興國初，詔廢支郡，出于一時。十國爲連，周法斯在。一道置使，唐制可尋。至若號令之行，風教之出，先及于府，府以及州，州以及縣，縣以及鄉、里。自上而下，由近及遠，譬如身之使臂，臂之使指，提綱而衆目張，振領而群毛理。由是言之，支郡之不可廢也，明矣！臣欲乞復置支郡，隸于大府。量地里而分割，如漕運之統臨。名分官業自舉”。㊵楊億的意見是有代表性的，亦是客觀現實的反映。因而，在宋朝前期，主要是太宗、真宗兩朝隨時制宜，在三路沿邊地區以外的各地相繼設置了一路兵馬都監或兵馬鈐轄以及一道提舉兵甲司，并逐漸以首州、首府的知州府事兼領，統轄一路兵權，以“存方面之制”。㊶例如，川峽地區，乾德三年，于滅蜀的同時設置了“西川兵馬都監”㊷之職。江西地區，在南唐滅亡後不久，于“太平興國元年，爲江南西路兵馬鈐轄”。[43]兩浙地區則于“錢氏國除，杭守帶鈐轄”。[44]荊湖北路稍晚，也于“咸平中，以守臣爲荊湖北路兵馬都鈐轄，提舉施夔等州兵甲事”。[45]邊遠的廣南東西路，由于高、竇、雷、化四州蠻獠寇邊，“于仁宗景祐二年五月庚戌，也詔知廣州兼廣東路鈐轄，知桂州兼廣西路鈐轄”。[46]南方其他路分，管見所及，不見于載籍，但據《宋史·焦守節傳》所載，咸平中，曾“置江淮南、荊湖路兵馬都監”。設置提舉兵甲司的地區有陝西的永興軍、秦州。太宗端拱元年，知永興軍府事已“兼提轄五州兵士公事”。[47]秦州，仁宗景祐三年三月壬辰，始“兼管勾秦隴鳳階成州鳳翔府路駐泊軍馬”，[48]自爲一路，即秦鳳路。河東，景德四年四月，命知潞州提轄澤潞晉絳慈隰威勝七州軍兵馬事。[49]“京東諸州兵甲，自來專委徐州提轄”，大中祥符四年十二月，有詔“據地勢分委徐州、兗州、齊州知州提舉”。[50]京西，知許州似兼領汝、許捉賊事。[51]川峽地區，咸平四年三月，在王均之亂平定後不到半年的時間裏，分爲四路，以益、利、梓、夔四州知州分別兼逐領“提轄兵馬捉賊事”。[52]福建路，景德三年十一月，由“知福州兼提舉福建路諸州軍都同巡檢捉賊兵馬司公事”。[53]江南東路，至晚于景德四年以知昇州軍州兼提舉江南東路兵馬巡檢捉賊公事。[54]淮南西路，天禧中，知廬州提舉廬壽蘄光舒濠無爲兵甲。[55]這樣在仁宗前期全國各地都陸續以一路首府或大藩府的長吏總轄起方面兵權。在這裏需要補充的是，宋朝政府爲防止路際、州際出現權力真空，往往以州郡長官跨界提舉諸州軍寇盜公事。如，大中祥符三年，魏咸信“知澶州兼駐泊馬步軍都總管，提舉澶濮齊鄆等州、德清軍寇盜公事”[56]，即是一例。在這裏，澶州及德清軍隸屬河北路，而濮、齊、鄆三州隸屬京東路。另外，上引知荊南爲荊湖北路兵馬都鈐轄，提舉施夔等州兵甲事也是一例，施、夔二州即屬夔州路管轄。不過，從現存的史料來看，上述設施不少并非定制，往往因時因事而設，事平即廢的情況是存在的。

綜上所述，可知至仁宗前期止，宋朝區別不同情況在全國各地區分別創設了都部署路、兵馬都鈐轄、提舉兵甲司等三種不同的形式，以統轄一路兵權，從而完成了宋朝地方統兵體制的建設。

以上我們考察了部署，鈐轄、都監、監押等在唐、五代以至宋朝前期經歷的歷史演變，可知自唐後期以來，上述職官逐漸在州縣乃至一道或方面設置，五代時期在州縣兩級這一級設置已基本完成，入宋，至真宗朝，在各路這一級設置也已基本調整、配備完畢。這樣，在路州縣三級由都部署至都監、監押組成的一個新的完全不同于唐代的地方統兵體制就完全確立了。在這一體制中，都監、監押自其出現于歷史舞臺之始，就充當着監臨節度使、刺史及其兵馬的使命，以後又逐漸取而代之，奪取了統兵權。都部署、部署雖然我們始終未見到他監護節、察、防、團以及刺史的史料，但他是作爲諸使的對立面出現的，他的出現，同樣意味着諸使統兵權的喪失，并且歷史的發展也確實如此。由此觀之，我們就不難明白自節度使、刺史而鎮將的舊的統兵體制爲何在宋代的歷史舞台上于不動聲色之中悄聲匿迹了。新的地方統兵體制的形成意義同樣是重大的,它爲而後的安撫使制度的誕生準備了第二個前提條件。

① 《舊唐書》卷 77《劉德威傳》。
②④ 《唐會要》卷 68《刺史上》。
③ 《通典》卷 33《州郡下·總論郡佐注》。
⑤ 《舊唐書》卷 16《穆宗紀》。
⑥ 《舊唐書》卷 12《德宗上》。
⑦ 《舊唐書》卷 15《憲宗下》。
⑧ 《舊唐書》124《薛雄傳》。
⑨ 《舊唐書》卷 13《德宗下》、卷 142《王紹懿傳》。
⑩ 《續資治通鑑長編》卷 9,以下簡稱《長編》。
⑪ 《資治通鑑》卷 290 廣順二年五月丁丑。
⑫ 《資治通鑑》卷 292 顯德三年二月,卷 294 顯德五年正月己丑。
⑬ 《重修毗陵志》卷 8,《事物紀原》卷 6《知州》。
⑭ 《宋史》卷 255《張永德傳》。
⑮ 《宋史》卷 251《符彥卿傳》。
⑯ 《長編》卷 1。
⑰ 《長編》卷 21。
⑱ 《長編》卷 44、《宋會要·職官》47 之 3。
⑲ 《事物紀原》卷 6《監押》、《都監》。
⑳ 《舊唐書》卷 184。
㉑ 《舊五代史》卷 106《張鵬傳》、《李彥從傳》。
㉒ 《册府元龜》卷 425。
㉓ 《舊五代史》卷 90《馬全節傳》,卷 101《隱帝紀》,卷 113《周太祖紀》。
㉔㉘ 《册府元龜》卷 435。
㉕ 《舊五代史》卷 99《漢高祖紀上》。
㉖ 《舊五代史》卷 43《明宗紀》。
㉗ 《通鑑》卷 277。
㉙ 《宋史》卷 252《武行德傳》。
㉚ 《宋史》卷 251《韓令坤傳》,卷 250《張令鐸傳》、《高懷德傳》。
㉛ 《宋史》卷 254《侯益傳》,卷 252《王景傳》。
㉜ 《宋史》卷 251《慕容延釗傳》、《韓令坤傳》。
㉝ 《通鑑》卷 294。
㉞ 都鈐轄,首見于吳越國。據《宋史·沈承禮傳》,錢俶襲位,命承禮"充兩浙都鈐轄使"。以僅見,故未于唐、五代時與都監、部署等一同論述。宋制:都部署以節度使充,都鈐轄與鈐轄以朝官及諸司使以上充。兩者事權相同,僅官位有差。
㉟ 《范忠宣奏議》卷上。
㊱ 《長編》卷 78、83、88。
㊲ 《宋會要·職官》48 之 108。
㊳ 本節統計材料據《北宋經撫年表》而作,但筆者已逐一核實史料,予以訂正,非吳氏之舊。
㊴ 《長編》卷 42 至道三年。
㊵ 《武夷新集》卷 16《次對奏狀》。
㊶ 《樂全集》卷 20《論州郡武備事二道,又》。
㊷ 《長編》卷 6。
㊸ 《輿地紀勝》卷 26。
㊹ 《寶慶四明志》卷 1。
㊺ 《輿地紀勝》卷 64。

㊻　《長編》卷 116。

㊼　《金石萃編》卷 125《宋新譯三藏聖教序碑》。

㊽　《長編》卷 118。

㊾　《長編》卷 65。

㊿　《長編》卷 76。

○51　《長編》卷 85 大中祥符八年七月戊午。

○52　《宋會要·職官》48 之 107。

○53　《淳熙三山志》卷 23。

○54　《乖崖集》卷 9《昇州到任謝表》,《長編》卷 65。

○55　《輿地紀勝》卷 45。

○56　《文莊集》卷 29《魏公墓志銘》。

# 《晋書》時誤補校(五)

## 牛 繼 清

26.(海西公太和四年)十月乙未,日中有黑子。(卷十二頁344)

按十月戊申朔,無乙未。疑爲"己未"之誤,己未十二日。"乙"、"己"形近。

27.(安帝元興元年)三月庚子,白虹貫日。(卷十二頁345)

按是月己巳朔,無庚子。

28.義熙元年五月庚午,日有彩珥。(卷十二頁345)

按是月辛巳朔,無庚午。《宋書》卷三十四《五行志五》同誤。

29.元帝太興二年十一月辛巳,月犯熒惑。(卷十二頁347)

按是月戊戌朔,無辛巳。

30.成帝咸康元年二月乙未,太白入月。四月甲午,月犯太白。(卷十二頁347)

按是年二月己亥朔,無乙未;四月戊戌朔,無甲午。

31.(咸康)五年四月辛未,月犯歲星,在胃。占曰:"國饑,人流。"乙未,月犯歲星,在昴。及冬,有沔南、邾城之敗,百姓流亡萬餘家。(卷十二頁347—348)

按是年四月乙巳朔,辛未二十七日,無乙未。《成帝紀》沔南、邾城之敗在該年九月。《宋書》卷二十四《天文志二》作"乙未,月犯畢距星。占曰:'兵起。'是夜,月又犯歲星,在昴"。該年閏四月乙亥朔,乙未二十一日,疑乙未前脱"閏月"。又下文"及冬"當爲"及秋"之誤。

32.(升平)二年閏三月乙亥,月犯歲星,在房。(卷十二頁348)

按是年閏三月乙酉朔,無乙亥。《宋書》卷二十四《天文志二》但作"閏月",陳《表》推爲閏三月。疑爲"己亥"之誤,己亥十五日。

33.(安帝義熙元年)七月己未,月奄填星,在東壁。(卷十二頁350)

按是月庚辰朔,無己未。《宋書》卷二十五《天文志三》、《魏書》卷一百五之二《天象志二》同誤。疑"己未"爲乙未之誤,乙未十六日。

34.元帝太興二年七月甲午,歲星、熒惑會于東井。(卷十二頁352)

按是月庚子朔,無甲午。《宋書》卷二十四《天文志二》無此條,另有"二年二月甲申,熒惑犯東井"條,二月壬申朔,甲申十三日。頗疑此"七月甲午"係"二月甲申"之訛。

35.成帝咸康三年十一月乙丑,太白犯歲星于營室。(卷十二頁352)

按是月癸未朔,無乙丑。疑爲"己丑"之誤,己丑七日。

# 論孔子作《春秋》

## 趙 生 群

對作《春秋》一事,孔子自己居之不疑;孔門弟子如子夏、孟、荀之徒,各依經立説,自不待言;春秋戰國之際,諸子百家,對此也一無異辭;到了漢代,司馬遷、班固等,都言之鑿鑿,信而有徵。孔子作《春秋》,本該是鐵案如山了。不料後世學者羣起懷疑,於是在這個問題上異説紛起,以致聚訟難決。懷疑孔子作《春秋》的説法雖然很多,但歸納起來,重要的證據不外以下幾條。一、“在《論語》中,没有關於孔丘作《春秋》的記載”,“而戰國諸子,除《孟子》外,没有任何一部書提到《春秋》爲孔丘所作。”① 二、春秋時期各國歷史記載都稱“春秋”,早在孔子以前,魯國就已經有“魯春秋”,而“魯春秋”的文字又“大體上和今天所見到的《春秋》相同”,因此,有人斷言:“我們今天所見到的《春秋》,實際上是‘魯春秋’。”② 三、既然否定《春秋》爲孔子所作,而把它等同於一般的史書,也就勢必要否定《春秋》的“微言大義”。錢玄同説:“(《春秋》)無所謂微言大義。”③ 筆者通過考察認爲:以上三條證據都不能成立,當然也就不足以否定孔子作《春秋》這一事實。本文以立論爲主,同時對上面三個問題逐一加以探討,並對孔子作《春秋》的有關問題作進一步的論述,以就正於同好。

## 一、先秦學者對孔子作《春秋》的肯定

應該承認,在《論語》中孔子確實没有説過自己作《春秋》的話,但這不足以否定孔子作《春秋》一事的存在。試想孔子周游列國,一生忙碌,他弟子三千,執教數十年,所用的教材就有好幾種,言論事迹之多可想而知,而一部《論語》,共計纔一萬多字,因此,《論語》所載,決不能代表孔子言行的全部。孔子一生中對魯國政治影響最大的幾件事,如孔子爲司寇、齊魯夾谷之會以禮斥齊景公、以大司寇攝行相事、墮三都等都不見於《論語》,就是明證。《孟子》不止一次地説到孔子作《春秋》,如果没有確鑿的證據,恐怕不能輕易否定。據《孟子》記載,孔子自己也曾多次論及作《春秋》之事,他甚至説:“知我者,其惟《春秋》乎! 罪我者,其惟《春秋》乎!”④ 如果孔子根本没有作《春秋》,後世將何以知之,又何以罪之? 除孟子外,儒家鉅子中提到《春秋》的,還有荀子。《春秋》文公十二年:“秦伯使遂來聘。”(用《公羊經》文)《公羊

傳》：“遂者何？秦大夫也。秦無大夫，此何以書？賢繆公也。何賢乎繆公？以爲能變也。”
《公羊傳》的意思是説，《春秋》稱遂爲大夫是對秦穆公的褒獎，穆公起初雖不能用蹇叔之言，
敗於殽山，後來却能誠心悔過。《荀子·大略》援引此條説：“《春秋》賢穆公，以爲能變也。”《春
秋》桓公三年：“夏，齊侯、衛侯胥命于蒲。”《公羊傳》：“胥命者何？相命也。何言乎相命？近
正也。此其爲近正奈何？古者不盟，結言而退。”《荀子·大略》云：“不足於行者，説過；不足於
信者，誠言。故《春秋》善胥命，而《詩》非屢盟，其心一也。”《荀子》這兩條，取意全同《公羊
傳》。《荀子》多次提到《春秋》，往往與儒家其它經典并舉。如《勸學》云：“《禮》之敬文也，
《樂》之中和也，《詩》、《書》之博也，《春秋》之微也，在天地之閒者畢矣。……《禮》、《樂》法而
不説，《詩》、《書》故而不切，《春秋》約而不速。”《儒效》云：“故《詩》、《書》、《禮》、《樂》之歸是
(聖人之道術)矣。《詩》言是其志也，《書》言是其事也，《禮》言是其行也，《樂》言是其和也，
《春秋》言是其微也。”這兩處都是將《春秋》與《詩》、《書》、《禮》、《樂》并稱，且都認爲《春秋》代
表了聖人的“微言大義”，説明荀子認爲《春秋》出於聖人之手而絶非一般的史書可比。荀況
對孟軻多所指責，但他不僅没有駁斥《孟子》中關於孔子作《春秋》的説法，而且在自己的著作
中不止一次地引證《春秋》，可見他也以《春秋》爲孔子所作。

　　《春秋》三傳都認爲《春秋》是孔子所作。《春秋》桓公二年：“二年春王正月戊申，宋督弑
其君與夷及其大夫孔父。”《穀梁傳》云：“孔，氏；父，字謚也。或曰：其不稱名，蓋爲祖諱也，孔
子故宋也。”“父”是否爲孔氏的“字謚”，對孔氏稱字是否因爲孔子“爲祖諱”，“故宋”，這些都
可以進一步討論，但《穀梁傳》認爲《春秋》爲孔子所作，却無可懷疑。《春秋》僖公十六年：“十
有六年春王正月戊申朔，隕石于宋五。是月，六鶂退飛過宋都。”《穀梁傳》云：“先隕而後石何
也？隕而後石也。于宋，四竟之内曰宋。後數，散辭也。耳治也。是月者，決不日而月也。
六鶂退飛過宋都，先數，聚辭也。目治也。子曰：石無知之物，鶂微有知之物。石無知，故日
之；鶂微有知之物，故月之。君子之於物，無所苟而已。石鶂且猶盡其辭，而況於人乎！故五
石六鶂之辭不設，則王道不亢矣。民所聚曰都。”文中出現的“子”，即指孔子。這裏，《穀梁
傳》顯然認爲孔子是《春秋》的作者。通觀《穀梁傳》，書中共有十八次提到《春秋》，都是指孔
子所作《春秋》而言；《穀梁傳》中又有十二次提到孔子，有九次引孔子之言以釋經，正因爲孔
子對解釋《春秋》最具權威性。《公羊傳》有二十九次提到《春秋》，也以《春秋》爲孔子所作。
《春秋》宣公元年：“晋放其大夫胥甲父于衛。《公羊傳》在解釋經文後韑括旨意説：“孔子蓋善
之也。”《春秋》昭公十二年：“十有二年春，齊高偃帥師納北燕伯于陽。”《公羊傳》云：“伯于陽
者何？公子陽生也。子曰：我乃知之矣。在側者曰：子苟知之，何以不革？曰：如爾所不知
何？《春秋》之信史也，其序則齊桓、晋文，其會則主會者爲之也，其詞則丘有罪焉爾。”《春秋》
哀公十四年：“十有四年春，西狩獲麟。”《公羊傳》云：“……有以告者曰：有麕而角者。孔子

曰:孰爲來哉! 孰爲來哉! 反袂拭面,涕沾袍。顔淵死,子曰:噫! 天喪予。子路死,子曰:噫! 天祝予。西狩獲麟,孔子曰:吾道窮矣!《春秋》何以始乎隱? 祖之所逮聞也。所見異辭,所聞異辭,所傳聞異辭。何以終乎哀十四年? 曰:備矣。君子曷爲爲《春秋》? 撥亂世反諸正,莫近諸《春秋》。則未知其爲是與? 其諸君子樂道堯舜之道與? 末不亦樂乎堯舜之知君子也,制《春秋》之義以俟後聖,以君子之爲亦有樂乎此也。"這些都足以證明《公羊傳》以《春秋》爲孔子所作。《左傳》肯定孔子作《春秋》的地方也非止一處。最明顯的例子是僖公二十八年《春秋》書"天王狩于河陽",《左傳》作者認爲出自孔子之手(詳後文)。此外,《左傳》論及《春秋》的地方有好幾次,都是特指孔子所作《春秋》。《春秋》成公十四年:"九月,僑如以夫人婦姜氏至自齊。"《左傳》云:"九月,僑如以夫人婦姜氏至自齊。舍族,尊夫人也。故君子曰:《春秋》之稱,微而顯,志而晦,婉而成章,盡而不汙,懲惡而勸善,非聖人誰能脩之?"脩《春秋》的是位"聖人",而正是孔子被《左傳》作者稱爲"聖人之後",⑤孔子也被世人尊爲"聖人",聯繫《左傳》全書看,這裏的"聖人"正是指孔子。《春秋》昭公二十年:"秋,盜殺衛侯之兄縶。"又《春秋》昭公三十一年:"冬,黑肱以濫來奔。"昭公三十一年《左傳》云:"冬,邾黑肱以濫來奔。賤而書名,重地故也。君子曰:名之不可不慎也如是:夫有所有名而不如其已。以地叛,雖賤,必書地,以名其人,終爲不義,弗可滅已。是故君子動則思禮,行則思義;不爲利回,不爲義疚。或求名而不得,或欲蓋而名章,懲不義也。齊豹爲衛司寇,守嗣大夫,作而不義,其書爲'盜'。邾庶其、莒牟夷、邾黑肱以土地出,求食而已,不求其名。賤而必書。此二物者,所以懲肆而去貪也。若艱難其身,以險危大人,而有名章徹,攻難之士將奔走之。若竊邑叛君以徼大利而無名,貪冒之民將實力焉。是以《春秋》書齊豹曰'盜',三叛人名,以懲不義,數惡無禮,其善志也。故曰,《春秋》之稱,微而顯,婉而辨。上之人能使昭明,善人勸焉,淫人懼焉,是以君子貴之。"文中説書齊豹爲"盜"的,就是《春秋》作者,那麼,這位作者又是誰呢? 我們回過頭來再看《左傳》昭公二十年的記載:"琴張聞宗魯死(宗魯知齊豹欲作亂而不報告,難作時被殺),將往吊之。仲尼曰:'齊豹之盜,而孟縶之賊,女何吊焉? 君子不食姦,不受亂,不爲利疚於回,不以回待人,不蓋不義,不犯非禮。"將兩處文字加以比較,可以看出《左傳》昭公三十一年的議論,全部是對孔子言論的發揮,而《春秋》書齊豹爲"盜",正反映了孔子的認識。

《春秋》三傳歷經戰國、秦漢而流傳至今,它們解經雖辭有異同,義有違牾,但認定《春秋》出自孔子之手,卻如出同聲,這是值得我們深思的。

至於戰國其它諸子沒有論及孔子與《春秋》的關係,不但不足以否定孔子作《春秋》,反倒恰恰證明了其事的真實可信。戰國時期諸子百家都是些博學多才、綜貫《墳》《典》的學者,他們爲了宣揚自己的學説,都竭力排斥異己,互相攻擊。儒家學説由於影響最大,所受到的攻擊也就更多。墨家、道家、農家等無不對儒家加以抨擊。甚至在儒家內部,也是派系林立,互不相容。在這種情況下，如果孟子竟然數典忘祖，把孔子有沒有作《春秋》這一基本事實搞錯了，或者乾脆扯下彌天大謊，將一部不相干的著作硬拉到孔子頭上，又從而大放厥詞，以孔子繼承人自居，豈不是授人以柄，自壞家門！因此可以説，戰國諸子對孔子與《春秋》的關係避而不談，只能是對孔子作《春秋》的一種默認。

## 二、孔子改造"魯春秋"的證據

《史記·十二諸侯年表》："是以孔子明王道，干七十餘君，莫能用，故西觀周室，論史記舊聞，興于魯而次《春秋》，上記隱，下至哀之獲麟，約其辭文，去其煩重，以制義法，王道備，人事浹。七十子之徒□受其傳指，爲有所刺譏褒諱挹損之文辭不可以書見也。"《漢書·藝文志》所載略同。據《史記》、《漢書》，孔子"論史記舊聞"，對舊史進行了剪裁取舍，删去了"煩重"及"不可以書見"之文。孔子據魯史記作《春秋》，"魯春秋"自然是他依據的主要材料。由於"魯春秋"早已失傳，現在已無法把它與今本《春秋》進行全面的對照和比較，但根據可以確認的"魯春秋"殘存文字，參之以有關史料，我們仍然可以看出孔子主要做了以下幾項工作。

**首先是裁斷。**

魯號稱禮文備物之國，很早就已有歷史記載。《左傳》昭公二年載，晉韓宣子(韓起)聘於魯，"觀書於大史氏，見《易象》與《魯春秋》，曰：'周禮盡在魯矣。吾乃今知周公之德與周之所以王也，"杜預説"魯春秋"即"史記之策書，"⑥這是沒有問題的。爲什麼見到"魯春秋"便能瞭解"周公之德與周之所以王"呢？鄭樵認爲韓起所見之魯春秋"乃周公、伯禽以來，上自天子，下至列國禮樂征伐等事無不備載，皆周之盛時爲王之典章，此杜預所謂周之舊典禮經是也。"⑦楊伯峻云："韓起所見《魯春秋》，必自周公姬旦以及伯禽叙起，今《春秋》起隱公，訖哀公，自惠公以上皆無存。"⑧《魯春秋》不自隱公始，這是一個重要的事實。據鄭樵説："《汲冢璅語》亦有《魯春秋》記魯獻公十七年事。"⑨《左傳》作者也非常熟悉春秋以前魯國的歷史。《左傳》桓公二年追述了"惠之二十四年"、"惠之三十年"、"惠之四十五年"的有關事件，證明作者見到的魯史記包括魯隱公以前的記載。杜預《春秋左傳集解後序》云："《紀年》篇起自夏、殷、周，皆三代王事，無諸國別也。唯特記晉國，起自殤叔，次文侯、昭侯以至曲沃莊伯。莊伯之十一年十一月，魯隱公之元年正月也。……晉國滅，獨記魏事，下至魏哀王之二十年，蓋魏國之史記也。"《竹書紀年》蓋晉《乘》之流，它記事追溯到夏、殷、周三代王事，韓起晉人，見到《魯春秋》却羡嘆不已，説明《魯春秋》記事可能比晉國史記更爲詳盡。孔子説："夏禮，吾能言之，杞不足徵也；殷禮，吾能言之，宋不足徵也。文獻不足故也。足，則吾能徵之矣。"⑩又説："周監於二代，郁郁乎文哉！吾從周。"⑪孔子對三代禮儀制度的瞭解，或有得力於《魯春秋》處。退一步説，即使《魯春秋》不始於三代王事而以周公、伯禽開頭，與今本《春秋》就已經有了很大的不同。從伯禽到隱公，中間有考公、煬公、幽公、魏公、厲公、獻公、真公、武公、懿公、伯御、孝公、惠公十二公，加上魯公伯禽一共有十三位君主。現在流傳的《春秋》以隱公爲記事的起點，顯然經過了後人的裁斷，而這個裁定的人正是孔子。那麼，孔子爲什麼要托始隱公呢？孔子主張以禮讓治國。《論語》記孔子之言云：“能以禮讓爲國乎？何有？不能以禮讓爲國，如禮何？”⑫《公羊傳》在解釋《春秋》隱公元年不稱即位的原因時説：“公何以不言即位？成公意也。何成乎公之意？公將平國而反之桓。”《穀梁傳》的解釋也基本相同：“公何以不言即位？成公志也。焉成之？言君之不取爲公也。君之不取爲公何也？將以讓桓也。”孔子非常贊賞禮讓的行爲，他對堯舜禪讓推崇備至，對吳太伯、伯夷、叔齊讓國的行動也是極口稱道，這些都明見於《論語》；他删定《尚書》，首篇列《堯典》，與《春秋》托始隱公用意正相類似。把這一切聯繫起來看，可以看出孔子確實在宣揚一種“讓”的精神。《春秋》記事不從周公開始，主要是因爲“孔子以《詩》、《書》、《禮》、《樂》教，”⑬弟子對周公、文、武的事迹已多所傳習，而《春秋》的主旨是要“撥亂世反之正”，其手段則是針對王道衰微後的現實進行褒貶，通過“善善惡惡，賢賢賤不肖”來表達自己的理想。《春秋》的上限，大致是平王東遷之後，其所以不載魯惠公事（惠公亦在周室東遷後），則是爲了托始隱公以表現“讓德”。《春秋》終於魯哀公十四年，無疑也是有人割斷魯史的明證。《春秋》記事下限的確定，與魯哀公十四年西狩獲麟一事有着密切的關係。《春秋》哀公十四年：“十有四年春，西狩獲麟。”《左傳》：“十四年春，西狩於大野，叔孫氏之車子鉬商獲麟，以爲不祥，以賜虞人，仲尼觀之，曰：‘麟也。’然後取之。”《公羊》、《穀梁》所據經文都終於此條，並對獲麟一事作了更多的發揮，不管這種發揮是否符合孔子的原意，有一點可以肯定，就是孔子親見獲麟之事，並將此事確定爲記事的終極。《左傳》所載經文至魯哀公十六年“夏四月己丑，孔丘卒”，與《公羊》、《穀梁》兩傳稍有不同，其實三傳之間並無矛盾。孔子晚年已用《春秋》作爲教科書，弟子兼通六藝者七十有七人，子夏之徒更是深通孔子《春秋》之學，因此《春秋》原文不可能終于“孔丘卒”。杜預云：“《春秋》止於獲麟，……自此以下至十六年，皆魯史記之文，弟子欲存孔子卒，故並録以續孔子所脩之經。”⑭孔門弟子續經以“孔丘卒”爲終點，與《公羊》、《穀梁》兩傳記載“孔子生”一樣，都是爲了説明《春秋》與孔子密不可分。

　　**其次是筆削。**

　　《春秋》記事，每年之下都冠以“春、夏、秋、冬”四時。朱熹云：“以《書》考之，凡書月皆不著時，疑古史記事例如此，至孔子作《春秋》，然後以天時加王月。”⑮不僅《尚書》書月不著時，考之《竹書紀年》、《春秋事語》等古代歷史記載，也極少繫以四時的例證。今本《竹書紀年》尚有記年月者若干條，如“（獻公）二十五年正月，翟人伐晉，周陽有白兔舞於市”；“（昭公）六年十二月,桃杏花";"(出公)十年十一月,於粤子句踐卒,是爲菱執";"(幽公)十年九月,桃杏實"。洪業論此謂"殆出於晋《乘》者也,而其記月皆不冠以時。推其例,似亦可以證《魯春秋》舊文不宜有時厠年月之間矣。"⑯他又説:"近時金石之學大盛,兩周彝器銘文已經釋録者甚多,其載有年月日辰者,無慮百計,記時之器,僅得其一。"⑰而這一記時之器——商鞅量,已經在孔子之後一百三十多年。以上所舉古史和金文資料足以證明春秋之前記事不書四時。然而《春秋》在記時方面却十分嚴格,一年之中,不管有事無事,必遍舉四時。《公羊》、《穀梁》兩傳對此都有所發明。如《春秋》隱公六年載:"秋七月。"《公羊傳》:"此無事,何以書?《春秋》雖無事,首時過則書。首時過則何以書?《春秋》編年,四時具然後爲年。"又如《春秋》桓公元年載:"冬十月。"《穀梁傳》:"無事焉,何以書? 不遺時也。《春秋》編年,四時具而後爲年。"《春秋》每年必舉四時,表明編纂者對此極爲重視。歷代有不少學者認爲《春秋》以四時冠月,體現了孔子"行夏之時"的主張,未必符合實際情形,而《漢書·藝文志》説孔子意在"假日月以定歷數",這話近得其真。總之,以四時冠月日,是孔子的特筆。

孔子删削史記,主要有以下幾種情況。

1. 略去事件發生、發展的經過而僅保留結果。

《墨子·明鬼下》:

周宣王殺其臣杜伯而不辜。杜伯曰:"吾君殺我而不辜。若以死者爲無知,則止矣。若死而有知,不出三年,必使吾君知之。"其三年,周宣王合諸侯,而田於國,田車數百乘,從數千人,滿野。日中,杜伯乘白馬素車,朱衣冠,執朱弓,挾朱矢,追周宣王,射之車上,中心,折脊,殪車中,伏弢而死。當是之時,周人從者莫不見,遠者莫不聞,著在周之春秋。……昔者燕簡公殺其臣莊子儀而不辜。莊子儀曰:"吾君王殺我而不辜,死人毋知亦已,死人有知,不出三年,必使吾君知之。"期年,燕將馳祖。燕之有祖,當齊之有社稷,宋之有桑林,楚之有雲夢也,此男女之所屬而觀也。日中,燕簡公方將馳於祖塗,莊子儀荷朱杖而擊之,殪之車上。當是時,燕人從者莫不見,遠者莫不聞,著在燕之春秋。……昔者宋文君鮑之時,有臣曰祏觀辜,固嘗從事於厲。祩子杖揖出與言曰:"觀辜,是何珪璧之不滿度量,酒醴粢盛之不凈潔也! 犧牲之不全肥,春、秋、冬、夏選失時。豈汝爲之與? 意鮑爲之與?"觀辜曰:"鮑幼弱,在荷繈之中,鮑何與識焉! 官臣觀辜特爲之。"祩子舉揖而槀之,殪之壇上。當是時,宋人從者莫不見,遠者莫不聞,著在宋之春秋。……昔者齊莊君之臣有所謂王里國、中里徼者。此二子者訟三年而獄不斷。齊君由謙殺之,恐不辜;猶謙釋之,恐失有罪。乃使之人共一羊,盟齊之神社。二子許諾。於是泏洫,擨羊而漉其血,讀王里國之辭,既已終矣;讀中里徼之辭,未半也,羊起而觸之,折其脚,祧神之,而槀之,殪之盟所。當是時,齊人從者莫不見,遠者莫不聞,著在齊之春秋。

《墨子》所引"周之春秋"、"燕之春秋"、"宋之春秋"、"齊之春秋",記載事件的始末經過都非常詳盡細緻。《隋書·李德林傳》引墨子之言稱"吾見百國春秋",上文所引周、燕、宋、齊諸國之"春秋",很可能即是墨子所見"百國春秋"的一部分。"百國春秋"統名"春秋",記事的格式也可能比較接近。從現存資料看,《左傳》、《國語》或記事實,或載對話,無不首尾完整。《竹書紀年》原書早佚,賴它書引用而保留下來的資料一般都比較簡短,但也有記事較爲完備的,試舉幾條爲證:1·莊伯以曲沃叛,伐翼,公子萬救翼,荀叔軫追之,至于家谷;[18]2.翼侯伐曲沃,大捷,武公請成于翼,至桐乃返;3.晉定公二十五年,西山女子化爲丈夫,與之妻,能生子。其年,鄭一女而生四十人,二十死。《吕氏春秋·察傳》載:"子夏之晉,過衛。有讀史記者曰:'晉師三豕涉河。'子夏曰:'非也。是己亥也。夫"己"與"三"相近,"豕"與"亥"相似。'至于晉而問之,則曰:'晉師己亥涉河'也。"這也可以證明諸侯史記記事有關于事件過程的具體描寫。值得注意的還有《春秋事語》,該編現存十六章,每章記事都頗爲詳盡,所載史實絕大部分都可以在《左傳》中找到,文辭也與《左傳》大同小異,它當是從諸侯史記中取材。從以上資料可知,記載事件的過程是當時諸侯史記的通例,這與《春秋》標題式的記載有很大的不同。

2. 全部删去史書中"記言"的部分。

從現存史料看,春秋時期各國史記都是記言與記事並重的。如上文所舉《墨子》所引周、燕、宋三國之"春秋",都記録了大量的對話,所引"齊之春秋",是《墨子》復述之辭,如將事件的整個過程補上,也應有不少的對話。《春秋事語》記事起自魯隱公被弑,終于韓、魏、趙三家共滅智伯,時間大體上與《春秋》相當,其中雖然也有敍事的部分,但更主要的是記言,幾乎每章絕大部分篇幅都是對話,試舉其中幾個片斷:

公子翬胃(謂)隱公曰:"胡不代之?"

(長萬)來而(宋公)戲之,〔曰:"始〕吾敬子,今子魯之囚也,吾不敬子矣。"

荆人未濟,宋司馬請曰:"宋人寡而荆人衆,及未濟,擊之可破也。"宋君曰:"吾聞君子不擊不成之列,不童傷,不禽二毛。"

《左傳》以記事爲主,但也兼載議論;《國語》有不少是記事,但以記言爲主。《國語》敍列國之事,《左傳》載魯事多用第一人稱代詞"我",當與諸侯史記的本來面目相近。《韓非子·備内》云:"《桃左春秋》曰'人主之疾死者不能處半'。"《戰國策·楚策四》虞卿謂春申君曰:"臣聞之春秋:於安思危,危則慮安。"兩書所引之文,都屬于言論的成分。

如上所述,周、燕、宋、齊之"春秋",《左傳》、《國語》及《春秋事語》等,都是記言記事互不偏廢。推而廣之,記言與記事合爲一體,也當是春秋時期各國史記的通例。章學誠説:"古人事見於言,言以爲事,未嘗分事言爲二物也"。[19]

事實上,在孔子接觸到的史料中,也有不少言論。《左傳》中提到孔子的地方,至少有五十次(截止於哀公十四年"西狩獲麟"條),十六處載録孔子對歷史人物、事件的評論,其中有幾處與言辭有關。如《左傳》襄公二十五年:"冬十月,子展相鄭伯如晋,拜陳之功。子西復伐陳,陳及鄭平。仲尼曰:'志有之:"言以足志,文以足言。"不言,誰知其志? 言之無文,行而不遠,晋爲伯,鄭入陳,非文辭不爲功,慎辭哉'!"這是孔子對史記所載文辭的議論(文長不録)。又如襄公二十七年:"五月甲辰,晋趙武至於宋。丙午,鄭良霄至。六月丁未朔,宋人享趙文子,叔向爲介。司馬置折俎,禮也。仲尼使舉是禮也(《釋文》引沈云:"舉,謂記録之也。")以爲多文辭。"楊伯峻論此云,當是孔子"讀此時史料,見賓主文辭甚多"。[20]

《史記·陳杞世家》云:"孔子讀史記至楚復陳,曰:'賢哉楚莊王! 輕千乘之國而重一言'!"孔子所讀"史記"是什麼個樣子呢?《左傳》宣公十一年記載:

> 冬,楚子爲陳夏氏亂故,伐陳。謂陳人:"無動! 將討於少西氏。"遂入陳,殺夏徵舒,轘諸栗門,因縣陳。陳侯在晋。申叔時使於齊,反,復命而退。王使讓之曰:"夏徵舒爲不道,弑其君,寡人以諸侯討而戮之,諸侯、縣公皆慶寡人,女獨不慶寡人,何故?"對曰:"猶可辭乎?"王曰:"可哉!"曰:"夏徵舒弑其君,其罪大矣,討而戮之,君之義也。抑人亦有言曰:'牽牛以蹊人之田,而奪之牛。'牽牛以蹊者,信有罪矣,而奪之牛,罰已重矣。諸侯之從也,曰討有罪也。今縣陳,貪其富也。以討召諸侯,而以貪歸之,無乃不可乎?"王曰:"善哉! 吾未之聞也。反之可乎?"對曰:"吾儕小人所謂'取諸其懷而與之'也。"乃復封陳。鄉取一人焉以歸,謂之夏州。

孔子所見"史記",是否與《左傳》完全相同,我們不敢肯定,但至少楚復陳的過程是大致相同的,所謂楚莊王"輕千乘之國而重一言",當是指莊王接受申叔時復陳的建議而言。

以上材料表明孔子所接觸到的諸侯史記中仍有大量的言辭,我們今天看到的《春秋》純粹是記事,這不是魯史的本來面目。《春秋》載諸侯盟會之事甚多,古者盟會必以言誓取信,各國史記對盟誓理應載録以備查考,但整部《春秋》對此却一字未録(少數盟誓見於《左傳》),這裏也可以看出孔子對史記的裁削。

3. 孔子删削魯史,有片言只語不留者。

《國語·魯語上》記載,莊公欲如齊觀社,曹劌加以勸阻説:"君舉必書,書而不法,後嗣何觀?"(《左傳》莊公二十三年記載與此相同)從這條材料可以看出,對魯君的重大行動,即使不足以垂法後世,魯史也必須加以記録。而《春秋》却不然。別的且不說,最明顯的如隱、莊、閔、僖四公即位,隱、閔二公之喪葬,都屬於國內最重大的事件,《春秋》都不加著録,其它隱而不宣的自然更多,可見《春秋》不能代表魯史的全部記載。

《春秋》對本國發生的事件記載已極爲簡略,對它國之事則删削更多。《孟子》云:"晋之《乘》,楚之《檮杌》,魯之《春秋》,一也:其事則齊桓、晋文,其文則史。"[21]這裏向我們透露了一個消息：諸侯史記中關于齊桓、晋文之事記載甚詳，以致成了晋、楚、魯三國歷史的共同中心。但《春秋》的記載却並非如此。《春秋》載齊桓公事共 30 次（桓公在位 43 年）；載晋文公事 7 次（文公在位 9 年）；載魯隱公事 14 次（隱公在位 11 年）；載桓公事 29 次（桓公在位 18 年）；載莊公事 30 次（莊公在位 32 年）；載閔公事 2 次（閔公在位 2 年）；載僖公事 40 次（僖公在位 33 年）；載文公事 19 次（文公在位 18 年）；載宣公事 22 次（宣公在位 18 年）；載成公事 38 次（成公在位 18 年）；載襄公事 51 次（襄公在位 31 年）；載昭公事 35 次（昭公在位 32 年）；載定公事 23 次（定公在位 15 年）；載哀公事 10 次（截止於哀公十四年“西狩獲麟”條）。齊桓公在位時間達四十三年之久，這一點是春秋二百四十二年中任何一位魯公都無法與他相比的，但在《春秋》中，魯國却有僖、成、襄、昭四公的記事遠遠超過了他；另外有桓、莊二公記事與他相近或相等。至於晋文公，魯國除在位時間極短的閔公外，其它十一位君主事迹在《春秋》中都遠遠超過了他。齊桓、晋文的主要功業在主盟稱霸，但《春秋》却是以魯爲主，凡是諸侯會盟，只要有魯公參加，都是魯公在前，其它諸侯在後。因此，如果從《春秋》看，無論是記載事件的次數，還是位次排列的先後，魯公無疑都處於中心地位，而齊桓、晋文先後稱霸的痕迹，却無從窺見。這就是説，《春秋》與“晋之乘”、“楚之檮杌”、“魯之春秋”在内容安排的輕重詳略上都有着很大的不同。這裏我們不妨從大體上推斷一下晋、楚、魯三國史記對齊桓、晋文之事記載的大致情況。今《竹書紀年》殘本記載有關晋文公的事件共有五條：1.“重耳出奔”；2.“晋惠公十五年，秦穆公率師送公子重耳，涉自河曲；3. 晋惠公十有五年，秦穆公率師送公子重耳，圍令狐、桑泉、白衰，皆降于秦師。狐毛與先軫禦秦，至於廬柳，乃謂秦穆公使公子縶來與師言，退舍，次於郇，盟於軍。”4.“周襄王會諸侯於河陽。”5.“文公城郇（一引作“郇”）。”以上諸事，見于《春秋》者僅一條，其餘均未見載録，可見晋史所載，遠比《春秋》爲詳。《左傳》則詳載重耳遭驪姬之難、奔狄、過衛、過齊、過曹、過宋、過鄭、過楚、至秦，最後回到晋國，即位後殺懷公、見寺人披、頭須、賞從亡者，内部穩定後勤王定難、伐原、敗楚取霸、召王會盟等無不原原本本，細細道來，甚至連他出殯的情況也描繪得有聲有色。《左傳》所寫的人物中，數晋文公的經歷記載得最爲詳盡。今本《竹書紀年》中，關於齊桓公的事迹已無法考見。在《左傳》中，雖則對齊桓公的記載不如晋文公詳細，但他在管仲輔佐下“九合諸侯（實際上是十一次），一匡天下”的功績還是基本上得到了反映，桓公入齊，用管仲、敬仲，立衛戴公，侵蔡伐楚，甯母、葵丘之會，及其死後的情況，都有較爲詳盡的叙述。在《左傳》中，齊桓、晋文的盟主地位也得到了確認。將《春秋》與《左傳》對齊桓、晋文的記載作一番比較之後，我們不難得出這樣的結論：《左傳》比《春秋》更接近於“其事則齊桓、晋文”的晋、楚、魯三家史記。從而也就證明了這樣一個事實：《春秋》對諸侯史記作了大量的删削。

《左傳》解釋《春秋》，有“書”與“不書”之別，“書”是解釋孔子爲什麽要加以記載以及措辭的用意，"不書"是説明《春秋》爲什麼不載其事。這類例子極多，這裏不一一列舉。又《左傳》釋經，有所謂"無經之傳"，這是左氏解釋經文的一種特殊方式，即通過史料的補充來説明《春秋》的筆削。

趙匡説："祭祀婚姻賦税軍旅蒐狩，皆國之大事，亦所當載也。其合禮者，夫子脩經之時悉皆不取，故《公》《穀》云'常事不書'是也；其非者，及合於變之正者，乃取書之，而增損其文，以寄褒貶之意。"[㉒]皮錫瑞説："計當時列國赴告，魯史著録，必十倍於《春秋》所書。孔子筆削，不過十取其一。蓋惟取其事之足以明義者，筆之於書，以爲後世立法，其餘皆削去不録，或事見於前者，即不録於後，或事見於此者，即不録於彼，以故一年之中，寥寥數事，或大事而不載，或細事而詳書。"[㉓]《春秋》載録二百餘年之事，總共祇有一萬多字。由於它記事極爲簡略，甚至有人譏諷它爲"斷爛朝報"，[㉔]桓譚也説："《經》而無傳，使聖人閉門思之十年，不能知也。"[㉕]根據這樣簡略的記載，將何以明一國之史，又將何以盡二百四十二年之事？因此，《春秋》只能是孔門弟子學習歷史的一個大綱，而不可能是魯史記的全貌。

**再次是改造。**

周襄王二十一年，晋文公召周王會於踐土。《國語·周語上》載其事稱"（晋文公）以諸侯朝王於衡雍，且獻楚捷，遂爲踐土之盟。"《春秋》僖公二十八年書曰："天王狩於河陽。"《左傳》云："是會也，晋侯召王，以諸侯見，且使王狩。仲尼曰：'以臣召君，不可以訓。'故書曰：'天王狩于河陽。'言非其地也，且明德也。"《史記·晋世家》説："孔子讀史記至文公，曰：'諸侯無召王。''王狩河陽'者，《春秋》諱之也。"《史記·周本紀》載此事也可資對比："二十年，晋文公召襄王，襄王會之河陽、踐土，諸侯畢朝，書諱曰'天王狩于河陽'。"根據《左傳》和《史記》的記載，孔子所讀史記當有文公召王的内容。這"史記"，很可能是"魯春秋"。《竹書紀年》載此事云："周襄王會諸侯於河陽。"《竹書紀年》爲晋《乘》之流，其中没有明寫晋侯召王，那麼，孔子所讀"史記"有極大的可能性就是"魯春秋"。退一步説，即便孔子《春秋》不是根據魯史改寫，"天王狩于河陽"出自孔子手筆也是無可懷疑的。這是孔子改造舊史的一條鐵證。事情還不止於此。根據《周本紀》及其它史料的記載，僖公二十八年晋侯召王會盟共有二次，會所也有二地：一是踐土，一是河陽。《春秋》載："五月癸丑，公會晋侯、齊侯、宋公、蔡侯、鄭伯、衛子、莒子盟於踐土。"《穀梁傳》云："諱會天王也。"《春秋》又載："公朝於王所。"《史記·十二諸侯年表》："（二十八年，）公如踐土會朝。"《公羊傳》云："曷爲不言公如京師？天子在是也。天子在是則曷爲不言天子在是？不與致天子也。"《穀梁傳》云："朝不言所，言所者，非其所也。"如果説河陽之會孔子是有所隱諱的話，那麼，他對踐土之會的諱飾就更爲徹底，甚至連"天王狩於某地"的字樣都没有出現！

《公羊傳》莊公七年："不脩春秋曰：'雨星不及地尺而復。'君子脩之曰：'星霣如雨'。"《公羊傳》所謂"不脩春秋",即是"魯春秋",今《春秋》載有"夜中星霣如雨"這一條,這是孔子改造"魯春秋"的又一證據。

　　《禮記·坊記》兩次引用"魯春秋",都與今《春秋》不同。《坊記》:"故《魯春秋》記晉喪曰:'殺其君之子,奚齊及其君卓。'"《春秋》僖公九年:"冬,晉里克殺其君之子奚齊。"又僖公十年載:"晉里克弒其君卓及其大夫荀息。"《坊記》所引"魯春秋"與《春秋》至少有五點不同:《坊記》沒有指出凶手是誰,而《春秋》指明是里克,這是一;《坊記》載殺奚齊、卓合爲一條,《春秋》分在二年,這是二;《坊記》所載殺臣在前而君附於後,《春秋》弒君在前而臣附於後,這是三;《坊記》用"殺"而《春秋》書"弒",這是四;《坊記》不載晉殺荀息而《春秋》載之,這是五。合此五端,可知《春秋》所載決非《坊記》所引"魯春秋"之文。這裏還可以補充一條證據。《春秋》桓公二年:"二年春王正月戊申,宋督弒其君與夷及其大夫孔父。"《穀梁傳》:"孔父先死,其曰'及',何也? 書尊及卑,《春秋》之義也。""魯春秋"書"殺其君之子奚齊及其君卓",正好是"書卑及尊",與"《春秋》之義"格格不入!《坊記》又載:"子云:'取妻不取同姓,以厚別也。故買妾不知其姓,則卜之。'以此坊民,《魯春秋》猶去夫人之姓曰'吳',其死曰:'孟子卒。'"根據《坊記》,"魯春秋"本該有昭夫人出自"吳"的記載,但此事却不見於《春秋》經文,原因何在?因爲只要提到"吳",人們勢必會聯想起這是魯同姓之國。《論語·述而》載:"陳司敗問:'昭公知禮乎?'孔子曰:'知禮。'孔子退,揖巫馬期而進之,曰:'吾聞君子不黨,君子亦黨乎? 君取於吳,爲同姓,謂之"吳孟子"。君而知禮,孰不知禮?'巫馬期以告。子曰:'丘也幸,苟有過,人必知之'。""魯春秋"去夫人之姓而稱"吳",魯人稱夫人爲"吳孟子",已是有所諱飾,但昭公仍不免要受到鄰國的譏笑,連孔子也無法爲之回護,他不願明載此事,因此干脆將"魯春秋"中出現的"吳"字也去掉,僅保留"孟子卒"幾個字,終於達到了"爲尊者諱"之目的。值得重視的是"孟子卒"的時間在魯哀公十二年,此時的"魯春秋"猶有昭夫人出自"吳"的記載,這證明《春秋》的最後定型,確在魯哀公十一年孔子"自衛反魯"之後。《史記》載孔子作《春秋》在他正《樂》刪《詩》序《易》之後,[26]其言可信。

　　《史記·趙世家》云:"孔子聞趙簡子不請晉君而執邯鄲午,保晉陽(事又見《左傳》定公十三年),故書《春秋》曰'趙鞅以晉陽畔'。"《史記·十二諸侯年表》云:"(秦)繆公薨。葬殉以人,從死者百七十人,君子譏之,故不言卒。"《韓非子·內儲說上·七術》載:"魯哀公問於仲尼曰:'春秋之記曰:"冬十二月,霣霜不殺菽",何爲記此?'仲尼對曰:'此言可以殺而不殺也。夫宜殺而不殺,桃李冬實。天失道,草木猶犯干之,而況於人君乎?'"《春秋》僖公三十三年載:"十有二月,……霣霜不殺草,李梅實。"如果《韓非子》所引的"春秋"即"魯春秋",我們可以舉出它與今《春秋》有以下幾點不同。一、《韓非子》引文作"菽"而《春秋》作"草";二、《韓非子》引文中的"桃李"《春秋》作"李梅";三、《韓非子》"桃李"後有"冬"字,而《春秋》無。當然,《韓非子》所載,未必可信,宋王應麟已認爲文中所載,"恐非夫子之言"。㉗立論從嚴,我們認爲《韓非子》的記載不足以成爲孔子脩《春秋》的證據。但胡念貽先生認爲《韓非子》的有關記載"見於僖公二(蓋爲"三"之筆誤)十三年",並由此得出結論説:"魯哀公所傳習的春秋,即我們今天所見到的《春秋》。"㉘這一結論似可商榷。

# 三、關於《春秋》的"微言大義"

《春秋》究竟是否含有"微言大義"? 歷代大多數學者的回答都傾向於肯定。《公羊》、《穀梁》兩傳更是致力於在《春秋》的字句之間探求聖人褒貶的"微言大義",它們解經的宗旨即在於此。但否定《春秋》寓有深意的也不乏其人。宋鄭樵就説過"諸儒之説《春秋》","有以爲褒貶俱無者。"㉙近來隨着對孔子作《春秋》的懷疑,否定《春秋》"微言大義"的學者也漸趨增多。如洪業説:"自來以今《春秋》歸諸孔子筆削,求其微言大義於字裏行間者,殆未得其實矣。"㉚我們認爲:《春秋》固然不是每字每句都含褒貶,但也並非全無寄托。下面舉出比較明顯的一些方面來加以論述。

## 1.《春秋》命意

"春秋"作爲史書之通名,早在孔子之前就已存在,孔子襲用"春秋"之名作爲自己著作的專名,用意何在呢?《孟子》云:"王者之迹熄而《詩》亡,《詩》亡然後《春秋》作。晋之《乘》,楚之《檮杌》,魯之《春秋》,一也:其事則齊桓、晋文,其文則史。孔子曰:'其義則丘竊取之矣。'"㉛這段話的意思是説:《乘》、《檮杌》、《春秋》這類史書名稱雖異而性質實同,而孔子的《春秋》即從中取義。那麼,這些史書的實質到底是什麼? 孔子又從中竊取了何"義"? 晋、楚、魯三國史書的原貌,我們今天已無法見到(《國語》保留了三國的一些史料,《竹書紀年》也保存了晋國史記的部分資料,《魯春秋》則主要存在於《春秋》、《左傳》之中),但因爲它們作用相同,因此通過舉一反三,互相印證,還可以考見這些書的性質。朱熹解釋"楚之《檮杌》"時説:"檮杌,惡獸名,古者因以爲凶人之號,取記惡垂戒之義也。"㉜"檮杌"爲惡獸名,見於《神異經·西荒經》,"檮杌"爲凶人之號,也屢見載籍。《左傳》文公十八年云:"顓頊氏有不才子,不可教訓,不知話言,告之則頑,舍之則囂,傲很明德,以亂天常,天下之民謂之檮杌。此三族也,世濟其凶,增其惡名。"《史記·五帝本紀》也有類似的説法。朱熹認爲楚之《檮杌》取義於"記惡垂戒",可在先秦文獻中得到驗證。《國語·楚語上》載申叔時之言曰:"教之春秋,而爲之聳善而抑惡焉,以戒勸其心。"楚之所謂"春秋",蓋即"檮杌"之異名,它的功用在於勸善懲惡,這裏説得十分清楚。《隋書·經籍志二》載,晋太康元年,發魏襄王冢,得魏國史記。其中記晋國之事,"起自殤叔,次文侯、昭侯,以至曲沃莊伯,盡晋國滅。"這部分史料當是晋《乘》之殘餘,其文意"大似《春秋經》",正説明二者筆法相似,性質相同。《國語·晋語七》:"悼公與司馬侯升臺而望曰:'樂夫!'對曰:'臨下之樂則樂矣,德義之樂則未也。'公曰:'何謂德義?'對曰:'諸侯之爲,日在君側,以其善行,以其惡戒,可謂德義矣。'公曰:'孰能?'對曰:'羊舌肸習於春秋。'乃召叔向使傅太子彪。'"習於春秋",便可導君行善而懲戒其惡,也正説明春秋的作用。不僅晋、楚的春秋有勸戒作用,當時各國春秋也無不如此。《墨子》所引周、燕、宋、齊之"春秋",或勸敬祭祀,或戒殺無辜,無不寓有勸戒之義。可見,"春秋"作爲史籍的通名,早在孔子之前就已經具備了特定的内涵,即勸善懲惡。孔子以"春秋"名書,也正取義於此。需要加以區别的是:孔子以前的史書,或是直書其事而善惡自見,或是通過議論將褒貶之意表而出之,叙事本身並没有什麼深意;而孔子作《春秋》,"竊取"古史褒貶懲戒之"義",却是意在筆先,有的放矢。孔子既有意於抑揚人事,又不願以空言載道,甚至連歷史事件的過程也付諸闕如,那就只有斟酌文辭,通過獨特的"書法"來表現自己的主觀意向,這便是所謂"春秋筆法"。《左傳》説《春秋》的功用在於"懲惡而勸善",㉝道出了作者的本意。《孟子》云:"孔子成《春秋》而亂臣賊子懼",㉞也正是因爲《春秋》具有懲惡勸善的功用。

## 2. 正名

諸侯擅自稱王,而《春秋》貶之曰"子",這是孔子正名的一個突出例證。春秋時期,諸侯競雄,吴、楚之君僭號稱王者史不絶書。殘存的《竹書紀年》有"楚共王"、"越王"之稱,《國語》中吴、楚、越君稱王的情況更是屢見不鮮,金文中諸侯各國多有稱王者。㉟《左傳》與《春秋》在稱謂上較爲統一,叙事時吴、楚之君稱"子"的情況頗多,但仍可看出稱僭號之君爲"王"是春秋時期的普遍情形。試以楚君稱王爲例舉其大概:

《左傳》宣公四年:"(莊)王使巡師曰:'吾先君文王克息,獲三矢焉。伯棼竊其二,盡於是矣。'"又,昭公元年楚伍舉對鄭人曰:"共王之子圍爲長。"這是楚人稱楚君爲王的例子。

《左傳》成公十三年晋侯使吕向絶秦,有"天誘其衷,(楚)成王隕命"之辭,又稱成王、穆王、莊王爲"楚三王"。這是諸侯稱楚君爲王的例子。

《左傳》成公二年稱"(楚)莊王欲納夏姬",又稱"及共王即位"云云。這是《左傳》叙事稱楚君爲王的例子。

《左傳》襄公五年:"君子謂:'楚共王於是不刑。'"這是《左傳》議論稱楚君爲王的例子。

《左傳》昭公十二年:"仲尼曰:'古也有志:克己復禮,仁也。信善哉!楚靈王若能如是,豈其辱於乾谿?'"又哀公六年載楚昭王不肯移禍於將相,又拒絶郊祭,孔子曰:"楚昭王知大道矣!其不失國也,宜哉!"這是孔子稱楚君爲王的例子。

楚君稱王是如此普遍,連孔子都不得不以"王"相稱,足見這是當時約定俗成,不這樣稱呼就無法開口講話。雖則如此,孔子作《春秋》,却是一絲不苟,對吴、楚之君,或曰"人",或稱

“子”，從來不稱“王”。與此相關聯的是《春秋》對吳、楚之君一律不書葬。《春秋》宣公十八年：“甲戌，楚子旅卒。”《公羊傳》：“何以不書葬？吳、楚之君不書葬，辟其號也。”《禮記·坊記》云：《春秋》不稱楚、越之王喪，《禮》君不稱天，大夫不稱君，恐民之惑也。”《左傳》襄公二十九年云：“夏四月，葬楚康王。公及陳侯、鄭伯、許男送葬，至於西門之外。”《春秋》襄二十八年書“楚子昭卒”，二十九年正月又云：“公在楚”，却獨獨不載昭王之葬，可見孔子對吳、楚僭號的刻意迴避。楊伯峻云：“吳、楚、越三國國君自稱王，若寫他們的葬，一定要出現‘葬某某王’諸字，如《左傳》襄公二十九年書‘葬楚康王’。這便違反了《坊記》所說‘土無二王’的原則了”㊱所以，“《春秋》全經的確没有寫過楚、吳、越君之葬”。㊲孔子極重視“正名”，説：“唯器與名，不可以假人，君之所司也”。㊳對吳、楚僭號之君貶稱曰“子”，不書其葬，《春秋》以公、侯、伯、子、男五等爵位來指稱諸侯，正是爲了正名。在孔子正名的表象下，還隱含着更深一層的含義，那就是他的大一統理想。《詩經》上説：“溥天之下，莫非王土；率土之濱，莫非王臣。”㊴孔子也説過“天無二日，土無二王”㊵的話。孔子對吳、楚僭號之君的貶抑，充分説明他在苦心孤詣地維護周王朝天下共主的地位。

### 3.書弒

春秋時期臣子殺死國君的情況很多，當時史官記載其事，就有稱“弒”的，但並不十分嚴格。如：

《國語·周語上》稱“魯人殺懿公”，《魯語上》云“晋人殺厲公”、“（楚公子圍）殺郟敖而代之”，《晋語一》：“武公伐翼，殺哀侯”（《左傳》記載略同），《晋語二》云“（里克）殺奚齊、卓子”，《晋語三》云“晋人殺懷公”（《左傳》同）；《春秋事語》云“公子慶父殺子般（般）而立公子啓方”、“吳子餘蔡（祭）觀周（舟），閩（閽）人殺之”；《竹書紀年》云“（周）携王爲晋文公所殺”、“鄭殺其君某”、“（越王）不壽立十年見殺”；《左傳》文公十六年叙宋襄夫人殺宋昭公事稱“夫人王姬使帥甸攻而殺之”，宣公十年夏徵舒弒陳靈公云：“自其厩射而殺之”，成公十年載：“鄭人殺繻立髡頑”。

這是臣弒君而稱“殺”。

又如《春秋事語》稱“共中（仲）使卜奇賊閔公於武闈（《左傳》略同）”；《竹書紀年》稱“夫人秦嬴賊公於高寢之上”；《左傳》莊公三十二年稱“共仲使圉人犖賊子般于黨氏”。

這是臣弒君而稱“賊”。

今本《春秋》記載臣下殺死君主的情況共二十六次（内諱不書者四例，書“卒”者三例不計在内），有二十五例稱“弒”，其中哀公四年“盜殺蔡侯申”一條作“殺”，但《公羊》、《穀梁》所據經文都作“弒”（《左傳》不載此條）。楊伯峻云：“《公羊》、《穀梁》俱作‘弒’，‘殺’、‘弒’二字古書混亂者多矣。”㊶言下之意以爲經本作“弒”，其言當可據信。這樣，二十六例殺君便都作

"弒"而無一例外。《左傳》對此加以歸納説："凡自内虐其君曰弒,自外曰戕。"⑫這符合《春秋》的實際情況。

《春秋》書"弒",筆法嚴謹,其意義何在呢?

"殺"的含義比較籠統:天子、諸侯對大夫可以稱"殺",大夫之間、大夫對天子、諸侯也可以稱"殺",正義的施於非正義的可以稱"殺",非正義的加之於正義的也可以稱"殺"。總之,一切以暴力手段置人於死地的行爲都可以稱殺。稱"賊"的情況與"殺"也有某些相似之處。如果臣弒君、子弒父也稱"殺"、"賊"的話,上下等級關係和是非曲直都將無法分辨。稱"弒"則不然。只要是"弒",便是犯上作亂,便是臣不臣,子不子。孔子以爲大逆不道,莫過於"弒君弒父"。《論語·先進》:"季子然問:'仲由、冉求可謂大臣與?'子曰:'吾以子爲異之問。曾由與求之問。所謂大臣者,以道事君,不可則止。今由與求也,可謂具臣矣。'曰:'然則從之者與?'子曰:'弒父與君,亦不從也。'"這段話可以幫助我們理解孔子稱"弒"的特定含義,同時也表明孔子把弒君弒父看作是最壞的事情。《論語·憲問》載孔子告哀公語曰:"陳恒弒其君,請討之。"從中可以看出孔子對篡弒的態度。《春秋》對"自内虐其君"的事件一律稱"弒",是對亂臣賊子的有力誅伐,也是孔子撥亂反正的一個實際行動。

### 4. 隱諱

劉知幾説:"汲冢竹書《晉春秋》及《紀年》之載事也,如重耳出奔,惠公見獲,書其本國,皆無所隱。'⑬他同時又指出:"魯史之有《春秋》也,外爲賢者,内爲本國,事糜洪纖,動皆隱諱。"⑭劉氏注意到《晉春秋》和《紀年》與《春秋》的區別,這很有意義。三傳(特別是《公羊》、《穀梁》)對《春秋》隱諱之例發明甚多,這裏只能舉其中最明顯的略加説明。

最突出的是内諱弒。秉筆直書是我國古代史官的優良傳統。如董狐之討趙盾,齊史之書崔弒,或誅責從嚴,或殺身以殉,對那些當權的"亂臣賊子",不予分毫回護。而魯國隱、閔、般三君被弒(桓公爲齊人所殺不計在内),《春秋》無據實直書者。《左傳》隱公十一年:"壬辰,羽父使賊弒公於寪氏。"《春秋》稱:"冬十有一月壬辰,公薨。"《左傳》閔公二年:"秋八月辛丑,共仲使卜齮賊公于武闈。"《春秋》稱:"秋八月辛丑,公薨。"《左傳》莊公三十二年:"冬十月己未,共仲使圉人犖賊子般於黨氏。"《春秋》稱:"子般卒。"(時莊公未葬,子般雖即位而未成君,故不稱薨。)也許有人會問:孔子作《春秋》是爲了懲戒亂臣賊子,而對本國篡弒之事却不能據實而書,這不是自相矛盾嗎?我們説,在這個問題上,孔子是内外有别,靈活處理。對它國犯上作亂之臣,《春秋》書其事(亦疏有疏略),正其罪,以明其義;而對本國,却要爲尊者諱,爲親者諱,這是孔子思想的兩個方面。《論語·子路》載:"葉公語孔子曰:'吾黨有直躬者,其父攘羊,而子證之。'孔子曰:'吾黨之直者異於是:父爲子隱,子爲父隱。——直在其中矣。'"他甚至還説過"魯無篡弒"⑮的話。他既然不承認魯有篡弒之事,那麽,他對這些事件采取諱飾的態度,不是很自然的事嗎?《春秋》對臣弑君一類事件的記載内外截然不同,這在今天看來似乎有點自相矛盾,但在孔子看來却是兩全其美。

另外,根據《左傳》,《春秋》所諱的還有魯公爲人所獲、所止,公、夫人出奔,公與大夫盟、公不與諸侯之會盟、後會等。根據《公羊》、《穀梁》兩傳,則《春秋》諱飾之處更多。《公羊傳》閔公元年云:"《春秋》爲尊者諱,爲親者諱,爲賢者諱。"《穀梁傳》成公九年云:"(《春秋》)爲尊者諱恥,爲賢者諱過,爲親者諱疾。"兩傳所發《春秋》諱例數以百計,雖不能事事皆確,但它們認定《春秋》確有所諱,大前提是正確的。

曲筆隱諱是《春秋》的一大特點,如果我們以史的標準來衡量它,當然可以説是一大缺陷。但孔子的本意並不是爲了作史。《左傳》宣公二年載晋趙穿攻殺靈公,太史書曰:"趙盾弑其君。"孔子論及此事時曰:"董狐,古之良史也,書法不隱。趙宣子,古之良大夫也,爲法受惡。"孔子自己深通史法,並肯定董狐"書法不隱"爲"古之良史",如果他自己作史却多所隱諱,豈不有媿於心!

皮錫瑞云:"孔子所作者,是爲萬世作經,不是爲一代作史。經史體例所以異者:史是據事直書,不立褒貶,是非自見;經是必借褒貶是非,以定制立法,爲百王不易之經。"[46]又説:"《孟子》言'魯之春秋'止有其事其文而無其義,其義是孔子創立,非'魯春秋'所有,亦非出自周公。若周公時已有義例,孔子豈得不稱周公而攘爲己作乎!"[47]皮氏此論,頗有見地。它對我們認識《春秋》與一般史書在體例上的區別、《春秋》有無褒貶等問題大有幫助。

### 5. 其它

程頤曰:"《春秋》大義數十,炳如日星,乃易見也。惟其微辭奧義,時措從宜者,爲難知也。"[48]

洪業論《公羊》、《穀梁》兩傳云:"就大體而論,其道孝弟,重禮義,猶傳統孔門之教也。至於其賢齊桓、張伯討、攘夷狄、親諸夏、存亡國、繼絶世、尊周室、大一統諸意,今雖不知子夏輩所輩傳《春秋》之義是否皆即如此,然當戰國末造,以此勸强大之齊者,亦深具撥亂反正、保持名教之苦心矣。"[49]

《公羊》、《穀梁》兩傳所注意的以上一些方面,大致與孔子的主張相一致,兩傳出自孔門弟子次弟授受,所發《春秋》"微言大義"不能完全否定。

孔子自己説過"述而不作,信而好古",[50]我們説孔子作《春秋》,是否與孔子的話相矛盾呢? 我們認爲並不矛盾:《春秋》的史料,取之於舊史,從這個意義上來説,孔子自己謙稱"述而不作"也未嘗不可;然孔子對舊史既加裁斷筆削修正,又寓之以義理,托之以褒貶,完全可以稱之爲"作"。司馬遷對壺遂,有云:"余所謂述故事,整齊其世傳,非所謂作也,而君比之於

《春秋》,謬矣。"[51]我們從不因爲司馬遷謙稱"述故事"而否定他作《史記》這一事實,對孔子作《春秋》,亦應作如是觀。

①②⑱ 胡念貽:《〈左傳〉的真僞和寫作時代問題考辨》,載《文史》第十一輯。

③ 錢玄同:《論〈春秋〉性質書》,見《古史辨》第一册。

④㉞ 《孟子·滕文公下》。

⑤ 《左傳》昭公七年。

⑥ 杜預:《春秋左傳集解》昭公二年。

⑦⑨㉚ 鄭樵:《六經奧論》卷四:"《春秋》總辨"。

⑧ 楊伯峻:《春秋左傳注》昭公二年。

⑩⑪ 《論語·八佾》。

⑫ 《論語·里仁》。

⑬㉖ 《史記·孔子世家》。

⑭ 杜預:《春秋左傳集解》哀公十四年。

⑮ 朱熹:《答張南軒書》。

⑯⑰㉚㊉ 洪業:《春秋經傳引得序》。

⑱ 本文所引《竹書紀年》,參見洪業《春秋經傳引得序》及方詩銘、王修齡《古本竹書紀年輯證》。

⑲ 章學誠:《文史通義·書教上》。

⑳ 楊伯峻:《春秋左傳注》襄公二十七年。

㉑㉛ 《孟子·離婁下》。

㉒㊽ 《春秋傳説彙纂》卷首"綱領"引。

㉓㊻㊼ 皮錫瑞:《經學通論》四:"春秋"。

㉔ 見《宋史·王安石傳》。

㉕ 桓譚:《新論》。見嚴可均所輯《全後漢文》。

㉗ 王應麟:《困學紀聞》卷六。

㉜ 朱熹:《孟子章句集注》。

㉝ 《左傳》成公十四年。

㉟ 王國維:《觀堂集林》別集:"古諸侯稱王説"。

㊱㊲ 楊伯峻:《春秋左傳注前言》。

㊳ 《左傳》成公二年。

㊴ 《詩·小雅·北山》。

㊵ 《禮記·坊記》。

㊶ 楊伯峻:《春秋左傳注》哀公四年。

㊷ 《左傳》宣公十八年。

㊸ 劉知幾:《史通·惑經》。

㊹ 劉知幾:《史通·疑古》。

㊺ 《史通·疑古》云:"觀夫子之定禮也,隱、閔非命,惡、視不終,而奮筆昌言,云'魯無篡弑'。"

㊿ 《論語·述而》。

51 《史記·太史公自序》。

# 《晋書》時誤補校(六)

## 牛　繼　清

36.(穆帝永和)六年三月戊戌,熒惑犯歲星。(卷十二頁353)

按三月辛丑朔,無戊戌。《宋書》卷二十四《天文志二》同誤。

37.(永和)七年三月戊子,歲星、熒惑合于奎。(卷十二頁353)

按是月丙申朔,無戊子。

38.海西公太和元年八月戊午,太白犯歲星,在太微中。(卷十二頁353)

按此條《宋書》卷二十四《天文志二》作"太和二年八月戊午,太白犯歲星,在太微",上有"二年正月"條。此處"元年"當爲"二年"之誤。

39.(孝武帝)太元十一年十二月己丑,太白犯歲星。(卷十二頁354)

按《宋書》卷二十五《天文志三》作"太元十年十二月己丑,太白犯歲星",下有"太元十一年三月戊申"、"六月甲午"兩條,十年十二月甲戌朔,己丑十六日。則此處"十一年"當爲"十年"之訛。

40.(太元十九年)十二月癸丑,太白犯歲星,在斗。(卷十二頁354)

按《宋書》卷二十五《天文志三》作"太元十九年十月癸丑",疑此"十二月"爲"十月"之誤。

41.(安帝元興)二年十月丁丑,太白犯填星,在婁。(卷十二頁354)

按十月辛卯朔,無丁丑。《宋書》卷二十五《天文志三》作"十月甲戌,太白犯泣星。十一月丁丑,熒惑犯填星。辛巳,月犯熒惑"。《晋書》卷十三《天文志下》則作"十月甲戌,太白犯泣星。十一月丁酉,熒惑犯東上相"。十一月庚申朔,丁丑十八日,辛巳二十二日,無丁酉。疑《晋志》在抄録《宋志》時割裂致誤。

42.(魏明帝青龍二年)其七月己巳,月犯楗閉。(卷十三頁362)

按是月甲申朔,無己巳。《宋書》卷二十三《天文志一》同誤。疑爲"乙巳"之訛,乙巳二十二日。

43.(青龍)三年六月丁未,填星犯井鉞。戊戌,太白又犯之。……四年閏正月己巳,填星犯井鉞。(卷十三頁362—363)

按三年六月戊申朔,無丁未、戊戌二日;《宋書》卷二十三《天文志一》作"魏明帝青龍三年六月丁未,鎮星犯井鉞。四年閏四月乙巳,復犯。戊戌,太白又犯"。丁未、戊申相差一天,或陳《表》排朔有誤。又四年閏正月乙巳朔,無戊戌。《晋志》在改正"閏四月"爲"閏正月"的同時,誤"乙巳"爲"己巳"。

# 經史之學與文史之學

胡　寶　國

　　較之漢代,魏晉南北朝時期史學有了長足的發展,不論是史學著作的種類還是數量都大大增加了。《隋書·經籍志》史部所列史書共計十三類,即正史、古史、雜史、霸史、起居注、舊事、職官、儀注、刑法、雜傳、地理、譜系、簿錄。其中,每一門類除開頭一種或少數幾種爲三國以前著述外,基本都是魏晉南北朝時期的著作。[①]史學的發展不是孤立的,它與同一時期的經學、文學都有着密切的關係。本文以下將圍繞着經史之學與文史之學這兩條綫索展開討論,以期把握史學發展的脉絡。

## (一)

　　這一時期史學發展的最大特點莫過於史學學科的獨立了。班固在《漢書·藝文志》中,依據西漢末劉向、劉歆父子的《七略》,把《國語》、《世本》、《戰國策》、《太史公書》等史書都附於《春秋》經之下,史學没有獨立的地位。但是到晉代,情况發生了變化,西晉荀勖作《中經新簿》,分書籍爲四部,史學著作爲獨立的一類,屬丙部,東晉李充又改定次序,將其置於乙部。《隋書·經籍志》不用乙部之説而謂之史部,實質并無變化。

　　史學著作在圖書分類上的變動不是没有原因的。梁代阮孝緒編制《七録》,其一爲經典録,其二爲記傳録。他解釋説:"劉氏之世,史書甚寡,附見《春秋》,誠得其例。今衆家紀傳倍於經典,猶從此志,實爲蘩蕪"。[②]阮氏所説有一定的道理,從漢末至梁代,史籍數量確實大增,别開一類,勢在必行。但是在西晉,新的史著并不是很多,恐怕還不能這樣解釋。

　　考諸史實,經與史的區分在目録分類以外也有反映。《三國志》卷42《尹默傳》:

　　　　益部多貴今文而不崇章句。默知其不博,乃遠游荆州,從司馬德操、宋仲子等受古
　　學,皆通諸經史,又專精於《左氏春秋》。

據陳壽所説,漢末荆州的學校不僅教授經學,而且也教授史學。對此,我們找不到旁證,姑置不論。但"通諸經史"一語,至少表明在陳壽生活的西晉時期,人們心目中經與史是明明有别的。《文選》卷49干寶《晋紀》總論李善注引王隱《晋書》稱:"王衍不治經史,唯以莊老虚談惑

衆。"王隱是兩晋之際的人,他也用了"經史"一詞,可見陳壽用語不是出自個人的習慣。"經史"在唐修《晋書》中是經常可以見到的,如盧欽"篤志經史",邵續"博覽經史",王珣"經史明徹"等等。③參諸上述晋人用語,這些記載應該是可信的。經史雙修實際上漢代就有,《後漢書》卷64《盧植傳》載,盧植少從大儒馬融受古文經學,後在東觀"校中書五經記傳,補續《漢記》。"我們自然可以説他是"通諸經史",可是當時人并不這樣説。有經史之實而無經史之名,這説明在東漢人的觀念中經與史的區别尚不明確。④西晋人開始頻頻使用"經史"一詞,意味着經與史發生了分離。

西晋以後,經與史的區分在教育上也有明確體現。《晋書》卷88《劉殷傳》:

> 劉殷字長盛,新興人也。……弱冠,博通經史,……有子七人,五子各授一經,一子授《太史公》,一子授《漢書》,一門之内,七業俱興。

《晋書》卷105《石勒載記》下:

> 署從事中郎裴憲、參軍傅暢、杜嘏并領經學祭酒,參軍續咸、庾景爲律學祭酒,任播、崔濬爲史學祭酒。

《宋書》卷93《雷次宗傳》:

> 元嘉十五年,徵次宗至京師,開館於鷄籠山,聚徒教授,置生百餘人。會稽朱膺之、潁川庾蔚之并以儒學,監總諸生。時國子學未立,上留心藝術,使丹陽尹何尚之立玄學,太子率更令何承天立史學,司徒參事謝元立文學,凡四學并建。

不論是在官學中或是在私學中,史學都是一個獨立的門類,由此可見,自晋以後人們對經學與史學的區别是有清楚認識的。荀勖、李充在書籍目録上把史書從經書中分離出來符合這一發展趨勢。阮孝緒生活在梁代,他没有考慮目録以外的上述歷史變化,而僅僅從史書數量的增加來解釋目録分類的改變,似乎還是未達一間。

"經史"一詞的出現、目録分類的變化、教育中史學科目與經學科目的分别設置都反映了一個共同的事實,那就是,史學確實獨立了。史學擺脱經學而獨立表明人們對經、史的認識有了變化。在這方面,東漢的王充可謂思想上的先行者。《論衡·謝短篇》:

> 夫儒生之業,五經也。南面爲師,旦夕講授章句,滑習義理,究備於五經,可也。五經之後,秦漢之事,不能知者,短也。夫知古不知今,謂之陸沉,然則儒生,所謂陸沉者也。五經之前,至於天地始開,帝王初立者,主名爲誰,儒生又不知也。夫知今不知古,謂之盲瞽。五經比於上古,猶爲今也。徒能説經,不曉上古,然則儒生,所謂盲瞽者也。

王充責難儒生只懂五經而不瞭解古今歷史,這當然是對史學的强調。不過,更爲引人注目的是他的叙述方式,他把歷史分爲"五經之前"與"五經之後",言外之意,"五經"只是這之間的一段歷史的記載而已,儒生所瞭解的歷史僅至於此。這實際上已是視經爲史了。所以,他在

《宣漢篇》中又説：“儒者推讀，朝夕講習，不見漢書，謂漢劣不若……使漢有弘文之人，經傳漢事，則《尚書》、《春秋》也。”經亦史，史亦經，這種大膽的思想使我們在經學泛濫的時代看到了史學振興的可能。余英時先生稱王充爲“晚漢思想界之陳涉”，[⑤]其比喻極爲恰當。王充的思想在他生活的年代没有得到積極回應，但是，從漢魏之際開始，可以明顯感到人們對歷史的興趣是越來越濃厚了。《三國志》卷 41《張裔傳》稱蜀郡張裔“博涉《史》、《漢》”，卷 42《孟光傳》稱河南孟光“鋭意三史”，卷 64《孫峻傳》注引《吴書》稱會稽留贊“好讀兵書及三史”。[⑥]吴末，右國史華覈上疏道：“漢時司馬遷、班固，咸命世大才，所撰精妙，與六經俱傳。”[⑦]《世説新語·言語篇》載，“張茂先論《史》《漢》，靡靡可聽”人們何以對史書如此感興趣？《三國志》卷 54《吕蒙傳》注引《江表傳》：

> 初，權謂蒙及蔣欽曰：“卿今並當塗掌事，宜學問以自開益。”蒙曰：“在軍中常苦多務，恐不容復讀書。”權曰：“孤豈欲卿治經爲博士邪？但當令涉獵見往事耳。卿言多務孰若孤，孤少時歷《詩》、《書》、《禮記》、《左傳》、《國語》，惟不讀《易》。至統事以來，省三史、諸家兵書，自以爲大有所益。如卿二人，意性朗悟，學必得之，寧當不爲乎？宜急讀《孫子》、《六韜》、《左傳》、《國語》及三史。”

《三國志》卷 59《孫登傳》：

> 權欲登讀《漢書》，習知近代之事，以張昭有師法，重煩勞之，乃令（張）休從昭受讀，還以授登。

孫權要吕蒙等“涉獵見往事”，“急讀”史書、兵書，以爲“大有所益”，又讓孫登讀《漢書》“習知近代之事”，這些建議都與現實有關。當時的社會正處於劇烈變動之中，經學作爲意識形態，因其繁瑣、迷信、荒誕已逐漸喪失生命力。孫權説“孤豈欲卿治經爲博士邪？”反映出人們對經學的態度有了變化。在思想迷失了方向的時候，從歷史中，尤其是從近代歷史中總結得失成敗的經驗教訓就成了當務之急。諸葛亮在《出師表》中説：“親賢臣，遠小人，此先漢所以興隆也；親小人，遠賢臣，此後漢所以傾頹也。先帝在時，每與臣論此事，未嘗不嘆息痛恨於桓、靈也。”[⑧]這也是在總結近代歷史的經驗教訓。《隋書·經籍志》載，諸葛亮著有《論前漢事》一卷，大約都是此類内容。

關於史學與經學此消彼長的關係，我們還可以從西漢的歷史中得到應證。西漢之初，面對秦的驟亡，人們也在總結歷史經驗教訓，陸賈著《楚漢春秋》，賈誼寫《過秦論》，以後又有司馬遷的《史記》，但是並没有因此出現一個史學的高潮，原因在於經學興起了。在漢儒眼中，經學是無所不能的，對於歷史的演進，經學已經給出了答案，對於社會生活中的具體問題，漢儒也每每以經義斷事，趙翼説：“漢初法制未備，每有大事，朝臣得援經義，以折衷是非”。[⑨]在這種情況下，自然没有史學的地位。《漢書·藝文志》將《史記》等史書附於《春秋》經下，在今人看來是貶低了史學,如果就當時而論,倒不如説是抬高了史學。比較兩漢,經史關係一目了然,經學盛則史學衰,經學衰則史學盛,經與史之演變軌迹大致如此。

　　魏晉以後史學脱離了經學而獨立,這是一個重要的變化,不過,我們不得不注意另一方面,這就是,經學對史學也還有很大的影響。這首先表現在史書語言的使用上。《三國志》卷1《武帝紀》載曹操語曰:

　　　　夫劉備,人傑也,今不擊,必爲後患。

注引孫盛《魏氏春秋》改作:

　　　　劉備,人傑也,將生憂寡人。

裴松之就孫盛改易文字評論道:

　　　　凡孫盛製書,多用《左氏》以易舊文,如此者非一。嗟乎,後之學者將何取信哉? 且
　　　　魏武方以天下勵志,而用夫差分死之言,尤非其類。

當時采用類似的文字處理方式者不止孫盛一人。劉知幾在《史通·模擬篇》中列舉了這方面的大量例證。比如:"譙周撰《古史考》,思欲擯抑馬《記》,師仿孔《經》。其書李斯之弃市也,乃云'秦殺其大夫李斯。'夫以諸侯之大夫名天子之丞相,以此而擬《春秋》,所謂貌同而心異也。"又如"干寶撰《晉紀》,至天子之葬,必云'葬我某皇帝'。時無二君,何我之有? 以此而擬《春秋》,又所謂貌同而心異也。"又如"《公羊傳》屢云'何以書? 記某事也。'此則先引《經》語,而繼以釋辭,勢使之然,非史體也。如吳均《齊春秋》,每書災變,亦曰:'何以書? 記異也。'夫事無他議,言從己出,輒自問而自答者,豈是叙事之理者邪? 以此而擬《公羊》,又所謂貌同而心異也。"劉知幾對貌同心異的模擬極爲反感,但對得其神似的模擬却也不反對:"如《左傳》上言芈斟,則下曰叔牂;前稱子産,則次見國僑,其類是也。至裴子野《宋略》亦然。何者? 上書桓玄,則下云敬道;後叙殷鐵,則先著景仁。以此而擬《左氏》,又所謂貌異而心同也。"除去對經傳的模擬外,篇中還舉出了對《史》、《漢》的模擬,如令狐德棻《周書》模擬《漢書》。最後,劉知幾概括説:"大抵作者,自魏已前,多效三史,從晉已降,喜學五經。"他的概括是不準確的,對三史的模擬,文中只舉出了《周書》一例,而其作者令狐德棻是唐人,與"自魏已前"之説自相矛盾;歷史著作對經傳的模擬也不是"從晉已降"才出現的。這個問題,我們在后面還要討論。

　　經學對史學的影響除語言之外,還表現在史書的名稱與體裁上。這一時期,史書書名常常模仿經書,如袁曄著《獻帝春秋》,孔衍著《魏尚書》、《漢魏春秋》,孫盛著《魏氏春秋》,習鑿齒著《漢晉春秋》,王琰著《宋春秋》,吳均著《齊春秋》。除《魏尚書》外,這些以"春秋"命名的史書均屬編年體,顯然是對《春秋》經的模仿,至於《魏尚書》,大約是對《尚書》的模仿,模仿《春秋》遠多於模仿《尚書》,這或許是因爲《春秋》原本就是史書,而《尚書》爲古代文獻匯編,

體裁不適宜模仿。除以春秋爲名者外,如上引劉知幾所提到的干寶《晋紀》、裴子野《宋略》等也均屬編年體。語言模擬現象基本上都是出自這些編年體史書。史學著作在語言、體裁、名稱上都模擬經書,經學對史學的影響不可謂不深。

對於這一時期《春秋》體史書的大量出現,《隋書·經籍志》解釋道:

自史官放絶,作者相承,皆以班、馬爲準。起漢獻帝,雅好典籍,以班固《漢書》文繁難省,命潁川荀悦作《春秋左傳》之體,爲《漢紀》三十篇。言約而事詳,辯論多美,大行於世。至晋太康元年,汲郡人發魏襄王冢,得古竹簡書,字皆科斗,……蓋魏國之史記也。其著書皆編年相次,文意大似《春秋經》。諸所記事,多與《春秋》、《左氏》扶同。學者因之,以爲《春秋》則古史記之正法,有所著述,多依《春秋》之體。

按此,模擬《春秋左傳》的編年體史書起自漢末的荀悦,不過,《隋志》的作者似乎比較强調西晋竹書出土以後所帶來的影響。這與劉知幾所説史書在文字上“從晋已降,喜學五經”不謀而合。經學在漢代盛於晋代,何以模擬之作從晋代始? 這是須要加以解釋的。

如果不局限於《春秋》體裁,而是從更廣泛的意義上來理解模擬,則模擬還可以推得更早。《續漢書·百官志》:

故新汲令王隆作《小學漢官篇》……劉昭案:胡廣注隆此篇,其論之注曰:“前安帝時,越騎校尉劉千秋校書東觀,好事者樊長孫與書曰:‘漢家禮儀,叔孫通等所草創,皆隨律令在理官,藏於几閣,無記録者,久令二代之業,闇而不彰。誠宜撰次,依擬《周禮》,定位分職,各有條序,令人無愚智,入朝不惑。君以公族元老,正丁其任,焉可以已!’劉君甚然其言,與邑子通人郎中張平子參議未定,而劉君遷爲宗正、衛尉,平子爲尚書郎、太史令,各務其職,未暇恤也。至順帝時,平子爲侍中,典校書,方作《周官解説》,乃欲以漸次述漢事,會復遷河間相,遂莫能立也。述作之功,獨不易矣。既感斯言,顧見故新汲令王文山小學爲《漢官篇》,略道公卿内外之職,旁及四夷,博物條暢,多所發明,足以知舊制儀品。蓋法有成易,而道有因革,是以聊集所宜,爲作詁解,各隨其下,綴續後事,令世施行,庶明闕旨,廣前後憒盈之念,增助來哲多聞之覽焉。”⑩

胡廣曾作《漢官解詁》,此段議論,是就此作的説明。文中提到“劉千秋”,王先謙《後漢書集解》引惠棟説:“劉千秋即劉珍也。《文苑傳》云珍字秋孫,疑《傳》誤。……珍與平子(即張衡)皆南陽人,故云邑子。”檢索《文苑傳》所載劉珍事迹,知惠棟説不誤。胡廣此段叙述十分重要,它説明有意模擬《周禮》撰述漢制已在東漢人的自覺意識之中。由此可以推論,東漢出現的《漢官》、《漢官儀》一類書名正是由模擬《周官》而來。這與前述晋代衆多的模擬《春秋》之作并無區別。因此,應該説,模擬是從東漢開始的。

此外,在史書的注釋與傳授方面,我們也可以看到模擬的痕迹。自東漢後期開始,對史書的注釋漸多，如延篤有《史記音義》，胡廣有《漢書解詁》，蔡邕有《漢書音義》，服虔有《漢書音訓》，應劭有《漢書集解音義》。周一良先生説："這些音義注解，大約與漢儒解經相同，多重在訓詁名物方面。"[11]應該説，這也是一種模擬，是注釋方法上的模擬。前引《孫登傳》中稱張昭讀《漢書》"有師法"，《隋書·經籍志》稱："唯《史記》、《漢書》師法相傳，并有解釋。"我們知道，漢儒讀經最重師法相傳，而讀史居然也要有師法，這又是在傳授方法上對經學的模擬。

由此可知，模擬之風并非始自晉代，從東漢起，在史書的名稱、體例、注釋、傳授諸方面均已有模擬出現，在這個階段，因爲還没有形成著史的風氣，所以西晉以後的那種在語言、體裁、書名上全面模擬經傳的衆多史書自然難以見到。

東漢以來，經學有今、古文之分，仔細分析這一時期的經史關係，可以看到，對史學的影響似乎更多地來自於古文經學。我們知道，《周官》、《左氏春秋》都是古文經，因此，嚴格地説，《漢官解詁》、《漢紀》一類書只是對古文經的模擬。史書的音義注解，其實也只是對古文經的模擬，因爲今文家只講微言大義，并不重訓詁名物，重視訓詁名物乃是古文家的特點。注釋《史》、《漢》的學者如服虔、延篤等，本人就是古文學家，他們以注釋經書的方法來注釋史書是可以理解的。

關於史學與古文經學的關係，我們還可以通過分析《東觀漢記》的作者來進一步探討。《東觀漢記》的修撰是從東漢明帝時開始的，一直持續到獻帝時，參與者較多。《四庫提要》主要根據劉知幾《史通》并參諸《後漢書》，列出的作者有：班固、陳宗、尹敏、孟異、劉珍、李尤、劉騊駼、伏無忌、黃景、邊韶、崔寔、朱穆、曹壽、延篤、馬日磾、蔡邕、楊彪、盧植、韓説、劉洪。這個名單并不完備。余嘉錫廣爲搜求，又補充劉復、賈逵、馬嚴、杜撫、劉毅、王逸、鄧嗣、張華數人。[12]以上作者中，可以肯定是古文經學家的人相當多。《後漢書》卷 64《盧植傳》載植上書稱：

> 臣少從通儒故南郡太守馬融受古學。……古文科斗，近於爲實，而厭抑流俗，降在小學。中興以來，通儒達士班固、賈逵、鄭興父子，并敦悦之。今《毛詩》、《左氏》、《周禮》

各有傳記，其與《春秋》共相表裏，宜置博士，爲立學官，以助後來，以廣聖意。
《後漢書》卷 24《馬援傳附馬嚴傳》：

> 從平原楊太伯講學，專心墳典，能通《春秋左氏》，因覽百家群言。

注引《東觀記》曰：

> 從司徒祭酒陳元受之。

《後漢書》卷 79 上《尹敏傳》：

> 少爲諸生，初習《歐陽尚書》。後受《古文》，兼善《毛詩》、《穀梁》、《左氏春秋》。

《後漢書》卷 64《延篤傳》：

少從潁川唐溪典受《左氏傳》,……又從馬融受業,博通經傳及百家之言。
以上諸人都是古文學家。還有一些人,史傳中未明言所屬經學派別,但是可以從旁考證。如馬日磾,《三國志》卷6《袁術傳注》注引《三輔決録注》曰:"日磾字翁叔,馬融之族子。少傳融業,以才學進。"按馬融爲古文大家,日磾傳融業,自然也是古文一派。又如蔡邕,也是古文家。從《月令問答》中可以看出他的經學傾向:

問者曰:"子説《月令》,多類《周官》、《左氏》。假無《周官》、《左氏傳》,《月令》爲無説乎?"曰:"夫根柢植則枝葉必相從也。《月令》與《周官》并爲時王政令之記。異文而同體,官名百職,皆《周官》解。《月令》甲子,沈子所謂似《春秋》也。若夫太昊、蓐收、句芒、祝融之屬,《左傳》造義立説,生名者同,是以用之。"……問者曰:"令曰:七騶咸駕。今曰六騶,何也?"曰:"本官職者,莫正於《周官》。《周官》天子馬六種。六種別有騶,故知六騶。《左氏傳》:'晋程鄭爲乘馬御,六騶屬焉。'無言七者,知當爲六也。"

《隋書·經籍志》載蔡邕著《月令章句》十二卷,嚴可均《全後漢文》卷80以爲《月令問答》即出自《月令章句》。蔡邕説《月令》,多類《周官》、《左氏》,由此可知,他確實屬古文家。

東觀作者中,可以明確爲今文家的只有杜撫、伏無忌、楊彪。杜撫,"受業於薛漢,定《韓詩章句》"。[13] 楊彪係楊震之後,"少傳家學。"[14] 楊氏家族世世傳習歐陽《尚書》。伏無忌爲伏湛之後,"亦傳家學"[15] 伏氏所傳爲齊《詩》。杜、楊、伏三家所傳均屬今文經。雖然如此,我們認爲這些今文學家及其他學術不明的作者很可能也通古文經學。《通典》卷26職官8:

漢之蘭臺及後漢東觀,皆藏書之室,亦著述之所。多當時文學之士,使讎校於其中,故有校書之職。後於蘭臺置令史十八人,又選他官入東觀,皆令典校秘書,或撰述傳記。東漢皇家圖書,章、和以前在蘭臺,章、和以後移至南宮東觀。按杜佐所説,蘭臺令史及以他官入東觀者除撰述傳記外,還有典校書籍的任務。考諸史傳,知杜佑此説不誤。如賈逵:"拜爲郎,與班固并校秘書,應對左右。"班固:"召詣校書部,除蘭臺令史,與前睢陽令陳宗,長陵令尹敏,司隸從事孟異共撰成《世祖本紀》。遷爲郎,典校秘書。固又撰功臣、平林、新市、公孫述事,作列傳、載記二十八篇。"劉珍:"永初中,爲謁者僕射。鄧太后詔使與校書劉騊駼、馬融及五經博士校定東觀五經、諸子傳記、百家藝術,整齊脱誤,是正文字。永寧元年,太后又詔珍與騊駼作建武已來名臣傳。"王逸:"元初中,舉上計吏,爲校書郎。"崔寔:"遷大將軍冀司馬,與邊韶、延篤等著作東觀。……復與諸儒博士共雜定五經。"盧植:"復征拜議郎,與諫議大夫馬日磾、議郎蔡邕、楊彪、韓説等并在東觀,校中書五經紀傳,補續《漢記》。"[16] 按校書,即是所謂"整齊脱誤,是正文字"。《通典》卷22職官4引《漢官儀》稱:"能通倉頡《史籀篇》補蘭臺令史"。蘭臺令史必須通小學,這是因爲令史有"是正文字"的任務。圖書移至東觀後,這種要求應該依然存在。《説文解字》序載許沖上言:"慎前以詔書校東觀"。許慎也曾入東觀校書,這應該是因爲他精通小學的緣故。蘭臺、東觀校書者通小學,這爲我們探尋其經學背景提供了路徑。王國維曾發現,兩漢小學與古文經學存在着密切的聯繫。他説:"觀兩漢小學家皆出古學家中,蓋可識矣。原古學家之所以兼小學家者,當緣所傳經本多用古文,其解經須得小學之助,其異字亦足供小學之資,故小學家多出其中。"⑰按此,小學家皆出古學家中,而於蘭臺、東觀校書者又必須通小學,是知兼校書、撰史於一任的東觀諸文士必定通曉古文經學。

　　東觀作者還有一個特點,即不少人好爲文章。如班固"能屬文誦詩賦",劉珍"著誄、頌、連珠凡七篇。"李尤"少以文章顯,和帝時,侍中賈逵薦尤有相如、揚雄之風。召詣東觀,受詔作賦,拜蘭臺令史。"劉毅"少有文辯稱,元初元年,上《漢德論》并《憲論》十二篇。時劉珍、鄧耽、尹兑、馬融共上書稱其美。"邊韶"以文章知名……著詩、頌、碑、銘、書、策凡十五篇。"劉復"好學,能文章。"延篤"能著文章,有名京師。"蔡邕所著詩賦等"凡百四篇"⑱據《隋書·經籍志》載,東觀學者中,班固、賈逵、劉騊駼、劉珍、李尤、王逸、邊韶、延篤、崔寔、盧植、蔡邕等皆有文集傳世。文章與小學一樣,也與古文經學存在着密切的聯繫。如桓譚即是"能文章,尤好古學"。⑲何休《春秋公羊傳》序爲此提供了最確切的證據:

　　　　傳《春秋》者非一,本據亂而作,其中多非常異義可怪之論,説者疑惑,至有倍經任意
　　反傳違戾者,其勢雖問不得不廣,是以講誦師言至於百萬猶有不解,時加釀嘲辭。援引
　　他經失其句讀,以無爲有,甚可閔笑者,不可勝記也。是以治古學、貴文章者,謂之俗儒。
　　至使賈逵緣隙,奮筆以爲《公羊》可奪,《左氏》可興。"

何休爲今文學家,他將"治古學"與"貴文章"者視爲一體。由此反推,上述以文章著名的東觀學者應屬古文學家。

　　東觀撰史者通小學、能文章,這都是與古文經學聯繫在一起的,而反之,東漢一流的今文學家如范升、桓榮、歐陽歙、何休等人完全不具備這些學術特徵。由此可知,史學確實是與古文經學聯繫在一起的。

　　古文經學與史學能够聯繫起來,是由其本身的特點決定的。古文經學反對微言大義,強調對事實的考訂、補充,這與史學本來就是相通的,也可以説,古文家對古文經的研究本來就是一種初步的歷史研究。二者所不同的是,古文經學只研究經書所限定的時代範圍内的歷史,而史學的研究則要延伸到當代。由考訂古代歷史到撰寫當代歷史,其間只差一步,我們看到,東觀作者終於邁出了這合乎邏輯的一步。

　　在描述經史分離的進程時,前文曾着意指出,經學的衰落是史學興起的原因。至此,我們可以更準確地説,所謂經學的衰落,主要是指作爲意識形態的今文經學而言,就古文經學而言,東漢時期,它不僅没有衰落,反而是蒸蒸日上。正是古文經學的繁榮才爲史學的發展

打下了基礎。因此,就經史關係而論,今文經學的衰落與古文經學的發達這兩個因素加在一起才共同構成史學發展的前提。

前文還曾指出,"經史"一詞的出現意味着經史的分離,至此,還要補充的是,"經史"一詞的出現也同樣意味着經史仍有密切的關係,史學對經學、尤其是對古文經學的模擬正可説明此點。

總之,史學雖然從經學中獨立了出來,但這一轉變過程不可能脱離原有的學術基礎,這個基礎就是經學。史學對經學的模擬,正是史學剛剛脱離經學後不可避免的特徵。

## (二)

荀悦在《漢紀》卷1《高祖紀》中説:"夫立典有五志焉:一曰達道義,二曰章法式,三曰通古今,四曰著功勳,五曰表賢能。"他所説的著史的目的在政治方面,除此之外,自司馬遷以來,著史者往往還另有目的。司馬遷在報任安書中説自己寫《史記》是"鄙没世而文采不表於後也。"[20]這一點在魏晋以後得到了繼承。《晋書》卷82《王隱傳》:

> 建興中,過江,丞相軍諮祭酒涿郡祖納雅相知重。納好博弈,每諫止之。納曰:"聊用忘憂耳。"隱曰:"蓋古人遭時,則以功達其道;不遇,則以言達其才,故否泰不窮也。當今晋未有書,天下大亂,舊事蕩滅,非凡才所能立。君少長五都,游宦四方,華夷成敗皆在耳目,何不述而裁之! 應仲遠作《風俗通》,崔子真作《政論》,蔡伯喈作《勸學篇》,史游作《急就章》,猶行於世,便爲没而不朽。當其同時,人豈少哉? 而了無聞,皆由無所述作也。故君子疾没世而無聞,《易》稱自强不息,況國史明乎得失之跡,何必博奕而後忘憂哉!"

這段話的中心思想是强調著史以求"没而不朽"。在王隱看來,這是第一位的,而"明乎得失之跡"的政治目的反而居於次要位置。這種認識并不僅僅是王隱個人的看法。陸機撰《吳書》,陸雲致陸機信中稱之爲"大業"、"此真不朽事"。[21]一直到南朝,還可以找到類似的説法。《南史》卷33《徐廣傳》:

> 時有高平郗紹亦作《晋中興書》,數以示何法盛。法盛有意圖之,謂紹曰:"卿名位貴達,不復俟此延譽。我寒士,無聞於時,如袁宏、干寶之徒,賴有著述,流聲於後。宜以爲惠。"紹不與。

"流聲於後"與"没而不朽"爲同義語。追根尋源,此説實來自曹丕。曹丕在《典論·論文》中説:

> 蓋文章,經國之大業,不朽之盛事。年壽有時而盡,榮樂止乎其身,二者必至之常

期,未若文章之無窮。是以古之作者,寄身於翰墨,見意於篇籍,不假良史之辭,不託飛馳之勢,而聲名自傳於後。

曹丕極重文章,但這裏所謂"文章"却并不能僅僅理解爲文學作品。劉邵在《人物志·流業篇》中説:

> 蓋人流之業十有二焉:有清節家,有法家,有術家,有國體,有器能,有臧否,有伎倆,有智意,有文章,有儒學,有口辯,有雄杰。

那麼,什麼是"文章"呢? 他的解釋是:"能屬文著述,是謂文章,司馬遷、班固是也。"在文末總結處他又扼要地説:"文章之材,國史之任也。"劉邵只把"文章"與"國史"相聯繫,似乎過窄了,但"文章"中包含有史著是可以肯定的。前述東觀撰史者多擅長文章已經暗示出了二者的聯繫。劉勰的看法也是如此,他在《文心雕龍》中將文體分爲"明詩"、"樂府"、"詮賦"等二十類,其中第十一類即是"史傳"。可見,在當時人眼裏,史是包括在"文章"中的。六朝人以文求名、以文求不朽,既然史在文中,所以撰寫歷史著作當然也可以達到這個目的。在這樣的認識下,魏晉以後,文學家著史蔚然成風。如西晉陸機著《晉紀》,東晉袁宏著《後漢紀》、南朝范曄著《後漢書》,謝靈運著《晉書》,沈約著《晉書》、《宋書》,蕭子顯著《晉史草》、《南齊書》等都是如此。《隋書·經籍志》説當時的情形是:"一代之史,至數十家"。文士紛紛著史以求不朽,自然導致史書數量大增。北朝人對此似乎不能理解,李彪説:

> 近僭晉之世有佐郎王隱,爲著作虞預所毀,亡官在家,晝則樵薪供爨,夜則觀文屬綴,集成《晉書》,存一代之事,司馬紹敕尚書唯給筆札而已。國之大籍,成於私家,末世之弊,乃至如此,史官之不遇,時也。"②

北朝文史均不發達,李彪因爲不明白"國之大籍,成於私家",是與著史以求不朽的風氣有關,所以將其簡單地歸結爲"史官之不遇"。

將史納入文的範疇及由此產生的文人著史的風氣給史學著作以很大的影響。這一時期的著史者往往把較多的注意力置於文字一端。袁山松説:

> 書之爲難也有五:繁而不整,一難也;俗而不典,二難也;書不實録,三難也;賞罰不中,四難也;文不勝質,五難也。"③

周一良先生對此評論説:"五條之中,三條都是關於文字表達方面。據本傳,袁山松博學有文章,善音樂,是一個才士。他的修史標準特別着重文字,也就可以理解。"④《三國志》卷53《薛綜傳附薛瑩傳》載華覈上疏推薦薛瑩任史職:

> ……涉學既博,文章尤妙,同寮之中,瑩爲冠首。今者見史,雖多經學,記述之才,如瑩者少。

薛瑩"文章尤妙",有"記述之才",所以應該擔當史職。這與劉邵的觀點是完全一致的。范曄自稱所作《後漢書》"《循吏》以下及《六夷》諸序論,筆勢縱放,實天下之奇作。其中合者,往往不減《過秦》篇","贊自是吾文之杰思,殆無一字空設,奇變不窮,同合異體,乃自不知所以稱之。此書行,故應有賞音者。"⑤劉知幾對這種文風深表不滿:《史通·叙事篇》:

> 自兹(班馬)已降,史道陵夷,作者蕉音累句,雲蒸泉涌。其爲文也,大抵編字不只,捶句皆雙,修短取均,奇偶相配。故應以一言蔽之者,輒足爲二言;應以三句成文者,必分爲四句。彌漫重沓,不知所裁。

同篇又云:

> 昔夫子有云:"文勝質則史。"故知史之爲務,必藉於文。自五經已降,三史而往,以文叙事,可得言焉,而今之所作,有異於是。其立言也,或虛加練飾,輕事雕彩;或體兼賦頌,詞類俳優。文非文,史非史,譬夫烏孫造室,雜以漢儀,而刻鵠不成,反類於鶩者也。"

《序例篇》云:

> 孔安國有云:序者,所以叙作者之意也。……爰泊范曄,始革其流,遺弃史才,矜衒文彩。後來所作,他皆若斯。於是遷、固之道忽諸,微婉之風替矣。

文學對史學的影響如此之大,這使得脫離了經學的史學并未獲得完全的獨立,史學若要進一步發展,還必須劃清與文學的界限。

關於文風改變的時間,劉知幾在以上三段中,時而泛泛説在班馬以後,時而又強調"三史而往"與"今之所作"不同,只有第三段才明確提出始自范曄。按此,文對於史的影響是日甚一日。但不能不注意到,也正是從范曄生活的南朝開始,文與史開始了分離的過程。以下由"文史"一詞的使用開始討論。《宋書》卷58《王惠傳》:

> 陳郡謝瞻才辯有風氣,嘗與兄弟群從造惠,談論鋒起,文史間發。

《南齊書》卷33《王僧虔傳》:

> 僧虔好文史,解音律。

《梁書》卷25《周捨傳》載普通六年詔書稱:

> 周捨"義該玄儒,博窮文史"。

《陳書》卷34《岑之敬傳》:

> 之敬始以經業進,而博涉文史,雅有詞筆,不爲醇儒。

《魏書》卷45《韋閬傳附韋攜傳》:

> 長子榮緒,字子光,頗涉文史。

《顏氏家訓·涉務篇》:

> 國之用材,大較不過六事:一則朝廷之臣,取其鑒達治體,經綸博雅;二則文史之臣,取其著述憲章,不忘前古;……

“文史”一説，西漢就有，司馬遷説“文史星歷，近乎卜巫之間”，㉖東方朔説“年十三學書，三冬文史足用”，㉗其含義是指文書記事而言，與文學、史學無涉。唐修《晋書》中也有文史一説。《晋書》卷 62《祖逖傳附祖納傳》：

> 納既閑居，但清談、披閲文史而已。

同書卷 69《劉隗傳》：

> 隗雅習文史，善求人主意，帝深器遇之。

同書卷 90《吴隱之傳》：

> 隱之美姿容，善談論，博涉文史，以儒雅標明。

按此描述方式，似乎晋代已有文學、史學意義上的“文史”之説。這些記載可能不準確。《世説新語·德行篇》注引王隱《晋書》：“祖納……最治行操，能清言。”《太平御覽》卷 249 引虞預《晋書》：“劉隗……學涉有具，爲秘書郎。”《藝文類聚》卷 50 引王隱《晋書》中有吴隱之任廣州刺史事迹，未涉學業如何。王隱、虞預爲晋人，在他們的描述中未見文史一詞。唐修《晋書》是以南朝臧榮緒《晋書》爲藍本，《文選》卷 4《三都賦序一首》李善注引臧榮緒《晋書》曰：“左思字太冲，少博覽文史，欲作《三都賦》。”唐修《晋書》所謂“文史”云云，有可能是由臧氏而來。

　　不管怎樣，文史一詞被頻繁使用是從南北朝開始的，這與晋代使用的經史一詞相似，也具有雙重含義，既意味着文與史的分離，也意味着文與史還有着緊密的聯繫。不過，從發展趨勢來看，分離是主要的方面。如第一節所述，南朝宋代，儒、玄、文、史四科并立，文與史如同經與史一樣是各自分開的。蕭統《文選》中收有“史論”若干篇，他在序中論及選文標準説：

> 至於記事之史，繫年之書，所以褒貶是非，紀别異同，方之篇翰，亦已不同。若其贊
> 論之綜輯辭采，序述之錯比文華，事出於沉思，義歸乎翰藻。故與夫篇什，雜而集之。

文與史的區别在此表述得清清楚楚，史書中的贊、論等入選只是因爲有文采而已。《顔氏家訓·省事篇》：

> 近世有兩人，朗悟士也，性多營綜，略無成名，經不足以待問，史不足以討論，文章無
> 可傳於集録……

這與前引劉邵《人物志》中把“文章”與史混同的觀點已迥然不同，史與“文章”終於區分開來。到唐代，文與史的分離進一步完成，劉知幾對“文非文，史非史”的責難、唐修《晋書》卷 82 史學家集傳的出現、《隋書·經籍志》中史部的明確提出都可證明此點。正是在這樣的背景下，才會有專門的史學批評著作《史通》問世。至此，自晋代開始的史學獨立進程告一段落。

## （三）

大致説來，晋代的經史之學與南朝的文史之學可以視之爲前後相承的兩個階段。史學歷經兩個階段而走向獨立，這是史學發展史上重要的一章。但是，對這一方面似乎不宜估計過高。幾百年間學術思潮的演變對史學的發展也有諸多制約，晋代的玄學、南朝的文學對史學的冲擊是不能低估的。

《晋書》卷 50《庾峻傳》：

> 時重《莊》、《老》而輕經史，峻懼雅道陵遲，乃潛心儒典。

同書卷 82《虞預傳》：

> 預雅好經史，憎疾玄虛，其論阮籍裸袒，比之伊川被髮，所以胡虜遍於中國，以爲過衰周之時。著《晋書》四十餘卷、《會稽典録》二十篇、《諸虞傳》十二篇，皆行於世。

據此可知，經史之學與玄學在西晋是處在對立位置上的，這一點在地域上也有反映。唐長孺先生曾指出，魏西晋時期，玄學等新學風是從河南地區興起的。[28]與之相反，這一時期的史學家却大多出自河南以外。著《魏略》的魚豢是京兆人，著《帝王世紀》的皇甫謐是安定人，著《古史考》的譙周、著《三國志》的陳壽都是巴蜀之人，著《後漢書》的謝承、著《後漢記》的薛瑩、著《晋書》的陸機都是吳人，著《後漢書》的華嶠是平原人，著《續漢書》的司馬彪是河内人，著《魏書》的王沈是太原人。經史之學在文化最發達的河南地區不受重視，這對史學的發展自然是不利的。

東晋以後，學術發生了變化。《晋書》卷 82《孫盛傳》：

> 孫盛……善言名理。於時殷浩擅名一時，與抗論者，惟盛而已。盛嘗詣浩談論，對食，奮擲麈尾，毛悉落飯中，食冷而復暖者數四，至暮忘餐，理竟不定。盛又著醫卜及《易象妙於見形論》，浩等竟無以難之，由是遂知名。……盛篤學不倦，自少至老，手不釋卷，著《魏氏春秋》、《晋陽秋》。……《晋陽秋》詞直而理正，咸稱良史焉。

孫盛爲一流玄學名士，同時又模擬經傳著史。與之類似的還有袁宏。《世説新語·輕詆篇》：

> 桓公入洛，過淮、泗，踐北境，與諸僚屬登平乘樓，眺矚中原，慨然曰：“遂使神州陸沈，百年丘墟，王夷甫諸人，不得不任其責！”袁虎率而對曰：“運自有廢興，豈必諸人之過？”

袁虎即袁宏，余嘉錫先生《世説新語箋疏》評論道：“然則宏亦祖尚玄虛，服膺夷甫者。”袁宏一方面著《後漢紀》，以爲“夫史傳之興，所以通古今而篤名教也”，[29]另一方面，又祖尚玄虛。孫盛、袁宏的事例表明東晋儒與玄逐漸合流，這使得玄學對經史之學的威脅自然解除。

　　但是，南朝日益發展的文學潮流又對史學構成了新的威脅。當時文史之學轉盛，但文史兩方面并非勢均力敵，實際重點在文而不在史。《梁書》卷 14《江淹任昉傳》末載陳吏部尚書姚察曰：

　　　　觀夫二漢求賢，率先經術；近世取人，多由文史。二子之作，辭藻壯麗，允值其時。

所謂"近世取人，多由文史"云云，參考下文所説"二子之作，辭藻壯麗，允值其時"，可知實質僅是指文學而言，在南朝，史學是不受重視的，"晋制，著作佐郎始到職，必撰名臣傳一人"，③⑩以檢驗其能力，而到宋初則是："諸佐郎并名家年少"③⑪顏之推説："梁朝全盛之時，貴游子弟多無學術，至於諺云：'上車不落則著作，體中何如則秘書'"。③⑫史官任用不重學術而只重門第，由此可以推知史學的地位。《通典》卷 16 選舉 4 引裴子野論曰：

　　　　……爰及江左，稱彼顏、謝，箴繡鞶帨，無取廟堂。宋初迄於元嘉，多爲經史，大明之代，實好斯文，高才逸韻，頗謝前哲，波流同尚，滋有篤焉。自是閭閻少年，貴游總角，罔不擯落六藝，吟咏情性，學者以博依爲急務，謂章句爲專魯，淫文破典，斐爾爲曹，無被於管絃，非止乎禮義，深心主卉木，遠致極風雲，其興浮，其志弱，巧而不要，隱而不深，討其宗途，亦有宋之遺風也。

留戀經史之學的裴子野對南朝文學的迅猛發展持消極態度，而文學之士對他也頗有微辭。蕭綱評價裴子野稱："裴氏乃是良史之才，了無篇什之美。"③⑬沈約初撰《宋書》，論及子野曾祖裴松之時竟説"松之已後無聞焉。"③⑭裴子野逆風而行，固守傳統，"爲文典而速，不尚麗靡之詞，其制作多法古"。③⑮但他終究無力改變潮流的發展方向。《文心雕龍·通變篇》説："今才穎之士，刻意學文，多略漢篇，師範宋集，雖古今備閱，然近附而遠疏矣。"劉知幾説"從晋以降，喜學五經"，實際上，南朝喜學五經者如裴子野輩畢竟只是少數。

　　重文輕史的現實，在文史分離的進程中也有反映。文史分離與經史分離不同，在經史分離中，史學是主動的，它是伴隨着今文經學的衰落而走向獨立。在文史分離中，文學正處於高漲階段，史學處於被動的地位，當時并不是由於對史學的本質有了更多的認識而將文史分開，實際的情況是，人們因爲越來越認識到文學的特性，所以才逐漸把史學從文學中排斥出去。換言之，是文學的進一步獨立迫使史學不得不隨之獨立。如果説，魏晋以來對文章的重視客觀上促進了史學的繁榮，那麼，南朝文學的深入發展以及由此而來的重文輕史的風氣則顯然對史學不利。

　　蕭子顯在《南齊書》卷 39 傳末説：

　　　　江左儒門，參差互出，雖於時不絕，而罕復專家。晋世以玄言方道，宋氏以文章閒業，服膺典藝，斯風不純，二代以來，爲教衰矣。

此處所論，意在説明經學的衰落原因，但是據此討論史學也未嘗不可。"晋世以玄言方道，宋氏以文章閑業",準確地概括了學術思潮的演變,在這之中没有史學的位置。因此之故,史學盡管獲得了獨立,也有了較大的發展,但畢竟不可能達到兩晉之玄學、南朝之文學所達到的高度,這就是本文對這一時期史學的基本認識。

① 參見周一良:《魏晋南北朝史學發展的特點》,載《魏晋南北朝論集續編》。
② 《廣弘明集》卷三阮孝緒《七録序》。
③ 分見《晋書》各本傳。
④ 《太平御覽》卷463引范曄《後漢書》載,孔融十二歲時與李膺"談論百家經史,應答如流,膺不能下之。"按今本范曄《後漢書》無此句。
⑤ 余英時:《漢晋之際士之新自覺與新思潮》,載《士與中國文化》。
⑥ "三史",即指《史記》、《漢書》、《東觀漢紀》。參閱程千帆《史通箋記》補注篇。
⑦ 《三國志》卷53《薛綜傳》。
⑧ 《三國志》卷35《諸葛亮傳》。
⑨ 趙翼《廿二史札記》卷2"漢時以經義斷事"條。
⑩ 文中"顧見故新汲令王文山小學爲《漢官篇》"一句不通。疑"小學"、"爲"二字倒置。聯繫上文,此句應爲:"顧見故新汲令王文山爲《小學漢官篇》"。《隋書·經籍志》載:"《漢官解詁》三篇。漢新汲令王隆撰,胡廣注。"書名與《續漢書》所載不同,或許是胡廣作注後爲之改名?
⑪ 周一良《魏晋南北朝史學著作的幾個問題》,載《魏晋南北朝史論集續編》。
⑫ 余嘉錫《四庫提要辨正》卷5《別史類》。
⑬ 《後漢書》卷79下《杜撫傳》。
⑭ 《後漢書》卷54《楊彪傳附傳》。
⑮ 《後漢書》卷26《伏湛傳附傳》。
⑯ 分見《後漢書》各本傳。
⑰ 《觀堂集林》卷7《兩漢古文學家多小學家説》。
⑱ 分見《後漢書》各本傳。
⑲ 《後漢書》卷28上《桓譚傳》。
⑳ 《漢書》卷62《司馬遷傳》。
㉑ 《陸士龍文集》卷8。
㉒ 《魏書》卷62《李彪傳》。
㉓ 《史通·模擬篇》。
㉔ 周一良《魏晋南北朝史學著作的幾個問題》,載《魏晋南北朝史論集續編》。
㉕ 《宋書》卷69《范曄傳》。
㉖ 《漢書》卷62《司馬遷傳》。
㉗ 《漢書》卷65《東方朔傳》。
㉘ 參唐長孺《讀〈抱朴子〉推論南北學風的異同》載《魏晋南北朝史論叢》。
㉙ 《後漢紀》序。
㉚ 《宋書》卷40《百官志》下。
㉛ 《宋書》卷64《何承天傳》。
㉜ 《顔氏家訓·勉學篇》。
㉝ 《梁書》卷49《庾肩吾傳》。
㉞ 《南史》卷33《裴松之傳附裴子野傳》。
㉟ 《梁書》卷30《裴子野傳》。

# 《晉書》時誤補校(七)

## 牛　繼　清

44.(青龍四年)三月癸卯,填星犯東井。(卷十三頁363)

按陳《表》吳《乾象曆》是月癸卯朔。魏《四分曆》甲辰朔,無癸卯。或陳《表》推朔有誤。《宋書》卷二十三《天文志一》同。

45.(青龍四年)五月壬寅,太白犯畢左股第一星。(卷十三頁363)

按同上條,魏《四分曆》是月癸卯朔,無壬寅。《宋書》卷二十三《天文志一》同。

(景初二年)二月己丑,月犯心距星,又犯中央大星。(卷十三頁363)

按魏《景初曆》建丑,二月當《太和曆》正月,正月癸巳朔,無己丑。《三國志》卷三《魏書·明帝紀》、《宋書》卷二十三《天文志一》均作"癸丑",癸丑二十一日,是。此"己丑"爲"癸丑"之訛。

46.(齊王芳)嘉平二年十二月丙甲,月犯輿鬼。(卷十三頁365)

按《宋書》卷二十三《天文志一》作"魏齊王嘉平二年十月丙甲,月犯輿鬼",當從之。此"十二月"應爲十月之訛。

47.(嘉平)四年十一月丁未,月又犯鬼積尸。(卷十三頁365)

按是月丙寅朔,無丁未。《宋書》卷二十三《天文志一》同誤。

48.(嘉平)五年六月戊午,太白犯角。占曰:"群臣有謀,不成。"庚辰,月犯箕星。占曰:"將軍死。"(卷十三頁365)

按是月癸巳朔,無庚辰。《宋書》卷二十三《天文志一》"庚辰"在"戊午"前,疑爲"庚戌"之誤,庚戌十八日,戊午二十六日。《晉志》抄改,完全失去了原來的樣子。

49.(嘉平五年七月)丙午,月又犯鬼西北星。(卷十三頁365)

按是月癸亥朔,無丙午。《宋書》卷二十三《天文志一》同誤。疑"丙午"爲丙子之訛,"午"、"子"形近。丙子十四日。

50.(高貴鄉公)甘露元年七月乙卯,熒惑犯東井鉞星。壬戌,月又犯鉞星。(卷十三頁365)

按是月乙亥朔,無乙卯、壬戌二日。《宋書》卷二十三《天文志一》同誤。

51.甘露元年九月丁巳,月犯東井。(卷十三頁366)

按是月甲戌朔,無丁巳。《宋書》卷二十三《天文志一》同誤。

52.(晉惠帝光熙元年)九月丁未,熒惑守心。占曰:"王者惡之。"己亥,填星守房、心。(卷十三頁369)

按九月甲寅朔,無丁未、己亥二日,且失序,《宋書》卷二十四《天文志二》同誤。該年閏八月甲申朔,己亥十六日,丁未二十四日,疑誤"閏八月"爲"九月"。

53.(晉懷帝永嘉)三年正月庚子,熒惑犯紫微。(卷十三頁369)

按是月辛丑朔,無庚子,《宋書》卷二十四《天文志二》同誤。《資治通鑑》卷八十七晉紀九作"正月,辛丑朔,熒惑犯紫微"。

# 中國佛教心本原説的創立與發展

方 立 天

心本原説是中國佛教本體論的最高形態,在中國佛教哲學史乃至整個中國哲學史上都占有重要的地位。遵循歷史與邏輯相統一的原則,追踪中國佛教心本原説的創立與發展軌迹,進而總結中國佛教學者如何重構本體學説的心路歷程以及哲學思維的經驗教訓,是有着重要的學術意義的。

## 一、心本原説的提出

### (一)心的含義

在論述中國佛教本體原説之前,有必要先就中國哲學、印度佛教與中國佛教關於心含義的詮説,作一簡要的説明。

中國哲學史上,最早提出關於心的詮説的是孟子。孟子認爲,心是人的内在的認識作用和道德意識。孟子以心物對舉,他既主張"盡心",也强調外物的客觀存在。在先秦時代,論心最詳者當是荀子。荀子既肯定心的認識作用,又强調心具有自由意志。自漢至隋唐時代,除了佛教學者論心以外,儒家學者中比較突出的只有范縝,他在形神之辯時論及了心,錯誤地以爲心臟是專司"是非之慮"的"心"。宋代以來,儒家學者也紛紛論心,如張載、程頤、朱熹、陸九淵、王守仁、王夫之、戴震等人,對心都作出了重要的詮釋,其中陸、王,尤其是王守仁更以心爲宇宙萬物的主宰、根本來闡發與建構自己的心學。從總體來看,中國固有哲學對於心物關係的討論是比較少的,以心爲宇宙本原的思想只在宋明時代出現,且不占重要地位。

印度佛教很重視對心與色、心與物的考察,提出了色心不二與萬法唯心等命題。印度佛教對心的詮説尤爲細密、詳盡。從哲學層面而言,印度佛教關於心的含義主要有二:一是心識,如六識、八識説等。心識説偏於從主體分別、認知作用的角度論述心識對外物的虚妄執着和對衆生命運的關鍵作用。其中大乘佛教瑜迦行派闡揚的"阿賴耶識"與"種子"的觀念,雖也屬主體存在的範疇,但也具有衆生乃至宇宙萬物的本原、本體的意義。二是如來藏心、真如心、真心,這是清净的、恒常的、不變的心,是衆生的本體和成佛的根據。這兩種含義大體上是染心與净心兩種不同的心論,體現了對心本質把握的不同價值判斷和不同理論進路。印度佛教對心的這兩種界説,對中國佛教産生了直接的影響,尤其是後者的影響更大。

中國佛教關於心的含義,既和中國固有哲學、印度佛教各有相同之處,又有重要的差別。中國佛教學者雖然接受了印度佛教關於心的論説,但他們是按照中國人的方式接受的,一般不以"六識"來説心,而是以心來泛指衆生的精神主體,這個主體也是衆生的本體,乃至宇宙萬物的本體。展開一點説,中國佛教關於心的重要意義有:一是世界萬物的本原,認爲心作萬有,萬有皆空。二是真理,心與真理等同,所謂心真如,即是説心是真理,真理是心。三是覺性,心的本性、本質是覺悟,因此心就是覺性,就是智慧。四是真心妄心,印度佛教着重從主體心的角度把心分爲净心與染心,中國佛教則偏於運用體用觀念,把净染之心詮釋爲真妄之心,並且傾向於把心實體化爲宇宙本體心。五是本心,本心的心指真心,真心是本來具有的,恒常不變的。六是平常心,這是説真心也是平常心,現實心,真心與衆生的平常心,與衆生的現實心態活動是不一不二的。從以上的意義來看,我們認爲,中國佛教學者一般認爲心是精神主體、真理載體、智慧本體、人格本體。後三者也可説是衆生本體、佛本體,乃至宇宙本體。

### (二)心本原説的提出

先秦時代,中國固有哲學是把心界定爲認識作用、道德意識、道德情感、自由意志,並没有以心爲宇宙本原的學説。佛教傳入以後,大約自晋代以來,中國佛教學者逐漸視心爲衆生或宇宙萬物的本原,宣揚心本原説。如東晋郗超的《奉法要》、慧遠的《明報應論》、南朝宋人宗炳的《明佛論》,以及梁武帝蕭衍的《立神明成佛義記》等,都紛紛闡發心爲衆生或宇宙本原的思想。此後,中國佛教學者不僅没有超出這一思想軌迹,且愈演愈烈,後來居上,隋唐後的天臺、唯識、華嚴、禪等諸宗,更構築了各具特色的心本原論學説體系。中國佛教心本原論既爲中國古代哲學,尤其是本體哲學平添了新的思維成果,又爲宋明理學,尤其是理學本體論哲學提供了賴以形成的思想資源。

中國古代固有哲學長期以來没有自己的心本原説觀點,印度佛教則强調破除包括心在内的一切萬有的實體性,破除實體化的本體思想。印度佛教雖然也有心本體論,然而它偏於以妄心(如阿賴耶識)爲本體,至於真心(如來藏心)一系的學説則並不盛行。那麽,何以中國佛教重視闡揚心本原説呢? 中國佛教學者是怎樣提出和闡揚心本原説的呢? 其間的理論機制又如何呢? 這些都是中國佛教哲學中具有重要意義的問題。

中國佛教學者之所以闡發具有特色的心本原説,除了直接繼承印度佛教的唯心思想以外,還和受到中國傳統思維方式的影響有關。中國哲學探索世界本原和最高實體,例如,天、道、氣(元氣)、太極、太一、虚(太虚)、玄等都曾被作爲最高範疇,分別表示世界最終本原或最高最大實體。在這些最高範疇中，老莊以道爲天地本原的思想，道的自然性、無爲性、平等性、普遍性的内涵，都給中國佛教學者以重大啓示，如宗密就以爲心即是道。中國道家哲學這種追求宇宙本原的運思理路和思維定勢，直接決定了中國佛教學者在探尋成佛根據和追求超越境界的同時，又熱心探討本體論的思維性格和理論興趣。古代中國哲學探討的主要問題是天人關係，可以稱爲“天人之學”，其主要内容是闡述天人合一論思想。中國哲學的這一基本特質無疑影響了中國佛教學者，推動他們從天人合一、主客合一的視野去闡發主體（能、心）與客體（所、物）的關係，有些學者更進而從主體性出發去理解和統一主客關係。中國哲學的體用思維强調，萬物形質中有體有用，形質爲體，形質之妙用爲用，體用相即不離。這種思維方式對中國佛教學者探討本體問題也是肯定發生了作用的。此外，重視闡發心本原説，也符合佛教解脱論的理論要求。佛教實質上是一種生命哲學，其旨趣在於解脱生死痛苦，而解脱的關鍵只能歸結於主體，歸結於心。如《十地經論》提出的“三界唯心”論點意思就是，衆生解脱的關鍵所在是“心”，衆生應當就“心”即人們的意識着眼去求解脱。後來又有唯識説，認爲一切客觀現象都與人的經驗相聯繫，不能脱離人的意識而獨立存在，形成了由心顯現一切或隨心變現的唯識論。中國佛教也是循着這種思路闡發心本原説的。

　　中國佛教心本原論確立的學理路徑是“心”“理”同一説，即心與理等同的理論。所謂理，指真理，就是“法性”（本質），就是客體性的原理、原則。中國佛教把真如、法性和理（真理）等同起來，認爲理有不變、隨緣二義。以理爲萬有產生的原因，把理視爲宇宙萬物的本體。天台、華嚴、禪諸宗還進一步把理與心看成爲一回事。由此在理論上就帶來兩大變化：一是心即理，心等同於理，這樣主體心就由染净之分變成真妄迷悟之别，既然心即是真心，個體主體之心也就擴大爲宇宙心，並成爲宇宙萬物的最終本原了。二是理即心，真理與心等同，真理不僅是静態存在着的道理、準則、規範，而且也是可以思慮，引發行爲，有動感的真理。這種富有能動性的真理也就主體化並發生作用，成爲了宇宙的本原。可見，通過確定心與理的等同，從心與理的兩個層面，都通向了宇宙本原論。

　　法相唯識宗人不贊同把心與理等同的説法，他們認爲，所謂心，就是“法”，所謂理，就是法性，兩者雖有聯繫，但又不同。心是染净的依歸，理則是迷悟的依歸，染净與迷悟有别，心與理不完全等同。事實上，心理同一説把心與理完全等同起來，就在理論上出現了二重品格，即心所内含的個體性與理所表徵的普遍本質如何定位、協調，成爲了一個理論難題。心理同一説的個體性與普遍性、存在與本質的内在緊張，不時引發出天台、華嚴和禪諸宗心本原説的演變、分化和争辯。

　　以下我們分别依次論述東晋時代有關心無義的争辯與心本説的濫觴，《大乘起信論》的一心二門説，南北朝時代地論師和攝論師的心識本原説的歧義，以及隋唐天台宗的心本説

（偏於妄心本原説），華嚴宗的真心本原説與禪宗的自心本原説。

## 二、東晋時代心無義之爭辯與心本體説之濫觴

東晋時代，佛教般若學盛行。當時般若學的理論中心是本末、有無的問題，如心與物，是有，是無？何者是本無，何者是末有？一輩佛教般若學者，或説心無，或説物無，或説心物俱無，觀點分歧，異説紛呈。心無義是論心的有無問題。史載，曇一與慧遠、道恒辯論心無義十分激烈。①據慧達《肇論疏》載："竺法温法師《心無論》云，夫有，有形者也。無，無象者也。有象不可言無，無形不可言有。而經稱色無者，但内止（原作"正"，改）其心，不空外色。但内停其心，令不想外色，即色想廢矣。"②"有"是指有形，"無"是指無象。若有象就不能説是無，若無形就不能説是有。佛經所謂色無，只是内止其心，不執外色，並非説色是真無（空）。强調有形是實有，有形色是真色。内止其心，心無象，心是無（空）。可見心無義的宗旨是空心不空境。空心就是不起執心。這和玄學的"至人之心"的説法是一致的。又，元康《肇論疏》卷上引寶唱《續法論》，謂釋僧鏡作《實相六家論》，六家中有三家是論心之有無的，文云：

"第三家，以離緣無心爲空，合緣有心爲有。第四家，以心從緣生爲空，離緣別有心體爲有。第五家，以邪見所計心空爲空，不空因緣所生之心爲有。"③

從所載三家論點來看，對心的有無問題是各抒己見的，三家都從因緣和合而起的角度講心的有無，但又見解不同。三家論心空，有三種不同觀點：一是心離開因緣，是無心，是心空；二是心從緣生而起是自性空；三是以邪見計度心空是空。三家論心有，有二種觀點，第三第五兩家都是以因緣和合而生起有心爲心有，第四家則以離開因緣而別有心體爲有，即心體是離緣而存在的。以上主心無義諸家講的心，是心物對舉而言的心，即指主體精神而言。心的有無問題就是人的主體精神的價值、意義的判斷問題，也是與外境萬物的關係問題。中國佛教學者的上述觀點，大體上是承襲中國傳統哲學的肯定心、物的存在和不起執心的思想。

但是，上述心無義説，由於不符合般若學二諦説的模式，而受到了批評。僧肇評論心無義説："心無者，無心於萬物，萬物未嘗無。此得在於神静，失在於物虚。"④心無義只是使心中無物，至於萬物則未嘗是空的。這也就是只從"無心"的角度而不是從萬物本身去理解空。僧肇認爲"無心於萬物"，在主體精神上得到清净空寂，這是正確的；錯誤是在萬物的空寂問題上，心無派没有肯定萬物的空，不理解萬物既是"不真"（假有），又是"空"（虚無）。僧肇奉行的大乘佛教中觀學派認爲，萬物從俗諦説是非空（有，假有，不真），從真諦説是非有（空），是兩方面的統一。

從上述的心無義説及僧肇的評論可以看出，當時中國不少佛教學者都是以不起執心去

理解心本身的,都肯定"無心於萬物"是正確的。這也就邏輯地肯定了心的存在及其脩養的重要性。"心"在中國佛教學者的心目中的地位是很高的,在中國佛教哲學中也是舉足輕重的。在心無義流行時,東晋郗超就因果報應理論説:"心爲種本,行爲其地,報爲結實。猶如種殖,各以其類,時至而生,弗可遏也。"⑤"種",物種。這是以物種不滅來比喻因果不失。郗超認爲,心是衆生的根本,是支配行爲的,是引生報果的根源。這裏包含了心是衆生本原的思想。至於參加心無義之爭的慧遠法師則是中國佛教史上闡揚神不滅論的重要代表人物,⑥他着力宣揚靈魂不滅説。無疑地,在慧遠看來,精神、靈魂正是人生的本原。迄至南北朝,中國佛教學者則是進一步明確地以心爲宇宙的本原了。如南朝宋人宗炳著《明佛論》,宣揚"心作萬有,諸法皆空"⑦的思想。梁武帝蕭衍撰《立神明成佛義記》,宣稱:"夫心爲用本,本一而用殊,殊用自有興廢,一本之性不移。……故知生滅遷變酬於往因,善惡交謝生乎現境,而心爲其本,未曾異矣。以其用本不斷,故成佛之理皎然;隨境遷謝,故生死可盡明矣。"⑧這裏本用對説,本用實即體用。梁武帝認爲心爲用本,即以心爲本原、本體,强調殊用有興廢變化,而心本是不移不斷的。這是從衆生和成佛的角度闡明心是人生宇宙的本原、本體的思想。

# 三、《大乘起信論》的一心二門説

"一心二門"爲《大乘起信論》所立的法門,是全書的總綱,其哲學宗旨是闡揚一心生萬法説。一心即衆生之心,二門爲心真如門和心生滅門,也稱真生二門。文云:"依一心法,有二種門。云何爲二? 一者心真如門,二者心生滅門;是二種門皆各總攝一切法。"⑨《起信論》就一心(衆生心)界定説:

> 摩訶衍者,總説有二種,云何爲二? 一者法,二者義。所言法者,謂衆生心,是心則攝一切世間法、出世間法,依於此心顯示摩摩訶衍義。何以故? 是心真如相,即示摩訶衍體故,是心生滅因緣相,能示摩訶衍自體相用故。⑩

"摩訶衍",大乘的教法。"法",心,此指衆生心。"義",義理,真理。這是説,和小乘佛教以一切事物各有自體的學説不同,大乘佛教是以一心即衆生心爲事物的自體,此心涵攝一切世間法和出世間法,依於此心顯示摩訶衍,也就是説,此心即是大乘的義理,真理。心和真理是完全統一的。爲什麽這樣説呢? 因爲此心有二相,即真如相和生滅相,前者顯示大乘義理,後者顯示大乘義理的自體相用。"體",指真如,也即本體;"相"爲能顯現現象的特質;"用",即力用,創生的大用。可見,《大乘起信論》所講的衆生心是真正的主體,它自身既是心,又是理(真如),稱心真如,又稱真如心。衆生心,從主觀方面看,是衆生真正的主體,是衆生求得解脱、成就佛果的根據；從客觀方面看，又是宇宙萬有的本源，世界現象、各種存在以及不同價值，都從它那裏開出。衆生心從兩個門開出宇宙萬法：從真如門開出清净的不生不滅法，從生滅門開出染污的生滅法。可以説，衆生心是衆生個體的心，也是絶對的心，是宇宙的心。

《大乘起信論》在界定"一心"後還着重從二門去規範、闡述"一心"的性質和功能。

關於心真如門，論云：

> 心真如者，即是一法界大總相法門體，所謂心性不生不滅。一切諸法唯依妄念而有差別。若離心念，則無一切境界之相，是故一切法從本以來，離言説相、離名字相、離心緣相，畢竟平等，無有變異，不可破壞，唯是一心，故名真如。⑪

這裏的"一法界"，"一"是整一、絶對，"法"指聖法，"界"是所依、所因的意思。"一法界"即是獨一無二的絶對的世界。"大總相"，指真如心是一切法所合成的全體法界的總相，即宇宙萬有的共相。"法門體"，是可容衆生進入的法門實體，所謂心真如，就是宇宙萬有得以成就的原因，總攝宇宙萬有的總和相，也是衆生進入修持的法門，衆生成就佛果的根據。心真如作爲最高真實和絶對心體，其特點是不生不滅、不增不減、不變不壞、畢竟平等，無差別相，真實如常。一句話，就是絶對無相。雖然真如是絶對的、無差別的，但是若依言説分別，真如又可分爲兩種：一爲"空真如"。即真如遠離迷心而空。也就是既無念（無虚妄心念）又離相（離一切差別相），是如實空。二是"不空真如"。真如自體具足無限清净的功德，是如實不空。由此看來，《大乘起信論》所講的"心真如是不變（不生不滅、不增不減、不變不壞）的、純净（無妄念污染）的、無相（離一切差別相）的、既空（離相）又不空（具足功德）的心體，是涵攝一切存在、規範和標準而能創生的最高主體，它與一切染污現象無緣，但又是宇宙萬有的終極本原。

關於心生滅門，《大乘起信論》云：

> 心生滅者，依如來藏故，有生滅心。所謂不生不滅與生滅和合，非一非異，名爲阿梨耶識，此識有二種義，能攝一切法，生一切法。云何爲二？ 一者覺義，二者不覺義。⑫

"生滅"，生起與滅盡。心生滅，即生滅心，是生滅法與整個染污的現實世界得以成立的根源。生滅心是依如來藏心（真如心）隨着一定條件而起滅，形成生滅法乃至整個染污的現實世界。這也就是著名的如來藏緣起的思想。這生滅心是依如來藏而有的，而如來藏心是不生不滅的。如來藏心與生滅心相和合的和合物就是阿梨（賴）耶識。這種和合是一種既非同一又非差異的關係。阿賴耶識與生滅心相當，是融攝萬法和生起萬法的根源。阿賴耶識含有覺悟與迷妄不覺二義，衆生應當排除阿賴耶識的不覺、無明，彰顯阿賴耶識的本覺、佛性，以成就爲佛。

《大乘起信論》強調生死流轉的欲界、色界、無色界"三界"是唯心所作，是妄心所作："三界虚僞，唯心所作。離心則無六塵境界。此義云何？ 以一切法皆從心起妄念而生，一切分別,即分別自心。心不見心,無相可得。當知世間一切境界,皆依眾生無明妄心而得住持。是故一切法,如鏡中像,無體可得,唯心虛妄。以心生則種種法生,心滅則種種法滅故。"⑬認爲三界即眾生所居的整個世界,表面似乎是存在的,實際是虛妄不真的。三界是妄心造作所現的境界、表象,若妄心不起分別造作,則三界也就歸於空寂。這裏講的妄心即和真如心相對的生滅心,也即相當於阿賴耶識。"依如來藏故,有生滅心",依托真如心而有妄心,心由不動變爲動,由覺變爲不覺,由無念無相變爲妄念諸相,造作世間一切境界,從這層意義上說,真如心是眾生現實世間的終極本原,是宇宙萬有的終極本原。

　　《大乘起信論》認爲,"一心"融攝一切法,遍於一切法。從出世間的佛三身(法身、應身、報身)來說,一心相當於"法身"而法身能顯現應身、報身的"色相",由此該論還闡發了"色心不二"的思想。文說:"問曰:若諸佛法身離於色相者,云何能現色相? 答曰:即此法身是色體故,能現於色。所謂從本已來色心不二,以色性即智故,色體無形,說名智身。以智性即色故,說名法身遍一切處。所現之色無有分齊,隨心能示十方世界、無量菩薩、無量報身、無量莊嚴,各各差別,皆無分齊而不相妨。此非心識分別能知,以真如自在用義故。"⑭這裏的回答是說,法身是形色的本體,能顯現色相。色是法身的顯現,"色心不二",沒有差別。形色的自性就是智慧,形色自體沒有形狀,說之爲"智身"。因爲智慧的自性即是形色,所以說之爲"法身遍一切處"。所顯現的色相沒有時空的限制,各種色相共同存在而不互相妨礙。這種情境不是一般心識所能分別了知的,它是真如自發的功用。《大乘起信論》提出"色心不二"、"色性即智"、"智性即色"的命題,把色和心、色和智視爲互不相離的關係,爲後來中國佛教的泛神論、唯靈論思潮提供了理論根據。

　　從以上一心二門說的基本內容來看,《大乘起信論》是要確立一種唯心的本體論,從一心出發,展開爲二門即本體與作用兩個方面,把一心分爲真如與無明、本覺與不覺、本質與存在、普遍與個體、超越與現象、絕對與相對、靜止與運動、永恒與短暫、無限與有限、神聖與凡俗兩個層次,也即分爲形上與形下兩個層次,以說明一心本體與眾生、佛乃至於一切存有的關係,確定一心是眾生、佛乃至一切存有的本原的地位。在一心二門的理論結構中,最值得注意者有二:一是真理與主體心的結合,心理合一,真理成爲精神主體,或精神主體真理化。這也就是確立了一種具有神聖性、普遍性、絕對性、永恒性的精神主體,作爲闡明世間和出世間的形成,以及眾生修持成佛的理論基點。二是以真如心與生滅心,來說明世間或出世間形成的原因和過程,以及眾生沉淪或解脫成佛的原因和過程。這裏是探討人類怎樣超越有限的存在問題,其理路是不脫離現象界的層面,也就是在現實的生存中實現絕對的超越,不離自我而又超越自我,心包括了真如與生滅兩個方面,這等於說真如心並不脫離生滅心而存在,從這層意義上看,它們的差別只是認識論意義而不是本體論意義。同時真如心又是唯一的實存,生滅心則屬於虛妄,而且生滅心是依真如心而有,從這層意義上看,一心二門說是哲學一元論的,而且是屬於本體論的。此外,一心二門說既有存有論的意義,又有實踐論的意義,應當肯定,它主要是爲了闡明佛教修持實踐的,但它的精神實體生起萬法的存有論思想也是鮮明地存在着的。

《大乘起信論》是吸取中國傳統哲學的"性善"、"反求諸己"的思想和體用觀念,繼承印度佛教如來藏學說,加工整合而成的創作。此論作者爲了從理論上圓滿闡述如來藏與藏識、清净與污染、真實與虛妄、世間與出世間等關係,采用了調和的方法加以貫通說明。但是,爲什么說人心本來是清净覺悟的? 真心本覺是先在的、獨立的? 真心是絕對的理性,又是衆生具體的心體,這兩者是怎樣結合在一起的? 真心作爲宇宙萬物的本原,它與衆生成佛的根據是如何統一的? 究竟如何從不生不滅的本覺心生出世間現象? 絕對的真如本體如何受熏? 能否受熏? 無明與真如不相分離,又與真如相對立,那么無明又從何而起? 又如何熏習真如? 等等。這些理論上的深刻難題,内在緊張,一方面導致了不同宗派間甚至同一宗派内部長期的爭論,如華嚴宗贊成真如受熏說,而唯識宗則堅決反對。又如天台宗内部後來形成了分别從真如門或生滅門入手以契入真心覺性的不同派别等。

## 四、地論師與攝論師的心識本原之論辯

印度佛教唯識思想在中國的流傳,演爲三系:南北朝的地論師學派、攝論師學派和唐代的法相唯識宗。由於地論師南北兩道的分歧及與攝論師在第八識的性質判斷上存在着差異,以至對以甚麽識爲本原的問題產生了不同看法,出現了關於心識本原問題的爭論。法相唯識宗批判了地論師和攝論師的思想,把阿賴耶識定位爲本原識。

地論師南道派創始人慧光再傳弟子慧遠在所撰《大乘義章》卷三末《八識義》界定第八識說:

阿梨耶(即阿賴耶)者,此方正翻名爲無没,雖在生死,不失没故。隨義傍翻,名别有八:一名藏識,如來之藏爲此識故,是以經言,如來之藏名爲藏識,以此識中涵含法界恒沙佛法,故名爲藏。又爲空義所覆藏故,亦名爲藏;二名聖識,出生大聖之所用;三名第一義識,以殊勝故,故《楞加經》說之以爲第一義心;四名净識亦名無垢識,體不染故,故經說爲自性净心;五名真識,體非妄故;六名真如識,論自釋言,心之體性無所破故,名之爲真,無所立故,說以爲如;七名家識,亦名宅識,是虛妄法所依處故;八名本識,與虛妄心爲根本故。⑮

這是說,阿賴耶識即是如來藏自性清净心,亦即法性、法界、真如,該識含藏佛法,是衆生成

佛,進入涅槃境界的根據,也是"虛妄法所依處",是虛妄心乃至虛妄現象的本原,總之,是一切法即世間法和出世間法緣起的總根源。

在《地論》學派流傳過程中,南道保持了純粹的傳統,而北道派因受到《攝論》的影響,思想發生了變化。北道派把阿賴耶識分爲真、妄兩部分:"真中分二:一、阿摩羅識,此云無垢,亦曰本净,就真論真,真體常净,故曰無垢,此猶是前心真如門;二、阿梨耶識,此曰無没。即前真心,隨妄流轉,體無失壞,故曰無没。"⑯阿摩羅識爲真,阿賴耶識爲妄,兩者和合一體爲第八識。阿摩羅識也即攝論師正式提出的第九識。南北兩道地論師在緣起本原問題上的分歧是,南道地論師以阿賴耶識本性即是真如、佛性,是一切法的依持,生一切法。北道地論師既以阿賴耶識爲一切法的依持,生一切法,;又認爲阿賴耶識雖和如來藏無别,但並不具足一切功德,佛性是成佛後取得的。這表現了兩派在本體論思想上的差異。

攝論師在第八識之外另立第九阿摩羅識,圓測《解深密經疏》卷三就此説:

真諦三藏依《決定藏論》立九識義,如《九識品》説,言九識者,眼等六識,大同識論。第七阿陀那,此云執持,執持第八爲我,我所,唯煩惱障,而無法執,定不成佛。第八阿梨耶識,自有三種:一、解性梨耶,有成佛義。二、果報梨耶,緣十八界。故《中邊分别偈》:根塵我及識,本識生似彼。彼論等説,第八識緣十八界。三、染污阿梨耶,緣真如境,起四種謗,即是法執,而非人執。依安慧宗,作如是説。第九阿摩羅識,此云無垢識,真如爲體,於一真如,有其二義:一、所緣境,名爲真如及實際等;二、能緣義,名爲無垢識,亦名本覺,具如《九識章》引《決定藏論·九識品》中説。⑰

這裏是叙述攝論師創始人真諦的"九識"説。前六識即眼識、耳識等,依眼、耳等六根,分别緣取色、聲等六塵,此六識、六根、六塵合爲十八界。第七阿陀那識,以第八識爲"我"。第八識有三種,一種有成佛因素,一種是緣取十八界,再一種是染污性的,把萬法區分爲有、無、亦有亦無、非有非無四類,爲法所縛。這是真諦依照唯識師安慧的説法。在心識作用方面,安慧只承認自證分爲實有,見、相二分都非實有。與安慧同時代的護法則立相、見、自證和證自證四分説。真諦認爲第九阿摩羅識是清净識,無垢識,是以真如爲本體的。真如包括客觀的所緣境和主觀的能緣心,即實際和本覺兩方面。所緣境和能緣心如此結合,在八識外建立第九識,作爲一切法的本原,這是真諦學説的重要特點之一。

·　總起來説,在緣起理論方面,《地論》學派中的南道派是以真如爲依持,北道派則以阿賴耶識爲依持,攝論師也以阿賴耶識爲依持,同時又以第九阿摩羅識爲一切法的本原。第九識實是從第八識中的解脱性、清净性部分派生而出的,更側重於從成佛的"本覺"根據上立説。後來,北道派與《攝論》學派同化相合,融成一派,至法相唯識宗的興起而趨於衰歇。南道派則因其思想爲華嚴宗所吸取也終結了它的傳承。

## 五、天台宗的心本説

天台宗智者大師(智顗)不贊成地論師的心具一切法和攝論師的阿賴耶識具一切法的觀點，他提出了"理具一切法"的命題。在智顗看來，包括心或阿賴耶識在内的一切法都無自性。心如幻如化，不是實有。從這層意義上説，心或阿賴耶識都不可説是具一切法。但是智顗又認爲，心雖非實有，却也並不是一無所有，而且心的功能、作用極大，衆生生死流轉世界的生成，和衆生覺悟成道進入涅槃境界，都繫於心。從這層意義上看，則又可説心具一切法。且爲了隨順因緣，教化衆生也需要説心具一切法。如真理就含於心中，心是"理本"。"理具一切法"也即"心具一切法"。也就是説，心是"法本"，心是一切存在的根本。地論師和攝論師是各有所偏，前者偏於心(心的法性)具一切法，後者則偏於阿賴耶識具一切法，智顗不然，他通過確立心的兩重性格和無住品格，來説明一念妄心和一念净心都具足一切法，闡發了頗具特色的心體論。

在《法華玄義》卷八上，智顗明確提出了心本説，文云：

> 心是法本者，釋論云：一切世間中，無不從心造。無心無思覺，無思覺無言語。當知心即語本。心是行本者，《大集》云：心行大行遍行。心是思數，思數屬行陰。諸行由思心而立，故心爲行本。心是理本者，若無心，理與誰含？以初心研理，恍恍將悟，稍入相似，則證真實，是爲理本。[18]

"法"，存在，現象界。"本"，根本、根基、本原。這是説，因衆生一念心動而生起種種存在，故心是"法體"。由心而有思維，有思維而有語言，故心是"語本"。"行"，念慮。種種念慮都由心生起，故心是"行本"。"理"，即真理，心能包括真理，也能體證真理，故心是"理本"。智顗認爲，心是存在、語言、念慮和真理的根本，也就是説，心是物質存在與精神存在的根本，是衆生生死輪回流轉和悟入真理成道解脱的根本。

智顗非常强調心的兩重性格，認爲完整地説，"一念心"應當是"一念無明法性心"。"心"既有無明的一面，又有法性即明的一面。他在論述"念"(想、智)與"處"(境)的關係時説：

> 念只是處，處只是念，色心不二，不二而二。爲化從生，假名説二耳。此之觀慧，只觀衆生一念無明心，此心即是法性，爲因緣所生，即空即假即中。一心三心，三心一心。……今雖説色心兩名，其實只一念無明法性十法界，即是不可思議一心具一切因緣所生法。一句，名爲'一念無明法性心'；若廣説四句，成一偈，即因緣所生心，即空即假即中。[19]

這是説，無明和法性是同一心體，一念心即具足一切因緣所生法，不論是一念無明染心還是一念法性净心,都具足一切法。也就是説,一切法是净是穢,端在一念心是無明或是明(法性)。無明與明是對同一事物顯示出的兩種不同意義,當一念心面對諸法時,若心無明則諸法都穢,若心明則諸法都净。

對於一念無明與法性的相即關係,智顗説:"凡心一念,即皆具十法界。一一界悉有煩惱性相、惡業性相、苦道性相。若有無明煩惱性相,即是智慧觀照性相。何者?以迷明,故起無明。若解無明,即是於明,《大經》云:無明轉,即變爲明。《净名》云:無明即是明。當知不離無明,而有於明。如冰是水,如水是冰。"⑳無明與法性是同一心體的兩種"性相",即兩種不同的形相、狀態,猶如同是水而表現爲水或冰一樣,是同一事物不同狀態表現間的相即,所以無明即法性,法性即無明,無明與法性並非是兩件截然分離的事物的相即。智顗還進一步直截了當地説:"心是諸法之本,心即總也。別説有三種心:煩惱心是三支,苦果心是七支,業心是二支。苦心即法身,是心體;煩惱心即般若,是心宗;業心即解脱,是心用。"㉑意思是説,一念無明心可分爲煩惱心、苦果心和業心三種,每一種又可分爲二支乃至七支,盡管如此,這三種心也分別即是法身、般若、解脱。也就是説,無明即明即法性,煩惱即般若即菩提,生死即解脱即涅槃。無明與法性是心的負面與正面的對立的表示方式,兩者的性質是相反的衝突的,兩者的存在則是相即不相分離的。顯然這是一種詭譎的相即關係,是一種二律背反。

智顗認爲,心有無明心即妄心和法性心即净心之分,而心作爲"法本",無論是一念無明心,還是一念法性心都是具足一切法的。從智顗的著作來看,他比較重視無明心具足一切法的闡述。一念無明心具足一切法的典型表述,就是智顗在《摩訶止觀》卷五上提出的"一念三千"説,文云:

> 夫一心具十法界,一法界又具十法界、百法界。一界具三十種世間,百法界即具三千種世間。此三千在一念心。若無心而已,介爾有心,即具三千。亦不言一心在前,一切法在後;亦不言一切法在前,一心在後。……若從一切心生一切法者,此則是縱;若心一時含一切法者,此即是橫。縱亦不可,橫亦不可。祇心是一切法,一切法是心故,非縱非橫,非一非異,玄妙深絶,非識所識,非言所言,所以稱爲不可思議境。㉒

這裏,"一心"、"一念心"均指妄心而言。"三千"是通過十法界、三世間和十如是等交互相乘來表示宇宙整體。意思是説,衆生只要猝然生起一念心,就可顯現出"三千"境地、流連於"三千"境地。"一念三千"的境地是不可思議的,因爲所顯示的衆生主體與宇宙客體不是生與被生、含與被含的關係,而是"非前非後"、"非縱非橫",同時頓顯,同時俱起,同時沉降,同時寂静,是非一非異,兩不相離的關係。這種關係難言難識,玄妙難測,不可思議。這種一念與三千關係的實質,是心色關係,是色心不二的關係。天台宗九祖湛然也説:"總在一念,別分色心。……一切諸法無非心性。一性無性,三千宛然。當知心之色心,即心名變。變名爲造,造謂體用。是則非色非心,而色而心。唯色唯心,良由於此。故知但識一念,遍見己他生佛。他生他佛尚與心同,況己心生佛,寧乖一念? 故彼彼境法,差差而不差。"㉓ 這是說,色心"總在一念",色心是"心之色心"。心的變造是體用關係,由此而論定心色是不二的關係。作爲境界說的一念三千命題,蘊涵着重要的哲學内容,尤其是存有論思想,它是一種世界觀,也是一種本體論。

關於一念法性心具足一切法的涵義,智顗說:"一念心即如來藏理。如故即空,藏故即假,理故即中。三智一心中具,不可思議。"㉔ 這是說一念净心自身就是如來藏理,也就是即假即空即中的真理。這裏所講的一念净心不是一般凡夫的心,而是有相當造詣的修持者的心,心中所具的境界也不是一般凡夫視野中的世界,而是智慧世界,真理世界。智顗又說:"觀一善心具十法界,十界交互具百法界、千性相等。十善即萬法。約八正道即八萬法門也。"㉕ 善法即净心。這是說,一善心具足千性相之法,十善心就具有萬法。這萬法與八正道相配,就成了八萬法門,也就是具足了種種教化的功德。

智顗還從無明心與法性心的無住品格的角度來論證"心是法本"的思想。他在《金光明經玄義》卷上說:

初,"從無住本立一切法"。夫三德者名秘密藏。秘密藏顯,由於三寶。三寶由三涅槃。三涅槃由三身。三身由三大乘。三大乘由三菩提。三菩提由三般若。三般若由三佛性。三佛性由三識。三識由三道。此"從法性立一切法"也。若"從無明爲本立一切法"者,一切衆生無不具於十二因緣。三道迷惑,翻惑生解,即成三識。從識立因,即成三佛性。從因起智,即成三般若。從智起行,即成三菩提。從行進趣,即成三大乘。乘辦智德,即成三身。身辦斷德,即成三涅槃。涅槃辦恩德利物,即成三寶。究竟寂滅,入於三德,即成秘密藏也。是爲逆順次第甚深無量義。㉖

著名的天台學者知禮在解釋智顗上述思想時說:"初,約施教逆推,理顯由事。二,約立行順修,即妄歸真。此二生起,初,從法性無住本立一切教法;二,從無明無住本立一切行法。"㉗ "無住",是没有任何執着、住着的心靈狀態。以這種絶對自由、不爲任何對象所拘圍的心靈爲本來確立一切法,稱爲"無住本"。智顗和知禮的論述都是在説明:"從法性無住本"可逆推出一切教法之所由起,"從無明無住本"則可順推出一切法的生滅流轉。"法性無住本"與"無明無住本"實是"一念無明法性心"的不同面向和分流。換言之,所謂"從無住本立一切法"也就是指"無明心"與"法性心"都是無住,同立一切法,同爲一切法作本,同是一切法的本原。

由上可見,天台宗人所講的心是指衆生的能動主體,妄心是經驗的主體,净心則是超越的主體;天台宗人所講的一切法是泛指存在的世界,即現象。天台宗人强調"心是法本",就是肯定主體是現象界的根本,並通過妄心與净心分别都具一切法,以論證心本説。值得注意的是這一學説的特色,它突出地宣揚心與色、主體與存在的不二關係,强調兩者同起同寂,同升同沉,同穢同净。心是能動的,色是被動的。雖然能動的心在作用時帶動存在而起寂升沉穢净,但心與存在又是對等的,二者是相即不二的關係。這種關係確是令人不可思議!

從存有論的視角看,天台宗的"一念無明法性心"所具的理論架構與《大乘起信論》的"一心二門"的思想架構,有何同異之處呢? 智者大師把心分爲法性心與無明心,《大乘起信論》作者是把心分爲真如心與生滅心,兩者都把心分爲真心與妄心,這是相同的,表明了中國佛教學者對心的涵義、性質的共同看法。此外,兩者均以二種心來構築存有論的架構,這也是一致的。但是也有二點差異:一是《大乘起信論》以如來藏自性清净心爲超越意義的真心,真心因無明虚妄分別而隨緣現起染净諸法,這也就是"一心開二門"的存有論結構;智者大師則以一念心爲當下經驗意義的主體活動,一念無明則一切法(三千)都穢惡,一念明(法性)則一切法都净善。可見,兩者在結構存有論的運思和內涵方面都是有所不同的。二是《大乘起信論》的真如心與生滅心是染净對立上下隔絶的二門架構,而天台宗的法性心與無明心則是同體相依、當體相即的關係,不存在净心與妄心的間隔、鴻溝。

# 六、華嚴宗的真心本原説

唐代華嚴禪學者宗密作《原人論·序》説:"推萬法窮理盡性,至於本原。"⑳ 即重視推究人生、宇宙的來源和本質。華嚴宗人繼承《大乘起信論》"心理合一"的思想形態,以最高主體性和最高真理合一的真心爲萬法生起的本原,宣揚真心本原説。

華嚴宗的真心範疇有以下幾項含義:

"真如本覺"。法藏説:"言海印者,真如本覺也。妄盡心澄,萬象齊現。猶如大海因風起浪,若風止息,海水澄清,無象不現。"㉓ "海印",即海印三昧,又稱海印定。佛教稱這是佛説《華嚴經》時所入的禪定,一種深沉的瞑想境界。此時,過去、現在、未來一切法都同在一心中印現,一如淵深莫測的大海,湛然印現出一切景象。這裏法藏是以真如本覺來説明海印三昧的境界。真如本覺是一種複合概念,真如是海印三昧境界的真理,本覺是心的能動的覺體。佛的海印三昧境界,就是真如(真理)與本覺(主體性)的合而爲一,就是理與心的一體無間。真如本覺與《大乘起信論》的心真如相當,既是真理,又是主體性。澄觀稱本覺爲"靈知之心",宗密也稱"本覺真心"。"靈"即昭昭不昧,"覺"即"了了常知"。本覺就是主體心的思維、智慧、覺悟。華嚴宗人認爲,海印三昧境界、真理與主體心是統一的,也就是説真心包括了真理與心兩個方面。

心是"真源"。《華嚴經》卷十《夜摩天宮菩薩説偈品》云:"心如工畫師,畫種種五陰,一切世界中,無法而不造。如心佛亦爾,如佛衆生然,心佛及衆生,是三無差別。"㉚據此,華嚴宗稱主體心是能造者,世界中一切法,以及佛與衆生是所造者,若心悟如來藏就是佛,心迷則爲衆生。心、佛、衆生三者,由於緣起而有染净之別,但心的自體都是一樣的,即都有真心在,從這層意義上説,三者在本質上是無差別的。可見,作爲能造者的"心",其本質是指真心而言。法藏説:"真該妄末,行無不修;妄徹真源,相無不寂。"㉛"真",真如。"妄",妄念。"妄末",指虚妄現象。與妄末相對舉的"真源",指究極根源,真實本原,也即真如心,真心。是最高主體性與最高真理的合一。法藏認爲,衆生若還歸真源,則一切相都寂滅,從而也就解脱得道了。

　　由上可知,華嚴宗人所講的真心,其内涵是主體與真理兩個方面,其功能是能造諸法,其定位是包括衆生、佛等宇宙諸法的真源。

　　華嚴宗人繼承《大乘起信論》的真如緣起説,提出了"性起"("法性緣起")的重要觀念。認爲宇宙萬法的生起,都依於作爲最高主體性的真心的體性。宗密界定性起的涵義説:

　　　　性起者,性即上句真界,起即下句萬法。謂法界性全體起爲一切諸法也。法相宗説真如,一向凝然不變,故無性起義。此宗所説真性,湛然靈明,全體即用,故法爾常爲萬法,法爾常自寂然,……一切諸法,全是性起。則性外更無別法,所以諸佛與衆生交徹,净土和穢土融通。法法皆彼此互收,塵塵悉包含世界。相即相入,無礙熔融,具十玄門,重重無盡,良由全是性起也。……依體起用,名爲性起。㉜

"真界",真如,法界。"十玄門",以十個方面來説緣起。所謂性起是稱萬法依真心真性而起,是真心真性的作用。這裏的性即法性,真性,是理,又是心。宗密批評:"法相宗説真如,一向凝然不變",即真如只是理,而不是心,真如就静止不動,不能顯起萬法。華嚴宗"所説真性,湛然靈明",即真性不單是理,而且是心,能發揮功用,造起諸法。真心真性是體,依體起用,是爲性起。

　　華嚴宗人强調真心能隨緣成就染净諸法却又保持自身不變。法藏在《華嚴一乘教義分齊章》卷四説:"且如圓成,雖復隨緣成於染净,而恒不失自性清净,只由不失自性清净,故能隨緣成染净也。猶如明鏡,現於染净,雖現染净,而恒不失鏡之明净。只由不失鏡明净故,方能現染净之相。以現染净,知鏡明净;以鏡明净,知現染净。……當知真如,道理亦爾。"㉝真如心能現起相對的染净諸法,但不會爲諸法所染而失去清净自性。也就是説,真如心是一絶對的清净的主體性。

　　如上所述,華嚴所講的性起,是佛在海印三昧中的顯示,是佛證得真心真性的表現,是未證得真心真性的衆生所不能達到的境界。也就是説,華嚴宗的性起是佛的理想境界,是佛所成就的最高價值,也是衆生應當努力追求的神聖目標。

　　從宇宙論哲學的角度考察,真心真性作爲本體而生起功用,顯現爲全體染净現象,那麼真心真性也就是宇宙萬法的本原。宗密就以真心真性爲本原來説明人的産生根源。他詳細地描述了本原真心真性是怎樣逐漸産生出人的生命的：

> 謂初唯一真靈性，不生不滅，不增不減，不變不易。衆生無始迷睡，不自覺知。由隱覆故，名如來藏，依如來藏，故有生滅心相。所謂不生不滅真心與生滅妄相和合，非一非異，名爲阿賴耶識。此識有覺不覺二義。依不覺故，最初動念，名爲業相。又不覺此念本無故，轉成能見之識及所見境界相現。又不覺此境從自心妄現，執爲定有，名爲法執。執此等故，遂見自他之殊，便成我執。執我相故，貪愛順情諸境，欲以潤我；瞋嫌違情諸境，恐相損惱。愚癡之情輾轉增長，故殺盜等心神，乘此惡業，生於地獄鬼畜等中。復有怖此苦者，或性善者，行施戒等心神，乘此善業，運於中陰，入母胎中稟氣受質，氣則頓具四大，漸成諸根；心則頓具四蘊，漸成諸識。十月滿足，生來名人，即我等今者，身心是也。[34]

“中陰”，衆生生死輪回過程中，從這一世到下一世的過渡階段。“氣”，指元氣，“四大”，地、水、火、風。“四蘊”，受、想、行、識。這是以真心（如來藏）緣起爲根本，結合中國固有的氣的思想，來説明人的衍生過程：如來藏→阿賴耶識（覺與不覺）→不覺→法執、我執→心神行善業→入胎稟氣成人。人的終極本原是真心（如來藏），依真心而有根本識及其活動，隨着其中不覺悟因素的發展，又形成各種執着，進而導致形成貪瞋癡三種基本煩惱，染污損害身心。若是心神（意識）作惡業，則生爲畜生、餓鬼，甚至進地獄受懲罰，若心神行善業，則投入母胎中，由氣逐漸變成眼、耳、鼻、舌、身，又由心逐漸形成各種心理現象，經過十月懷胎，誕生爲人。這就是説，真心是人的肉體與精神的共同終極本原。

華嚴宗還宣揚絶對主體“真心”實有與現象世界虛妄的思想。法藏在《修華嚴奥旨妄盡還源觀》中闡説的六種觀法，前兩種“攝境歸心真空觀”和“從心現境妙有觀”，[35]都論及真如（真心）的真空和妙有這兩種特性：認爲從遠離一切妄念執着，不生不滅，不增不減的層面看，真如是真空；從常住不變，即作爲現象世界成立的依據而真實有的層面看，是妙有。真空妙有，相即相依，不一不二。這是論定現象世界的本原真心既是真空又是妙有，而真空是就遠離執着意義上説的，可以説，真空妙有説的實質是肯定真如（真心）的實有。

華嚴宗一面肯定真心的實有，一面又强調現象界的虛妄。如智儼説：“三界虛妄，唯一心作。”[36]宗密也引用《大乘起信論》的話，説：“三界虛僞，唯心所作。離心則無六塵境界，乃至一切分別：即分別自心，心不見心，無相可得。故一切法如鏡中像。”[37]這是説，生死流轉的欲界、色界、無色界三界，從現象上看似有實態，實質上是主觀的心識向外投射的顯現；若是主觀的心識不起分別造作，三界當即歸於空寂。所以説，現象世界是無自性的、虛妄不實的。宗密還明確的指出，原始物質（元氣）的根源是心：“究實言之，心外的無別法。元氣亦從心之所變,屬前轉識所現之境。"⑧元氣是識所變的境界之相,即是客觀世界的現象。宗密還就心怎樣變成物質世界解釋説:"心既從細至粗,輾轉妄計,乃至造業;境亦從微至著,輾轉變起,乃至天地。"⑨天地是心妄念執着而造業的結果,客觀物質世界歸根到底是主觀心識作用所生起的現象。

宗密還以真心本原説爲坐標,在《原人論》中對儒、道、佛三家的本原思想作了總結與批判。他批評儒道二教的大道本原説和元氣本原説是"迷執",而佛教學説雖不像儒、道二教那樣"執迷",但也有"偏淺"之處,也應當批評。他把佛教分爲人天教、小乘教、大乘法相教、大乘破相教和一乘顯性教,認爲前四種是"偏淺"的,並分別作了評論。⑩

(一)對人天教的批判。人天教認爲,衆生或生於人間,或墮爲禽獸,這都是過去造"業"的結果。可是,誰是造業者,又誰是受業報者呢? 如果是我身心造業,那死後是誰在受報呢? 如果説是後身受報,那"豈有今日身心造罪修福,令他後世身心受苦受樂? 據此,則修福者屈甚,造罪者幸甚。如何神理如此無道?"宗密認爲,人天教的因果報應一套道理過於粗陋,没有真正説明人生受苦和來世成佛的道理。

(二)對小乘教的批判。大乘教認爲,身由地、水、火、風"四大"構成,心有受、想、行、識的精神現象。在宗密看來,這種説法是承認物質與精神都是實際存在,而和身心本無的道理相抵觸,是不正確的。

(三)對大乘法相教的批判。大乘法相教認爲,世界萬物包括人類在内,都是"唯識所變,識爲身本。"一切現象都是虛妄的,只有識是真實的。但是由識所變的一切現象既然是空的,能變的識怎麽是不空的呢? 宗密認爲這是一個矛盾,在他看來,一切現象既然是虛妄的,識也應當是虛妄的。

(四)對大乘破相教的批判。大乘破相教指出法相教的理論矛盾是"所變之境既妄,能變之識豈真?'宗密認爲指出這一點是很正確的,"心境皆空,方是大乘實現。"但是也還存在問題,心境皆空,知空者又是誰呢? 破相教把一切都破光了,衆生成佛就失去了主體,佛教的理想世界也被破除了。宗密强調説,真實的佛教世界就是通過虛幻的現實世界而顯示出來,佛就存在於衆生之中。破相教是"但破執情,亦未明顯真靈之性。"破相教只是破除妄執,而没有講顯示真靈之性的佛理。這個"真靈之性"是人類和世界萬物的最高本原,也是衆生個人成佛的内在根據。宗密認爲,華嚴宗是一乘顯性教,闡明了破相教所没有講的道理,代表了佛教的最高、最圓滿的真理。

於此也可見,對人生、宇宙的終極本原的揭示、認識,是宗密評判儒、道、佛三教和佛教内部諸派的理論正誤、高下的標尺。在宗密看來,關於本原的學説是佛教最高、最根本、最重要的學説,這顯然是與中國傳統的重視探索人生、宇宙根源的思想框架吻合一致的。應當指出,華嚴宗人的真如緣起論、真心本原説,是和印度《華嚴經》講的"真如"、"唯心"思想不盡一致的。該經認爲"真如"是不受熏染的,"唯心"是就衆生解脱的關鍵在"心"的意義上講的。從總體上説,印度佛教不僅不宣揚真如緣起説,甚至還加以排斥;衹有在印度佛教中不占重要地位的如來藏説,才與真如緣起説有相通之處。

# 七、禪宗的自心本原説

禪宗繼承《大乘起信論》的心説,進一步突出心是超越的主體性的思想觀念,闡發心的體用學説,宣揚心是人生和宇宙的根源,也是禪的本原。禪宗的自心顯萬法的本原説,既有鮮明的宗教實踐意義,也有一定的哲學本體論意義。這裏我們着重論述的是後者。

禪宗典籍所講的心、自心、真心、心性、自性、真性,其基本涵義是相同的,都是指主體性而言。值得注意的是,禪師們有時也把心與道、理、佛性佛身,結合起來視爲一事。如大照禪師説:"心是道,心是理,則是心外無理,理外無心。心能平等,名之爲理;理能照明,名之爲心。"[41]理是心的平等無別,心是理的照明作用。這種心理合一的思想形態,標示真理與主體的合一,既使真理含有主體活動的意義,又使精神主體含有超越的意義,從而與理、心爲單純的空寂意義不同,具有不空的意義。臨濟宗創始人義玄對心作了這樣的描述:

> 心法無形,通貫十方。在眼曰見,在耳曰聞,在鼻嗅香,在口談論,在手執捉,在足運
> 奔。本是一精明,分爲六和合。[42]

"六和合",指衆生的身、口、意、戒、見、利六個方面的和同愛敬。這是説,心是無形無狀的,它普遍地彌漫於宇宙全體之中。心即衆生主體活動,表現爲眼、耳等六個方面的和合、協調。衆生的心是超越的主體性。

禪宗視自心爲超越的主體性,以此作爲成佛的根據,並全面地肯定自心,以之爲人生與宇宙的根源:

> (弘忍)爲説《金剛經》,至'應無所住而生其心',慧能言下大悟:一切萬法不離自性。
> 遂啓祖言:何期自性本自清净,何期自性本不生滅,何期自性本自具足,何期自性本無動
> 搖,何期自性能生萬法。[43]

"自性",此即自心。這是説自心是本自清净、本自具足、不生不滅的超越主體性。一切萬法都不離自心而存在,自心能生起一切萬法,自心是一切萬法生起和存在的本原、本性。禪宗還着重論述了心的本體與功用的關係問題。慧能説:

> 汝若欲知心要,但一切善惡都莫思量,自然得入清净心體,湛然常寂,妙用恒沙[44]。

"心體"、"妙用",即心的體用。這是説,對一切事物不起善惡的分别,是體現心體的要訣。若

能這樣去做,心體就既能保持寂然的狀態,又具有恒河沙數般的無量妙用。

如上所述,禪宗講的心是超越的主體性,那麽,心體又是指什么呢? 在這方面禪宗内部各派的界説並不一致。如神會、宗密的荷澤一系强調"寂知指體"㊺認爲空寂之知是心體,是净心的體性。空寂之知即心靈不昧的靈知,相當於佛的智慧,是衆生本來就具有的。這就是説,心即超越主體性是以知爲根本、本原。洪州宗一系則强調心體的空虛性、無限性。如唐末黄檗希運就説:"心體如虛空相似,無有相貌,亦無方所。"㊻"盡十方虛空界元來是我一心體,縱汝動用造作,豈離虛空?"㊼"此心無始已來,不曾生,不曾滅,……猶如虛空,無有邊際,不可測度。"㊽這是説,心體猶如虛空一樣,在時間上是無始無終,在空間上是無邊無際,在大千世界中是唯一真實不虛的。希運還强調此心是不可言説的,是不得以知去解説的:"此心不在内外中間,實無方所,第一不得作知解。只是説汝如今情量盡處爲道,情量若盡,心無方所。此道天真,本無名字,只爲世人不識,迷在情中,所以,諸佛出來説破此事。"㊾認爲若是排盡迷情,心就不局限在内外中間,就無方所,也不得作知解了。反對荷澤宗人以知爲心體的觀點。在希運看來,心、心體是虛空的、無限的、真實的絶對本體。由上可知,禪宗講的心體並不是指精神實體,而是指空寂的精神主體,對於這種精神主體,有的禪師强調其智慧性,有的則突出其虛空相。

作爲人生與宇宙、禪修與成佛的本原的心體,又有那些功用呢? 心體與功用是什么關係呢? 這主要有三個以下方面的内容:

(一)本原與迹象。心體作爲本原能顯示自身,在時空方面呈現爲迹象。慧能説:"於自性中,萬法皆見(現)。"㊿"自性"即自心。意思是自心能顯現萬法,萬法都是自心的顯現。希運也説:"山河大地,日月星辰,總不出汝心;三千世界,都來是汝個自己。"[51]世界萬物就是自己的心,就是自心的展現。衆生若是起心,就會示現出種種事物:"心生種種法生,心滅種種法滅。故知一切諸法皆由心造,乃至人天地獄六道修羅盡由心造。"[52]這裏説的"心生"、"心造",是指心的表現、實化、成就的意思。其中,如山河大地、日月星辰是衆生起心的顯現,是心體由潛存狀態轉爲實化狀態,是心本原在空間的表現。再如人、天、地獄等是與自心的修持直接相關,是自心作用的不同結果與體現。此外,佛的法身與應身的關係,也突出地表現了本原與迹象的體用關係。法身作爲覺悟的主體性,爲了教化衆生,示現爲種種應身。應身的種種教化衆生的活動,其源頭來自佛的法身,法身是應身的本原。道一説:"法身無窮,體無增減。能大能小,能方能圓,應物現形,如水中月,滔滔運用,不立根栽,不盡有無,不住無爲。有爲是無爲家用,無爲是有爲家依。"[53]法身富於變化,應物現形,極爲神秘。法身無爲,是有爲應身的所依。

(二)含藏與功用。心體既是顯示迹象的本原,也是真理、功德、能力以及邪惡教説的含藏貯存之處。真理、功德、能力展現爲種種功用,而對衆生發揮教化、轉化的作用,邪惡教説則使衆生執迷不悟。慧能説:"自性含萬法,名爲含藏識。思量即轉識,生六識,出六門,見六塵,是三六十八。由自性邪,起十八邪;若自性正,起十八正。若惡用即衆生,善用即佛。用由何等?由自性。"⑤⑭"自性"即自心。自心包含一切法,一切法都是自心的起用。若自心是正是善,就表現出種種妙用;若自心是邪是惡,則會表現出種種執迷。衆生表現如何,在迷在悟,都決定於自性,決定於自心。

(三)體用同一無別。禪宗還强調體與用是同一的東西,只是狀態不同而已。體是本原、含藏、隱蔽的狀態,用是迹象、功用、顯現的狀態。道一説:"理事無別,盡是妙用,更無別理,皆由心之回轉。……種種成立,皆由一心也。建立亦得,掃蕩亦得,盡是妙用,盡是自家。非離真而有立處,立處即真,盡是自家體。……行住坐卧,悉是不思義用。"⑤⑮這裏的"理"即體,"事"即用。理事無別,都是心的回轉,即心的不同狀態,實是同一的東西。行住坐卧也是本體的妙用,本體的顯現。希遷也説:"靈源明皎潔,枝派暗流注,執事元是迷,契理亦非悟。"⑤⑯"靈源"即心,"枝派"即物。這是從心物、理用關係來論體用關係。意思是説,心是清净明洁的,由心生出的枝派(物)因爲與心貫通不明顯,所以是"暗流注"。但心物都是佛性的表現,本是一體,畢竟是貫通的。如果不了解心物的一體關係,執着於事物就會迷惑,僅僅契理(心)也不是真正覺悟,只有把兩者聯繫貫通起來,才是真正的覺悟。

禪宗把心作爲人生宇宙的本原,是和探求成佛的根源分不開的。禪宗追求生死不染,去住自由的理想境界,認爲要達到這種境界,不應泛泛地走迂回曲折的道路,而應直截了當地把握成佛的根源。他們認爲,這個根源就是衆生的心地,就是自心、本心,而現實的日用云爲,就是心地的純任自然表現。由此禪師宣揚自心是佛的思想,如馬祖就説:"汝等諸人各信自心是佛,此心即是佛心。……心外無別佛,佛外無別心。"⑤⑰此心指虚妄心,不是清净心。這是説,當前的實現凡心,就是成佛之所在。衆生不應離開當前的生滅的妄心去追求成佛,而應使妄心經過圓融的禪修程序以成就爲佛。希運進一步説:"唯此一心即是佛",⑤⑱"性即是心,心即是佛,佛即是法。"⑤⑲此心指清净心,清净心是成佛心,就是佛性,佛當是内在於、包含於此清净心中。清净心是成佛的内在根據,從這種意義上説,心也就是佛,就是佛法。

宋代正統儒家對佛教的心起萬法的唯心論作出回應,張載批評説:"釋氏(佛教)不知天命,而以心法起滅天地,以小緣大,以末緣本,其不能窮而謂之幻妄,真所謂疑冰者與!"⑥⑳張氏的批評得到了二程的贊同:"釋氏推其私智所及而言之,至以天地爲妄,何其陋也!張子厚尤所切齒者此耳。"⑥㉑明清之際的思想家王夫之也贊同張載的觀點,在《張子正蒙·太心篇注》中説:"釋氏謂'心生種種法生,心滅種種法滅',置之不見不聞,而即謂之無。天地本無起滅,而以私意起滅之,愚矣哉!"⑥㉒張載、二程和王夫之都認爲,佛教視世界爲虚妄,如同夏蟲疑冰,是不懂得自然界變化的必然性(天命)。佛教説天地萬物是由於人心而有生滅,這是將小的東西(心)當作大的東西(天地)的本原,是把枝節的東西當作了根本的東西。張氏等人的評論帶有一定的合理性,但是從認知的角度,以感性認識的大小來比喻和説明"物"與"心"的關係,顯然過於粗疏,不能真正揭示"物"與"心"的多重關係,從而也難以説明天地萬物的客觀性質。

綜上所述,我們可以就中國佛教的心本原説的哲學地位、理論進路、基本内涵和主要特點作一簡要的小結。

一、中國佛教心本原説有一個演變和發展的過程,大體來説,它先是以氣、道、本、無、法性爲本體,後來突出了理的本體意義,並將理與心結合起來(也有不結合的),最後確立以心爲本體,爲返本歸源的宗教修持提供本體論的根據。隋唐時代的天台宗、法相唯識宗、華嚴宗和禪諸宗都以心(或識)爲本原,就是中國佛教經過漫長探索,在本體學説上的最後歸宿。這足見心本原説在中國佛教本體哲學乃至整個中國本體哲學中的地位。應當肯定,中國佛教學者是着重從宗教認識和實踐的需要出發,論述心本原的,它的認識論和實踐論的意義是主要的;但是,人並不能離開客觀世界而孤立存在,也不能離開客觀世界而獲得解脱,事實上,心與物,心與外部世界的關係,也納入中國佛教學者的哲學視野之中,構成爲心本原説的重要内容,因此心本原説也具有宇宙本體論的意義。中國佛教心本原説,是以本原論本體,即在本原的意義上論本體。心是衆生的本原、成佛的本原,乃至宇宙萬法的本原,就是中國佛教心本原的全部哲學意義。

二、中國佛教心本原説的理論架構與理論進路有二大系統:一是,一方面突出心與理結合,一方面又突出心的覺性内涵,借以構成衆生普遍具有、永恒不變的真心本原説,後經過真心與妄心内在關係的解構,最後形成了以自心、平常心爲本原的學説。《大乘起信論》和天台宗、華嚴宗、禪宗,是這一系的理論構造者和倡導者。二是,着重探討深層潛意識——第八阿賴耶識的性質與功能。應當説,這都是人類哲學思維的重要成果,其間包括了本體思維的智慧與體驗。

三、中國佛教心本原説的基本内涵,在於闡明心與衆生、心與佛、心與色或物(色與物相通而不相等)的三組關係。中國佛教學者認爲,心作爲本原、本體,有其功能、作用,這種體用關係表現爲本原與迹象、含藏與功用,以及同一不二等多重關係,並分別在心與衆生、佛、色或物的關係上,以這樣或那樣的形態表現出來。

四、中國佛教心本原説與印度佛教、中國哲學的相關學説,既有相同之處,也有顯著的差別。大體説來,中印佛教都重視心本原説的闡揚,也都傾向於破除心實體説,強調心的空無自性。但是,印度佛教偏於妄心本原説,中國佛教則着重闡發真心本原説;印度佛教重視心本原説的轉換,中國佛教則較强調返歸本原。中國佛教哲學同中國道家哲學一樣,也重視本體論的探索,這是中國佛教受中國固有哲學影響的結果。中國佛教心本原説與陸王心學相近,陸王心學是吸收佛學以及儒、道學説的結果。從整個中國哲學史來看,中國佛教首創心本原説,且居於最重要的地位。中國佛教的獨具特色的心本原説是值得認真深入總結的。

① 見《高僧傳》卷五,《竺法汰傳》,《大正藏》第 50 卷,第 354 頁下。
② 《續藏經》第 2 編乙第 1 輯第 23 套第 4 册 429 頁。
③ 《大正藏》第 45 卷第 163 頁上。
④ 《肇論·不真空論》,《大正藏》第 45 卷第 152 頁上。
⑤ 《奉法要》,《弘明集》卷十三,四部叢刊影印本。
⑥ 關於慧遠神不滅論思想,詳見《沙門不敬王者論·形盡神不滅五》,《弘明集》卷五,四部叢刊影印本。
⑦ 《弘明集》卷二,四部叢刊影印本。
⑧ 《弘明集》卷九,四部叢刊影印本。
⑨ 《大正藏》第 32 卷第 576 頁上。
⑩ 《大正藏》第 32 卷第 575 頁下。
⑪ 《大正藏》第 32 卷第 576 頁上。
⑫ 《大正藏》第 32 卷第 576 頁中。
⑬ 《大正藏》第 32 卷第 577 頁中。
⑭ 同上書,第 579 頁下。
⑮ 《大正藏》第 44 卷第 524 頁下、525 頁上。
⑯ 同上書,第 530 頁中。
⑰ 《續藏經》第 1 輯第 34 套第 4 册第 360 頁。
⑱ 《大正藏》第 33 卷第 778 頁中。
⑲ 《四念處》卷 4,《大正藏》第 778 頁中。
⑳ 《法華玄義》卷 5 下,《大正藏》第 33 卷第 743 頁下。
㉑ 《法華玄義》卷 1 上,《大正藏》第 33 卷第 685 頁下 ~ 686 頁上。
㉒ 《大正藏》第 46 卷第 54 頁上。
㉓ 《十不二門·色心不二門》,《大正藏》第 46 卷第 703 頁上。
㉔ 《摩訶止觀》卷 1 下,《大正藏》第 46 卷第 10 頁中。
㉕ 《法華文句》卷 2 上,《大正藏》第 34 卷第 21 頁上。
㉖ 《大正藏》第 39 卷第 2 頁下。
㉗ 《金光明經玄義拾遺記》卷 2,《大正藏》第 39 卷第 19 頁上。
㉘ 《大正藏》第 45 卷第 708 頁上。
㉙ 《修華嚴奥旨妄盡還原觀》,《大正藏》第 45 卷第 637 頁中。
㉚ 《大正藏》第 9 卷第 465 頁下。
㉛ 《修華嚴奥旨妄盡還源觀》,《大正藏》第 45 卷第 637 頁下。
㉜ 《華嚴經行願品疏鈔》卷 1,《續藏經》第 1 輯第 7 套第 5 册第 399 頁。
㉝ 《大正藏》第 45 卷第 499 頁上、中。
㉞ 《原人論》,《大正藏》第 45 卷第 710 頁中。
㉟ 詳見《大正藏》第 45 卷第 640 頁上。
㊱ 《華嚴一乘十玄門》,《大正藏》第 45 卷第 518 頁中。
㊲ 《禪源諸詮集都序》卷上二,《大正藏》第 48 卷第 405 頁下。
㊳㊴　《原人論》,《大正藏》第 45 卷第 710 頁下。
㊵ 同上書,第 708 頁上——第 710 頁上。以下凡此處引文不另注明出處。
㊶ 《大乘開心顯性頓悟真宗論》,《大正藏》第 85 卷第 1278 頁中。

㊷　《鎮州臨濟慧照禪師語録》，《大正藏》第 47 卷第 497 頁下。

㊸　《六祖大師法寶壇經·行由品第一》，《中國佛教思想資料選編》第 2 卷第 4 冊第 34 頁，中華書局 1983 年 6 月版。

㊹　《六祖大師法寶壇經·護法品第九》，《中國佛教思想資料選編》第 2 卷第 4 冊第 61 頁下，中華書局 1983 年 6 月版。

㊺　《圓覺經大疏鈔》卷 3 之下，《續藏經》第 1 輯第 14 套第 2 冊第 279 頁。

㊻　《黃檗斷際禪師宛陵録》，《大正藏》第 48 卷第 386 頁中。

㊼　同上書，第 387 頁上。

㊽　《黃檗山斷際禪師傳心法要》，《大正藏》第 48 卷第 379 頁下。

㊾　同上書，第 48 卷第 382 頁下。

㊿　《壇經》〔二○〕，《中國佛教思想資料選編》第 2 卷第 4 冊第 11 頁。

○51　《黃檗斷際禪師宛陵録》，《大正藏》第 48 卷第 385 頁下。

○52　同上書，第 386 頁中。

○53　《馬祖道一禪師廣録》，《續藏經》第 2 編第 1 輯第 24 套第 5 冊第 406 頁。

○54　《壇經》〔四五〕，《中國佛教思想資料選編》第 2 卷第 4 冊第 24 頁。

○55　《馬祖道一禪師廣録》，《續藏經》第 2 編第 1 輯第 24 套第 5 冊第 406 頁。

○56　《參同契》，見《景德傳燈録》卷 30，《大正藏》第 51 卷第 459 頁中。

○57　《江西道一禪師》，《景德傳燈録》卷 6，《大正藏》第 51 卷第 246 頁上。

○58　《黃檗山斷際禪師傳心法要》，《大正藏》第 48 卷第 379 頁下。

○59　同上書，第 381 頁上。

○60　《正蒙·大心》，《張載集》第 26 頁，中華書局 1978 年 8 月版。又，末句，張載自注云："夏蟲疑冰，以其不識。"意謂與夏蟲不可語冰也。

○61　《程氏外書》卷 7，《二程集》第 2 冊第 394 頁，中華書局 1981 年 7 月版。

○62　《張子正蒙注》第 130 頁，中華書局 1975 年 9 月版。

# 林希逸《莊子口義》知見版本考述

楊　黛

　　魏晋以來,歷代《莊》注都有其獨自特色。這些注本中的大部分,對于正確認識和評價莊子學派的學說都作出了或多或少的貢獻,有的本身就是獨立的哲學著作,但終嫌艱澀難讀。南宋林希逸的《莊子口義》(一名《莊子鬳齋口義》)是一部不引他家、專述己意的著作。它從理學觀點出發探討莊子學說,并發揚光大本門學派(艾軒學派)的風格,在訓詁和文論方面有所創新。特別是作者能靈活地運用俗語俗事,使難懂的《莊子》變得比較通俗易懂、饒有趣味。

　　《莊子口義》作于寶祐六年(1258),但《宋史·藝文志》、《文獻通考·經籍考》、《二十五史補編·宋史藝文志補》、《明史·藝文志》中均未著録,不知何故。《四庫全書總目》卷一四六頁1246《莊子口義》條認爲林希逸以章句求莊子義,所見頗陋,不及郭象、王雱、吕惠卿注。但也肯定了作者能循文衍義,不作艱深之語,剖析尚爲明暢的特點。

　　《莊子口義》在宋末已經刊行,元、明皆有刻本,且流傳較廣。如明孫應鰲《莊子要删》、釋德清《莊子内篇注》、清胡文蔚《莊子吹影補注》、宣穎《南華經解》等都推崇林希逸。特別是它在十四世紀時就傳入了我國的東鄰朝鮮、日本。福永光司在《道教與日本文化》中説道:"日本江户時期(1611—1868)的老莊學,是由室町時期(1393—1596)的禪僧繼承當時的老莊學,并叙述宋時林希逸的《老子口義》以及《莊子口義》等開始的。"可見其影響是較大、較廣并跨越國際,在中朝、中日文化交流上起了重要作用的。

　　爲此,筆者認爲有必要對林希逸的著作及其《莊子口義》知見版本作些考述,以期引起我國《莊》學者的注意。

## 一、林希逸著作概況

### 經類

　　《考工記解》二卷,存。

　　按:《四庫提要》卷十九頁 152《考工記解》條下云:"……唐有杜牧注,宋有陳祥道、林亦之、王炎諸家解,今并不傳。獨希逸此注僅存……希逸注明白淺顯,初學易以尋求,且諸工之事非圖不顯。希逸以三禮圖之有關于記者,采摭附入,亦頗便省覽。故讀周禮者,至今猶傳其書焉。"

《春秋三傳》十三卷,佚。

按:《宋史·藝文志》卷二百二頁 5066 記載有陳藻、林希逸《春秋三傳正附論》十三卷;《福清縣志·藝文類》記載有《春秋三傳》十三卷;《福清縣志·道學類》、《閩中理學淵源考》卷八頁20、《宋人傳記資料索引》頁 1387 記載有《春秋正附篇》;《宋元學案》卷四十七頁 8 記載有《春秋》;《融霞·歷代福清人物志·南宋部分》記載有《春秋三傳正附論》。據《宋元學案》雲濠按,《春秋》已佚。

《春秋義》一文,存。

按:《南宋文範·作者考下》頁 21、《鬳齋續集》(四庫全書·集部)均載此文,係作者少年時作品。

《易講》四卷,佚。

按《萬姓統譜》卷六十四册 956 頁 974(文淵閣四庫本)、《閩中理學淵源考》卷八頁 20、《宋元學案》卷四十七頁8、《宋人傳記資料索引》頁 1387 記載有《易講》四卷;《融霞·歷代福清人物志·南宋部分》記載有《易外傳》、《鬳齋易義》。據《宋元學案》雲濠按,《易講》已佚。

**子類**

《三子口義》,存。

按:《三子口義》爲《老子口義》、《莊子口義》、《列子口義》合刊本。因版本不同,卷數而異。元朝時始有劉辰翁批點的《鬳齋三子口義》合刻本,明時有《三子口義》合刻本。但《四庫全書》只收安徽采進的《莊子口義》十卷本。詳見本文《莊子口義》知見版本章節。

**集類**

《竹溪集》九十卷

按:此書爲林希逸詩文全集,各書記載不盡相同。《福清縣志·藝文類》記載有《竹溪集》九十卷;《閩中理學淵源考》卷八頁 20 記載有《竹溪稿》;《宋元學案》卷四十七頁 8 記載有《鬳齋集》;《宋元學案補遺》卷四十七頁 31 記載有《竹溪文集》,《宋詩紀事》卷六十五頁 1625 記載有《鬳齋續集》、《竹溪十一稿》;《宋人傳記資料索引》頁 1387 記載有《鬳齋續集》、《竹溪稿》;《融霞·歷代福清人物志·南宋部分》記載有《竹溪續集》。可見,《竹溪集》實包括《鬳齋前集》六十卷和《鬳齋續集》三十卷二部。現分爲二條述之:

1　《鬳齋前集》六十卷,佚。

按:《宋史·藝文志》記戴有《鬳齋前集》六十卷。《四庫提要》卷一六四頁 1409《鬳齋續集》條下云："《宋史·藝文志》載希逸有《鬳齋前集》六十卷,久佚不存";《宋元學案》卷四十七頁 8 雲濠按:《鬳齋前集》六十卷佚;《南宋文範·作者考下》頁 21 亦云:"其《鬳齋前集》已佚不傳。"

2 《鬳齋續集》三十卷,存。

按:《四庫提要·鬳齋續集》條下云:"惟此續集謂之竹溪十一稿者,尚有傳本,即此三十卷也。"又云:"凡詩五卷,雜著一卷,少作三卷,記二卷,序一卷,跋一卷,四六三卷,省題詩二卷,輓詩一卷,祭文一卷,墓志二卷,行狀二卷,學記四卷。其門人福清林式之所編,共十三卷,而謂之十一稿,不詳其故,或十中存一之意歟。"《提要》記載共計二十八卷,比總數少了二卷。查文瀾閣四庫全書本《鬳齋續集》:"學記四卷"實爲六卷,與三十卷之數相符。再查文淵閣本,"四六三卷"實爲四六二卷(即卷十四、卷十五),另有"啓"一卷(即卷十六);"學記"亦爲六卷,與三十卷之數吻合。《提要》記載數字誤矣。

《竹溪十一稿詩選》一卷;《心游摘稿序》一文,存。

按:讀畫齋正本《江湖後集》載有《竹溪十一稿詩選》二十六首詩目,實不載詩作;讀畫齋正本《南宋群賢小集》中之《竹溪十一稿詩選》俱收。此二書均收林希逸爲劉翼《心游摘稿》作的序文。《江湖後集》前有欽定四庫全書提要,云檢《永樂大典》所載"江湖前、後、續集等"而成;《南宋群賢小集》系參考兩個宋本輯成。(參見顧修《讀畫齋重刻〈南宋群賢小集〉目次識語》;南宋六十家小集》汲古閣景鈔宋本,古書流通處據群碧樓藏本景印本,鄧邦述序和陳乃乾序。)筆者曾持《南宋群賢小集》、《江湖後集》與文瀾閣四庫全書中《鬳齋續集》對校,發現《鬳齋續集》中無《竹溪十一稿》中任何詩作,也無《江湖後集》、《宋詩紀事》序言中所提的劉克莊爲《竹溪十一稿》作的序跋,然《後村先生大全集》卷九十六頁 13 有《竹溪集》序。因而,筆者認爲《竹溪十一稿》應是《竹溪集》之《鬳齋前集》中部分作品。《宋詩紀事》載林希逸著有《鬳齋續集》、《竹溪十一稿》是正確的,而《四庫全書》以及《提要》把《鬳齋續集》誤作《竹溪十一稿》,故不明何以稱爲"十一稿"。

《水木清華詩》一卷,《山名別集》

按:《後村先生大全集》卷九十四頁 10、卷九十六頁 6 分別有劉克莊爲此二種所作之序跋;《融霞·歷代福清人物志·南宋部分》記載有《水木清華詩》一卷。此二種與《鬳齋前集》是何關係,今難定矣(筆者未曾發現此二種的詩作與文章)。

# 二、《莊子口義》知見版本

一、宋咸淳五年(1269)建寧刊《莊子鬳齋口義》本,十卷。釋音一卷。半頁九行,行十八字;小字雙行。黑口,左右雙邊。有刻工姓。正文中有雙行小字釋音。諱"恒、慎、玄"字。正文前有林同序,次林經德莊子後序,次陳夢炎序,次林希逸莊子鬳齋口義發題,次徐霖景説跋,次目錄。其中陳夢炎序(咸淳五年作)云:"此板舊鋟于樵,翻閲則便,巾笥爲難,今本之大者中之,字之疏者密之,使一覽義見,亦猶余得之易也。"可知此宋本非初刻,前此當有更爲早者。正文後的釋音一卷是所見《莊子口義》版本中釋音最多,最全面的材料,共有二十二頁另三行。此書全文共計四百三十四頁,有蠹蝕殘破,抄補,内二頁抄配(卷三共三十九頁,第十四頁係抄配;卷六共四十六頁,第四十六頁係抄配),北京圖書館藏。

二、宋刊《莊子鬳齋口義》本。黑口,半頁十一行,行十八字。(據楊守敬、李之鼎《增訂叢書舉要》。)

三、宋刊《莊子鬳齋口義》本。臺灣國立中央研究院藏。[①]

四、元刊《莊子鬳齋口義》十卷。半頁十行,行二十一字;小字雙行。黑口,左右雙邊。無刻工姓名。正文前有林同序,次林希逸莊子鬳齋口義發題,次林經德莊子後序,次目錄。正文中有雙行小字釋音。諱"恒、慎"字,但諱"慎"字不嚴。全書後無釋音部分。北京圖書館藏。

五、元刊《莊子鬳齋口義》十卷。半頁十行,行二十一行;小字雙行。黑口,四周單邊。無刻工姓名。正文中有抄配,無雙行小字釋音。諱"恒、慎"字,但諱"慎"字不嚴。正文前有林希逸莊子鬳齋口義發題,次徐霖景説跋。正文後無釋音部分。(注:僅卷十行有雙行小字釋音一頁,疑補刻。)北京圖書館藏。

六、元刊《莊子鬳齋口義》十卷。半頁十行,行二十一字。白口,左右雙邊。無刻工姓名。諱"恒"字。正文前有林希逸莊子鬳齋口義發題,次目錄。正文後有林經德莊子後序,次林同序,次徐霖景説跋。無釋音部分,但正文中有雙行小字釋音。北京圖書館藏。

七、元刊《莊子鬳齋口義》十卷。半頁十行,行二十一字。白口,左右雙邊。無刻工姓名。正文前有徐霖景別紙抄寫之跋,次林希逸鬳齋口義發題。正文有日本文字眉批,朱藍筆圈點。諱"恒、慎"字,但諱"慎"字不嚴。正文後有林同序,次林經德莊子後序。無釋音部分。北京大學圖書館藏。

八、元刊《莊子鬳齋口義》十卷。半頁九行,行十八字。白口,左右雙邊。天津人民圖書館藏。

九、元刊《莊子鬳齋口義》殘本。存卷三、五、六三卷。北京圖書館藏。

十、元刊劉辰翁批點《鬳齋三子口義》本。臺灣國立中央圖書館藏。

十一、元刊《莊子鬳齋口義》十卷。半頁十行,行二十字。黑口,左右雙邊。版心上記字數,下有刻工姓名。正文後有林經德莊子後序,次徐霖景説跋。序目及卷一、卷三係江户時代初期補抄;卷二、卷四、卷五有墨書"借大昌天隱和尚本點之頭書亦然"手識。日本大東急紀念文庫藏。

十二、明刊《莊子鬳齋口義》十卷。附釋音一卷。半頁十一行,行十八字,白口,四周單邊,有刻工姓名。山東省博物館藏。

十三、明正德年間胡旻活字刊《三子口義》本。日本静嘉堂文庫藏。

十四、明正德十三年(1518)賈泳活字排印本《莊子鬳齋口義》十卷(卷一、卷二抄配莊子原文,無口義)。釋音一卷,計七頁。半頁十行,行十八字。白口,左右雙邊。天頭有讀者眉批。外篇卷四有抄配八頁,卷七《田子方》、《知北游》、《庚桑楚》各有抄配一頁。正文後有汪偉跋。北京圖書館藏。

十五、明嘉靖刻本《莊子鬳齋口義》十卷。釋音一卷,計八頁。半頁十行十八字。白口,左右雙邊。有刻工姓名。正文後有林經德莊子後序。浙江圖書館藏。

十六、明嘉靖四年(1525)張士鎬刻本《重刻三子口義》十五卷,内《莊子口義》十卷,附釋音一卷。半頁十行,行十八字。白口,左右雙邊,有刻工姓名。北京大學、吉林大學、河北大學、湖南師院、上海圖書館藏。

十七、明嘉靖四年(1525)汪汝璧重刻《鬳齋三子口義》本,共十四卷,内《莊子鬳齋口義》十卷,附釋音一卷。半頁十行,行十八字。白口,左右雙邊。有刻工姓名。正文前有林希逸莊子鬳齋口義發題,正文後有林經德莊子後序,次汪偉三子口義後序。天一閣藏。

十八、明隆慶四年(1570)陳氏積善堂刊《京本標題鬳齋三子口義》。(據嚴靈峰《莊子知見書目》。)

十九、明萬曆二年(1574)施觀民刻本《鬳齋三子口義》二十一卷,内《莊子口義》十卷。附釋音一卷,計七頁。半頁十行,行二十二字;小字雙行。白口,左右雙邊,有刻工姓名,正文前有林希逸莊子鬳齋口義發題。北京、首都、上海、中國科學院、北京大學、華東師範大學、杭州大學、延邊大學圖書館藏。

二十、明萬曆二年(1574)張四維敬義堂刊,陳以朝校《三子口義》、《莊子補注》本十五卷,内《莊子口義》十卷。附釋音一卷,計七頁。半頁十行,行二十二字。白口,四周單邊。無刻工姓名。第一卷第一頁署有:宋寶謨閣直學士主管玉局觀鬳齋林希逸注,吏部左侍郎兼翰林院學士鳳磐張士維補,賜進士工部營繕司員外郎鳳隅陳以朝校。正文中有雙行小字"補注"係張士維校錄;"義海總論"係《義海纂微》。中國科學院、暨南大學、北京大學、北京師範大學圖書館;遼寧、湖南省圖書館,臺灣國立中央圖書館藏。(注:北師大一部無釋音部分。)

二十一、明萬曆四年(1576)陳氏積善堂刻本《三子口義》四十二卷。内《莊子口義》三十二卷。半頁十行,行十九字。黑口,四周單邊。鄭州大學圖書館、桂林圖書館藏。(注:三十二卷本與其他十卷本內容一致,分卷不同而已。但無釋音部分。)

二十二、明張四維補,萬曆五年(1577)何汝成刻本《三子口義》十五卷。內《莊子口義》十卷,釋音一卷。半頁十行,行二十二字,白口,四周雙邊。北京圖書館、北京大學、吉林大學圖書館藏;日本內閣文庫藏(原德川幕府紅葉山文庫藏)。

二十三、明萬曆九年(1581)陳楠刊《鬳齋三子口義》北京大學、清華大學、四川大學藏。

二十四、明萬曆十年(1582)徐常青刻本《莊子南華真經》三卷。半頁十行,行二十一字。白口,四周雙邊。有刻工姓名。第一卷第一頁署有:宋鬳齋林希逸口義,次須溪劉辰翁點校,次明荆州唐順之釋略;次後學徐常吉輯梓。全書實不分卷。正文前有萬曆壬午徐常吉序。該書除點校外,還有大量解釋。每段以[劉云]爲主;較多地選輯了[林云],即林希逸莊子口義;[唐云]較少;亦有"愚按",則爲徐說。每段正文末有雙行小字注音,全書末無釋音部分。中國科學院圖書館藏。

二十五、明刊《南華經》十六卷評點本。四色套印,半頁八行,行十八字,白口,四周單邊。第一卷第一頁署有:晋子玄郭象注,輯諸名家評釋;宋林鬳齋口義,劉須溪點校,明王鳳洲評點,附陳明卿批注。天頭有不同顏色的字分別代表林希逸口義輯文,劉須溪點校,以及王鳳洲、陳明卿的評點批注。正文前有武進徐常吉撰文。北京、上海圖書館、北京大學、中央黨校、北京師範學院、中國科學院、中山大學、廣東省社會科學院圖書館、天一閣藏。

二十六、明小築刊《劉須溪九種》本。日本國會圖書館內閣文庫藏(據嚴靈峰《莊子知見書目》)。[②]

二十七、中武林鬱文瑞尚友軒刊本《鬳齋三子口義》。北京圖書館藏。

二十八、清覆刊明嘉靖四年張士鎬刻本《重刻三子口義》十五卷,清丁丙跋。南京圖書館藏。

二十九、清覆刊明刻四色套印本《南華經》十六卷。晋郭象注;宋林希逸口義;劉辰翁點校;明王世貞評點,陳仁錫批注;清張照批校,莫棠跋。北京市文物局藏。

三十、清乾隆間《四庫全書》鈔本《莊子口義》十卷。安徽巡撫采進本。

三十一、《南華真經口義》,道藏本(洞神部·玉訣類)。北京、上海、南京、浙江等圖書館藏。

按:浙江圖書館一部係民國十三年八月上海涵芬樓影印本,半頁十行,行十七字,正文前有林希逸莊子口義發題;正文後有林經德南華真經後序,次徐霖景說跋,次林同序(未署作者名)。無釋音部分。分三十二卷。《道藏》有悠久的歷史,就明代講,永樂時成祖敕第四十代天師張宇初纂校《道藏》,英宗正統九年(1444)始行刊板,詔通妙真人邵以正督校,即重加訂正,增所未備。至十年(1445)刊校事竣,是爲《正統道藏》。《南華真經口義》(即《莊子口義》)

屬正統道藏之内,亦明正統刻本,當在張四維、施觀民諸本之先,亦明本之精者。

三十二、朝鮮本《句解南華真經》十卷,附李士表《新添莊子十論》一卷。半頁十行,行十七字。四周單邊。大字,綫裝朝鮮活字本。正文前有目録,次林經德莊子後序,次林希逸《句解南華真經發題》。無出版年代處所。句解形式:一句下有高麗句讀,《口義》之文基本完整,但偶爾有不同于中文版次序之處,有些是輯主要的詞句。釋音在文中,雙行小字,無專門釋音卷章。北京大學圖書館藏。

按:嚴靈峰《莊子知見書目》注云:作者崔岦,朝鮮通川人,字立之,號簡易。明萬曆乙卯進士;李朝明宗辛酉文科狀元,官至刑曹參判。明宗二十二年卒,年七十四。著作年代:一五六七年(即明隆慶元年)。朝鮮咸興活字排印本。

三十三、日本寬文五年(1665),日本風月莊左衛門刻本《莊子鬳齋口義》十卷。半頁八行,行十六字。天頭約有二寸多,用來釋正文。四周單邊,白口。無刻工姓名。無釋音部分。正文前有林同序,次林希逸鬳齋莊子口義發題,次穆陵宸翰,次目録,正文後有林經德莊子後序,次徐霖景説跋,次李士表述《新添莊子十論》。後注出版年代處所:寬文五己乙歲孟秋吉祥日風月莊左衛門開板。北京師範大學圖書館。

三十四、朝鮮《南華真經》活字排印本。日本尊經閣文庫藏。

以下據嚴靈峰《莊子知見書目》:

三十五、日本刊《頭書莊子鬳齋口義》本。

三十六、日本寬永己巳六年風月宗知刊《莊子鬳齋口義》本。

三十七、日本寬文癸卯三年刊《莊子口義棧航》本。

三十八、日本元禄癸未十七年刊《莊子口義大成俚諺鈔本》。③

三十九、日本刊《句解南華經》本。楊守敬觀海堂舊藏。

以下據日本東京大學文學部中國哲學科池田知久先生提供:

四十、日本寬永六年(1629),日本京都風月屋宗知刊本《莊子鬳齋口義》十卷,附李士表《新添莊子論》。

四十一、日本萬治二年(1659),日本吉野屋兵衛刊本《莊子鬳齋口義》十卷,附李士表《新添莊子論》。

四十二、日本萬治三年(1660),日本山本洞雲鈔本《莊子口義諺解》十一册。

四十三、日本寬文元年(1661),日本人見壹刊本《莊子鬳齋口義棧航》。

四十四、日本寬文三年(1663),日本京都山屋治左衛門刊本《莊子鬳齋口義》十卷,附李士表《新添莊子論》。

四十五、日本寶曆十二年(1762),日本渡道蒙庵刊本《莊子口義愚解》二卷二册。④

四十六、日本享和三年(1803)刊《莊子鬳齋口義大成俚諺鈔》十九卷。

四十七、日本明治二十三年(1890),排印本《莊子俚諺鈔》。⑤

---

① 《增訂四庫簡明目録標注·莊子口義》條續録云:"曾見宋本二部,一歸周叔弢,一歸鄧孝先,行款不同,周本爲佳。鈔本。"但周一良先生説周叔弢先生生前藏書中并無此宋本。周所藏善本已全部捐獻北京圖書館。那么,邵章所提及的鄧氏書是否即臺灣國立中央研究院藏本;臺灣所藏是否鈔本,情況不明。

② 同書上條云:"明刻希逸序,又趙秉忠序(星治)。"筆者不曾見此版本。

③ 福永光司《道教與日本文化》中言及譯述者爲毛利貞齋。

④ 池田知久先生注:題爲《莊子愚解》的五册抄本,係明和六年(1769)抄寫。

⑤ 池田知久先生注:此爲《漢籍國家解全書》之九,改題爲《莊子俚諺鈔》,由抄本排印。

# 葉德輝的政治生涯與學術活動

張 承 宗

## 一、政治生涯

葉德輝,字奐份(一作煥彬),號直山,一號郋園,[①]是一位維護封建統治的古文學者,同時又是一位著名的藏書家與版本目錄學家。他的父親葉浚蘭,字滌賢,號雨村,原是江蘇吳縣洞庭東山一個以種植枇杷、販賣水果爲業的小商販,當太平天國革命戰爭進至蘇浙地區時,帶着家小遷至湖南,在長沙落户繼續經商。清同治三年正月十四日(1864年2月21日),葉德輝生。[②]他八歲入小學,幼讀《四書》、《説文解字》、《資治通鑑》及朱熹《五朝名臣言行録》等書,接受封建文化。十五歲時,一度棄學經商,但爲時很短,未三月就重入學,習八股試帖。十七歲入岳麓書院深造,學業大進。經其業師湘潭人徐崎雲介紹,捐銀二百兩入學官,遂取得湘潭縣籍。光緒十年(1884),考入縣學附生,次年鄉試中式舉人。十二年(1886),"以公車偕計入都。"[③]十八年(1892),"成進士,以主事用,觀政吏部",[④]不久即以乞養爲名,請長假回籍。

由於葉德輝鄉試時的房師謝雋杭是王先謙的門生,葉稱王爲太老師,並深得王的賞識。王先謙是同治四年(1865)進士,曾授翰林院編修,歷官國子監祭酒、江蘇學政等職,在家鄉長沙有一定聲望,他遇事必與葉德輝商議,從此葉家"門户日啓",[⑤]官府漸知其名。葉德輝在王先謙的提挈下,很快成爲湖南有名的權紳之一。

在戊戌維新變法運動中,葉德輝從維護古文經學的立場出發,是一位堅決的反對者。他對維新派在湖南舉辦的時務學堂百般破壞,還針對康有爲《長興學記》、梁啓超《讀西學書法》、《〈春秋〉界説》、《〈孟子〉界説》以及徐仁鑄的《輶軒今語》,分别寫了《〈長興學記〉駁議》、《〈讀西學書法〉書後》、《正界篇》和《〈輶軒今語〉評》等文章,集中攻擊維新派提倡的新學和西學。這些文章於光緒二十四年(1898)九月,收入王先謙門人蘇輿所編的《翼教叢編》。所謂"翼教","大旨以黜康學、翼孔教爲主方。"[⑥]王先謙對這部書極爲推崇,認爲它"于康、梁造謀、湖南捍亂,備詳始末。"[⑦]章太炎在次年十月所撰的《〈翼教叢編〉書後》一文中,則認爲:"是書駁康氏經説,未嘗不中窾要,而必牽涉政變以爲言,則自成其瘕疒有而已。"[⑧]章太炎在學術上雖然贊成古文經學,但對葉德輝的政治態度顯然是不滿的。

　　戊戌變法失敗後,湖南新政瓦解。光緒二十六年(1900),唐才常在武漢領導自立軍起義,被張之洞鎮壓。湖南巡撫俞廉三與王先謙、葉德輝緊密勾結,大索黨人。次年,葉德輝奉俞廉三之命,將有關自立軍起義事件的官方諭旨、奏牘、告示、批札及中外報刊的評論編成一書,名曰《覺迷要錄》。在這本書中,他根本抹煞新舊界限,因爲他認爲人情喜新厭舊,如承認新舊之説,則人們仍易受維新派"蠱惑",所以,唯有以封建正統思想爲準繩,只談所謂"順逆"。他在給俞廉三的信中説:"今日教士之法,惟有將新舊順逆四字剖析明白,使士林咸曉……朝廷應行之政不得謂之新,吾人應守之學不得謂之舊。……彼等之所爲乃逆也,非新也;吾輩之所爭乃順也,非舊也。"⑨俞廉三在復信中對葉德輝的這番議論大事恭維,誇獎葉的"功勞"不在攘斥佛老的韓愈之下。

　　宣統二年(1910),湖南發生嚴重災荒,米價飛漲。地主、豪紳、奸商不顧人民死活,乘機囤積穀米,謀取暴利,葉德輝也參與了這種投機活動。結果造成了嚴重的饑荒,激起了長沙饑民的暴動。清政府爲了緩和人民的反抗情緒,不得不予肇事官紳以懲處。湖南巡撫岑春萱被撤職,葉德輝也被革去功名。事後,葉德輝在致繆荃孫的信中,極力替自己的受"屈"申辯,並自詡他生平有三不怕:"不怕革職,不怕窮,不怕死。"又説:"今已革職,已半死,只尚未窮耳!爲富不仁,爲仁不富,究竟不能自主。"⑩

　　辛亥革命前夜,葉德輝從長沙逃往湘潭朱亭鄉下觀風待變。及得知革命軍正副都督焦達峰、陳作新被殺,立憲派領袖譚延闓爲湖南都督後,他回到了長沙。1912年10月,黃興到長沙,受到湖南人民的熱烈歡迎,衆議改小西門、坡子街爲黃興門、黃興街,以示崇敬革命元勳之意。黃興離長沙後,葉德輝即率同痞徒,大鬧坡子街,摘下黃興街的路牌,並撰印了一篇《坡子街光復記》的駢體文章,散發通衢,對黃興肆意誹謗。當時省會警察局長唐蟒(唐才常之子)以其擾亂治安,將葉逮捕,寄押在警察局候訊。旋即爲劣紳流痞聚衆强求保釋,擁回葉宅,後又由日本人掩護逃滬避風。

　　自從大鬧坡子街出走後,葉德輝"奔走上海、京師、道出漢口。"⑪當他回到長沙時,袁世凱已委任湯薌銘爲湖南都督。1915年,袁世凱公開進行其蓄謀已久的帝制活動時,葉德輝即伙同湯薌銘在湖南上表勸進。該年八月下旬,籌安會湖南分會成立,葉德輝被推爲會長。十月,湯薌銘召開所謂"國民大會",選舉所謂"國民代表",以爲將來舉行所謂"國民代表大會"、變更國體的基礎。葉德輝以"碩學通儒"的資格被指定爲"國民代表",投票贊成"君主立憲"。十二月,他又呈文袁世凱,提倡尊孔讀經,要求小學讀《論語》、《孝經》、《大學》、《孟子》,中學必讀《尚書》、《左傳》,聲稱:"倡明經術,即在此時,楷模人倫,期之元首。"⑫他還親自出馬,講授經學,並編寫《經學通誥》的講義,由湖南省教育會發行。這份講義凡六卷,卷一介紹經學流派,卷二至卷五是讀經的方法,卷六是求書簡明目(包括書目及版本)。[13]葉德輝維護古文經學,反對今文經學的基本觀點,在這份講義中得到了系統的表述。

1916 年,袁世凱帝制活動失敗,葉德輝不得不又一次離開湖南,到蘇州避居。避居期間,他日日往來於舊書鋪中,蒐訪古籍,結交書友,並參與原籍葉氏宗族的修譜活動。這段日子裏寫的文稿較多,後來由他自己彙編爲《郋園山居文録》二卷。

1919 年冬,葉德輝在避居蘇州幾年後又回到了湖南。其時,軍閥張敬堯正殘暴統治着湖南。他見葉回湘,即折節登門拜訪,並請葉長居湖南,以備顧問。張敬堯之弟敬湯時在湘任參謀長,助其兄爲虐,亦執簡奉葉,表示願爲門生。他們的逢迎,使葉極爲高興。1920 年六月,軍閥吳佩孚從衡陽北撤離湘後,張敬堯隨之被驅逐出湖南。同年十一月,趙恒惕任湘軍總司令。這一形勢變化一度使葉德輝大爲沮喪。1921 年,他到北京遊覽。這一年所寫文章,當即彙集爲《郋園北遊文存》一卷,由北洋政府的財政部印刷局用活字印出。次年,當他浮湘回長沙時,湖南軍政大權早已被趙恒惕在"自治"的名義下嚴密控制。

趙恒惕統治湖南期間,曾利用湖南人民長期苦于南北軍閥混戰,亟望擺脱戰亂、休生養息的思想,倡行省憲自治,以爲割據一省之張本。1923 年譚延闓奉孫中山命擬假道湖南北伐,遭到趙恒惕的抗拒,打了一場所謂護憲戰争。1924 年,吳佩孚爲了應付廣東革命勢力的挑戰,亟欲直接控制湖南,他多次派人説趙恒惕廢棄湖南省憲法。湖南政學系分子乃求援于章太炎,章太炎乃公開致電湖南省議會,鼓勵省議會堅持湖南省憲自治。葉德輝却與呈佩孚相呼應,三次致書章太炎,反對湘省自治,反對湖南省憲法,説:"湖南費百萬金錢,糜百萬屍骸者,皆爲省憲爲之厲階。"[14]他還將第一次致章太炎論省憲書印成傳單,廣事傳播,有些湖南報紙競相轉載,在地方軍政界中造成思想混亂,從而激起湖南省議會中一些"護憲派"議員的强烈不滿。他們要求趙恒惕政府令警察廳迅速拿辦毀憲分子葉德輝。由於省議會通過了決議,趙恒惕也不得不令省會警察廳下了一道拿辦葉德輝的命令,以敷衍省議會的面子而了事。

章太炎對葉德輝爲北洋軍閥效勞的行爲極爲不滿,他在看到葉德輝給他論湖南省憲的公開信後,在《復葉德輝書》中,斥葉"甘作譙周"。他逐點駁斥葉的"來書",並在"復書"中聲明"所望於湖南者,唯欲其保存自治,維護省憲,不與内亂諸賊同污。"他斥葉"悍然與全省軍民爲敵,此種倔强氣骨,不用之於項城稱帝之時,而用於桑梓瀕危之日,何其悖歟!"但是,章太炎還是把葉德輝看成"讀書種子",勸葉避地吳中,"吟咏自適"。[15]然而,葉德輝却並没有聽從章太炎勸告,他還是留在湖南,繼續注意窺測形勢的發展變化。

1924 年三月,蔣百里到長沙。葉德輝預感到新的革命風暴可能來臨,在一次某人宴請蔣百里的席上,他居然大談自己占卜如何靈驗,並替孫中山占卜。[16] 1925 年十月唐生智生日時,他不顧門人勸阻,專程去衡陽爲唐祝壽。[17]他認爲唐生智可能將是湖南政局中一個舉足輕重的實力派人物,所以要盡量設法與之接近,並拉攏關係。

在 1926—1927 年革命的高潮時期,湖南成了全中國革命風暴的中心。在這場革命的暴風驟雨面前,葉德輝仍然抱着"九死關頭來去慣"[18]的態度,我行我素,無所收斂。1926 年七月,當北伐軍兵臨長沙時,他策動糧行爲趙恒惕的死黨葉開鑫的部隊供應軍食。當北伐軍進入長沙後,他看到北洋軍閥大勢已去,又試圖在革命陣營中尋找新的關係。該年八月,蔣介石以國民革命軍總司令身份到達長沙,葉德輝意外地受到蔣的禮遇。他打消了原來出國講學避難的計劃,決心留在湖南待變。

當湖南農民運動蓬勃發展起來時,葉德輝對工農群衆施行惡毒攻擊。他起草了給段祺瑞、張作霖、吳佩孚、蔣介石、譚延闓等人的所謂湖南農民協會十大罪狀的電文(在發拍時爲電信局截留)。他還作了一副對聯:"農運宏開,稻粱菽麥黍稷,雜種上市;會場擴大,馬牛羊鷄犬豕,六畜成群。"另加橫批:"斌尖卡傀"四字,咒罵農民協會會員是"雜種"、"六畜",污蔑農運幹部"不文不武,不小不大,不上不下,不人不鬼。"極盡嬉笑怒罵之能事。

1927 年四月十二日,蔣介石在上海發動了反革命政變。消息傳到長沙,革命群衆群情激憤。爲了打擊反革命的囂張氣焰,四月十四日上午,湖南農工商學各界團體在省城教育會坪舉行了數萬人的反蔣示威和第二次鏟除反革命分子的示威大會,葉德輝遭到了革命群衆的嚴厲鎮壓。[19]

## 二、藏書與刻書

葉德輝在政治上雖無可取,但他以藏書名家,又以刻書著稱,其藏書室名"觀古堂",其"所著及校刻書數十百種,多以行世。"[20]在學術上有一定成就。

葉德輝之所以能成爲一個大藏書家,與其家學淵源和個人的勤於搜訪是分不開的。

據《吳中葉氏族譜》記載,葉氏家族的祖先,其六世祖葉夢得是宋朝的文學家與藏書家,對版本之學很有研究。葉氏的另一位先祖,"菉竹堂"的主人葉盛,是明朝的有名藏書家。明末清初,葉樹蓮之"樸學齋"、葉奕之"悤室",可"與絳雲樓錢氏、汲古閣毛氏相雄長。"葉德輝之父葉浚蘭雖以經商爲業,但"性耽書史及金石古泉幣",藏書也很多。從蘇州遷長沙時,將書籍"捆載來湘,雖天水舊刻(宋版書),僅有孑遺,而康、雍、乾、嘉江浙諸經師之書……多有單行善本",還有不少"世稱難得"的"經說文集。"[21]葉德輝出生於藏書世家,生活於吳楚之間。清朝的蘇州與長沙又都是經濟繁榮、文化發達、書肆林立、人文薈萃之區。這些,對葉德輝都有着一定的影響。他正是從祖上傳下來的唐宋人詩文集,明毛晉汲古閣所刊經史殘册,清代崑山顧氏、元和惠氏、嘉定錢氏諸遺書中,窺得了"著作門庭"。

光緒十一年(1885),葉德輝中舉。次年,"偕計入都",開始搜書。他在北京廠肆搜訪,購得了一批《皇清經解》中專本、單行之本及一些初印佳本。

光緒十二至十三年(1886—1887),葉德輝在長沙收羅到一批原袁芳瑛的"臥雪廬"藏書殘本。袁芳瑛,字漱六,湘潭人,清道光時曾任江蘇松江知府。他每次購得宋元刻本,或明清稀罕抄稿本,必親手批校題識標點珍藏之。每書殘失,必千方百計收齊補全,因而插架之富,冠湖南之首。袁芳瑛死後,其夫人將其藏書如數運回湘潭老家。葉德輝從"臥雪廬"藏書殘本中得到了不少宋元舊槧,其中較多的是孫氏祠堂之舊藏。這對於葉德輝來說,是很大的收獲,同時也提高了他搜訪書籍的興趣和識別古籍的能力。

光緒十五至十六年(1889—1890),葉德輝"再至都門",正遇上商丘宋氏緯蕭草堂、曲阜孔氏紅櫚書屋兩家所藏散在廠甸,他擇其目所缺載及刻有異同者購之,得二十箱,捆載南歸,其中有:明活字《太平御覽》與明萬曆甲辰重刻《太平御覽》,前後七子詩文,集部康、雍諸老藏校諸書。

光緒十八年(1892),葉德輝中進士後,謁歸里居,十餘年間得善化張姓書數櫥。張曾久宦山東,其中有王士禎池北書庫、諸城劉文清、歷城馬國翰玉函山房的故物。

光緒二十六年(1900)後,因王先謙的介紹,葉德輝與日本學者往來,時以他已刻叢書易彼國影刻宋元本醫書及卷子諸本,加上以他家所刻新書與國內一些朋友交換所得,收集的書籍越來越多。

1911年辛亥革命時,葉德輝的藏書"已得卷十六萬有奇,以重刻計之,在二十萬卷以外。"[22]該年冬天,他在湘潭朱亭鄉中避居,撰寫了《藏書十約》。在這部總結其藏書經驗,"以代家書"的專著中,他"舉歷年之見聞,證以閱歷之所得",從購置、鑒別、裝潢、陳列、抄補、傳錄、校勘、題跋、收藏、印記等十個方面講了藏書的注意事項,讓其"子孫守之。"[23]在該年寫的《憶藏書》一詩的附注中,他還說:"余藏書及四千餘部,逾十萬卷,重本別本數倍于四庫。宋本以北宋膠泥活字本《韋蘇州集》、金刻《埤雅》、宋刻《南嶽總勝集》、南宋刻陳玉父本《玉臺新詠》爲冠。元刻以邀繼公《儀禮集說》、婺州本《荀子》、大德本繪圖《列女傳》、張伯顏本《文選》爲冠。明刻至多,……此外舊刻孤本、名校集部,更不暇詳舉矣。"[24]

葉德輝的藏書雖然很多,但他並不滿足。在1912年寫的《書空集》中,他曾以《恨不讀永樂大典》、《恨不讀道藏》、《恨不讀敦煌石室藏書》爲題,寫了"三恨詩"。在詩中及詩前小序里,揭露了外國侵略者破壞、盜賣、掠奪中國文物圖籍的罪行,並對當時當權的"地方官吏漠無見聞,致使中國千年不傳之秘書淪于四裔"[25]表示痛心,一定程度上反映了他的愛國思想。

1916年,葉德輝將其藏書目錄彙編爲《觀古堂藏書目》,此爲葉氏"一生精力之所注",他自稱"分類與《四庫》不同",㉖其實它的分類法基本上與《四庫總目》、《書目答問》相似。經、史、子、集四大類,完全相同,只是在每大類內部的分類上略有增減,次序上略有變化而已。以"史部"爲例,葉氏分正史、編年、注歷、霸史、雜史、雜傳、政書、地理、譜係、簿錄、金石、史評等十二類。他將"紀事本末"附屬于"編年類",在"編年類"中再分"古史之屬"、"通鑑之屬"、"綱目之屬"、"紀事本末之屬",反映了他對史部書籍分類的看法。

在完成《觀古堂藏書目》的編撰之後,葉德輝又命其子佺將他收藏各書的題跋次第抄出,開始彙集編撰《郋園讀書志》,至 1926 年基本完成。次年,他被鎮壓後,由其子佺及弟子劉肇隅於 1928 年印於上海。

《郋園讀書志》凡十六卷,學術價值較高。在體例上,它援晁公武《郡齋讀書志》、陳振孫《直齋書錄解題》的體例,並採錢曾《讀書敏求記》及《四庫全書總目》存目提要之體,按經、史、子、集四部排列。於每書往往首載作者姓名、籍貫、仕履及著書大略,然後述授受之源流,及繕刻之異同。所以,它對鑒別古籍版本,是一部有用的參考書。在介紹版本的同時,葉氏還夾雜發揮一些他自己對時事、史事的評論,以表達其政治歷史觀點。例如:在《經義雜記》一書的題跋中,他將清代的經學劃分爲三個階段:第一階段爲漢學、宋學"並無鴻溝之劃","說經之書,未嘗顯標漢幟";第二階段爲"純粹"漢學;第三階段,"漢學既盛,又分今文、古文。嘉、道之間,劉逢祿得陽湖莊氏之傳,以公羊倡今文之學,龔自珍、魏源爲其門人,咸同諸儒遂承其習。"㉗盡管葉德輝反對今文經學,但他對清代經學三階段的劃分,還是反映了清代經學形式上的變化特點。

葉德輝的藏書,在他死後除極少一部分流散於社會上,絕大部分於抗日戰爭時由其子葉啓倬、葉啓慕賣給了日本人山本,現藏日本。㉘

葉德輝的刻書活動與其藏書事業是同時進行的。葉氏最早撰寫的刻書題跋,是光緒十五年(1889)撰於都門長沙郡館的《〈爾雅圖贊〉跋》。《爾雅圖贊》爲晉郭璞撰,明嚴可均集。嚴叙稱郭璞"博治工文,覃精術數,……殺身成仁。其爲贊也,窮物之形,盡物之性,羽儀經業,粹然儒者之言。"葉跋又盛贊嚴氏"抉擇之精,校讎之密,羽儀經傳,揖讓姬孔。"㉙十分明顯地反映了葉氏維護封建儒學的正統觀點。

光緒十八年(1892),葉德輝中進士,請假回鄉後,被湖廣總督張之洞委任爲湖北存古學堂分校及兩湖米捐局總稽查。他看到張之洞"闢兩湖書院……其崇祀鄉賢,以楚祖鬻子居首",於是,他很快校輯了《鬻子》二卷。在序言中聲稱"以鬻子之學治楚",其效必速於黃老之治漢、申韓之治蜀。㉚此書的刊刻意圖是很明顯的。但從此書本身的價值來看,還是可取的。《鬻子》一書,是我國古代"子書之始",相傳鬻熊爲周文王師,封爲楚祖。《漢書·藝文志》對此書有著錄。宋人高似孫《子略》、明人宋濂《諸子辨》及當代已故著名史學家顧頡剛主編的《古籍考辨叢刊》中亦均有介紹。而葉氏的這部二卷的輯本,校之《四庫》收録的一卷本,也確實顯得完備。此書的校輯,對研究與追溯楚文化的源流,是有價值的。

在校輯《鶡子》之後,葉德輝刻書日多,幾乎每年都要刻幾部書。這些書,或者以叢書的形式編刻,或者單行。

葉氏編刻的叢書,主要有:

《觀古堂所著書》,光緒二十八年(1902)印,三十三年(1907)重編,分爲兩集,包括《天文本論語校勘記》、《輯孟子劉熙注》、《輯蔡邕月令章句》、《古今夏時表》、《釋人疏證》、《山公啓事》、《古泉雜詠》、《消夏百一詩》等十七種。收入這部叢書的基本上都是葉氏自己所作的輯佚、專著及詩文。

《觀古堂彙刻書》,光緒二十八年(1902)印,三十四年(1908)重編,也分爲兩集,包括《三家詩補遺》、《爾雅補注》等二十一種。刻入這部叢書的基本上都是他人的著作。

《觀古堂書目叢刻》,光緒二十八年(1902)印,1919年重編,共收前人所撰書目十五種,價值較高,有助於版本目録學研究。筆者擬在本文第三段中作重點介紹。

《雙梅景闇叢書》,初版於光緒三十三年(1907),包括《素女經》、《素女方》、《玉房秘訣》、《玉房指要》、《洞玄子》、《天地陰陽交歡大樂賦》、《青樓集》、《板橋雜記》、《吳門畫舫録》、《燕蘭小譜》等。由於其内容涉及性學、娼妓、戲曲、優伶,歷來爲人們所詬病,認爲是誨淫之書。然而,因當時譚延闓曾爲叢書題簽,以爲推薦,故印銷甚多,獲利甚厚。若認真分析研究,則其中前五種涉及性學,是隋唐以前的古籍,《隋書·經籍志》曾著録,後來失傳了。北宋雍熙元年(984),日本人丹波康賴寫成一部《醫心方》,把上述五種書的内容都分門別類列入,並一一注明出處,才得以保存下來。直到清咸豐四年(1854),《醫心方》才在日本刊行於世。又過了半個世紀,葉德輝用自己的刻書跟日本學者交換,才從中輯録出這五種古籍。1973年長沙馬王堆漢墓出土帛書《養生方》、《雜療方》,竹簡《十問》、《合陰陽方》、《天下至道談》等,與上述五種書乃一脉相傳,均反映了中國古代的道家養生思想與性學知識。葉德輝素以衛道者自居,爲什麼又要刻印這些書呢? 在《新刊〈素女經〉序》中,他説:"今遠西言衛生學者,皆於飲食男女之故,推究隱微,譯出新書,如生殖器、男女交合新論、婚姻衛生學,無知之夫,詫爲鴻寶。殊不知中國聖帝神君之胄,此學已講求於四千年以前。即緯書所載《孔子閉房記》一書,世雖不傳,可知其學之古。又如《春秋繁露》、《大戴禮》所言古人胎教之法,無非端性情、廣嗣續,以盡位育之功能。性學之精,豈後世理學迂儒所能窺其要眇!"他把《素女經》看作"斯道之大輅椎輪",把性學研究和推廣看作有關民族興衰的大事,這與儒家傳統文化中講的"食色性也"、"夫婦者人倫之始"是並不矛盾的。

《麗廔叢書》,光緒三十三年(1907)印,1919年重編。麗廔即離婁,相傳爲黄帝時人,明目能察箋末於百步之外。葉德輝自稱"麗廔主人",並用來作書名,有自詡其善于識別版本之意。這套叢書所收包括《南嶽總勝集》、《七國象棋局》、《投壺新格》、《譜雙》、《打馬圖經》、《除紅譜》、《繪圖三教搜神大全》、《唐女郎魚玄機詩》、《修辭鑑衡》等九種,其中有的仿宋元善本影刻,有的仿明本影刻。刻得最精的要數南宋陳田夫撰的《南嶽總勝集》,這是一部輿地著作。葉氏請零陵老友艾作霖摹寫,刻時一依宋本舊式,刻成後曾以日本繭紙印十許部。書買在銷售時裁去葉氏所撰序言,以八十元銀洋的高價假冒宋本,居然還瞞過了素精輿地及版本之學的楊守敬,直到知道内情、深通版本目録之學的繆荃孫説明此書爲葉德輝所刻後,楊守敬才恍然大悟,懊恨莫及。㉛

除叢書外,葉德輝校刊的單行之書也是很多的,如光緒三十三年(1907)校刊的《石林燕語》,次年刊印的《元朝秘史》,宣統元年(1909)校刊的《避暑録話》,次年編輯的《宋趙忠定奏議》,1915年用活字排印的《通歷》,都是比較有價值的書。

《石林燕語》與《避暑録話》爲宋葉夢得所撰,書中記宋代掌故、典章制度、士大夫言行、宫殿建置、官制科目等,有一定史料價值。《石林燕語》卷八中關於唐以前書籍皆寫本及雕板印書並非始於馮道的兩則記載,對葉德輝研究版本學、撰寫《書林清話》有一定啓發。

《宋趙忠定奏議》是葉德輝對南宋名臣趙汝愚所上奏議的彙編。葉德輝對趙汝愚被韓侂胄傾軋、貶職遇害表示惋惜,認爲"國家之治亂,繫乎君子小人之進退。"㉜他在光緒三十四年(1908)曾輯《宋忠定趙周王别録》刊印。在《别録》之後,又彙刻《奏議》,確亦有補於史事。

《元朝秘史》原名《蒙古秘史》(忙豁侖,紐察,脱察安),成書於元太宗十二年(1240),由正集十卷、續集二卷組成。正集撰於元太祖成吉思汗時代,續集撰於元太宗窩闊台時代。原文是借用高昌書(委兀兒字母)寫成的蒙古文,早亡佚,撰者姓名亦不詳。到明代,宋濂等人修《元史》,因不懂蒙古文,未能利用此書。明成祖時,修《永樂大典》,將本書收入,已得《元朝秘史》之名,但其書分十五卷而無續集之目。此後,清代考史家錢大昕、藏書家顧廣圻、史地學家張穆、李文田等人對此書都有所研究。葉德輝刊印時所據的影抄元足本係文廷式鈔本,後來爲陳垣所藏。㉝葉氏刻本的訛誤雖在所難免,但其最大優點却在於它保持了元鈔本的特色,"書中原有墨綫橫記一仍其舊,其原有硃綫則刻爲雙行白綫,以示分别。硃綫者人名也,墨綫橫記者字音之長短斷續也。"㉞這種用漢字拼寫保存下來的蒙語音讀,便於後人進一步校勘重譯。1951年謝再善曾據葉氏所刊《元朝秘史》漢文音譯本還原成蒙古文,再由蒙古文翻譯爲漢文,由開明書店出版。1979年,内蒙古人民出版社又出版了道潤梯步用漢語重譯並加簡注的新本。書名都恢復了其原稱《蒙古秘史》。葉氏刻本的價值及其爲學術界所重視的程度於此可見一斑。

《通歷》一書原爲唐馬總撰,上起三古,下終隋代。宋孫光憲曾撰《續通歷》,輯唐至五代史事,以續馬書。此書在司馬光《通鑑》成書之前,開編年通史之先路。葉德輝所印《通歷》一書的祖本,爲吳門黄堯圃丕烈士禮居舊藏,係上海徐紫珊渭仁從黄抄過録,又經大興徐星伯先生松校正。該書凡十五卷而闕一至三卷,排印時由葉德輝之侄葉啓勳協助復校。因僅印二百部,印數太少,不易見到。對於此書的史料來源和史學價值,葉德輝在排印題記中有所論述,他説:"此書自第四卷兩晉起至隋止,多本唐太宗敕修《晋書》,《南》、《北》史,《十六國春秋》。十一卷唐至五代則本《舊唐書》、《舊五代》,但有删略而無異同,惟偶增異聞耳。今殿本中《舊五代》出自《永樂大典》各韻中,湖南馬殷諸子傳殘缺最甚。此獨一一完具,雖有删節,終可補《舊五代》之殘編。"葉德輝的介紹,爲史學史家研究《通歷》提供了參考。㉟

由於葉德輝藏書、刻書經驗豐富,精熟版本目録之學,1918 年商務印書館初擬刊印《四部叢刊》時,張元濟、繆荃孫、王秉恩等人曾向葉徵詢意見。葉提出"取世不經見之宋元精本縮印小册,而以原書大小尺寸載明書首"㊱的主張,得到張元濟的同意而得以施行。從 1919 年到 1922 年,在北京京師圖書館、南京江南圖書館與著名藏書家傅增湘及常熟瞿氏鐵琴銅劍樓主人瞿啓甲等人的大力支持下,《四部叢刊》陸續刊印出版。葉德輝爲印行這部《叢刊》撰寫了《例言》。爲了搜求善本,葉還通過日本友人白岩子雲龍平向静嘉堂借得宋本《説文解字》,使這部原屬歸安陸氏皕宋樓的藏書,終于得以編入《叢刊》,而與中國讀者重新見面。這是他在晚年對中國古籍出版事業所作的一個重大貢獻。

對於葉德輝的刻書成就,當代已故著名史學家謝國楨在《叢書刊刻源流考》中有所評論。他説:"葉氏爲湖南土豪,出入公門,魚肉鄉里,……論其人實無可取;然精於目録之學,能於正經正史之外,獨具別裁,旁取史料,開後人治學之門徑。"㊲謝老的這段話,對我們評價葉氏的爲人及其編刻書籍對史學的影響,都是十分恰當的。

# 三、版本目録學研究

目録之學,始於漢代劉向、劉歆之《別録》、《七略》及班固《漢書·藝文志》。晋代荀勖、李充,始分四部。唐宋兩代,經濟文化發達,隨着雕板印刷的發明和活字印刷術的出現,書籍繁多,版本目録之學隨之發達。除朝廷官簿及史志著録外,還出現了私家著録。元明清三代,刻印書籍更爲普及,私人藏書更爲便利,私家藏書目録增多,版本也越加講究。葉德輝在前人研究的基礎上,一生致力於版本目録學研究,他將其收集到的書目之精品彙編爲《觀古堂書目叢刻》,並撰寫了一部有系統的關於古代雕板書籍各項專門知識的專著《書林清話》。在他去世後,其遺著稿本《元私本考》、《〈書目答問〉斠補》、《校正〈書目答問〉序》又陸續刊出,對後人進一步了解與研究古籍版本有重要啓迪。

### （一）《觀古堂書目叢刻》

《觀古堂書目叢刻》是葉德輝校刊的十五種前人所撰書目的總稱。

葉氏最早刊印的書目，是梅鷟編的《明南雍經籍考》。光緒二十二年（1896），他在北京從劉笏雲學正抄得此書，於二十八年（1902）刊行。梅鷟曾著《古文尚書考異》，以攻僞孔各經。葉德輝認爲他“駁正《隋志》叙録《尚書》傳授之訛、文句之失”，“有功經傳”，故“爲乾嘉漢學諸儒所倚重”。⑱

光緒二十八年（1902），葉氏又刊印《絳雲樓書目補遺》附《静惕堂宋元人集書目》。《絳雲樓書目》係明末清初錢謙益所編，分七十三類。葉氏據鈔本刊行《補遺》一卷。《静惕堂書目》，清曹溶撰，收宋元人文集。王士禎《池北偶談》云其所載，“宋自柳開以下凡一百八十家，元自耶律楚材以下凡一百十五家。”葉氏所刊之本，“宋自徐鉉《騎省集》以下凡一百九十六家，元自元好問《遺山集》以下凡一百三十九家”，⑲比王士禎所見多四十家。

同一年刊印的還有《結一廬書目》，朱學勤撰，按經、史、子、集四部編排。朱氏是清咸豐時江南著名藏書家，其藏書大多是太平天國時因戰争而散亂之江南圖書。他另有《別本結一廬書目》，爲記載版本之書目，按版本之不同，分宋版、元版、舊版、鈔本、通行本，分類排列。葉氏曾手録此書目，上版於光緒二十一年（1895），正式刊行於辛亥革命之後。

光緒二十九年（1903）刊行的《宋紹興秘書省續編到四庫闕書目》，是葉德輝考證校刊的一部較重要的南宋官修書目。紹興爲宋高宗年號（1131—1162），《文獻通考·經籍考三十四》曾著録《秘書省四庫闕書目》一卷，引陳氏曰：“亦紹興改定。其闕者注闕字於逐書之下。”這部書目在部類排列上與北宋時官修的《崇文總目》不同，那就是它不按經、史、子、集排列，而是“經史之後，次以集部，再次以子部，”⑳所注“闕”字，則反映靖康之難，宋室南渡後朝廷藏書散佚的情況。北宋時修的《崇文總目》，清代通行的是錢東垣等據范氏天一閣鈔藏進行考證而編的輯釋本，僅有五卷、補遺一卷、附録一卷。至於《四庫全書》史部目録類所收十二卷本，則出自《永樂大典》，爲朝廷珍藏，當時民間是很難看到的。葉德輝在《刊〈秘書省續編到四庫闕書目〉序》中説：

　　《秘書省書目》則自宋浙漕司摹板後別無刻本，東南藏書家雖間有鈔存，而孤本單傳，海内學人無由共見。往余得丁氏遲雲樓鈔本，文多訛誤，然於宋諱缺避及脱爛空白之處皆無改移，是知其書傳授自古，必有依據。因仿錢氏考證《崇文目》之例，取宋人官私書目悉録以資校勘。其書名異同，卷帙多寡必詳載之，以見古書傳世之存亡，有宋一代朝野崇文之盛治。鄭樵《通志略》出自鈔胥，馬氏《文獻通考》第録舊目，棄而勿採，以劃鴻溝。家藏晁公武《讀書志》有衢州、袁州二本，今但據衢本，俾讀者易於掌握，以免煩亂。

葉德輝考證《秘書目》時，實際上依據的書目除晁氏《讀書志》外，還有尤袤《遂初堂書目》、陳振孫《直齋書録解題》、李淑《邯鄲圖書志》、王堯臣等《崇文總目》、陳騤等《中興館閣書目》、王應麟《玉海》、《舊唐書·經籍志》、《新唐書·藝文志》、《宋史·藝文志》及《道藏》等，亦有少量採用《文獻通考·經籍考》之處。葉氏考證的範圍有書名、作者、卷數、分類異同、避諱及撰述緣起等，如：

> 《唐太宗實録》四十卷。輝按：《晁志》、《玉海》四十八引《書目》、《宋志》編年類；《陳録》起居注類，並云許敬宗撰；《舊唐志》起居注類作二十卷，云房玄齡撰，又四十卷，云大聖天后撰；《新唐志》作《貞觀實録》四十卷；《崇文目》實録類作《正觀實録》四十卷，並云長孫無忌撰，改"貞"爲"正"，避宋仁宗嫌名。

這條按語，比較有代表性，考證之處已涉及到上述範圍中的前五個方面。又如：

> 《投壺格》一卷。輝按：《晁志》有溫公《投壺新格》一卷，云司馬光撰。舊有《投壺格》，君實惡其多取奇中者，以爲僥倖，因盡改之。

這條按語，說出了司馬光爲什麼要改編《投壺新格》的緣由。葉德輝對此書極其重視，曾刊刻於《麗廔叢書》中。

與錢氏輯釋《崇文總目》相比，葉氏考證《秘書省書目》遇到的困難要更大一些。因爲錢氏的輯釋工作，實際上是由錢東垣、錢繹、錢侗、金錫鬯、秦鑑等五人通力合作完成的，葉氏則是以個人之力，一手完成，所以他說："昔錢氏考證《崇文目》，集朋友兄弟之力而成書。余以孤陋混俗，外無同志佐其校讎，内無子弟助其繙檢，徒於雨宵月夕，廢寢攤書，掛漏必多，惴惴不敢問世。惟念斯文未喪，異説朋興，存此背時違俗之編，留爲守先待後之用。同文之治，余不得而見之；圖籍有靈，或不至有天水散亡之禍。是則余撰刊此書之意云爾。"[41]這種保存古籍，"留爲守先待後之用"的思想，反映了社會新老交替時代，篤守舊學傳統的知識分子的一種特有情愫與心態。

光緒二十九年(1903)，葉德輝又刊行《萬卷堂書目》，該書目爲明宗室朱睦㮮撰，分經、史、子、集四部，其史部分正史、編年、雜史、史評、起居注、奏議、官制、儀注、法家、譜傳、書目、地志、雜志，凡十三門。據其《自記》云："余垂髫時，即喜收書，然無四方之緣，不能多見多致。大梁又自金、元以來，屢經兵災，藏書之家甚少。……間或假之中吳、兩浙、東郡、耀州、澶淵、應山諸處，或寫録、或補綴，蓋亦有年，……信積書之難也。"[42]

次年，葉氏刊行《竹崦庵書目》，這是一本傳鈔書目。編撰者趙魏，字晉齋，清仁和(今杭州)人，以金石之學名家。阮元撰《積古齋鐘鼎彝器款識》，王昶撰《金石萃編》，皆援引推重，採録甚多。這本書目的特色是在史部中專列"金石"一類，這和清代學者對鐘鼎彝器研究的深入與金石學著作的增多是分不開的。

　　光緒三十二年(1906)，葉氏刊印《古今書刻》。其編撰者周弘祖，湖北麻城人，明嘉靖進士，《明史》有傳。此書目上編載各直省所刊書籍，下編録各直省所存石刻。其書《明史·藝文志》及各家藏書目均不著録。《四庫》未經採入，亦未存目，傳本甚少。葉德輝得之於日人井原真澄和白岩龍平，其上編曾附刻於島田翰所著之《古文舊書考》，而下編未刻。葉刻印此書目，以“抒懷舊之蓄念，發思古之幽情。”㊸兩年後，葉氏又刊黃虞稷、周在浚同編之《徵刻唐宋人秘本書目》。黃虞稷，字俞邰，明末清初人，先世泉州晋江，崇禎末流寓金陵，家富藏書，後入吳郡，與周友善，曾撰《千頃堂書目》，爲《明史·藝文志》所本。周在浚，字雪客，河南祥符(今開封)人，以刻書爲業，爲黃之好友。本書卷首印有紀映鐘、錢陸燦、朱彝尊、魏禧、汪楫五人所撰《徵刻唐宋秘本書啓》及張芳漫所撰《徵刻唐宋秘本書論略》。卷末附録曹溶《流通古書約》。葉德輝在序言中説：“余嘗以爲異書秘籍，爲人家藏，無由與世人共見，苟得見其書目，俾人人知此書之在人間，……故目録之學，不獨擴增聞見，亦且闡揚幽潜，如此目所傳即其明證也。余以暇日校録重刊，……安得顧千里、黃蕘翁一輩人更生於今日也耶！”㊹

　　1911年夏，葉氏刊朱彝尊《潛采堂宋元書目》，分“宋人集目録”與“元人集目録”兩部分。1915年冬，又刊明高儒撰《百川書志》二十卷。這部書目分四部九十三門，子目極詳。每書之下，略叙簡要。其中“史部”分爲二十一類，除正史、編年、起居注、雜史、史鈔、故事、傳記、職官、地理、時令、目録、譜牒之屬，皆與史志相同，而史詠、文史、野史、外史、小史諸編，爲其特創，其中著録的演義、傳奇等創作，是研究金、元、明文學史的重要材料。葉德輝盛贊高儒藏書之富，説：“明時武人喜藏書者，惟高儒與陳第二人。陳藏不如高氏之多，而其《世善堂書目》，鮑廷博已刻……簿録之學，所以考一代典籍之存亡。私家之藏，所以補一朝館閣之闕略。……此余於目録之書，所以終身好之而未有已也。”㊺

　　1918年，葉氏刊黃丕烈撰《求古居宋本書目》。黃丕烈，字蕘圃，乾隆舉人，是吳中著名藏書家；另一著名藏書家顧廣圻，字千里，曾爲之作《百宋一廛賦》，黃自爲之注。這本書目收宋本書一百八十七種，據其自題：“《百宋一廛賦》後所收俱登此目，内有賦載而已易出者，兹目不列。壬申季冬復翁記。”此目當成於嘉慶十七年(1812)冬。

　　1919年，葉德輝令其侄啓勳校刊《佳趣堂書目》。該書目爲清陸漻撰，不分卷。原書首列置書年歲，始於康熙十四年，終於雍正八年。各書目下或注某年所收，書目中有空白一、二行者，有空白十餘行者，表示求其書而未得，留餘行以待填補。另有《孝慈堂書目》，也是這一年葉德輝命其侄啓鋆校，於1921年刊印。該書目爲清王聞遠撰。王聞遠，字聲宏，號蓮涇，吳郡人。此書目分目繁瑣，綱目與子目混雜不分，頗與諸家不同，僅史部就分三十二門：正史、通史、編年、雜史、史學、史傳記、政事職官、謚法、國璽篆刻、家禮、職掌、律令、時令、寶貨器用、酒茗食名、樹藝豢養、遺逸、仙佛、校書、方輿郡邑、役行、屬夷、川瀆、名山、陵寢、名勝、人物、文獻、譜牒、姓氏、年譜、書目。這種著錄方式，對研究各種專史却是有用的。

葉德輝在二十多年時間裏，前後校刊書目十五種，彙編爲《觀古堂書目叢刻》，不僅對他人之研究有助，而且對他自己撰寫專著《書林清話》，無疑也是一種必要的準備。

### (二)《書林清話》及《書林餘話》

《書林清話》是葉德輝的代表作，可說是他一生研究版本目錄學經驗的總結。該書凡十卷，寫成於清末，後經三次修改，刊於 1920 年春。還有些他生前未完成的稿子，由其侄葉啓崟印行於 1928 年，稱《書林餘話》，分上下二卷。全書用筆記體的形式，提供了有關我國古代雕版書籍的各種知識，不僅叙述了唐宋以來刻版、活版、套色各種印刷方法的創始和傳播，而且對歷代刻書的規格、材料、工價、裝訂、鑒別、保存和宋元明清四代許多著名刻本的掌故都有所介紹，對研究中國書籍史和考訂古籍版本的真贋均有參考價值。

《書林清話》一開始，在"總論刻書之益"和"古今藏書家紀版本"之後，首先解答了書籍爲什麽要稱册、稱卷、稱本、稱葉(頁)、稱部、稱函等問題，大體展示了我國圖書由簡書到帛書，從鈔本到刻本的演變過程，然後着重探討了唐朝以來我國雕版書籍的歷史。

我國的雕版書籍，最早發明於唐朝，是宋代葉夢得首先發現，並在《石林燕語》中提出來的。葉德輝著《書林清話》時，采納了葉夢得的意見。他說："書有刻本，世皆以爲始於五代馮道，其實唐僖宗中和年間已有之。據唐柳玭《家訓序》云：'中和三年癸卯(883)夏，鑾輿在蜀之三年也，余爲中書舍人，旬休，閲書於重城之東南，其書多陰陽雜記、占夢相宅、九宮五緯之流。又有字書小學，率雕板，印紙浸染，不可(盡)曉。'是爲書有刻板之始。"葉德輝引柳玭的這段記載爲證據，並進一步提出："吾以爲謂雕版始於唐，不獨如前所舉唐柳玭《訓序》，可爲確證。唐元微之爲白居易《長慶集》作序，有繕寫、模勒、衒賣於市井之語，司空圖《一鳴集》九，載有爲東都敬愛寺講律僧惠確化募雕刻律疏。可見唐時刻板書之大行，更在僖宗以前矣。"[46]從現在已發現的唐咸通九年(868)王玠造的《金剛般若波羅蜜經》、唐乾符四年(877)的曆書、唐中和二年(882)刻的《劍南西川成都府樊賞家曆》以及 1966 年在南朝鮮南部慶州佛國寺釋迦塔内發現的漢字譯本《無垢淨光大陀羅尼經咒》，[47]都可以證明葉德輝的判斷是正確的。

關於刻版的來源，葉德輝認爲源於金石、墨拓，由於"石刻既繁，木版亦因之而出"，[48]到宋朝刻版極盛，名目繁多。葉德輝據各書考之，在《書林清話》中對各種刊刻之名義作了詳細介紹。北宋時畢昇始用活版印書，是我國書史中的一件大事，對世界文化有深刻影響。葉德輝曾以《韋蘇州集》爲例，具體描述北宋膠泥活字印本的特點，他說："北宋膠泥活字印本《韋蘇州集》，字劃橫竪波磔皆有齒痕，蓋由膠泥鍛字，不如梨棗受刀之快利也。"他在全文引録沈括《夢溪筆談》有關畢昇活字印刷術的記載後得出結論："據此則活版印書始於北宋，今以此書驗之，一一與沈書相合。"[49]除此以外，葉德輝還對南宋時代刻書的規格、用紙、用墨及刻本類別（官刻、家刻、坊刻）、刻書地點及有名書鋪作了詳細研究與考證。

和宋朝並存的遼金兩朝，是少數民族建立的政權。由於遼制書禁甚嚴，書籍流傳於後世者絕少，《書林清話》對遼代的圖書沒有記載。對"金時平水刻書之盛"，葉氏有明確記載，他說："金源分割中原不久，乘以干戈，唯平水不當要衝，故書坊時萃於此，而他處私宅刊本，亦間有之。"[50]平水，即今山西臨汾一帶，金時屬河東南路平陽府管轄，"金元之世，平陽立經籍所，故一時書坊印板，麕集於此。"[51]

《書林清話》考訂元代書籍情況較多。葉氏認爲：元代書院具備校讎、經費和易於流通等有利條件，刻本較精。私宅家塾刻書，亦不亞於宋代。書坊所刻之書，數量比宋刻多。他說："宋本以下，元本次之，然元本源出於宋，故有宋刻善本已亡，而幸元本猶存，勝於宋刻者"，所以，"不當震於宋刻之名"，對元刻也應珍重。[52]

元代圖書印刷的最大進步，是套色印本的出現。元至元六年（1340）中興路（今湖北江陵）資福寺刻無聞和尚注解《金剛經》，卷首靈芝圖與經注，用朱墨兩色套印，是現在所知的最早的木刻套印本。葉德輝沒見過這件珍貴文物，誤以爲"顏色套印書始於明季"，[53]顯然是錯誤的。

關於明代的書籍，葉德輝說："明時官刻書，推南北京監本爲最盛，南監多存宋監、元路學舊板。……北監多據南監本重刻，《十三經》、《二十一史》之外，罕見他書。"[54]明代刻本又一特點是諸藩府刻書極盛。由于諸藩被賜之書，多有宋元善本，可以翻雕，故比較精美。葉氏在《書林清話》中記載了藩府的名稱、堂名，如："晋府，寶賢堂，亦稱志道堂，亦稱虛益堂，又稱養德書院"，"徽藩，崇德書院"，"魯府，敏學書院，亦稱承訓書院"，"趙府，居敬堂，亦稱味經堂"，"德藩，最樂軒"等，[55]這些堂名都是周弘祖《古今書刻》所不載的，對考訂明代藩刻本有參考價值。

對於清代圖書情況，葉氏在《書林清話》中，主要記載了"內府刊欽定諸書"，"四庫發館校書之貼式"，"武英殿聚珍板之遺漏"，"無錫秦刻《九經》之精善"，"納蘭成德刻《通志堂經解》"，"阮元刻《十三經注疏》"，"乾嘉人刻叢書之優劣"等情況。還有"吳門書坊之盛衰"，"都門書肆之今昔"兩則筆記，表達了葉氏"俯仰古今，不勝滄桑之感。"[56]

由於葉德輝的主觀偏見和疏忽，《書林清話》在版本學上也存在一些謬誤，如卷五，"明人刻書之精品"中，他堅執自己所藏的九行本《鹽鐵論》是涂禎刻本，不相信涂刻是十行本。卷十，"日本宋刻書不可據"中，誤認爲楊守敬刻《太平寰宇記》是偽撰。在《書林餘話》卷上裏，由於他鈔輯時的疏忽，把做《〈讀書敏求記〉跋》的吳焯，誤以爲是字義門的何焯，因而把吳焯跟《讀書敏求記》的作者錢曾,誤認爲是同時代人。1936年,李洣在《文瀾學報》上刊載《〈書林清話〉校補》,糾正了葉氏在版本學上的不少謬誤,該文現已附印在古籍出版社1957年版《書林清話》之後,可供參考。

對於葉德輝《書林清話》的學術成就,我國近代許多著名學者有所評論。繆荃孫曾爲此書作序,說:"煥彬於書籍鏤刻源流,尤能貫串,上溯李唐,下迄今兹,旁求海外,舊刻精鈔,藏家名印,何本最先,何本最備,如探諸喉,如指諸掌,此《書林清話》一編,仿君家鞠裳之《語石》編,比俞理初之《米鹽》簿,所以紹往哲之書,開後學之派別,均在此矣。"[57]梁啓超在《國學入門書要目及其讀法》中,也曾將《書林清話》與《語石》並列在一起,認爲《書林清話》"論刻書源流及掌故,甚好。"[58]當代著名史學家陳垣則將葉昌熾的《藏書記事詩》與葉德輝的《書林清話》放在一起加以評論,他說:葉昌熾"找到了這麼多材料,却用詩表示出來,未免減低了價值。"顯然是惋惜葉昌熾缺乏著史之才,不知史書體例。對《書林清話》則說:"書是很好,祇是體例太差。"[59]葉德輝著的這部書,體例固然差,但畢竟還是以時代爲次,分類編排,勝過葉昌熾的《藏書記事詩》,給後人提供了很多方便。對於版本目錄學和我國書史的研究來說,確實是一部有用的好書。近人所撰的研究中國書史和版本目錄學的著作,如:姚名達《中國目錄學史》、余嘉錫《目錄學發微》、劉國鈞《中國書史簡編》、陳國慶《古籍版本淺説》、毛春翔《古書版本常談》、魏隱儒《古籍版本鑒定叢談》、來新夏《古典目錄學淺説》等等,幾乎没有一部不引徵葉氏所提供的材料。今天,我們有規劃地開展古籍整理工作,《書林清話》還是有值得借鑒之處的。[60]

### (三)《元私本考》與對《書目答問》的補正

葉德輝的遺著稿本《元私本考》(四庫版本考之一),連載於1930—1931年《武漢大學文哲季刊》第一卷第1—4號。葉氏生前曾撰《四庫全書總目板本考》二十卷,但一直未刊行。這篇分四期連載的作品,可能就是這部著作中的一部分。葉氏對元刻書極其重視,這篇遺稿考證的元版本僅限於經部,其中易類11種、書類12種、詩類11種、春秋類22種(以《左傳》爲主,《公羊傳》僅1種,反映了葉氏注重古文的學術傾向)、禮類13種、樂類2種、四書類12種、爾雅類34種、總類3種,合計爲120種書。對於同一部書的不同種版本,葉氏皆詳加考訂,說明其區別,如:

《書集傳》,宋蔡沈撰,六卷,□□本。《天禄書目》云:"此書與宋版《纂圖互注毛詩》、《周禮》體式相同。惟註字參差不齊,不能如宋槧耳。"

《書集傳》,同上,至正本。《天禄後編》云:"書序末有南谿精舍及至正乙酉鍾式'明復齋'鼎式墨印三。書末刻至正乙酉菊節虞氏明復齋刊。"

　　《書經集注》十卷，蔡沈集注，□□本。《孫氏鑒藏繼續編》云：“前有嘉定己巳蔡沈《序》，末附《書序》。據沈《自序》，四代之書，分爲六卷。各家書目，蔡沈《集傳》，俱作六卷。此本改《集傳》作《集注》，六卷作十卷，蓋坊間重刻本。書中亦附鄒近仁《音釋》。黑口。巾箱本每頁十八行，行十七字。”

　　《書集傳》六卷，蔡沈撰，□□本。《訪古志》有元槧麻沙本，云“後有麻沙劉氏南澗堂新刊本記。每半版十一行，行二十四字。”

　　《書集傳音釋》六卷，蔡氏集傳，鄒季友音釋，□□本。《訪古志》有元槧本，云“每半版十二行，行二十二字。”

對於元刻本中“鎸工古雅”、“筆畫工整”、“紙墨俱精”的佳本，葉氏均予表彰，如：《周易本義啓蒙翼傳》四卷本，《書傳輯録纂注》六卷，延祐本，《春秋諸傳會通》二十四卷，至正本，《春秋胡傳》三十卷，延祐本，《春秋集傳釋義大成》二十卷，至元本，《增修互注禮部韻略》五卷本，《大學衍義》四十三卷本，都堪稱上乘之佳本。對於“紙色稍差，未能瑩潔”，或“紙質黝厚”，墨色不如宋刻，或“版之長短無定，紙之質理亦粗”，或“板頗模糊”，或“紙色稍不及宋本，而墨氣頗佳，字畫較肥”的元版書，如：《尚書注疏》二十卷本，《儀禮圖》十七卷本，《說文解字》三十卷本，《古文韻會舉要》三十卷本，《漢隸分均》七卷本等，葉氏亦一一揭示。這對於人們鑒別善本，區分宋本與元本之差異，均有一定參考價值。

　　《〈書目答問〉斠補》，刊於1932年《江蘇省立蘇州圖書館館刊》第三號。據該刊編輯陳子彝説：該文係王佩諍據葉氏手訂本過録而成。原文其斠補處爲丹書旁注，刊印時爲便于印刷，將斠補之文改列行間，易爲墨書，而附以小規（即於旁加小圓圈），至原書類目及無關補注之書目版本，則從省略。

　　葉氏所做“斠補”工作，大體可分爲下列兩方面：

　　一、補正刻書時間或刻書人姓名，如：《十三經注疏》，阮文達公元刻附校勘記本，葉氏指明其時間爲嘉慶二十三年。《班馬異同評》三十五卷，宋倪思、劉辰翁評，葉氏指出其本爲明嘉靖丁酉福建李元陽本，糾正原作嘉慶之誤，並增明天啓甲子聞啓祥刻劉辰翁九種本。《聖武記》十四卷，魏源，通行大字小字兩本，葉氏補充説明：大字本道光二十二年刻，小字本道光二十九年刻。《野獲編》三十卷，明沈德符，明刻本，葉氏指出此書康熙庚辰桐鄉錢枋借朱竹垞藏鈔本分類編次刻之，道光丁亥錢唐姚氏扶荔山房重刻，明時並無刻本。

　　二、增列善本、鑒別版本之優劣或指出版式之異同，如：《元朝秘史》十五卷，闕名，道光間連筠簃刻本，葉氏説：余有影元本，分正集十卷，續集二卷，較楊刻多原譯本文，余已重刻矣。《麟臺故事》五卷，宋程俱，聚珍本杭本福本，葉氏説：此本不全，近陸心源十萬卷樓叢書刻有足本。《天下郡國利病書》一百二十卷，清顧炎武，葉氏指出：嘉慶十四年成都龍氏活字刻本不善,道光三年龍氏再校並《讀史方輿紀要》再刻之。《漢魏叢書》,葉氏指出:明程榮刻三十八種本最佳,清王謨刻八十六種又廣爲九十四種最劣。《世德堂六子》,明胡氏本,葉氏指出:原刻雙欄綫,重刻單綫。

葉德輝生前對《書目答問》十分推崇,在閱讀過程中丹書旁注,作過許多校補工作。他指出書籍繁多,"藏書者不能盡收,讀書者不能遍閱",即使像張之洞那樣以"博覽"著稱,"亦不免有蓋闕之疑,此固不必爲之諱言者。"他根據其家藏,糾正《書目答問》之誤或補充其不足,在目錄學上有一定貢獻。

《校正〈書目答問〉序》,刊於1934年《國學論衡》第三期。葉德輝説:"張文襄《書目答問》,海內風行,已四五十年矣。其在四川學政任內初刻印本,疏漏甚多。探錄之書,亦未足爲定論。其後屢經修補剜改,或抽換版本,至於一再重刻,故出入詳略,前後大有異同。"對於這些"異同",葉氏作了詳細比較,分列爲以下各種情況:一、有初刻本列入正錄,後印本低一格,移入附錄者。二、有初刻本列入附錄,後印本移入正錄者。三、有初刻本附入小注,後印本升入正錄者。四、有初刻本列入正錄,後印本附入小注者。五、有初刻本列入正附錄,後印本刪去者。六、有初刻本未錄,後印本補錄者。七、有初刻本入此類,後印本改隸別類者。

葉德輝在詳盡説明《書目答問》初刻本與後印本的"異同"後,又進一步舉例指出《書目答問》存在"誤題撰人"、"誤記刻書年號"、"誤載刻人姓名"、"誤竄撰人姓名"等錯誤,並批評"藏書者日益多,而讀書者日益少"的弊病,反映了他讀書之勤及在版本目錄學上的真知灼見,足爲後人治學之借鑒。

## 四、文字學研究及其局限性

葉德輝十九歲始治小學,偶見孫星衍《問字堂集》有《釋人》一篇而喜之,因隨事爲之疏證,又補其缺遺,去其訛誤,引《説文解字》及群書疏通證明,至光緒二十八年(1902)刊《釋人疏證》二卷,並印《説文段注校三種》(龔自珍《説文段注札記》一卷,徐松《説文段注札記》一卷,桂馥《説文段注抄》按一卷、補一卷),此後許多年內,他一直未中止文字學的研究。

1916年冬,葉德輝刊印了《六書古微》十卷。1923年冬刊印了《説文讀若字考》八卷、《同聲假借字考》二卷。並寫了《説文籀文考證》二卷,此書在他死後由其侄葉啓勳於1930年刊印。這四部書合稱《郋園小學四種》。

葉德輝在文字學研究方面,"於《説文》用力尤深",尤其是《説文讀若字考》一書,"取《説文》所稱讀若某者數百條一一爲之疏通證明,至爲該洽。如卷三郎讀若奚,著者引《左氏》桓公十七年經'及齊師戰於奚',《穀梁》經作'戰於郎',謂郎爲郋字形之誤,蓋以《春秋》異文,形體雖殊,音必相近,郎與奚二音遠隔,與通例不合故也;此說不惟可證明許讀,兼足訂《穀梁》經之誤文,最爲精確。前人著述,自乾嘉一二大師外,於古韻分部不甚講求,此編則依據段玉裁《六書音均表》十七部之說以證聲音,亦殊扼要。據自序言書成於光緒壬寅(1902),至付刻時已二十年,中間時有修改,足知編摩之久,用力之勤矣。惟卷六彊讀若郭,著者謂彊郭音不相近,彊疑當作彈;今考古韻,黃在唐部,郭在鐸部,二部爲對轉,不得謂其音不相近,改彊爲彈,說無明證,恐屬非是。然考證之業,百密不免一疏,不足爲全書累也。"[61]

葉氏在文字學研究上固然有一定成績,而其最大局限也正在於他祇知篤守《說文》,缺乏創見。他認爲"《說文》字書祖","金銘多贋鼎",[62]不相信金文,更不信甲骨文。他說:"余以爲金器非傳信之物,石則祇可取證漢碑。然獵鼓滋疑,石經聚訟,亦當擇善而從,故以經史記言記事之義,以疏證商周古器,未嘗無益於多聞,若全信金石遺事以訂正六經,則蹈惑古疑經之弊。"[63]

爲了維護儒學,在古文字研究上,葉德輝一直堅持"以鼎彝銘字補詩書之遺佚,糾許鄭諸儒之繆誤,疑經惑古,余竊非之"的觀點,他認爲"贋鼎日出,考釋或疏,既無古書以相證明,復非人人所能共見之物,則求古而不免實戾於古矣。"[64]然而,由於毛公鼎、散氏盤、齊侯罍、盂鼎等大批出土古器物的考釋日益精確,葉德輝在事實面前也不得不承認這些古物的真實性。但他依然固執地堅持"鐘鼎自鐘鼎,《說文》自《說文》,《說文》雖采鼎彝古文,鼎彝終不可以混亂《說解》",[65]堅持金文至多祇能用來證許,決不能據以糾許,更不能以之補經。他反對甲骨文的考釋,說:"近日出土之竹簡、龜骨、獸骨卜兆所刻文字,學者驚駭,以爲真三代之遺文,……一時言小學者喜其於鐘鼎之外又獲一種古文,於是賞奇析疑、互相訓釋。無論此等動植之物,不如金石之堅,久而傳寫,滋訛幾何,不如《汲冢書》中《穆天子傳》之文,雖郭璞有所不識乎?"[66]

葉德輝認爲甲骨文是"斷簡殘篇,零畸破裂之枯骨,文句既不完備,刀刻易失真形",考釋者"強不知以爲知",祇能授人"笑柄"。他對當時學術界開始用近代科學方法去從事古文字研究,思想上十分抵觸。晚年,他還寫過一部《說文解字故訓》(三十卷,稿佚,未刊)。他說:"鄙人著有《說文解字故訓》一書,專輯《三倉》、《爾雅》、兩漢經傳訓詁、周秦諸子古事古義,引列各字之下,俾讀者字字得其來歷,……凡一切鐘鼎彝器之文,概不闌入,庶幾許書條例如日月之重光,倉頡制作之精神不爲佉盧神珙異域之野言所侵奪,此鄙人著書之大義也。"[67]

葉德輝從維護儒學、尊經重道的立場出發,把古文字的研究局限在《說文解字》的範圍之內,不準越雷池一步。這就給他的文字學研究人爲地劃了一道鴻溝,設置了一個禁區。思想的守舊與態度的固執,限制了其學術上的進展。

① 郎(讀 xī 奚),據葉德輝《郎園北遊文存·郎園字義説》:"郎,在春秋時屬魯地。……《説文》:'郎,汝南召陵里,從邑,自聲,讀若奚。'凡《説文》讀若之字,皆可通假。《穀梁》蓋假郎爲奚,後人少識郎字,以其與郎相似,故誤爲郎耳。"

②㉑ 參閲《吴中葉氏族譜》(辛亥年增修本)卷首葉德輝序,卷二十二"世系表"及卷五十一葉啓倬等撰《鄉謚恭惠先祖雨村府君行實》。

③ 《曲中九友詩》後序,見《郎園先生全書》(以下凡引此書不再一一注明)。

④⑳ 許崇熙:《郎園先生墓志銘》,見《碑傳集補》。

⑤ 《郎園六十自叙》。

⑥ 《郎園論學書札》附《羅大令來書》。

⑦ 《王先謙自定年譜》卷中,"五十七歲"。

⑧ 湯志鈞編《章太炎政論選集》上册,中華書局 1977 年版第 96 頁。

⑨ 《覺迷要録》卷首,《上俞中丞書》。

⑩ 《藝風堂友朋書札》下册,上海古籍出版社 1980 年版第 543 頁。

⑪ 《漢上集》引言。

⑫ 《政府公報》1915 年 12 月 21 日,轉引自《中華民國史資料叢稿》特刊第一輯,中華書局 1974 年版第 36 頁。

⑬ 1927 年冬葉弟子劉肇隅編《郎園四部書叙録》所列《經學通詁》俟刻本爲四卷,"一卷列古今漢宋經學派别,二卷論治經之法,三卷治經各書目",其内容與此本大致同。"四卷歷代經師傳"爲此本所無,估計是葉氏後來增補的,但未刻出,未能窺見其全貌。

⑭⑮ 湯志鈞編《章太炎年譜長編》下册,中華書局 1979 年版第 749—751 頁。

⑯ 見 1924 年 3 月 12 日長沙《大公報》。

⑰⑱ 李肖聃:《星廬筆記》,岳麓書社 1983 年版第 31 頁。

⑲ 湖南省政協文史資料研究委員會杜邁之先生生前對葉德輝素有研究,1964 年曾在《湖南文史資料》第八輯發表《大劣紳葉德輝》一文,署名"文干之"。本段撰寫時吸收了他的部分研究成果。

㉒㉖ 《觀古堂藏書目》序。

㉓ 《藏書十約》序。

㉔ 《朱亭集》:《山中十憶詩·憶藏書》附注。

㉕ 《書空集》:"三恨詩"之三《恨不讀敦煌石室藏書》小序。

㉗ 《郎園讀書志》卷二,《經義雜記》三十卷,嘉慶己未臧庸刻本題跋。

㉘ 劉志盛:《清代湖南藏書家》,《湖南日報》1981 年 3 月 4 日。

㉙ 見《爾雅圖贊》光緒二十一年葉氏刊本。

㉚ 校輯《鷃子》序。

㉛ 《郎園讀書志》卷四,《南嶽總勝集》三卷,南宋刻本題跋。

㉜ 輯《宋忠定趙周王别録》序。

㉝ 陳垣:《致伯希和》(1933 年 1 月 23 日),見《陳垣史學論著選》,上海人民出版社 1981 年版第 621 頁。

㉞ 《元朝秘史》序。

㉟ 請閲拙稿《葉德輝印〈通歷〉一書簡介》,《河南大學學報》1985 年第 1 期。

㊱ 《書林餘話》卷下。

㊲ 謝國禎:《明清筆記談叢》,上海古籍出版社 1981 年版第 223 頁。

㊳ 重刻《明南雍經籍考》叙。

㊴ 《静惕堂書目》序。

㊵㊶ 刊《秘書省續編到四庫闕書目》序。

㊷ 《萬卷堂家藏藝文自記》。

㊸ 重刊《古今書刻》序。

㊹ 重刊《微刻唐宋秘本書目》序。

㊺ 校刻《百川書志》序。

㊻ 《書林清話》卷一,"書有刻板之始"。

㊼ 胡道静:《世界上現存最早印刷品的新發現》,《書林》1979 年第 2 期。

㊽ 《書林清話》卷一,"刀刻原於金石"。

㊾ 《郎園讀書志》卷七,《韋蘇州集》十卷,北宋膠泥活字印本題跋。

(50) 《書林清話》卷四,"金時平水刻書之盛"。

(51) 繆荃孫:《藝風藏書記》卷一,《校元本論語注疏》卷十引楊守敬手跋。請閱拙稿《金代刻書中心平水考辨》,《蘇州大學學報》1982年第2期。

(52) 《書林清話》卷七,"元刻書之勝於宋本"。

(53) 《書林清話》卷八,"顔色套印書始於明季盛於清道咸以後"。

(54)(55) 《書林清話》卷五,"明時諸藩府刻書之盛"。

(56) 《書林清話》卷九,"吴門書坊之盛衰。"

(57) 繆荃孫:《書林清話》序,見《郎園先生全書》本。《語石》是葉昌熾著的關於石刻研究的一部專著。俞正燮,字理初,清代學者,著有《癸巳類稿》及《癸巳存稿》,本名《米鹽録》。

(58) 《飲冰室合集》,《專集》第十五册,專集之七十一,第20頁。

(59) 參閲牟潤孫:《勵耘書屋問學回憶》,見《勵耘書屋問學記》,三聯書店1982年版第88頁。

(60) 請閲拙稿《〈書林清話〉與書史研究》,《史學史研究》1984年第4期。

(61) 楊樹達撰《(湖南)省志初稿藝文志》,見1949年5月湖南文獻委員會印行《湖南文獻彙編》第二輯第152—153頁。

(62) 《漢上集》:《讀〈説文〉一首寄松崎柔甫》。

(63) 《郎園讀書志》卷二,《群經字考》十卷,嘉慶十二年刻本題跋。

(64) 見《説文籀文考證》,葉啓勳跋。

(65) 《郎園山居文録》卷下,《答松崎鶴雄問鐘鼎彝器文字書》。

(66)(67) 《郎園山居文録》卷下,《與日本後藤朝太郎論古篆書》。

# 李鋭的生平及其《觀妙居日記》

馮 錦 榮

## 一、引 言

十多年來,科學史界多受到庫恩(Thomas S. Kuhn, 1922 - 1996)的"範式"(paradigm)、"科學共同體"(scientific community)等觀念或拉卡托斯(Imre Lakatos, 1922 - 1974)的"研究綱領"(scientific research programmes)所影響。①儘管這些提法是圍繞西方科學哲學和近代科學的歷史發展而提出,而且不一定盡合東方文化國度裏的科學技術發展傳統,但它們畢竟有其值得借鑑的地方。②本文嘗試以李鋭的生平爲經,與李氏有交往的友人爲緯,從而檢視清代乾嘉時期江南地域儼然存在的"儒學——曆算學"研究集團及其成員的學問性格。

## 二、李鋭的生平及經歷

李鋭(1769—1817),字尚之,號四香,江蘇元和人。祖父李文熿,父李章坡,從父李章堉(乾隆 17 年〔1752〕進士)。③據李鋭《觀妙居日記》嘉慶元年條自稱"嘉慶元年丙辰余年二十九歲"及嘉慶十一年十二月初八日條自稱"余生日",故逆推知李鋭生於乾隆五十三年十二月初八日(公曆 1679 年 1 月 15 日)。李鋭約於十歲前後入書塾讀書。在塾中得程大位(字汝思、號賓渠、安徽休寧人,1533—1606)《算法統宗》,心通其義,遂爲"九章""八線"之學。④乾隆五十三年(戊申,1788),李鋭補元和縣學生,此外又開始搜訪梅文鼎(字定九,安徽宣城人,1633—1721)《授時術草》。⑤直至嘉慶十一年(1806)七月初七日才從書商中借鈔一册。《觀妙居日記》云:

> (嘉慶十一年七月初七日)書客以《授時術草》索售,云是勿菴先生所批。以文義驗之,良是此書,搜訪二十年,未得一見。今忽遇之,不覺狂喜,草草寫成一册,異日當另用楷書録之,惜無〈五星〉一篇,未審勿菴抄時已闕否?或是勿菴未曾抄也。⑥

乾隆五十四年(己酉,1789)正月,錢大昕(1728—1804)主持蘇州紫陽書院,李鋭約從此時隨錢氏學習。⑦越二年(乾隆五十六年,辛亥,1791)冬,李鋭肄業紫陽書院,從錢大昕受算學,習

“三角”、“八線”、“小輪”（system of epicycles）、“橢圓”（Keplerian ellipse）諸法及躬聆錢氏言天之學；後又得錢氏以《三統術衍》（1755 年）一書見贈。[⑧]錢氏嘗對李鋭訓誨道：

　　數爲六藝之一，由藝以明道，儒者之學也。自世之學者，卑無高論，習于數而不達其理，囿于今而不通乎古，于是儒林之實學遂下同于方技，雖復運算如飛，下子不誤，又曷足貴乎？劉歆《三統術》爲步術最古之書。漢末大儒若鄭康成輩咸通其學。是書衍説，詞雖淺近，然循是而習之，一隅三反，則古今推步之源流，不難一一會通其故也。[⑨]

錢氏又對李鋭説過：

　　凡爲弟子者，不勝其師不爲賢弟子。吾友段若膺（段玉裁，1735—1815）之於戴東原（戴震，1723—1777）是矣，子其勉之。[⑩]

李鋭於是閉户沉思五年，盡通疇人家言，得中、西異同之奧，於古曆尤深。自《三統曆》以迄《授時曆》悉能洞徹本原。[⑪]乾隆五十八年（癸丑，1793）三月三十日，鈕樹玉（字藍田，匪〔非〕石，蘇州人，1760—1827）送給李鋭一些書籍，包括“金孝章手鈔《金石例》一本、明鈔朱載堉《嘉量算經》一部，鈔本《通曆》十五卷”。[⑫]這一年，李鋭在蘇州結交了臧庸（初名鏞、字在東，後改名庸，字用中，武進人，1767—1811）。[⑬]乾隆五十九年（甲寅，1794）四月十三日，鈕玉樹對李鋭説：“他書所引《三統曆》，《漢書》往往無之。”[⑭]乾隆六十年（乙卯，1795）三月初七日李鋭在《觀妙居日記》寫道：

　　三月初七日戊午，書友朱姓持卷子八幅求售，乃康熙甲寅歲（13 年，1674）治理曆法南懷仁（Ferdinard Verbiest，字敦伯，比利時人，順治 16 年〔1659〕來華，1623—1688）所造《地球圖》也。前二幅係總説，後六幅每合三幅爲一圓圖，狀地球之半，合兩半圓則地球全圖也。其相接處爲赤道，四旁注二至、晝夜刻數，分大地爲四大洲：曰亞細亞、曰歐邏巴、曰利未亞、曰亞墨利加。因索價太昂，即還之矣。黄蕘圃（黄丕烈，1736—1825）寄來殘本《大統曆通規》九、十兩卷（原注：係舊鈔本，通規或寫作通經，未詳）。前有“四餘躔度格式”四頁，九卷曰“交食通規”，十卷曰“四餘躔度通規”。其書如陰曆陽曆之“陰”“陽”字、盈曆縮曆之“盈”“縮”等字皆用紅字書，易辨別也。梅勿菴所著《曆學駢枝》，當即此本。其前八卷雖未見，以意計之，當是一卷爲氣朔，二卷爲日躔，三卷爲月躔，四卷至八卷爲五星也。索價錢三十六，以太昂，還之。[⑮]

同月廿五日，李鋭與友人討論“昴宿不明”的原因。《觀妙居日記》載：

　　二十五日丙子，聞江艮庭（江聲，元和人，1721—1799）、王楳莊（王丙，吴縣人，？—1803）兩先生皆云：“比來昴宿不明，其光僅如鬼宿、積尸。”以現行《時憲法》推得二十三日子正日躔爲四宫一十九度五十四分，在胃宿五度五十分，距昴宿六度四十分。兩先生所見“昴宿不明”，當因近日之故。[⑯]

四月,李銳爲撰作《明代朔閏考》(榮按,後終未刊),初十日,向吳春齋(即吳嘉泰,顧廣圻友)借來《大政記》作參考;同日,李銳謁見錢大昕爲新作《回回曆元考》撰序。[17]五月初十日,李銳又向錢大昕借來《古今歲實考》(戴震著,錢大昕補)和《古今朔實考》(錢大昕撰)。五月十五日,李銳答江聲算"恒星東行"三紙。[18]五月廿七日,石敦民向李銳垂詢墳田的面積,李銳依"舊法"算出。[19]十一月初一日,阮元(1764—1849)至杭州出任浙江學政,甫任不久,即展開《疇人傳》的編輯工作。阮元又從西湖文瀾閣《四庫全書》中鈔録元李冶(1192—1279)《測圓海鏡》(1248年)、《益古演段》(1259年)二書,又得寧波縣學教授丁杰(字升衢,號小疋;又號中雅,浙江歸安人,1738—1807)見贈其家所藏舊本,命焦循(1763—1820)急寄二書與李銳,囑爲算校。而李銳亦爲之疏通證明。[20]

嘉慶元年(丙辰,1796)正月,李銳從事《測圓海鏡》之算校工作,其文字隱奧難曉及立術於率不通者,雜記數十條於書上下方,又作《測圓海鏡細草》。正月某日,李銳謁見錢大昕,談及《測圓海鏡》《益古演段》二書。也許約在這時,焦循致書錢大昕,題作〈上錢辛楣少詹事論七政諸輪書〉,焦循説:

> 循頓首。所呈《釋弧》三卷,蒙賜覽並給序文,不勝愧謝之至。循又有《釋論》二篇,明七政諸輪所以用弧三角之理,以有數條未能以舊説爲信,請以就正道。……竊思弟谷(Tycho Brahe,1546—1601)以來,諸輪之設,或左行、或右行、或倍行、或三倍行、或自遠、或自近、或自平遠、或以本輪爲心、大率皆以實測所得之數假爲法象,以曲求其合,故不能比而同之也。循愚鈍多疑惑,梅(文鼎)、江(永、1681—1762)之説有不能了然於心,惟明教之,幸甚。[21]

此外,焦氏又寄新作《群經宮室圖》兩部給黃宗易,請爲托交錢大昕及李銳。[22]二月十二日,李銳謁見錢氏,領收《宮室圖》外,又拜閱焦循致錢氏書。二月十三日,李銳撰〈與焦理堂書〉表示謝意,信中並論西方古典天文學的幾何模型——即"本輪"(planetary epicycle)、"均輪"(uniformity wheel or deferent)、"次輪"(secondary epicycle)和"火星歲輪"(annual epicycle of Mars)的"小輪體系"以至蔣友仁(Michel Benoist,字德翔,法蘭西人,乾隆九年[1744]來華,1715—1774)譯介的地動説模型。書簡的內容如下:

> 二月十三日元和教弟李銳頓首奉書理堂先生足下。銳側聞大名久矣,以不得一見爲恨。本月十二日謁竹汀師,接到寄惠《群經宮室圖》一部,拜領之下,感謝無已。讀足下〈與竹汀師書〉,知足下於推步之學甚精,議論俱極允當,不可移易。蓋月體之于次輪,既行倍離之度,則其體勢自與七政之在本輪不同。而日體既周行次輪,則圍繞一周自不能成大圈與本天等。火星歲輪徑既有大小,則其軌迹自不能等于本天。反覆數四,覺前

人所説第舉其大分,而足下更能推極其精密,曷勝承教,佩服之至。足下又云"有其當然,亦必有其所以然"。銳愚以爲"其所以然",不外乎"所當然也"。何者?古法自《三統》以來,見存者約四十家,其于日月之盈縮遲疾、五星之順留伏逆,皆言其當然而不言其所以然。本朝《時憲書》甲子元用諸輪法,癸卯元用橢圓法,及穆尼閣(P. Johannes Nickolaus Smogulecki,字如德,波蘭人,順治二年[1645]來華,1610—1656)新西法用不同心天(eccentric deferent),蔣友仁所説地動儀,設太陽不動而地球如七曜之流轉,此言其當然而又設言其所以然。然其當然者悉憑實測,其所以然者止就一家之説衍而極之以明算理而已。是故五星之有加減,其故由于有本輪、次輪,而其實所以有本輪、次輪,其故仍由于實測之時當有加減也。以是推之,則月體一周不能成大圈與本天等,其故由于有次輪,而所以有次輪,則由于朔望以前當有加減也。火星軌迹不能等于本天,其故由于歲輪徑有大小,而所以輪徑有大小,則由于以無消長之輪徑算火星猶有不合,而更宜加減也。若不此之求,而或于諸曜之性情冷熱,別究其交關之故,則轉屬支離矣。狂瞽之見,以質高明,是否有當,統祈裁正。㉓

二月廿三日,李銳把〈與焦理堂書〉及其原稿送到錢大昕處,然後由錢氏讓學生蔣于野(即蔣山)帶給焦循。㉔二月廿六日,江聲贈李銳新作《恒星説》一卷。㉕三月初六日,李銳撰成《海島算經圖解》一卷。同月十七至十八日,李銳研讀王孝通(活躍於公元6世紀下半葉至7世紀上半葉)的《緝古算經》。㉖三月廿四日,蔣山把焦循兩封信帶給李銳;翌日,李銳寫了一封長信給焦循。《觀妙居日記》收錄了全文,兹擇引如下:

>    ……唐宋相傳有《算學十書》,今《綴術》亡矣,存有九種。《周髀》爲蓋天遺説,《九章》於算表之事綱舉目張,《海島》用矩表測高深廣遠,《緝古》(帶)從開立方,爲後來立天元一、借根方之所自出。孝通自云:"如有排其一字,臣欲謝以千金"(按,語出王孝通〈上《緝古算經》表〉),則其立術之精深可知矣。亦欲一一究明其所以然,無所疑惑而後快,則所願又一也。有此諸願,非易猝償。鄙意又亟欲明其所未明,而不暇説其所已知。是以間有所得,便記在書之上端,或寫於片紙,都未輯錄;又或寫有成卷,又經塗改,俱不可以呈覽,尚望寬緩之。令少有是見,當録正請教也。……算書難得,銳所渴欲一見而未得者甚多,今略開四種如後,倘兄處有此,能寄來一讀,則惠我多矣。/宋秦九韶《數學九章》十八卷、元李冶《測圓海鏡》十二卷、《益古演段》二卷、國朝王寅旭《曉菴新法》六卷。㉗

對於李銳的第二封信,焦循立即寫了一封信,題爲〈復李尚之言天文推步書〉,而這信也於五月初二日到達李銳處。㉘五月初十日,李銳又修書函寄給焦循。內容主要討論"借根方"與"方程法"的優劣。《觀妙居日記》云:

　　按借根方,西人名爲東來法,梅總憲(按即梅瑴成,1681—1763)謂即古立天元一是也(榮按,語出《赤水遺珍·天元一即借根方解》)。鋭嘗推而論之,元郭守敬求周天矢度,用開帶縱三乘方立天元一法也。西人求每弧通弦,用諸等邊割圓,借根方法也。借根方即立天元一,則有立天元一而後有借根方,有借根方而後有〈八線表〉,有〈八線表〉而後有弧三角法,有弧三角法而後測驗密,測驗密而後推步精。然則西法之超越前代,實吾土有以資之。特自明以來此失而彼得之耳。凡《九章》所能御者,借根方盡能御之,《九章》所不能御者,借根方獨能御之。梅徵君(按即梅文鼎)稱算法莫精於方程,鋭謂借根方非方程所能及。國朝算學名家,梅總憲而外未見有深明此術者,以故其學猶未大顯。《數學九章》、《測圓海鏡》、《益古演段》三書皆發明立天元一者,前書故舉是爲問。書札云:"欲言之阮侍郎(按指阮元),將此數書或刻或抄",此莫大之功也。㉙

六月初二日,李鋭謁錢大昕,錢氏告以乾隆初年西北地區的經緯度測量——所謂"大小金川、北極高度、東西里差"——乃欽差何國宗(？—1766)測定;李鋭又向瞿錦濤借得順治三至七、九至十和十二諸年的《時憲曆》,作爲研治推步之法的基礎資料。㉚八月十六日,李鋭把新著《緝古算經草》送給錢大昕評正。㉛這一年的冬天,浙江學政阮元延聘李鋭至杭州西湖《經籍籑詁》編纂處負責《禮記正義》的校勘工作。㉜

　　嘉慶二年(丁巳,1797),李鋭除校《禮記正義》外,又具體擔任《疇人傳》的編輯工作。三月十九日,李鋭跋校算完畢的《測圓海鏡》。在這之後,他看到了《四庫全書》本秦九韶《數學九章》並出示給錢大昕看,對錢氏《十駕齋養新錄》中考訂秦九韶事蹟起了啓發的作用。十月廿三日,李鋭與顧廣圻(1770—1839)、臧庸等六人延請段玉裁共飲於袁廷檮(字又愷,號綏階,1764—1839)之逸漁隱小圃。時人以李鋭精步算之學,譽爲"梅定九復出"。十一月廿二日,李鋭跋校畢之《益古演段》。及後,《測圓海鏡》、《益古演段》二書俱交付知不足齋主人鮑廷博(1728—1814)刻入叢書中,時人始知失傳已久之"天元"、"如積"之術。十二月,李鋭寄焦循《測圓海鏡》新校本一部。㉝翌年(嘉慶三年,戊午,1798)四月,李鋭寄焦循書札一通及《測圓海鏡》新刻本一部。㉞

　　嘉慶四年(己未,1799)春,李鋭讀《宋史·律曆志》周琮(宋英宗時任判司天監)的《明天曆》中"調日法"之項而悟得何承天(370—447)的"調日法",遂撰《日法朔餘強弱考》一卷,並於五月十八日親撰序文。十月,李鋭編竣《疇人傳》,遂回蘇州。同月,黄丕烈囑李鋭跋楊光先(1597—1669)《不得已》鈔本,尚之因應阮元再聘,赴杭州在即,未成。十一月,李鋭約在赴杭之前,得錢大昕親授錢氏早在乾隆二十至三十年間(1755—1765)奉敕潤譯蔣友仁(Michel

Benoist,字德翊,法蘭西人,乾隆九年〔1744〕來華,1715—1774)所呈之《坤輿全圖》(内容爲地動説)爲《地球圖説》手稿若干葉,尚之以意聯屬爲一卷。㉟

　　嘉慶五年(庚申,1800)十月,李鋭於蘇州市中得梅文鼎手批歐邏巴《西鏡録》鈔本。十月初七日,錢大昕跋《西鏡録》鈔本。同月二十日,李鋭在杭州阮元浙江巡撫節署之誠本堂與焦循共居,互相討論"天元一術"及"開方法",並爲焦氏《天元一釋》撰序。十一月,焦氏又爲李鋭《修補六家術》(按,指宋衛朴《奉元曆》、姚舜輔《占天曆》、李德卿《淳祐曆》、譚玉《會天曆》、金楊級《大明曆》、耶律履《乙未元曆》),並借鈔《西鏡録》一部。同月,孫星衍(字淵如,號季述,陽湖人,1753—1818)至蘇州,李鋭與顧廣圻、段玉裁、黄丕烈(字紹武,又字蕘圃,更號復翁,吳縣人,1763—1825)、何元錫(字夢華,號蝶隱,錢塘人,1766—1829)等共餞别於虎邱山一樹園。李鋭不久也回吳門。㊱

　　嘉慶六年(辛酉,1801)正月,阮元在杭州西湖孤山《經籍籑詁》編纂處的址舍創立"詁經精舍",延李鋭至西湖參與編纂《十三經注疏校勘記》的工作,而尚之獨任《周易正義》、《春秋穀梁傳注疏》及《孟子注疏》三書校勘之役。同纂者有吳縣顧廣圻、德清徐養源(字新田,1758—1825)、武進臧庸、臨海洪震煊(字百里,1770—1815)、錢塘嚴杰(字厚民,1763—1843)、元和孫同光(字兩人)等。十二月初一日,李鋭跋錢大昕《三統術衍》。同年,阮元囑李鋭據錢大昕潤譯《地球圖説》一卷文字補撰業已失去由蔣友仁原繪之二十一幅圖。爲此,李鋭向錢大昕借得王錫闡(字寅旭,號曉庵,吳江人,1628—1682)《王寅旭先生遺書》及蔣友仁《地球圖説》草稿。最後,李鋭補繪二十幅圖,僅缺第十圖一幅而已。㊲

　　嘉慶七年(壬戌,1802)秋七月,阮元囑李鋭爲杭州府孔子廟鑄鎛鐘事依斤出度,因作《杭州府學新鑄鐘圖説》。八月,焦循往訪李鋭,以汪萊(字孝嬰,號衡齋,安徽歙縣人,1768—1813)《衡齋算學》第5册之書與相參核。李鋭深歎爲精善,復以兩日之力,即八月初九日,以正負開方爲説,括爲"開方三例",用以跋《衡齋算學》第5册算書。九月,《十三經注疏》分校者先峻其役,李鋭由是返回蘇州。同月,張敦仁(字古餘,陽湖人,1754—1834)任元和知縣,官暇,以家藏《緝古算經》命李鋭覆校,並時與尚之共商榷文義,各以天元術入之,共著《緝古算經細草》。張氏又出從李潢(字雲門,湖北鍾祥人,官至工部左侍郎,撰有《九章算術細草圖説》、《緝古算經考注》,?—1811)家藏所借録秦九韶、李冶之書,與李鋭相討論"立天元一"、"大衍求一"等術。㊳

嘉慶八年(癸亥,1803)春,錢大昕在姑蘇吳文鏡處得見朱彝尊(字錫鬯,號竹垞,浙江秀水人,1629—1709)跋《寶祐四年會天曆》鈔本。三月十六日,張敦仁整理與李鋭討論"立天元一"、"求一"之言,依秦九韶所説,衍成《求一算術》。夏,錢大昕得吳文鏡録《寶祐四年會天曆》副本以贈。及後,錢氏校閲《會天曆》並作跋文。後來李鋭亦據錢本副録一部並撰跋文。十一月,張敦仁再度南來蘇州,官暇乃與李鋭復取《數學九章》,列式而詳稽,討論"開方"諸法。十二月二十日,李鋭跋《緝古算經細草》。㉟

嘉慶九年(甲子,1804)春,李鋭在張敦仁揚州知府官署任幕賓;四月,與焦循、汪萊等會晤論學。㊵七月十五日,李鋭更名向。㊶秋八月,尚之因病未能參加甲子科鄉試。十月十八日,李鋭在蘇州辭別錢大昕;廿一日,曉發丹徒鎮,午後渡江,夜宿揚州南門。廿二日,李鋭再進張敦仁府署,惟張氏已奉調江寧審案。廿五日,《觀妙居日記》記有一段關於李潢、張敦仁和李鋭三人之間的友誼:

> 二十五日庚辰。少連(榮按,指周少連)交到李雲門先生〈與古餘先生論開諸乘方書〉一通。有云:"尚之先生想頻得音問,未審所患已痊可。不念。此時大兄老先生可少分清俸以贍其家,俾得悉心著書,次第刊布,實爲快事,諒已早爲之。無俟弟瑣陳也。"云云。向(按即李鋭)與雲門先生未及一面,而蒙垂念如此,真可感也。㊷

十月三十日,李鋭從來自蘇州的書商鄭榮祖口中得悉錢大昕於廿二日逝世。十一月初二日,張敦仁奉檄調署江寧府。初六日,李鋭與周少連、俞孚亭、錢春谷、楊鏡帆、劉簡田等幕客隨張敦仁一起赴江寧。十二月廿六日,李鋭在江寧見宋本《九章算術》、《孫子算經》、《張邱健算經》三種,與孔繼涵(字體生,號葒谷,曲阜人,1739—1783)微波榭校刊《算經十書》所刊行款大略相似,紙版精妙,以爲是黃虞稷(1629—1691)"千頃堂"舊物;當中《九章算術》僅存前五卷,缺〈均輸〉、〈盈不足〉、〈方程〉、〈句股〉四章。同日,李鋭校《九章算術》〈方田〉一卷。廿七日,又校〈粟米〉一卷。三十日,李鋭校《九章算術》,盡四卷。㊸

嘉慶十年(乙丑,1805)正月初一日,李鋭校《九章算術》〈商功〉半卷;初二日,續校〈商功〉;初三日,校畢《九章算術》。十五日,李鋭撰〈上雲門先生書〉,並呈送《宋金六術》(當即《修補六家術》)六卷及《日法朔餘强弱考》一卷。廿三日,李鋭抵常州。三月十九日,李鋭參加"考優"(按即優貢);廿三日,"考優"榜出,李鋭名在二等。四月初四,揚州府署發各學正(按即儒學教官)案,李鋭名在"一等十三"。五月初四日,李鋭撰〈上芸臺中丞書〉並寄〈釋"投壺"鄭注壺腹徑〉一篇。二十日,尚之見舊鈔本《元朝秘史》、《回回天文書》。廿九日,又見不全宋本《外臺秘要方》。㊹六月初三日,汪萊自徽州來揚州會晤李鋭,尚之得見汪著《簡平儀》。

十七日,李銳見宋板《啓劄會元》五十二卷。閏六月初七日,李銳校《開方補記》畢;初八、初九日;校《孫子算經》三卷。初十日,李銳好友沈狎鷗(即沈欽裴)借去《四分術鈐》一本、《一蔀四章中朔大小餘》一本、《春秋朔術》一本。十三日,李銳好友江鄭堂(即江藩、字子屏、號鄭堂、江蘇甘泉人,1761—1830)又借去《方程新術草》一本。廿二日,尚之見宋本《韓非子》二十卷。七月初一日,李銳撰〈上古餘先生書〉。初五日,李銳遣人至江鄭堂家索還《方程新術草》一本。十二日,尚之得張敦仁覆函。⑮八月初七日,李銳抵杭州;十二月廿二日,尚之回蘇州。⑯是年,李銳爲元和、吳縣兩府所延館課,館穀較上年爲佳。⑰

　　嘉慶十一年(丙寅,1806)二月十九日,李銳至吳春生家借王錫闡所著書兩本,(按即《曉菴新法》)。二十日,尚之借夏方米《考工記圖》一本。三月初一日,吳春生來李銳處索還《曉菴新法》二本。廿六日,友人孫蔚堂贈尚之天文書一本。五月二十日,書客郁姓歸還天文書四本給李銳。⑱六月初十日,李銳爲好友萬時帆算今年量天尺;廿九日,尚之摘抄《授時術草》十一頁。七月初六日,李銳撰成《句股算術細草》一卷。廿五日,好友劉簡田贈尚之《新刻地圖》二本;⑲同日,尚之收到張敦仁"信一封並《數學九章》一部、《王寅旭遺書》二本"⑳九月十五日,張敦仁向李銳借去《句股算術》二十二頁。十月十六日,尚之親錄《句股算術細草》一卷,即寄張敦仁。十九日,李銳撰成《戈戟圖考》一卷,即呈吳廉山先生;廿一日,考定《考工記》、《鄭氏磬圖》(榮按,鄭氏當指東漢鄭興、鄭衆〔?—83〕父子);廿四日,覆校《求一算術》畢。㉑十一月廿一日,李銳撰〈上古餘先生書〉並歸還《求一算術》。㉒

　　嘉慶十二年(丁卯,1807)正月廿二日,李銳爲好友萬時帆算本年量天尺;四月初八日,得張敦仁信,知《句股算術細草》已在蘇州付梓。㉓十三日,張敦仁在吳、錫舟中跋"李銳著《句股算術細草》。㉔十七日,李銳覆校《句股算術細草》樣本;五月初三日,寫定〈句股算術細草敘〉;初九日,得范樊谿來信並《句股算術細草》刻板廿六塊。七月廿五日,李銳赴江寧再參加秋闈鄉試。八月初八日,尚之參加頭場考試,臨點之時,"擁擠不堪,血症復發,遂退出,未與試。"㉕九月,李銳與段玉裁、凌廷堪(字次仲,安徽歙縣人,1755—1809)、何元錫、戴敦元(字士旋,號金溪,浙江開化人,1768—1834)等集於杭州比青軒。㉖十月十五日,浙江學使劉金門延聘李銳修《五代史》,尚之婉拒不就。㉗

　　嘉慶十三年(戊辰,1808)正月初八日,李銳謁見劉金門。也許尚之應允修《五代史》之請,故隨即移住學使署中。初十日,尚之見朱彝尊《五代史補注》草稿。十六日,李銳離開學使官署,歸家。七月初八日,李銳赴金陵;八月初八日,進場參加秋闈考試,十五日考畢出場。

九月十九日,李鋭再次移住浙江學使官署。⑤⑧

嘉慶十四年(己巳,1809)二月廿一日,李鋭撰成《日法彊弱考》一卷,請戴敦元爲作序。四月初七日,尚之纂畢《五代史司天考補注》二卷。十月廿四日,張敦仁(時已移署南昌)遣人專程禮聘李鋭往南昌館課。⑤⑨十一月廿八日,李鋭從蘇州登舟,經杭州—温家堰—桐廬—茅草埠—蘭溪—侯城—龍游—衢州—壓橋汛—黄步—木家邨—常山—玉山—丁家州—廣信—河口鎮—弋陽—貴溪—安義—龍井—鄱陽湖,於十二月二十日傍晚抵江西省南昌府署晤張敦仁。⑥⑩同年,李潢致書李鋭,對尚之《方程新術草》一卷讚譽有加:"正負相當各率,一出自然,正從前傳刻之誤,闡古人未發之覆,愉快彌日。"⑥①

嘉慶十五年(庚午,1810)正月十三日,李鋭遊南昌東湖書院。三月廿六日,李鋭自江西省北上應順天鄉試啓程登舟;五月初十抵揚州,十四日抵清江浦。翌日渡黄河,十六日起旱,用轎車,由山路入北京。六月初四日進北京彰儀門,暫寓虎坊橋聚魁店。⑥②初七日,黎應南(字見山,號斗一,廣東順德人,嘉慶廿三年〔1818〕順天經魁,歷任浙江麗水、平陽縣知縣)、鄭錫綬執贄求見李鋭,行弟子禮。⑥③初八日李鋭移寓内城東單牌樓羊肉胡同禮部普宅。六月十一日,李鋭與李潢初次見面,得欽天監"算單"。⑥④約在這時之後,李鋭於李潢家見阮元提調文穎館時從《永樂大典》所抄得之《楊輝算法》(南宋錢塘人楊輝〔字謙光〕所撰)。⑥⑤七月初一日,李鋭到國子監申請參加鄉試的資格,所謂"考到"。初二日,李鋭撰〈與雲門先生書〉,内容是論合蓋容圓的問題(problems related to isoperimetre figures)。翌日,尚之又撰〈答雲門先生問乾象過周分書〉。七月十一日,李鋭到國子監參加學政主持之録科"考試"(按,録科合格者,即可參加鄉試)。⑥⑥是年冬,黎應南從李鋭受算學。⑥⑦

嘉慶十六年(辛未,1811)正月廿五日,吳廉山先生遣人告知李鋭請從二十六日起到書館開講。⑥⑧翌年(嘉慶十七年,壬申,1812)十一月,李鋭携妻子、女兒掌珠及兒子可久就館鎮江,寓居西門外拖板橋,即諸生學舍。諸生同寓者有孫古漁、黎見山(即黎應南)、雷笛樓、劉竹軍、萬小山、萬小庵及陸静夫。⑥⑨

嘉慶十八年(癸酉,1813)秋,李鋭在江寧與應省試的焦廷琥(字虎玉,焦循之子,1782—1821)見面,以《召誥日名考》一卷寄贈焦循。⑦⑩

嘉慶十九年(甲戌,1814)夏,黄丕烈招李鋭至其藏書所——"百宋一廛",相與驗所得《楊輝算法》文義,排比整理,得六卷。秋,李鋭以《開方説》授黎應南。九月,李鋭跋《楊輝算法》。同年,尚之跋《寶祐四年會天曆》,黄丕烈亦據尚之副本再録一部。此外,李鋭又評識過龔自珍(字璱人,號定盦,浙江仁和人,1792—1841)《明良論》四篇。⑦

嘉慶廿一年(丙子,1816)四月初三日,李鋭與鈕樹玉、江嘉福、顧廣圻、夏文燾、李福、孫保安、顧球、董國琛、王渭等參加吳春生父親吳笠湖(國學生,清朝例贈修職郎,?—1816)的喪禮,並撰祭文一篇。⑫六月,李鋭與龔麗正(字暘谷,龔自珍父親,1767—1841)、自珍父子同讀王引之(字伯申,號曼卿,高郵人,1766—1834)《太歲考》初刻稿本,並籤讀若干條(計爲《太歲考》上〈顓頊曆元乙卯兼申寅表〉一條,《太歲考》下〈論歲星出東方之月〉一節三條),後尚之又跋《太歲考》(原書現藏北京圖書館)。也許在這時前後,龔自珍與李鋭嘗就禮經討論,龔自珍因而撰作《丙子論禮》。先是,張敦仁自阮元處録得朱世傑(字漢卿,自號松庭,自稱燕山人,活躍於13世紀末)《四元玉鑑》(1303年),其中難解之部分,因寄與李鋭,俾爲推究。冬,李鋭把《四元玉鑑》中"茭草形""正負之法"推演成數段,其結果寄往南昌張敦仁處。⑬是年,吳春生子吳子根隨李鋭學習。⑭

嘉慶廿二年(丁丑,1817)春,李鋭續爲諸生課業。夏,遽病不起,於易簀之際,囑黎應南補成《開方説》下卷;六月三十日,病卒於家。⑮

## 三、餘 論

如果我們説"學術研究"是一種文化累積以至是"知識"的形成的必要過程,那末,通過以上的敘述,我們不難看到李鋭及其師友之間所組成的一個學術網絡或集團,其學術活動毋寧是一種鍥而不舍的知識追求。他們有着一套共同的學術研究理則與方法,正如李鋭對焦循説:"亟欲明其所未明,而不暇説其所已知"(《觀妙居日記》嘉慶元年三月廿四日〈與焦理堂書〉)。那是不妄下判語,嚴謹對待有關研究對象的一種態度,中國科技史文獻中的曆算資料,絕大多數是在乾嘉時期通過這群對"格致之學"有共同興趣的知識分子(包括在朝或地方的高官,府署内的幕客或地方的儒學教授以至藏書家)所作的鈔書、算校、以書信形式往復討論、付梓刻印等努力而恢復其固有面貌而流通至今的。可以説,他們在十八世紀中葉已作出了出色的"文化事業"(cultural enterprise),堪爲時代典範。

① 庫恩認爲"範式"是指作爲"學科基體"(disciplinary matrix)的"範例",它是"一門特定科學的從事者的共同佔有物"

"the common possession of the practitioners of a particular discipline"〔氏著 The Structure of Scientific Revolutions, 2nd edition, enlarged, The University of Chicago Press, 1970, P. 182〕；他又認爲，科學家由於研究同一題材而形成一個科學共同體。一個共同體的表徵是擁有一個公認的範式。但這有一個"從前範式時期至後範式時期的過渡"。在前範式時期，一個科學共同體內部有各種學派，它們以不可通約（incompatible）的方式研究同一題材；轉變到後範式時期，象徵著這共同體達致成熟，擁有一個公認的範式，學派也趨於消失，即只存在一個學派。庫恩確立了"範式"和"科學共同體"的範疇後，他進而提出"前科學→常態科學→反常→危機→科學革命→新的常態科學→……"的科學史觀模式。此外，他更認爲科學研究要取得成就，必須在收斂式思維（保持科學傳統的思維）與發散式思維（打破傳統的自由奔放的思維）之間保持必要的張力。詳參氏著 The Essential Tension: Selected Studies in Scientific Tradition and Change（Chicago: The University of Chicago Press, 1977, especially Chapter 6 "The Relations between History and the History of Science", pp. 127 - 161.）如果我們説庫恩偏重"歷史再現"，則拉卡托斯不但克服乃師波普爾（Karl Raimund Popper, 1902 - 1994）的偏重理性重建，而且克服庫恩過於偏重"歷史再現"；他自己走上"理性重建"和"歷史再現"相結合的途徑。拉卡托斯把科學史分爲"內史/內部史"（internal history）和"外史/外部史"（external history）。參氏著 Methodology of Scientific Research Programmes, Philosophical Papers, Vol. 1（Cambridge: Cambridge University Press, 1978）, pp. 118 - 121。"內史"是科學思想及其理論自身合理性發展的歷史，即波普爾把握的客觀知識增長的動態過程；"外史"是各種社會、文化和心理因素對科學發展影響的歷史，即庫恩所揭示的科學的社會——文化因素。他進而指出，內史對科學的合理性發展起著決定作用，外史則起影響作用。拉卡托斯又改造庫恩"範式"概念而提出"研究綱領"，使之成爲表達客觀知識形態單位和把握內史的工具。詳參氏著 Methodology of Scientific Research Programmes, pp. 47 - 101.

② 據筆者所知，日本學者山田慶兒老師（YAMADA Keiji, 1933 - ）的《朱子の自然學》（東京：岩波書店，1978 年）和《授時曆の道》（漢譯名爲：《授時曆之道——中國中世科學和國家》〔東京：みすず書房，1980 年〕）在這方面的創造性運用無疑把中國科技史研究推進到較高的水平。尤其在《授時曆之道》一書當中，作者描述以郭守敬爲首的"朱子學派的自然學者集團"（包括劉秉忠、齊履謙、許衡、王恂、張易、張文謙、岳鉉、趙秉温、姚樞、竇默等）參預了《授時曆》的編纂工作，而這些工作最能看到科學與國家的關係。參氏著《授時曆の道》，237 - 241 頁；又勞漢生〈元代數學教育史研究報告〉，《内蒙古師大學報》（自然科學漢文版），1990 年 2 期〔36—45 頁〕也有近同的看法。韓國學者金永植（KIM Yung - sik）的博士論文 The World - View of Chu Hsi（1130 - 1200）: Knowledge about the Natural World in Chu - tzu Ch' un - shu（unpublished Ph. D thesis, Princeton University, 1980）及另一文章 "Natural Knowledge in a Traditional Culture: Problems in the Study of the History of Chinese Science", Minerva Vol. 20（1982）Nos. 1 - 2, pp. 83 - 104（王道還譯〈中國傳統文化中的自然知識——中國科學史研究的一些問題〉，《史學評論》（台北）9 期（1985 年 1 月，59 - 92 頁）都傾向於中國科學史研究應與中國思想史結合成一體，在一個更爲廣闊的視野上研究"內史"和"外史"的相互關係。此外，美國學者波特（Jonathan Porter）通過對阮元主編《疇人傳》中所收清代曆算學家部分進行研究，進而認爲十八世紀的中國有一個由"精密科學方面的專家組成的"科學團體"，並且做了一個翔實的人物和地緣分析，參氏著 "The Scientific Community in Early Modern China", Isis Vol. 73（1982）, pp. 529 - 544。近年筆者亦致力於明清之際遺民科學家群之間對傳統中國曆算學以至西方天文學所作的共同研究發表過一些看法，詳參拙作〈方中通（1634 - 1698）及其《數度衍》——兼論明清之際納白爾、哥白尼、開普勒、伽利略等之曆算作品在華流播的情形〉，《論衡》（香港），2 卷 1 期（1995 年 6 月），123 - 204 頁；〈游藝及其《天經或問前後集》〉（第七屆中國科學史國際會議〔1996 年 1 月 16 - 20 日，中國科學院自然科學史研究所與深圳大學合辦〕提交論文，收入王渝生主編《第七屆中國科學史國際會議論文集》（北京中國科學院自然科學史研究所，出版中）；〈明末清初士大夫對《崇禎曆書》之研究〉，《明清史集刊》（香港大學中文系）3 卷（1997 年 6 月），145 - 198 頁；〈明末熊明遇《格致草》內容探析〉，《自然科學史研究》（北京），16 卷 4 期（1997 年），304 - 328 頁；〈明末清初にちける黃百家（1643—1709）の生涯と著作〉，《中國思想史研究》（京都大學），第 20 號（1997 年 12 月），61—92 頁。

③ 關於李鋭的行誼志業，主要節引自拙作《李尚之先生年譜簡編·坿著作知見録》（京都大學人文科學研究所中國科學史研究室《疇人傳》譯注研究小組研究報告，未刊，正文及注釋共 154 頁，1988 年 7 月），以下略稱《簡編》；又嚴敦傑（1917 - 1988）晚年亦撰有〈李尚之年譜〉一種，收入梅榮照主編：《明清數學史論文集》（南京：江蘇教育出版社，1990 年 8 月）〈附録一〉，445 - 472 頁，以下略稱《嚴譜》。按，李鋭撰有《觀妙居日記》八册。據筆者所知，北京圖書館藏李鋭原稿本不分卷三册（編號 4756），計爲嘉慶十年（1805）六月初一日至七月廿一日，嘉慶十一年（1806）二月初一日至十二月廿九日及嘉慶 15 年（1810）五月初一日至八月初二日。此本筆者未能寓目，郭世榮〈李鋭《觀妙居日記》研究〉（《文獻》〔北京〕1986 年 2 期〔1986 年 4 月〕，248 - 263 頁）嘗對此本作過介紹。美國哈佛大學哈佛燕京圖書館亦庋藏稿本一册，惟僅記嘉慶十四年（1809）一年之事而已，參沈津〈宏燁齋書跋（四）·跋稿本《觀妙居日記》〉，《九州學刊》2 卷 1 期（1987 年 9 月），135 - 136 頁。此外，上海圖書館藏李鋭同鄉好友吳嘉泰

（初號春齋，後改號春生，與李鋭同受業於錢大昕門下，1767－?）於嘉慶廿五年（1820）從李鋭子可久（或作可玖）處據原稿八册本節録爲一册，共 42 頁，計爲乾隆六十年（1795）三月初七日至嘉慶元年（1796）六月初二日、嘉慶九年（1804）七月十五日至 16 年（1811）正月廿五日、嘉慶十八年（1813）；本文所引《觀妙居日記》，即以這一節抄本的寫真爲據。陳左高〈述清數學家李鋭《觀妙居日記》未刊稿〉（《學林漫録》初集〔北京：中華書局，1980 年 6 月〕，254－256 頁；後删節收入陳左高《中國日記史略》〔上海：上海翻譯出版公司，1990 年 10 月〕，84－85 頁）及郭世榮前揭文皆對上海圖書館藏節抄本有較全面的介紹，可參看。前述嚴敦傑〈李尚之年譜〉僅有四條引用自北京圖書館藏《觀妙居日記》原稿本，而且只限於嘉慶十年、十一年、十五年三年。因此可以説，上海圖書館藏《觀妙居日記》節抄本，由於所記年代跨度達十九年之久，誠爲研究李鋭生平的重要史料。

④ 《簡編》，4 頁。

⑤ 《簡編》，5－6 頁。

⑥ 《觀妙居日記》，21 頁。榮按，梅文鼎《勿菴曆算書目》著録“《郭太史曆草補注》二卷”，恐即李鋭所指《授時術草》。

⑦ 《簡編》，6 頁。

⑧ 《簡編》，7 頁。

⑨ 李鋭〈三統術衍跋〉，錢大昕《潛研堂全書》（光緒 10 年〔1884〕長沙龍氏家塾重刊本）〈子部・三統術衍及鈔〉，16 頁上。

⑩ 張星鑑（字緯餘，號問月，江蘇新陽人，諸生）〈李尚之先生傳〉（1847 年撰），《仰蕭樓文集》（光緒 6－8 年〔1880－1882〕增刊本），67 頁下。

⑪ 《簡編》，8 頁；羅士琳（字次璆，號茗香，甘泉人，1774－1853）《疇人傳續編》（上海：商務印書館，1955 年 5 月），657 頁。

⑫ 《簡編》，10 頁；紐樹玉《非石日記鈔》（清潘祖蔭輯《滂喜齋叢書》）（《百部叢書集成》第 558 册），2 頁上。

⑬ 《簡編》，10 頁。

⑭ 《簡編》，10 頁；《非石日記鈔》，4 頁上。

⑮ 《觀妙居日記》，1－2 頁。榮按，李鋭所稱《地球圖》，當即南懷仁於 1674 年製作的《坤輿全圖》。關於此圖的版本問題，詳參 Vertente, Christine, "Nan Huai－Ren's Maps of the World"及林東陽〈評“南懷仁的世界地圖”〉，兩文同收入《南懷仁逝世三百週年國際學術討論會論文集》（臺北：輔仁大學，1987 年 12 月 17－18 日），225－231 頁及 232－235 頁；又參 Minako Debergh, "Une Cante oubliée du p. Fezdinand Vezbiest（1674）Dans la Collection stuzlez de la Bibliothèque Nationale de Pazis", in *Jorznal Asiatique* Vol. 277（1989），PP. 159－220.

⑯⑰⑱ 《觀妙居日記》，3 頁。

⑲ 《觀妙居日記》，4 頁。

⑳ 《簡編》，13－14 頁。

㉑ 焦循《雕菰樓集》（嘉慶 20 年序蘇州文學山房聚珍板印本）卷 14，10 頁上－11 頁上。榮按，今人賴貴三《焦循年譜新編》（臺北：里仁書局，1994 年 3 月）繋此文於嘉慶元年而不能給出確實月日（127 頁），恐不知李鋭有《觀妙居日記》傳世而致誤，當改。

㉒ 《簡編》，14－15 頁。

㉓ 《觀妙居日記》，7－10 頁。榮按，“小輪”之説乃明末徐光啓、李天經等監譯呈獻給明廷的《崇禎曆書》中用來解釋天體運動的速度變化的歐洲古典天文學説。詳參席文（Nathan sivin），"Copernicus in China", Studia Copernicana VI（Warsaw, the Polish Academy of Sciences, 1973），pp. 63－122, especially pp. 103－105；此文後來經增訂收入氏著 Science in Ancient China: Researches and Reflections（London: Variorum, 1995），IV pp. 1－53；Ho Peng Yoke（何丙鬱），"Tycho Brahe and China", Hong Kong－Denmark Lectures on Science and Humanities（Hong Kong: Hong Kong University Press, 1983），pp. 52－60；前揭拙作〈明末清初士大夫對《崇禎曆書》之研究〉，145－177 頁。至於《時憲書》“甲子元”，即指康熙 61 年（1722）同何國宗、梅瑴成等修成的《曆象考成》，由於它是以康熙 23 年甲子（1684）爲元，故當時頒行的《時憲曆》又名叫“甲子元曆”，其所依據的天文理論也是以“小輪”系統爲主的。雍正 8 年（1730）耶穌會士戴進賢（Ignace Kogler，字嘉賓，日耳曼人，康熙 55 年〔1716〕來華，1680－1746）、徐懋德（André Pereira，字卓德，葡萄牙人，康熙 55 年〔1716〕，1690－1743）根據法國天文學家卡西尼（時多譯稱噶西尼，Jean－Dominique Cassini, 1625－1712）的計算方法和數據，推算了一份〈曆表〉，直接附在《曆象考成》後面，題爲《御製曆象考成表》；同時開始增修《曆象考成後編》，最後於乾隆 7 年（1742）完成。書中拋弃了小輪體系而引進開普勒行星第一定律（即“橢圓軌道定律”）和第二定律（即“面積定律”），但欲把太陽－地球的關係完全顛倒，扭曲了原爲解釋日心説而展開的開普勒定律的本意。由於《曆象考成後編》是以雍正元年癸卯（1723）爲曆元，故當時頒行的《時憲曆》也叫“癸卯元曆”。詳參（日）橋本敬造（HASHIMORO Keizo, 1941－）〈橢圓法の展開——《曆象考成後編》の内容について〉，《東

方學報》(京都),42 册(昭和 46 年[1971]3 月),245 – 272 頁。至於穆尼閣"新西法用不同心天",蓋指穆氏弟子薛鳳祚(1600 – 1680)《益都薛氏遺書・外集》(北京圖書館藏康熙 3 年[1664]序刊本)穆尼閣述、薛鳳祚譯《天步真原・新西法選要》中所載日心說理論。詳參拙稿〈方中通及其《數度衍》〉,147 – 179 頁;胡鐵珠〈《曆學會通》中的宇宙模式〉,《自然科學史研究》,11 卷 3 期(1992 年),224 – 231 頁。至於"蔣友仁所說地動儀,設太陽不動而地球如七曜之流轉",當指於乾隆 25 年(1759)成書的《皇朝禮器圖式》卷三〈儀器〉所收的"渾天合七政儀"和"七政儀"。這兩架儀器現完好地保存在北京故宮博物院中。它們都屬於演示哥白尼(N. Copernicus, 1473 – 1543)日心說的"太陽系儀"(orrery),詳參劉炳森、馬玉良、薄樹人、劉金沂〈略談故宮博物院所藏"七政儀"和"渾天合七政儀"〉,《文物》1973 年 9 期,40 – 44 頁。惟此文作者誤把儀器製作者的刻名寫作"Rich Glnne Fecit"。查刻名當作"Rich Glynne Fecit"。Rich Glynne 即 Richard Glynne, 活躍於 1696 年前後數十年,英國倫敦著名科學儀器製造家,在 1718 – 1729 年的期間居住在倫敦 Fleet Street 的 Salisbury Court 對面的房子,并以"The Hercules and Atlas"爲商號之名而開業。由於他是 Clockmakers Company 的成員,所以他曾與另一成員 Henry Wynn(? – 1709)有過合作伙伴的關係。關於他的卒年,我們無法徵知;但他約從 1729 年至 1730 年之間即停止儀器製作的活動,并於 1730 年在 Convent Garden 的 Bedford Coffee House 公開拍賣其所製儀器。筆者估計上述兩件"太陽系儀"的製作時間不應晚於 1729 – 1730 年。同類型的"太陽系儀"(1730 年製)尚保存在英國倫敦海事博物館(Maritime Museum)中。詳參 E. G. R. Taylor, The Mathematical Practitioners of Tudor & Stuart England (Cambridge: Cambridge University Press, 1968), p. 293; Henry King, Geared to the Stars: The Evolution of Pl anetariums, Orreries and Astronomical Clocks (Toronto: Univesrsity of Toronto Press, 1978), pp. 157 – 158, 382; Mary Holbrook edited, Science Preserved (London: HMSO Publications Centre, 1992), p. 164。

㉔ 《簡編》,15 頁。榮按,李銳〈與焦理堂書〉除收錄在《觀妙居日記》"嘉慶元年二月廿三日"條之下外,亦被焦循收進《里堂學算記》(光緒二年[1876]衡陽魏氏補刊本《焦氏遺書》所收)卷首中,惟改題作〈(李銳)釋輪書〉,1 頁上 – 2 頁下,又參郭世榮:〈清代中期數學家焦循與李銳之間的幾封信〉,李迪編:《數學史研究文集》第 1 輯(呼和浩特:內蒙古大學出版社,1990 年 8 月),123 – 130 頁。

㉕㉖㉗ 《觀妙居日記》,7 – 8 頁。

㉘ 文載王昶(1725 – 1806)《湖海文傳》(道光十七年[1837]王氏經訓堂刊本)卷 43,9 頁上 – 10 頁上。又參洪萬生〈焦循給李銳的一封信〉,氏編:《談天三友》(台北:明文書局,1993 年 3 月),141 – 148 頁。

㉙ 《觀妙居日記》,8 – 9 頁。

㉚㉛ 《觀妙居日記》,9 – 12 頁。

㉜ 《簡編》,16 頁。

㉝ 《簡編》,16 – 17 頁。

㉞ 《簡編》,18 頁。

㉟ 《簡編》,18 – 20 頁。

㊱ 《簡編》,20 – 22 頁。

㊲ 《簡編》,22 – 23 頁。

㊳ 《簡編》,23 – 25 頁。

㊴ 《簡編》,25 – 27 頁。

㊵ 《簡編》,27 頁。

㊶ 《觀妙居日記》,12 頁。

㊷ 《觀妙居日記》,13 頁。

㊸ 《觀妙居日記》,15 – 16 頁。

㊹ 《觀妙居日記》,16 – 18 頁。

㊺ 《觀妙居日記》原稿本,引自《嚴譜》,462 – 463 頁。

㊻ 《觀妙居日記》,19 – 20 頁。

㊼ 《簡編》,29 頁。

㊽ 《觀妙居日記》原稿本,引自《嚴譜》,465 頁。

㊾ 《觀妙居日記》,21 – 22 頁。

㊿ 《簡編》,29 – 30 頁。

51 《觀妙居日記》,22 頁。

52 《觀妙居日記》原稿本,引自《嚴譜》,465 頁。

53 《觀妙居日記》,23 – 24 頁。

(54) 《簡編》,31頁。
(55) 《觀妙居日記》,24頁。
(56) 《簡編》,30－31頁。
(57) 《觀妙居日記》,25頁。
(58) 《觀妙居日記》,25－26頁。
(59) 《觀妙居日記》,27－28頁。
(60) 《觀妙居日記》,29－30頁。
(61) 《簡編》,31頁。
(62) 《觀妙居日記》,30－35頁。
(63) 《觀妙居日記》原稿本,引自《嚴譜》,468頁。
(64) 《觀妙居日記》,35頁。
(65) 《簡編》,32頁。
(66) 《觀妙居日記》,35頁。
(67) 《簡編》,32－33頁。
(68) 《觀妙居日記》,36頁。
(69) 《觀妙居日記》,37頁。
(70) 《簡編》,33頁。
(71) 《簡編》,33－34頁。
(72) 《觀妙居日記》,38－40頁。
(73) 《簡編》,34－35頁。
(74) 《觀妙居日記》吴春生〈跋〉,41－42頁。
(75) 《觀妙居日記》,42頁;《簡編》,35－36頁。

# 《詩·小雅·鼓鐘》名物新證

## 揚　之　水

“詩三百”，本來都可以入樂，[①]祇是那些音符飄落在迢遙的古史中，已經無法收拾成曲調，不過流傳下來的徒歌，畢竟保存了無聲有“形”的樂：樂器的種類、樂器的演奏、演奏的場面，更有聽樂人的心之所感、心之所動。鼓聲、鐘聲、管聲、簫聲、琴音、瑟調，那是一個洋洋乎樂聲盈耳的時代。祭祀、征伐、燕飲，“鐘鼓喤喤，磬筦將將”，“鉦人伐鼓，鼓聲淵淵”，“並坐鼓笙”、“並坐鼓簧”，好像樂是那一時代生活中的興奮點，如同車馬、服飾、器用，它也是社會中人身分與等級的鮮明標志，因此也不妨説，是那一時代的秩序與靈魂。

《詩》中提到的樂器有二十多種；金奏，凡九篇，一見于《周南》，八見于《雅》《頌》。《關雎》小序所謂“后妃之德也”，每爲後人所非，此説固不可據，不過詩中既言“鐘鼓樂之”，則淑女、君子決非平民，確然無疑。至《小雅·白華》“鼓鐘于宫，聲聞于外”，由詩中所詠風物，也可見出尊者身分。[②]其他見于《雅》《頌》者，則或爲饗禮之樂，如《彤弓》；或爲大射之禮，如《小雅·賓之初筵》；或詠王之游樂，如《大雅·靈台》；或則祭祀，如《小雅·楚茨》，《周頌·有瞽》，《商頌·那》。總之，情境中敬肅莊嚴既見，禮樂中人等級、身分自可昭然。不過，不論《鹿鳴》《彤弓》，還是《有瞽》與《那》，詩中寫到樂器，雖然繪其聲音，狀其場面，且不乏並茂之聲情，卻仍祇是客觀描繪，“詩三百”惟有《鼓鐘》一篇，乃樂鳴于外，情動于中，揭出樂聲于人心之感動。惟其詞隱，其意微，其旨昧，故歷來説詩者釋解不一，似乎至今難有確詁。[③]

　　鼓鐘將將，淮水湯湯，憂心且傷。淑人君子，懷允不忘。（一章）

　　鼓鐘喈喈，淮水湝湝，憂心且悲。淑人君子，其德不回。（二章）

　　鼓鐘伐鼛，淮有三洲，憂心且妯。淑人君子，其德不猶。（三章）

　　鼓鐘欽欽，鼓瑟鼓琴，笙磬同音。以雅以南，以籥不僭。（四章）

小序曰“刺幽王也”，不可信據，前人已有駁詞，那麼這裏的孔疏便顯得格外重要：“鄭於《中候·握河》注云‘昭王時，《鼓鐘》之詩所爲作’者，鄭時未見毛詩，依三家爲説也。”所謂“三家”，韓詩也，王應麟《詩考》：“《鼓鐘》，昭王之時作”；魏源《詩古微》贊之曰：“《鼓鐘》，昭王南巡也”，“韓詩昭王古義，足破毛序拘牽之例矣。”[④]但“南巡”云云，其實是薄伐南土，因此毛傳所謂“會諸侯于淮上，鼓其淫樂”，于史無據，于理不合，而痛悼昭王時某一南征不返之“鬼雄”，方是詩旨所在。

西周前期的文獻資料,流傳下來的不很多,但兩周彝器銘文可以填補不少空白。除却革命與開國之外,昭王南征、穆王西游,均爲這一時期的大事。昭王十九年南征,喪師殞命,是流傳尤其廣遠的重要事件。《左傳·僖公四年》記齊桓公伐楚,以此向楚問罪屈子;《天問》:"昭后成游,南土爰底。厥利惟何,逢彼白雉?"則戰國時楚國宗廟壁畫對此也有描寫。《竹書紀年》、《吕氏春秋·音初篇》記載這一段史實,辭或有異,必各有所本。《史記·周本紀》:"昭王之時,王道微缺,昭王南巡不返,卒于江上,其卒不赴告,諱之也。"⑤所謂"諱之"者,乃昭王死事也。但兩次南征,從行將官不少,按照當日習俗,鑄彝器,紀榮耀,今日所見明確記載南征、伐楚之器,除去重復,已得銘文十數篇。⑥又據日本出光美術館所藏昭王十八年器靜方鼎、北宋出土之"安州六器"並近年出土昭王各器所載史實,可以大致推定出來自昭王十七年至十九年間的一段"南征大事記"。⑦恭王時器《史牆盤》,銘文歷數文武成康昭穆各王業績,于昭王,則曰:"弘魯昭王,廣能荆楚,惟狩南行",⑧可知伐楚與南征正是作爲昭王的光榮而特別昭示後人,這一評價,也可以認爲是周人的共識,故《國語·齊語》亦載管仲之言:"昔吾先王昭王、穆王,世法文、武,遠績以成名。"祇是出師不返,畢竟大損威名,對此,"周人諱之",也在情理之中。酈道元注《水經》,于沔水岸畔訪得昭王傳説種種,末則不免慨嘆:"但千古茫昧,難以昭知,推其事類,似是而非矣。"⑨不過抛開這些傳説不論,有一點可以確知,即"周初武王成王之時,周人經營的方向是東方及北方,而在中期,西周經營的方向是南方。南方又可分爲偏東的淮上及偏西的漢上兩個地區,而前哨據點都可遠抵江干。西周中期的王室對于西方與北方,也不是全無行動,祇是以周的戰略言,大致是在西北采守勢,在東南取攻勢。"⑩昭王時代,楚國的疆域尚局限在漢水北面,⑪因此這時候南征兵鋒所指,實際是漢、淮流域的地域範圍。繫于昭王十七年的中方鼎(一):"惟王令南宫伐反虎方之年,王令中先,省南國貫行",虎方,便在淮水之南。從這樣的形勢來看,渡淮,自是一條東向南征的重要路綫。湯湯淮水,淮上三洲,必有所指,必有涉于一段戰史,一個人物。作爲南方與北方諸國的一道分界綫,淮水又可以作爲一種標志與象征,是以詩人于鳴鐘伐鼓的將將嘳嘳之中,興淮水之思,感事傷逝,憂國懷人。又鼓鐘,金奏也,末章更寫出王者之樂的氣象,所懷之人,雖然無法確指爲某位"不返"之公卿,但他的身分,當在使用"金石之樂"者之列。

"鼓鐘",擊鐘也。《白華》:"鼓鐘于宫",與此同。《説文》:"鏜,鐘鼓之聲",此"鐘鼓",當作"鼓鐘"。⑫瘋鐘銘文:"瘋其萬年永寶日鼓","瘋作協鐘,萬年日鼓";⑬又河南固始侯古堆東周墓所出八件編鎛,七件均有相同的銘文:"惟正月初吉丁亥,□□擇其吉金,自作龢鐘,□倉倉,嘉乎方莽,子樂父兄,萬年無期,□□參壽,其永鼓之,百歲外□之韶",⑭是"鼓鐘"之注也。

鐘的使用,在世界各個民族起源都很早,但樂鐘的製作,郤是中國獨特的發明。[15]最有代表性的鐘型——甬鐘,約出現于西周早期,它的淵源,有鈴、商鐃(或稱鏞)、江浙原始鐘三説,[16]各有理據,但無論如何,西周甬鐘是一個傑出的創造,它可以奏出雙音的音樂性能,爲三者所望塵莫及。樂鐘的鐘腔,是兩側尖鋭的合瓦形,鐘口截面好像一枚葉片,兩邊,即銑的鋭角則形成兩條棱,于是成爲鐘壁振動的一種限制,這種特殊的限制,便使鐘産生了兩個振動模式,因此,敲擊鐘的隧部,即正鼓部,可以得到鐘的第一基頻,通稱正鼓音;敲擊鐘的銑與隧之間,即側鼓部,則得到第二基頻,稱作側鼓音。西周中期以降,成編的樂鐘一般是八件一套,從第三鐘起都使用側鼓音,並在鼓右刻鑄鳥紋作爲標志,每一件鐘的正鼓音和側鼓音之間大都成小三度的音程關係,即分別爲羽、宮或角、徵兩音,于是形成由四聲骨幹構成的音階特點。樂鐘又在鉦部鑄出乳枚,以成鐘體的振動負載,因可對高頻振動起到加速衰減的作用。演奏樂曲的時候,各鐘聲間的疊混時間短,泛音頻率值下降,音質便格外純净、清晰。此外,每組編鐘的數目也逐漸增多,如河南信陽出土的春秋編鐘,一套共十三枚,而等級、身分高貴者,如戰國早期的曾侯乙 ,墓葬配置的編鐘有八組共六十五枚,總音域達五個八度,中部音區有三套音列結構大致相似的編鐘,成爲三個重疊聲部,十二個半音齊備,具有五聲、六聲、七聲音階結構,可以演奏和聲複調與旋宮轉調的多種樂曲,這在當時,是舉世無匹的。[17]

在《鼓鐘》成詩的昭王一代或稍遲,西周甬鐘正處在承前啓後的關鍵時期。從現有材料來看,雙音鐘的成熟,不晚于共王時代,作爲標志的是陝西藍田出土的應侯鐘,[18]它可以發出兩個樂音,兩音間傾向于純律小三度的音程關係,鐘的内壁經過調音處理,鼓右並鑄出鳥紋。至懿孝時期,雙音鐘已趨完善。不過,在開始以鳥紋表示鐘上使用側鼓音時,已是使用側鼓音有長時期經驗積累的時候,而在此之前,如陝西寶鷄竹園溝七號墓、茹家莊一號墓和長安灃東普渡村長田墓所出編鐘,都已是三件一套。[19]竹園溝七號墓相當康王後期、昭王前期,茹家莊一號墓相當昭王後期、穆王前期,長田墓則是穆王時期。這三組編鐘鼓右部都没有鳥紋,每鐘兩音之間可能尚未形成固定的音程關係,故難判斷是否已經有意識地使用側鼓音,但長田鐘已經有了共王以後鐘的某些特點,如形體明顯增大,體腔内壁出現調音的磨鑿痕跡,[20]那麼可以認爲,應侯鐘之前的無鳥紋鐘已能有選擇地調節兩音間的音程關係。[21]總之,這是雙音鐘由濫觴、而發展、而生命力日益勃發的時代,詩曰"鼓鐘將將"、"鼓鐘喈喈",所傳達的,已是那一時代鐘樂中的新聲。

從兩周墓葬中樂器和禮器的組合情況來看,"金石之樂"的使用,的確等級分明,即使所謂"禮崩樂壞"的東周時期,墓葬中的情形也不例外。中原地區虢、鄭、三晋和周的墓葬,已發掘兩千餘座,出土編鐘、編磬者,止限于個別葬制規格很高的墓,約占總數百分之一。歷年發掘的楚墓至少有三千五百餘座,但出土"金石之樂"的墓爲數很少,僅占楚墓總數的千分之二。㉒再從青銅樂鐘的製作要求來看，這也是必然——非"有力者"，實不能爲。㉓而這一切，與《詩》中所反映的社會風貌，恰相符合。

　　樂鐘有甬鐘、鎛鐘、鈕鐘之別，但無論哪一種，都是懸挂起來演奏——這種懸挂演奏的方式由來已久，陝西長安斗門鎮和河南陝縣廟底溝出土的兩件新石器時代的陶鐘，甬間便有兩個可以用來懸繫的圓孔。㉔懸挂樂鐘（也包括磬）的架子，稱作虡業或簨虡。虡爲立柱，簨乃橫梁，橫梁之飾則稱作業。簨虡多爲木製，虡立兩旁而舉簨在上，是最常見的橫竪結構的架座。橫梁、立柱和立柱的脚墩，通常交錯裝飾雲紋和獸面紋，如河南固始侯古堆東周墓出土的兩件。㉕又或者在橫梁兩端加飾銅套，四川涪陵小田溪戰國墓所出簨虡飾件，是四件張口銜珠的虎頭，虎頭上面並裝飾錯銀雲紋，眼眶裏邊還特別嵌了黑眼珠。同出的編鐘插銷十四件，正好和十四件編鐘相配。插銷是斷面作長方形的一根銅棍，一端作出獸面。㉖與河南信陽長臺關的簨虡相同，㉗這裏懸挂編鐘的簨虡，橫梁下側也應該有相應的銷孔，把鐘鈕納入鈕槽，然後從銷孔插入鈕銷，鐘便可以牢牢固定在架子上。《大雅·靈臺》："虡業維樅"，《有瞽》："設業設虡，崇牙樹羽"，都説到簨虡，《鼓鐘》言不及此，但曰"鼓鐘將將"，是簨虡之設已在其中。"將將"，聲之大也，"喈喈"，聲之和也；㉘"湯湯"，水之盛也，"湝湝"，水之徐也，大與盛，和與徐，各以類興，于是由悠遠沉厚的廟堂鐘樂，而起淮水逝波的綿邈之思，一遍一遍，重疊複沓，婉轉低回，悲不能已。

　　三章"鼓鐘伐鼛"，是鐘樂裏加入了鼓音。鼛鼓，也作皋鼓，即大鼓。《大雅·綿》："百堵皆興，鼛鼓弗勝"；《周禮·地官·鼓人》："以鼛鼓鼓役事"，這是鼛鼓的功用之一。《荀子·正論》："曼而饋，伐皋而食，《雍》而徹乎五祀"；㉙《周禮·春官·大司樂》："王大食，三宥，皆令奏鐘鼓"，這是鼛鼓功用之又一。《大雅·靈臺》："虡業維樅，賁鼓維鏞"，賁鼓，也是大鼓，鏞則大鐘。"鼓鐘伐鼛"則與"賁鼓維鏞"辭義相當，鼛鼓在這裏用來合廟堂鐘樂，是鼛鼓功用之又一。

　　鼓在"八音"中稱作"革"。山西襄汾陶寺龍山文化墓葬中，便已發現與特磬放在一起的鱷魚皮蒙鼓框的鼉鼓。㉚山西靈石旌介村晚商墓也出土一件鼉鼓。㉛殷墟侯家莊1217大墓與磬同出的一件鼉鼓，則伴有拆開放置的鼓架。鼓面蒙揚子鱷皮，一面已經破損，保存完整的一面，用朱紅畫出寬寬的螺旋紋。鼓腔兩端帶紋彩繪，中間却是一對相向的獸面，獸面口裏嵌了蚌片做的牙齒。鼓架有立柱（虡）、橫梁（簨）和四個脚墩。㉜根據脚墩和立柱的尺寸，可以推知鼓架約高一百五十厘米，如此，將鼓懸在兩根橫梁之下，鼓便距地六十厘米左右，正適合鼓者跽坐演奏，是所謂"懸鼓"。㉝與懸鼓不同的另一種大鼓，是"建鼓"。建鼓的下邊有跗，跗上立楹柱貫大鼓，故又稱楹鼓。河南汲縣山彪鎮戰國墓出土的刻紋銅奩殘片，宴樂場面中，有舞人，有編鐘，編鐘的一邊，便是一架建鼓，鼓者執槌，立而擊奏。㉞《詩》中的"賁鼓維鏞”、“鼓鐘伐鼛”，便都是這樣的懸鼓和建鼓。晋邾黛鐘銘：“大鐘八聿（肆），其竈（造）四堵。喬喬其龍，既壽邕虞。大鐘既縣（懸），玉鐳鼉鼓”——一部金石之樂，鼓總是不能少的。

《樂記》云：“鐘聲鏗，鏗以立號，號以立橫，橫以立武，君子聽鐘聲，則思武臣。石聲磬，磬以立辨，辨以致死，君子聽磬聲，則思死封疆之臣。絲聲哀，哀以立廉，廉以立志，君子聽琴瑟之聲，則思志義之臣。竹聲濫，濫以立會，會以聚眾，君子聽竽、笙、簫、管之聲，則思畜聚之臣。鼓鼙之聲讙，讙以立動，動以進眾，君子聽鼓鼙之聲，則思將帥之臣。君子之聽音，非聽其鏗鎗而已也，彼亦有所合之也。”《樂記》後出，所論聞樂興感，帶有總結的意味，而不同的樂奏予以聽者不同的感受，這樣的記載，早見于先秦文獻。《鼓鐘》之思，哀“國殤”也，傷國政也，樂鐘之奏，將將然堅剛，鼛鼓之奏，逢逢然促急，由樂奏的變幻，而傷，而悲，而妯，是哀之極矣。

末章，寫樂終的合樂與合舞。

嚴粲《詩緝》卷二十二：“先鼓其鐘，鐘聲欽欽然有節，又鼓瑟與琴，又吹其笙，擊其石磬，琴瑟在堂，笙磬在下，節奏齊同，言其和也。”總敘詩意，條理分明。

與鐘鼓相比，琴瑟仍是《詩經》時代的“新聲”，又或者可以稱作“輕音樂”——它在《詩》中多見于《風》中的燕私之歡，宗廟音樂中，琴瑟便祇是合樂中的一部，《書·皋陶謨》“琴瑟以詠”，可知它是用來應歌的。上古的琴在考古發現中出土數量很少，曾侯乙墓所出一件帶長尾的半箱體的十弦琴，與後世的琴很不一樣，在彈奏方法上自然有別。《説文》：“琴，禁，神農所作，洞越，練朱五弦，周加二弦”，雖然多半屬于傳説，但七弦琴的形制，不會出現得太晚，現在所見最早的實例，是戰國中期之器，如湖北荆門郭店一號楚墓出土的一件。[35]瑟的實物，則遠比琴多，曾侯乙一墓，就出土十二件。[36]瑟身用彩雕和彩繪的方式，滿飾各樣圖案：彩漆髹成的饕餮紋上浮雕了盤旋的龍，細密的方格紋地子上，飛着以遨以游的鳳。“妻子好合，如鼓瑟琴”（《小雅·常棣》），“琴瑟在御，莫不静好”（《鄭風·女曰雞鳴》），艷麗的裝點中，若隱若現傳達着綿長的詩意。

琴瑟的面材尚輕柔，侯古堆東周墓出土的瑟，材質爲桐木，其他未經鑒定者，多半亦爲質地輕柔、紋理細膩均匀之材，很可能也是桐木或與桐木類似的共振性較好的材料。[37]《鄘風·定之方中》：“椅桐梓漆，爰伐琴瑟”，梓與桐，便是用來製作共鳴箱的底板，可知琴瑟的用材，這時候已經很有講求，它的演奏水平，它的表現能力，自可想見。楚之鐘儀、齊之師開、魯之師乙、晉之師曠、鄭之師文、衛之師曹，春秋樂師，多擅琴瑟，内政外交，堂上尊前，《風》《雅》之韻，所以朝野廣播也。

磬是“金聲玉振”中的“玉”，雖然這玉不過是石，却是比較特殊的石。《禹貢》：“泗濱浮磬”，《水經注·泗水注》：泗水東南過吕縣南，“泗水之上，有石渠焉，故曰吕梁也”，《晋太康地記》曰：“水出磬石，《書》所謂‘泗濱浮磬’者也。”泗濱之磬，後世以出靈壁縣，故稱靈壁石。石即灰石中的一種，質堅致而色黑，用來作磬，“擊之鏗然作金聲”。[38]磬石，《山海經》中也多有記載，如《西山經》，小華之山，“其陰多磬石”，高山，“涇水出焉，而東流注于渭，其中多磬石”，“鳥危之山，其陽多磬石”；又《中山經》，長山之山，“共水出焉，西南流注于洛，其中多鳴石”，郭璞注曰：“晋永康元年，襄陽郡上鳴石，似玉色青，撞之聲聞七八里。”[39]《説文》則釋磬爲“樂石”。文獻中説到的這些磬石、鳴石與樂石，其實多是石灰石。石灰石硬度適中，易于加工，又石質匀細、緻密，可以很好傳遞聲波，並且分布廣泛，開采方便，[40]故從商代以來即爲製磬常用的石材。

　　磬分特磬與編磬，發音則因磬的大小、厚度不同而不同：大而薄，音便低而濁；小而厚，音便高而清。商代的磬，上緣是鼓低、股高的弧形，下邊近平，磬身略如鯨頭；西周則演變爲上作倨句，下成微弧，這一形制並且盛行于戰國，延至西漢；而上下均作倨句形的磬，見于戰國，爲漢代以後的主要形式。[41]陝西周原扶風西周晚期居住基址發見的一組編磬，是用青黑色的石灰石細磨精雕而成。其中一件兩面雕着陰綫交錯的夔龍紋，鼓和股的上緣飾單行鱗紋，其餘三邊則鱗紋環帶成雙，兩面及鼓、股的上邊又漫繞一道陰弦紋，雕紋裏邊還填着朱砂，[42]磬主人的身分自非一般。不過石磬上面雕刻花紋，很可能會影響音質，故湖北江陵出土的二十五件楚國石編磬，祇在上面用紅、黄、藍、綠或加金綫彩繪花草、羽毛和顧盼神飛的鳳鳥，除幾件斷裂殘缺無法測音之外，大部分石磬音色優美，音質清越。[43]至曾侯乙墓出土石磬三十二枚，則是目前已知數目最多者，顯示了編磬發展的一個高峰。

　　“笙磬同音”，毛傳：“笙磬，東方之樂；同音，四懸皆同也。”此釋磬爲編磬，是矣，但因詩笙磬連言，而以笙磬爲磬的名稱，則非。鄭注《儀禮·大射儀》：“笙猶生也。東爲陽中，萬物以生。……是以東方鐘磬謂之笙，皆編而縣(懸)也。”《周禮·春官·眡瞭》：“擊頌磬、笙磬”，鄭注：“磬在東方曰笙，笙，生也；在西方曰頌，頌或作庸，庸，功也。”則笙磬在東，頌磬在西，二者以方位不同對言，而無緣獨舉，[44]那麼詩中的“笙磬”，仍指笙與磬。

　　笙是八音中的“匏”，因爲它是用裝了簧片的竹管插在葫蘆笙斗上吹奏發聲的。目前見到的年代最早的實物是湖北當陽曹家崗春秋晚期楚墓出土的兩件，祇是已經殘損得很厲害。[45]雖有殘損、但仍可復原的例子，見于曾侯乙墓。出土的六件笙，分作十二管、十四管、十八管三種。笙用葫蘆挖空作成音斗，音斗上、下有對穿的兩排圓孔，笙管插在圓孔裏，管脚透出斗底，笙管裏邊是蘆竹作的簧片。笙斗和笙管都滿髹黑漆地子，上面用朱、黄兩色描出纖纖細細的絢紋、菱紋、雲紋和三角雷紋。[46]

　　笙可以應歌，《禮記·檀弓》“孔子十日而成笙歌”是也；笙可以應鼓，《賓之初筵》“籥舞笙鼓”是也；笙可以應鐘，《書·皋陶謨》“笙鏞以間”是也。“笙磬同音”，則應磬之笙也。笙所以備和奏、洽百禮,東周刻紋銅器的樂舞場面中,便常常有吹笙者的形象。河北平山三汲古城出土的一件銅蓋豆,豆蓋上面凸鑄一幅宴樂圖,一邊編鐘,一邊編磬,磬虡的一旁是一架建鼓,鐘磬之間,一人捧笙跽坐而吹。[47]金聲玉振,和以笙管的無限清韻,鄭箋所謂"堂上堂下八音克諧"也。

"以雅以南,以籥不僭",雅與南,皆指樂。江蘇丹徒背山頂春秋墓出土的一套編鐘,其中一件銘文有"余鑄鏐是擇,允爲吉金,作鑄龢鐘。我以夏以南,中鳴媞好,我以樂我心",[48]這裏的"夏",便是"雅"——《墨子·天志下》引《大雅·皇矣》,而稱作"先王之書《大夏》";《荀子·榮辱》曰:"越人安越,楚人安楚,君子安雅",而《儒教》曰:"居楚而楚,居越而越,居夏而夏",都是雅、夏相通之證。雅即"夏聲",即王朝所崇尚的正聲;而南,則是流行于周之南土的音樂。作爲鐘銘,雅與南,自然都是指樂而言,這是沒有疑問了。

籥,指萬舞中的文舞——文舞與武舞,統稱作萬。甲骨卜辭多見"萬"與"萬人",萬人,舞者也。《邶風·簡兮》中的"碩人",或者就是這樣的萬人。[49]武舞執干戚,干即盾,北京琉璃河西周燕國墓地出土的銅盾飾,背面有"匽(燕)厌(侯)舞易(錫)"四字銘文,[50]錫所飾之盾,大概便是武舞所執之器。[51]文舞則執羽籥。羽即韓詩說所謂"大鳥羽"。其名翟者是雉羽,但執之以舞;而名翿者是鷺羽,則以之爲纛而執之,以指麾于舞者之列。《簡兮》"右手秉翟",此舞者所執,乃雉羽;《王風·君子陽陽》"左執翿",此導舞者所執,是鷺羽。籥爲吹奏樂器,或曰它的形制單管如笛,[52]或曰編管近乎排簫,[53]但至今仍沒有實物可資確認。詩曰"左手執籥,右手秉翟",可見是一件可以邊舞邊奏之器。"不僭",毛釋爲"和",[54]很是。吳王之子所作之器者減鐘,銘有"不帛不羍(肆),不濼(鑠)不彫,龥(協)于我霝龠",[55]"霝",善也,"協于我霝龠",則與"以籥不僭"命意正相仿佛。雖然這已是春秋時器,但舞羽吹籥以與鐘鼓相協之風相沿依舊,並且南北似有共通。樂之終,有合樂與合舞,這便是上古音樂演奏中的"亂",《史記·樂書》:"始奏以文,止亂以武",止亂對始奏言,謂終奏。《禮記·樂記》:"再始以著往,復亂以飭歸",這裏的亂,也作終講。《詩經》之亂,《楚辭》之亂,正與它同源。《國語·魯語下》:"昔正考父校商之名《頌》十二篇於周太師,以《那》爲首,其輯之亂曰:'自古在昔,先民有作。溫恭朝夕,執事有恪。'"這四句是《那》篇二十二句中的十七至二十句,正在終篇,故曰"亂"。韋昭注:"凡作篇章篇義既成,撮其大要爲亂辭。"[56]《離騷》王逸注:"亂,理也。所以發理詞指,總撮其要也。屈原舒肆憤懣,極意陳詞,或去或留,文采紛華,然後結括一言,以明所趣之意也。"這都是從音樂演奏中的亂發展而來。樂奏中的亂,內容可以多樣,但其爲高潮之所在則一。而《鼓鐘》末章,于樂奏高潮中特別強調的,正是和。"欽欽",肅也;"同音",雍也,肅雍以和,和樂之都也。[57]全詩步步扣合樂來展開、鋪排,又在在借樂抒懷——一、二、三章以聞鐘鼓之樂而哀悼渡淮南征之"鬼雄",末章,兩條平行發展的綫索合而爲一,于是"鼓鐘欽欽,笙磬同音"的樂奏之亂中，一寄和同之願。一首《鼓鐘》，恰是一枚"雙音鐘"，感事傷逝，哀時懷人，兩個基音中飄飄落落幾點音符，雖然仍不成曲調，但悠長之思、沉鬱之韻，畢竟把浩蕩的感喟引向深深的歷史潛層。

① 《詩經》入樂與不入樂以及是否全部入樂，本是一個長期討論的問題（見趙沛霖《〈詩經〉與音樂關係研究的歷史和現狀》，《音樂研究》1993 年第 1 期，頁 79—81），此取前人之入樂説。

② 如末章"有扁斯石，履之卑兮"，毛傳："扁扁，乘石貌，王乘車履石"；《周禮·夏官·隸僕》："王行，洗乘石"，鄭注："鄭司農云：'乘石，王所登上車之石也，詩云：有扁斯石，履之卑兮。'謂上車所登之石。"

③ 日人白川静曰："把詩篇當作經書，賦予特殊的解釋，這種古典化傾向發端甚早，然就詩篇本身而言，此傾向並不必然會發生。古代文學兼具活潑的民族精神，是民族精神的胎胚，權威化形式化後，反而成爲豐富生命力流動的障礙，詩失落在猜謎式解釋學的歧途上，古代文學的正確了解之道也斷絕了。"（見氏著《詩經研究》，杜正勝譯，幼獅月刊社 1974 年版，頁 293）這是極好的意見，但是正如論者也不否認的那樣，許多詩作仍繫於若干史實之中，因此自有它的歷史背景，祇是古史茫昧，今已很難覓得一條清晰的綫索。這裏僅力求從詩中提供的一點消息中，尋找當日它所依附的一個歷史事件，以揭示詩作本身豐富的生命力之流動，並由此以窺《詩經》時代音樂文化所達到的水平，這與猜謎式的解釋學方法或有所不同。

④ 《詩古微》，岳麓書社 1985 年版，頁 800、617。

⑤ 《史記·周本紀》，《正義》引《帝王世紀》："昭王德衰，南征，濟于漢，船人惡之，以膠船進王，王御船至中流，膠液船解，王及祭公俱没于水中而崩，其右辛游靡長臂且多力，游振得王，周人諱之。"這大概是一個流傳很廣的傳説。

⑥ 《唐蘭先生金文論集·論周昭王時代的青銅器銘刻》，紫禁城出版社 1995 年版，頁 296—303。昭王南征，明確見于史籍的，有十六年一次，十九年一次。"十六年伐楚荆"，不僅取勝，且大有獲，器銘便多是直接反映這一次戰爭的。

⑦ 李學勤：《静方鼎與周昭王曆日》，《光明日報》1997 年 12 月 23 日，第 5 版。

⑧ 李學勤：《新出青銅器研究·論史牆盤及其意義》，文物出版社 1990 年版，頁 76。

⑨ 《水經注·沔水注》，王國維《水經注校》，上海人民出版社 1984 年版，頁 915—916。

⑩ 許倬雲：《西周史》，三聯書店 1994 年版，頁 179。許氏又云："昭王十九年南征，在江上淹死了，然而在六師俱喪前，昭王做到了懾服南方的工作"，以后，"繼續南下，疏于防備，遂至有江上的大敗。盛極而覆，西周再經過穆王一代，也就漸次衰微了。"（頁 185）《鼓鐘》之思，若有隱憂，正不無"盛極而覆"之感。又，王明珂《華夏邊緣——歷史記憶與族群認同》："根據戰國文獻的記載，中國北方與西北的戎狄是周人的主要敵人，這種敵對的關係，可以追溯到周人建國之前，因此史家常説，戎狄之禍與西周始終。但是，在西周彝器銘文中，周人的主要敵人卻來自南方與東方，如東夷、東國、荆蠻、楚荆、南國等等。……那么西周彝器銘文所載，顯然是西周時人認爲重要的記憶；而戰國文獻所載的西周，則是戰國時人在一個新的社會架構之下對西周的集體記憶。"（允晨文化實業股份有限公司 1997 年版，頁 83）論者或曰昭王南征的目的之一，即在于打通南方金屬産地的運輸路綫，其實不僅昭王，直到西周末年，仍然如此。近年發現的有重要價值的晋侯蘇編鐘，出自山西曲沃北趙晋侯墓地的 8 號墓，高至喜云："晋侯蘇編鐘是由江南傳入晋地的。西周時，晋侯從南方獲取編鐘這並不是孤例，如山西曲沃縣北趙村 64 號墓中出土的楚公逆編鐘八件，就是來自南方的楚國。"（《晋侯蘇編鐘筆談》，《文物》1997 年第 3 期，頁 63）《詩·魯頌·泮水》謂"大賂南金"，南金，楚産之銅，而西周早期金文中所記俘金之事甚多，如過伯簋、矢鼎等，西周晚或春秋早期之器曾伯霥簠，銘有"金道錫行"，根據近年的考古調查與發掘，知道自長江中游以下，夾江兩岸的若干交流地帶，有着富饒的銅礦資源，並最晚自西周以來即曾開采或冶煉。"南金"之稱，乃當時在其北與西北的周人及其屏藩對大江南北銅礦資源的認識與提法。（陳公柔：《〈曾伯霥簠〉銘中的"金道錫行"及相關問題》，《中國考古學論叢》，科學出版社 1993 年，頁 331—333）

⑪ 段渝：《西周時代楚國疆域的幾個問題》，《中國史研究》1997 年第 4 期，頁 25。

⑫ 馬瑞辰：《毛詩傳箋通釋》，中華書局 1989 年版，頁 121。

⑬ 西周懿孝時期器。陝西省考古研究所等：《陝西出土商周青銅器》（二），文物出版社 1980 年版，頁 81、99。

⑭ 固始侯古堆一號墓發掘組：《河南固始侯古堆一號墓發掘簡報》，《文物》1981 年第 1 期，頁 4。

⑮ 戴念祖：《中國的鐘及其在文化史上的意義》，《亞洲文明》第一集，安徽教育出版社 1992 年版，頁 98—100。

⑯ 河南淅川下寺楚墓出土的敬事天王鐘，銘文稱"自作永命"，永命，當讀作"詠鈴"；傳世青銅鐘自名爲鈴者亦有四器，此中似昭示了鈴與鐘之間的演變關係（張亞初：《淅川下寺二號墓的墓主、年代與一號墓編鐘的名稱問題》，

《文物》1985 年第 4 期,頁 56—58)。又高至喜認爲,陝西出土的西周中期的甬鐘在本地區找不到它的淵源,而北方的甬鐘却與南方的同期的甬鐘形製、花紋完全一致,說明二者之間必有密切關係。南方的甬鐘乃由大鐃發展演變而來,故北方西周中期甬鐘的出現可由此溯源(《中國南方出土商周銅鐃概論》,《湖南考古輯刊》第 2 集,頁 128—135,岳麓書社 1984 年)。

⑰ 馬承源:《商周青銅雙音鐘》,《考古學報》1981 年第 1 期,頁 131—145;華覺明、賈六福:《先秦編鐘設計製作的探討》,《自然科學史研究》第二卷第 1 期(1983 年),頁 72—82;蔣定穗:《試論陝西出土的西周鐘》,《考古與文物》1984 年第 5 期,頁 86—100;又馮光先、譚維四《曾侯乙編鐘的發現與研究》、〔美〕程貞一《曾侯乙編鐘在聲學史中的意義》,對此也都有詳細的討論,見湖北省博物館等編《曾侯乙編鐘研究》,湖北人民出版社 1992 年版,頁 20—69、304—341。此節即撮述各家之説。

⑱ 1974 年出土,鉦間及上篆鑄銘文四十一字,鐘的甬、干、旋、枚齊備,是西周中期發展起來的甬鐘的形式。又此件與日本書道博物館收藏的一件應侯鐘形製、花紋以及銘文完全相同,而鐘銘最後一句話與日本所藏者銘文相接,構成完篇,因此這兩件應侯鐘應是一套編鐘中的一部分(吳鎮烽:《陝西西周青銅器斷代與分期研究》,《中國考古學研究論集》,三秦出版社 1987 年版,頁 275)。

⑲ 盧連成、胡智生:《寶雞強國墓地》,文物出版社 1988 年版,頁 97、282;陝西省文物管理委員會:《長安普渡村西周墓的發掘》,《考古學報》1957 年第 1 期,頁 78。竹園溝七號墓與編鐘同出的,除青銅食器、酒器外,尚有大量兵器與儀仗器類,墓葬周圍並陪有馬坑。墓葬的主人很可能是一代強伯。

⑳ 高西省:《西周早期甬鐘比較研究》,《文博》1995 年第 1 期,頁 15。

㉑ 同⑰所揭書之三,頁 95。

㉒ 王世民:《春秋戰國葬制中樂器和禮器的組合狀況》,《曾侯乙編鐘研究》,頁 92—108。

㉓ 雙音鐘的鑄造工藝必須十分精密,否則將無法達到預期的音程關係——設計與鑄造的過程中,任何一種因素的改變,都將引起預設頻率的變化。兩周樂鐘的精致與美備固然反映了當時鑄造工藝的先進,但樂器發音準確及音域寬廣的程度,更顯示了當時整個社會音樂文化的水平,而《詩》的產生,也正是以此爲背景的。

㉔ 袁荃猷:《中國音樂文物大系·北京卷》,大象出版社 1996 年版,頁 12,圖三、四。

㉕ 同⑭,圖版四:2、3。

㉖ 四川省博物館等:《四川涪陵地區小田溪戰國土坑墓清理簡報》,《文物》1974 年第 5 期,頁 77,圖三九——四一。

㉗ 河南省文物研究所:《信陽楚墓》,文物出版社 1986 年版,頁 29,圖二一。

㉘ 《説文·口部》:"喈喈,鳥鳴聲也。"《葛覃》篇"其鳴喈喈",傳曰:"和聲之遠聞也。"他如《風雨》篇"鷄鳴喈喈",《烝民》篇"八鸞喈喈",凡言"喈喈"者皆取其聲之和。《爾雅·釋訓》:"噰噰喈喈,民協服也",亦和協之意。俞樾《群經平議》八"北風其喈"條有説。

㉙ 原作"代皋",當爲"伐皋"。王先謙:《荀子集解》,中華書局 1988 年版,頁 333。

㉚ 中國社會科學院考古研究所山西工作隊等:《1978—1980 年山西襄汾陶寺墓地發掘簡報》,《考古》1983 年第 1 期,頁 38,圖版六:5。

㉛ 山西省考古研究所等:《山西靈石旌介村商墓》,《文物》1986 年第 11 期,頁 2。

㉜ 中國社會科學院考古研究所:《殷墟的發現與研究》,科學出版社 1994 年版,頁 407。

㉝ 李純一:《中國上古出土樂器綜論》,文物出版社 1996 年版,頁 4。

㉞ 郭寶鈞:《山彪鎮與琉璃閣》,科學出版社 1959 年版,圖二九。

㉟ 湖北省荆門市博物館:《荆門郭店一號楚墓》,《文物》1997 年第 7 期,頁 45,圖十三。

㊱ 湖北省博物館:《曾侯乙墓》,文物出版社 1989 年版,頁 155—164。

㊲ 同㉝所揭書,頁 441。又,夏緯英《植物名釋札記》:"桐是可爲琴瑟之木,當即如今的泡桐、白桐之屬。泡桐屬的木材輕軟平整,扣之其聲宏邁,故可爲琴瑟,如今仍多用泡桐屬的木材爲樂器。椅,是梓屬。梓屬的木材和漆樹的木材,也都輕軟,故也可爲琴瑟。"(農業出版社 1990 年版,頁 176)。

㊳ 章鴻釗:《石雅》,上海古籍出版社 1993 年版,頁 225。

㊴ 《水經注·沔水注》:"沔水又東偏淺,冬月可涉渡,謂之交湖","晉太康中得鳴石于此,水撞之聲聞數里";《晉書·五行志》:"永康元年,襄陽郡上言得鳴石,撞之,聲聞七八里。"

㊵ 方建軍:《洛陽中州大渠出土編磬初探》,《考古》1989 年第 9 期,頁 834。

㊶ 湖北省博物館:《湖北江陵發現的楚國彩繪石編磬及其相關問題》,《考古》1972 年第 3 期,頁 47。

㊷ 羅西章:《周原出土的西周石磬》,《考古與文物》1987 年第 6 期,頁 84—85,圖一——三。

㊸ 同㊶所揭書,頁 42—43。

㊹ 何楷:《詩經世本古義》,危部十一。

㊺ 湖北省宜昌地區博物館:《當陽曹家崗五號楚墓》,《考古學報》1988年第4期,頁481。
㊻ 同㊱所揭書,頁166—171。
㊼ 河北省文物研究所:《河北平山三汲古城調查及墓葬發掘》,《考古學集刊》第五集,中國社會科學出版社1987年版,頁178。
㊽ 商志䭫、唐鈺明:《江蘇丹徒背山頂春秋墓出土鐘鼎銘文釋證》,《文物》1989年第4期,頁53—54。
㊾ 裘錫圭:《古文字論集·釋"萬"》,中華書局1992年版,頁207—209。
㊿ 北京市文物研究所:《琉璃河西周墓燕國墓地》,文物出版社1995年版,頁211,圖一二七:3、4;
(51) 成東:《先秦時期的盾》,《考古》1989年第1期,頁76。又長沙五里牌戰國墓葬所出兩件彩繪漆盾,製作精美,纖巧細致,不適于作爲實用武器,亦"萬人"所舞之盾也。(中國科學院考古研究所:《長沙發掘報告》,科學出版社1957年版,頁57—58)。
(52) 舊釋如此,但有三孔說、六孔說、七孔說,孫詒讓《周禮正義》"笙師"職下征引頗詳,見中華書局1989年版,頁1897—1898。
(53) 今人以甲骨卜辭所見之龠象編管之形,而謂籥乃排簫之前身。見《甲骨文字詁林》(于省吾主編),中華書局1996年版,頁736—738。
(54) 古之音樂家必定很注意音響度與音樂演奏的關係,尤其是在多種樂器交響的情況。所謂"聲相保曰和,細大不踰曰平","細抑大陵,不容于耳,非和也。聽聲越遠,非平也","夫有和平之聲則有蕃殖之財,于是乎道之以中德,詠之以中音,德音不愆,以合神人,神以是寧,民以是聽"——伶州鳩論樂,事在周景王二十四年(見《國語·周語下》),晚于《詩》的時代,但這樣的經驗與理論,正是在前代發達的音樂文化之上總結出來的。
(55) 郭沫若:《殷周青銅器銘文研究·者減鐘韻讀》,頁110—111;于省吾:《雙劍誃吉金文選》上一,頁9。"不帛不苯",即銅錫合金比例適當,"不濼不彫",即其質堅美。吴王爲誰,考釋各家無一相同。郭沫若釋作皮難,以爲是柯轉,則鐘當爲春秋初年作器;馬承源從鐘的形制、紋飾入手,斷在春秋中葉,認爲是畢軫(《關于翏生盨和者減鐘的幾點意見》,頁63—65,《考古》1979年第1期)。又夷王時器大克鼎,銘有"易女小臣,霝龠鼓鐘",郭沫若以"霝龠鼓鐘"與"史小臣"並列而"疑是官名",不過以者減鐘例之,似仍以樂器爲是,由此亦可見籥與鐘鼓之相並相協,是"以籥不僭"之旁注也。
(56) 上海古籍出版社1988年版,頁216、217。
(57) 《船山全書·詩廣傳》,岳麓書社1992年版,頁424。

# 《九歌》考異補（中）

黄　靈　庚

## 五　大司命

### 廣開兮天門

《姜校》引《唐類函》卷五引此句同今本。庚案，《唐類函》卷二載《北堂書鈔》"玄雲"條引存此異文，而卷五無此異文。又，《北堂書鈔》卷一二九"玄雲"條注引亦無此異文，不知《唐類函》所據本。《山谷内集詩注》卷十七注引此句同今本。

### 紛吾乘兮玄雲

《文選》卷九《北征賦》注、卷十一《西征賦》注、《山谷内集詩注》卷十七注、《唐類函》卷二（《姜校》引誤作卷五）載《北堂書鈔》引此句並同今本。

### 令飄風兮先驅

《姜校》本驅作馳，不知其所據本。庚案，先驅，屈賦習語，《離騷》"前望舒使先驅兮"、《遠遊》"風伯爲余先驅兮"。皆其例。王逸注"出則風伯、雨師先驅爲軾軨"云云，王本作驅字。《洪補》、《朱注》二本亦並作驅。而無作先馳者。姜本非是。又，《藝文類聚》卷二及《唐類函》卷三（《姜校》引誤作卷七）載引並作駈。駈，俗驅字。《補注杜詩》卷三十五注引亦作驅。

### 使凍雨兮灑塵

《古今合璧事類備要》卷二、《九家集注杜詩》卷三十五注引並無使字。庚案，此句與上文"令飄風"句爲儷語，有使字者是也。《爾雅·釋天》郭璞注、《藝文類聚》卷二及《唐類函》卷三載、《後漢書》卷八十九《張衡傳》注、《文選》卷十五《思玄賦》注、慧琳《一切經音義》卷十一、吳聿《觀林詩注》卷四注《海録碎事》卷一、《分門集注杜工部詩》卷二十四注、《補注杜詩》卷八注、卷三十五注、《杜工部草堂詩箋》卷三十九注引並有使字。《九家集注杜詩》卷八注引亦有使字。

《洪補》、《朱注》同引灑一作洒。《姜校》云："灑本灑掃字，洒借訓滌，即今洗字也。依本句義定之，此處當以洒爲正字，灑爲借字也。"《説文》："灑，汛也。从水、麗聲。"段注："凡掃者先灑，引申爲凡散之意。"古音在支部。又："洒，滌也。从水、西聲。古文以爲灑掃字。"古音在脂部。蓋洒滌之引申與灑掃同義,故二字互用,而非同音通假也。灑、洒古不同音。《洪補》引《淮南子》云:"今雨師灑道,風伯掃塵。"灑、掃互文,非言洒滌之意。姜説非是。上列諸書所引亦並作灑,而無作洒者。

### 君迴翔兮目下

湖北崇文書局本《匡謬正俗》卷三引迴作徊。《洪補》引迴一作回,《朱注》本作迴。庚案,回、徊古今字,古本作回。迴、徊字别文。雅雨本、台灣文淵閣四庫本《匡謬正俗》卷三引並作回。

《朱注》本目作以,《洪補》引目一作來。庚案,王逸注"言司命行有節度,雖乘風雨,然徐迴運而來下也"云云,王本作來。三本《匡謬正俗》卷三引亦並作來。目、以古今字。

### 踰空桑兮從女

《洪補》、《朱注》並云:"女,讀作汝。"湖北崇文書局本《匡謬正俗》卷三引女作汝。庚案,女、汝古今字,古本作女。雅雨堂本、文淵閣四庫本《匡謬正俗》卷三引亦並作女。

### 紛總總兮九州

崇文書局本、雅雨堂本《匡謬正俗》卷三引並脱紛字,而文淵閣四庫本引句首紛字未脱。

《文選》卷二十六潘岳《河陽縣作詩》注引總作揔,《考異》、《姜校》同引《匡謬正俗》卷三引總亦作揔。庚案,揔,總俗字。然崇文書局本《匡謬正俗》引本作總,文淵閣四庫本作惚,雅雨堂本作惚。惚,形俗字,惚,亦總俗字。黎氏景元本《朱注》總作緫,異體文也。

### 何壽夭兮在予

崇文書局本《匡謬正俗》卷三引予作余。庚案,余、予古今字。然屈賦領格用余不用予,賓格用予不用余,其分用至密。作予是也。《洪補》、《朱注》並作予。文淵閣四庫本、雅雨堂本《匡謬正俗》引亦作予。

### 乘清氣兮御陰陽

《洪補》、《朱注》同引清一作精。庚案,王逸注"言司命常乘天清明之氣"云云,王本作清。然徵之《遠遊》"精氣入而麤穢除",則作精字爲宜也。

### 吾與君兮齋速

《朱注》本齋作齊,云:"一作齋,非是。"朱又引《禮記》速作遬。庚案,王逸注:"齋,戒也。速,疾也。"王本作齋速。齋速,連語也,言謙愨貌,或作齊肅、齊宿等,本無定字,不必泥於一體也。

### 導帝之兮九坑

《洪補》、《朱注》同引導一作道。庚案,道、導古今字,古本作道。文淵閣四庫本《説文繫傳》卷二十八引作渞,而龍威本、祁氏本作導。渞,導俗字。

　　《考異》、《姜校》同謂《說文繫傳》卷二十八引兮作乎。庚案，祁氏重刻宋本、顧千里影宋鈔本《說文繫傳》引並作兮。唯尤袤本、龍威本引作乎，蓋劉、姜二氏所據者。

　　《洪補》、《朱注》同引坑一作阬，洪云："《文苑》作岡"。庚案，聞一多云："《文苑》作九岡，最是九岡，山名。《輿地紀勝》，荊州松滋縣有九岡山，郢都之望也。《左傳》昭十一年'楚子滅蔡，用隱太子于岡山'，《釋例》曰：'土地名岡山，闕不知其處，《經》言"以歸用之"，必是楚地山也。'案岡山即九岡山，郢都之望，故楚人獻馘於此，祀神亦於此，杜氏未之深考耳。"其說是也。岡，本字；阬，借字；坑，阬俗字。《說文繫傳》卷二十八引亦作阬。

### 靈衣兮被被

　　《北堂書鈔》卷一二八、《太平御覽》卷六九二引靈並作雲，《藝文類聚》卷六十七及《唐類函》卷一六八載引靈並作虛。《聞校》、《姜校》據《東君》"青雲衣兮白霓裳"、《九歎》"服雲衣之披披"，謂靈衣當雲衣之誤。非是。庚案，王逸注"言己得依隨司命，被服神衣，被被而長"云云，王以靈爲神，王本作靈也。《文選》卷十六《寡婦賦》注引亦作靈（《考異》、《姜校》同謂《寡婦賦》注引作雲，當非宋本《文選》之舊）。虛，當靈字形訛。

　　《洪補》、《朱注》同引被一作披，洪云："被與披同。"庚案，被，披古今字，古本作被。《太平御覽》卷六九二、《藝文類聚》卷六十七及《唐類函》卷一六八載、《北堂書鈔》卷一二八、《文選》卷十六《寡婦賦》注引並作披披，《蔣校》引黃本、夫容館本亦並作披披。

### 玉佩兮陸離

　　《藝文類聚》卷六十七及《唐類函》卷一六八載、《太平御覽》卷六九二引佩並作珮。庚案，佩、珮古今字，古本作佩。《文選》卷三十沈約《三月三日率爾成篇詩》注、《九家集注杜詩》卷一注引亦並作佩。

　　《九家集注杜詩》卷一注引陸離作陸離離，衍一離字。

### 折疏麻兮瑤華

　　《文選》卷二十一顏延年《秋胡詩》注、卷二十二謝靈運《從斤竹澗越嶺溪行詩》注、卷二十六謝玄暉《郡內高齋閑坐答呂法曹詩》注、卷三十謝靈運《南樓中望所遲客詩》注、卷三十一江淹《雜體詩三十首·謝法曹惠連》注引疏並作疎。庚案，疎，疏字異體文。《古今事文類聚續集》卷十七、《爾雅翼》卷一、《太平御覽》卷四七八、卷九六一引亦並作疏。

### 將以遺兮離居

　　《姜校》謂《文選》張平子《思玄賦》注引兮作失，又謂謝靈運詩注引兮作乎。庚案，影宋本、尤袤本、袁袤本、胡克家校刻本六臣《文選》本及四明林氏刊李善《文選》本卷十五《思玄賦》注引兮皆不作失，不知姜氏所據本。卷二十二謝靈運《從斤竹澗越嶺溪行詩》注、卷二十四曹植《贈白馬王彪詩》注、卷二十九《古詩十九首》注、張景陽《雜詩》注、《太平御覽》卷四七

八、卷九六一、《爾雅翼》卷一、葛立方《韻語陽秋》（叢書集成本）卷十六引亦並作兮。《文選》卷三十謝靈運《南樓中望所遲客詩》注、卷三十一江淹《雜體詩三十首·謝法曹惠連》注引兮並作乎。非是。

### 老冉冉兮既極

《洪補》引極一作終。庚案，王逸注：“極，終也。”王本作極。作終者，蓋涉王注而改。

### 不寖近兮愈疏

《洪補》、《朱注》同引寖一作浸，一作侵。庚案，寖，浸籀文，侵借字。《五百家注昌黎文集》卷一注、《東雅堂昌黎集注》卷十二注引並作㴐，蓋寖之省文也。

《洪補》引兮一作而。庚案，作而不合《九歌》用兮句法通例。《匡謬正俗》卷八、《五百家注昌黎文集》卷一注、《東雅堂昌黎集注》卷十二注引亦並作兮。

《洪補》、《朱注》同引愈一作踰。庚案，王逸注“不稍親近而日以疏遠”云云，愈釋“日以”，王本作愈也，踰，音訛字。《匡謬正俗》卷八、《五百家集昌黎文集》卷一注引亦並作愈。《東雅堂昌黎集注》卷十二注引作俞，愈字爛脱。

黎氏景元本《朱注》疏作疎，《五百家注昌黎文集》卷一注、《東雅堂昌黎集注》卷十二注引並作疎。説見前。《匡謬正俗》卷八引亦作疏

### 乘龍兮轔轔

《洪補》引《釋文》、《朱注》引轔一作輪，洪又引《詩》“車轔轔”，謂“今《詩》作鄰”。《姜校》云：“轔即躪之别體，本訓轢也。轢則有聲，故訓爲車聲，輪則本小車名，與轔無涉，作輪者聲借字也。”庚案，輪，古屬耕部；轔，古屬真部。二字不同音，作輪者聲誤字也。鄰，借字。朱亦云：“轔轔與《詩》‘有車鄰鄰’同。”

### 高駝兮沖天

《洪補》引駝一作馳。庚案，駝、馳隸變字。

《洪補》引《集韻》、《朱注》引沖一作翀，洪云：“翀與沖同。”庚案，翀，專施於鳥飛，後起分别字，古本作沖，今多誤作冲。

### 結桂枝兮延竚

《洪補》引《釋文》延作延（《姜校》誤作延）。庚案，據《干禄字書》，延正字，延俗字，延，蓋延之誤也。《姜校》謂隸變字。非是。考睡虎地秦簡皆隸變字，延字作延、延，而無作延者。《藝文類聚》卷八十九及《唐類函》卷一八九載引亦並作延。

《考異》云：“唐寫本《類書·客遊類》（敦煌新出卷子本）引竚作佇。”庚案，據《説文》，正字作貯，竚，佇皆其别文。黎氏景元本《朱注》又作佇，俗字竚也。《藝文類聚》卷八十九及《唐類函》卷一八九載引並作佇。

**孰離合兮可爲**

《洪補》、《朱注》同引可上一有不字，朱又引可一作何，謂"皆非是"。庚案，王逸注云："己獨放逐離別，不復會合，不可爲思也。"王氏以叙述語釋問語，故益"不"字以成其句意。後人不審，涉王注而衍不字也。

# 六　少司命

**秋蘭兮麋蕪**

《洪補》引秋一作穐，《朱注》本作穐，引一作秋，云"古秋字"。庚案，包山楚簡文秋多作秌，蓋亦古文。《初學記》卷二十七、《藝文類聚》卷八十一及《唐類函》卷一八五兩載、《匡謬正俗》卷三、《太平御覽》卷九八三、《古今事文類聚後集》卷二十九、《爾雅翼》卷二、《全芳備祖集》卷二十三、後集卷三十、《記纂淵海》卷九十三、《箋注評點李長吉歌詩》卷二注引並作秋。

《文選》六臣本麋作麋，《洪補》引麋一作蘪，《朱注》云麋"或从艸"。庚案，麋、蘪古今分別字，古本作麋。《初學記》卷二十七引作蘼，又作蘪。《匡謬正俗》卷二、《爾雅翼》卷二、《記纂淵海》卷九十三、《全芳備祖前集》卷二十三、後集卷三十、《箋注評點李長吉歌詩》卷二注、《古今事文類聚後集》卷二十九、《唐類函》卷一八五兩載《藝文類聚》引並作蘼。《太平御覽》卷九八三、《事類賦注》卷二十四引並作蘪，唯《藝文類聚》卷八十一引亦作麋。蘼、麋一字，蘪亦後起分別字。

**羅生兮堂下**

湖北崇文書局刻本《刊謬正俗》卷三引堂作庭。庚案，王逸注"衆香之草又環其堂下"云云，王本作堂。雅雨堂本、文淵閣四庫本《匡謬正俗》卷三引亦並作堂。又，《初學記》卷二十七、《藝文類聚》卷八十一及《唐類函》卷一八五兩載、《太平御覽》卷九八三、《事類賦注》卷二十四、《記纂淵海》卷九十三、《古今事文類聚後集》卷二十九、《全芳備祖集》卷二十三、後集卷三十、《爾雅翼》卷二、《箋注評點李長吉歌詩》卷二注、慧琳《一切經音義》卷二十一引亦並作堂。庭，當誤字。

慧琳《一切經音義》卷二十一引兮作乎，《華嚴經音義》卷八"珍草羅生"條引無下字。皆非。

**綠葉兮素枝**

《文選》六臣本枝作華，云"五臣本作枝"。《洪補》引枝一作華，宋端平本、黎氏景元本《朱注》作枝（《姜校》録誤作華）。庚案，王逸注"言芳草茂盛，吐葉垂華"云云，王本作華。《聞校》謂"《樂府詩集》六四《秋蘭篇解題》、高似孫《緯略》（當《騷略》之誤）一二、《古今合璧事類外集》四"引並作華。《記纂淵海》卷九十三引亦作華。羅本《玉篇》系部緑字引枝作榮,蓋涉榮華二字同義改也。《匡謬正俗》卷三、《初學記》卷二十七、《太平御覽》卷九八三、《全芳備祖前集》卷二十三、《爾雅翼》卷二、《古今事文類聚後集》卷二十九、《箋注評點李長吉歌詩》卷二注引並亦作枝。又,《初學記》卷二十七又引、《藝文類聚》卷八十一及《唐類函》卷一八五兩載引枝作莖,蓋涉下文"緑葉兮紫莖"而訛也。

### 芳菲菲兮襲予

《太平御覽》卷九八三、《記纂淵海》卷九十八、《唐類函》卷一八五兩載《藝文類聚》引芳菲菲作芳菲。庚案,作芳菲者,脱誤也。王逸注"芳香菲菲上及我也"云云,王本作芳菲菲。《初學記》卷二十七、《匡謬正俗》卷三、《藝文類聚》卷八十一、《爾雅翼》卷二、《古今事文類聚後集》卷二十九、《全芳備祖集》卷二十三、《箋注評點李長吉歌詩》卷二注、《文選》卷十六《別賦》注引亦並作芳菲菲。

湖北崇文書局刻本《刊謬正俗》卷三引予作余,雅雨堂本、文淵閣四庫本則並作予。庚案,屈賦余、予分用至密,領格用余,賓格用予。作予是也。上列諸書注引亦並作予。

### 夫人自有兮美子

《洪補》引一本作"夫人兮自有美子",《朱注》本作"夫人兮自有美子",云"兮字一在'自有'字下"。庚案,《爾雅翼》卷二引作"夫人兮自有美子",而卷六引作"夫人自有兮美子"。《匡謬正俗》卷三引亦作"夫人自有兮美子"(崇文本脱美字)。《蔣校》引黄省曾本、夫容館本兮字並在人字下。

### 蓀何以兮愁苦

《洪補》云:"蓀亦喻君,《離騷》曰'荃不察余之中情'是也。"蓋以蓀、荃一字。《朱注》引蓀一作荃。庚案,蓀正字,荃借字。崇文本《刊謬正俗》卷三引蓀爛脱作孫,雅雨堂本,文淵閣四庫本引亦並作蓀。《爾雅翼》卷六引亦作蓀。

《文選》六臣本謂以"五臣本作爲"。《洪補》、《朱注》同引以一作爲。《聞校》云:"以,當從一本作爲。本篇兮字除《山鬼》、《國殤》外,皆兼具虛字作用,說已詳上。此兮字猶而也。'蓀何爲兮愁苦',即'蓀何爲而愁苦'。今本爲作以,試以'而'代'兮',讀全句爲'蓀何以而愁苦',不辭甚矣。"庚案,聞氏求之過深。《九歌》兮除"兼具虛字作用"外,亦不乏作停頓之意者,《東皇太一》"吉日兮辰良,穆將愉兮上皇"、《大司命》"愁人兮奈何,願若今兮無虧"等是也。此句當亦屬此例。"蓀何以兮愁苦",言蓀何以愁苦也。以、爲二字通用。王逸注"司命何爲主握其年命而用思愁苦"云云,王本似作爲。《匡謬正俗》卷三、《爾雅翼》卷六引亦並作以。

崇文本《匡謬正俗》卷三引無兮字,雅雨堂本、文淵閣四庫本引則並有兮字。

**秋蘭兮青青**

《朱注》本秋作穐。庚案,穐,古秋字。《初學記》卷二十七、《藝文類聚》卷八十一及《唐類函》卷一八五載、《陸氏詩疏廣志》(台灣文淵閣四庫本)卷二、《海錄碎事》卷二十二、《記纂淵海》卷九十三、《爾雅翼》卷二、《文選》卷二十四潘尼《贈河陽詩》注、卷二十八陸機《短歌行》注、卷二十九曹植《朔風詩》注、《太平御覽》卷九八三、《全芳備祖前集》卷二十三引亦並作秋。

《洪補》引蘭下一有生字。庚案,王逸注"言己事神崇敬,重種芳草"云云,王本似無生字。上列諸書注引亦無生字。

**綠葉兮紫莖**

《藝文類聚》卷八十一及《唐類函》卷一八五載、《初學記》卷二十七、《太平御覽》卷九八三、《爾雅翼》卷二、《記纂淵海》卷九十三、《全芳備祖前集》卷二十三、《陸氏詩疏廣志》卷二引此句並同今本。

**滿堂兮美人**

《藝文類聚》卷十七及《唐類函》卷一二七載、《文選》卷二十一顏延年《秋胡詩》注、《太平御覽》卷九八三、《古今事文類聚後集》卷十九、《補注杜詩》卷二十一注、《施注蘇詩》卷一九注、王十朋《集注分類東坡先生詩》卷八注、卷十八注引並同今本。

**忽獨與余兮目成**

《文選》卷二十一顏延年《秋胡詩》注、王十朋《集注分類東坡先生詩》卷八注、卷十八注引余並作予。庚案,余、予古今字。又,《楚辭》余、予分用至嚴,領格用余,賓格用予,而介賓短語不用予但用余,《抽思》"與余言而不信兮,蓋爲余而造怒"。《離騷》"爲余駕飛龍兮,雜瑤象以爲車"。皆其比。作余者是也。《施注蘇詩》卷一九注、《太平御覽》九八三、《藝文類聚》卷十七及《唐類函》卷一二七載、《古今事文類聚後集》卷十九引亦並作余。

**入不言兮出不辭**

《洪補》、《朱注》同引辭一作詞。庚案,詞、辭二字用作言詞者古多通用,而推讓之義用辭不用詞。則作辭字是也。王逸注"入不語言,出不訣辭"云云,王本作辭也。《補注杜詩》卷一注引亦作辭。

**乘回風兮載雲旗**

《太平御覽》卷三四〇引回作迴。庚案,回、迴古今分別字。王狀元《集百家注編年杜陵詩史》卷八載薛注、《分門集注杜工部詩》卷八注、《九家集注杜詩》卷二注、《補注杜詩》卷一注引亦並作回。

**悲莫悲兮生別離**

《分門集注杜工部詩》卷九注引兮作於。庚案,作於不合《九歌》用兮句法通例。《初學記》卷十八、《藝文類聚》卷二十九及《唐類函》卷一四〇載、《文選》卷十三《鸚鵡賦》注、卷二十九《古詩十九首》注、蘇武《詩四首》注、《九家集注杜詩》卷四注、卷五注、卷二十注、卷二十八注、《分門集注杜工部詩》卷三注、卷二十注、卷二十二注、《補注杜詩》卷五注、卷二十注、黃鶴《黃氏集千家注杜工部詩史補遺》卷十注、《杜工部草堂詩箋》卷十注、卷二十三注、《王狀元集百家注編年杜陵詩史》卷六、卷八並載洙注、卷十載趙注、卷二十四載修可注、《後山詩注》卷一注、《太平御覽》卷四八九、《古今事文類聚別集》卷二十五、《記纂淵海》卷八十三引亦並作兮。

**樂莫樂兮新相知**

《太平御覽》卷四六八、《記纂淵海》卷四十引兮並作於。庚案，非是。説詳前。《水經注》卷二十六《洙水》注、《藝文類聚》卷二十九及《唐類函》卷一四〇載、《王狀元集百家注編年杜陵詩史》卷二十九載洙注、《補注杜詩》卷三十二注、卷三十五注、《分門集注杜工部詩》卷四注、卷十三注、《九家集注杜詩》卷四注、《杜工部草堂詩箋》卷八注引亦並作兮。

**荷衣兮蕙帶**

《古今事文類聚後集》卷三十二引作“荷爲衣兮蕙爲帶”。庚案，《文選》六臣本、《洪補》、《朱注》皆無兩爲字。《北堂書鈔》卷一二九及《唐類函》卷一六九載、《藝文類聚》卷十二、慧琳《一切經音義》卷八十六、《文選》卷九《射雉賦》注、《記纂淵海》卷九十三、《海録碎事》卷八、《全芳備祖前集》卷二引亦並無兩爲字。

**儵而來兮忽而逝**

《文選》六臣本儵作倏，《洪補》引儵一作倏，《朱注》引儵一作倏。庚案，儵、倏古今字，倏俗字。《北堂書鈔》卷一二九及《唐類函》卷一六九載引亦並作儵，《全芳備祖集》卷二引則作倏。

《洪補》引來一作倈。庚案，來、倈古今分別字。《北堂書鈔》卷一二九及《唐類函》卷一六九載、《全芳備祖集》卷二引亦並作來。

**夕宿兮帝郊**

《文選》卷九《北征賦》注引此句同今本。

**君誰須兮雲之際**

《文選》卷三十四《七啓》注引此句同今本。

**與汝遊兮九河　衝風至兮水揚波**

《洪補》云：“王逸無注，古本無此二句。此二句《河伯》章中語也。”《朱注》亦云：“當刪去。”《聞校》云：“考《九歌》舊次，《河伯》本與《少司命》銜接，此本《河伯篇》首二句，寫官不慎，誤入本篇末，後人以其文義不屬，又見上文適有‘與女沐兮咸池，晞女髮兮陽之阿’二句，與此格調酷似,韻亦相叶,因即移附其後,即成今本也。"《姜校》云:"此二句寫實,與下沐咸池二句之虛構者大異,此處上下皆冀望之詞,得有沐咸池二句,決不得有'衝風至兮水揚波'句,則此二句誤衍無疑,蓋《河伯》中語誤入此處者也。"庚案,《河伯篇》首二句作"與女遊兮九河,衝風起兮橫波",與此二句不盡相同。若謂由彼羼入,則彼似不得有此二句也。今彼此兩存者,當系古本本篇所有。此九河,猶神界之天河,亦虛構語耳。王逸無注,蓋王氏《章句》古本《河伯篇》在二司命之前也。《文選》五臣、六臣本皆有此二句。

《文選》六臣本女作汝,《洪補》引《文選》亦作汝。庚案,女、汝古今字,古本作女。《藝文類聚》卷八、卷九十六及《唐類函》卷十九載引女並作汝。《分門集注杜工部詩》卷二十四注、《補注杜詩》卷八注、《王狀元集百家注編年杜陵詩史》卷二十四載趙注、《古今合璧事類備要別集》卷四、《杜工部草堂詩箋補遺》卷七注引亦並作女。

《文選》六臣本遊作游,《洪補》引《文選》亦作游。庚案,遊、游古今分別字,古本作遊。上列諸書注引亦並作遊。

《考異》引慧琳《一切經音義》卷八十四引下句作"衝風起兮橫波"。庚案,此出《河伯篇》異文,而非出此篇也。《九家集注杜詩》卷八注引下句同今本。

**與女沐兮咸池**

《白帖》卷六十八及《唐類函》卷八十六(《姜校》引誤作一六三)載引句首並無與字,女並作汝;《集注分類東坡先生詩》卷二十一注引與作㒼。庚案,王逸注"俱沐咸池"云云,王本有與字。無與者,脫誤也。㒼,與字俗寫。女、汝古今字,古本作女。《文選》六臣本、《朱注》本亦並作女。《施注蘇詩》卷八注引亦作"與女"。

《洪補》、《朱注》同引咸下一有之字。庚案,王逸注:"咸池,星名,蓋天池也。"王本作咸池。咸下有之字者,蓋涉下句"陽之阿"而衍也。《白帖》卷六十八及《唐類函》卷八十六載、《集注分類東坡先生詩》卷二十一注引亦並作咸池。

《洪補》引池一作沱(《姜校》引誤作沱),《朱注》引一作沱。庚案,池、沱隸變字。秦簡文池作沱,未隸變也。古本作沱。沱俗字。上列諸書注引亦作池。

**晞女髮兮陽之阿**

《唐類函》卷八十六載《白帖》引無女字,王十朋《集注分類東坡先生詩》卷二十一注引女作汝。庚案,無女者脫誤也。女、汝古今字,古本作女。《白帖》卷六十八引亦有女字。又,《施注蘇詩》卷三十七注引女作爾

**望美人兮未來**

《朱注》本美作娓,引一作美。庚案,美、娓古今字,古本作美。《文選》卷十三《月賦》注、卷三十謝靈運《石門新營所住四面高山迴溪茂林脩竹詩》注、《對床夜語》卷一、《施注蘇詩》卷

十注、《杜工部草堂詩箋》卷三十注、吳正子《箋注評點李長吉歌詩》卷一注引亦並作美。

《朱注》本來作倈，引一作來。庚案，來、倈古今字，古本作來。上列諸書注引亦並作來。

## 臨風怳兮浩歌

《記纂淵海》卷七十八引怳作悦。庚案，王逸注：“怳，失意貌。”王本作怳。若作悦字則不辭。《文選》卷十三《月賦》注、卷二十二江淹《從冠軍建平王登盧山香爐峰詩》注，吳正子《箋注評點李長吉歌詩》卷一注、慧琳《一切經音義》卷十、《山谷内集詩注》卷十八注、王十朋《集注分類東坡先生詩》卷五注引亦並作怳。又，《對床夜語》卷一引怳誤作帆。

《文選》卷十三《月賦》注引浩作皓。庚案，王逸注“臨疾風而大歌”云云，王本作浩。皓，白也，無大義，當浩字之訛。上列諸書注引亦並作浩。

《四部叢刊初編》本吳正子《箋注評點李長吉歌詩》卷一注引歌作蕩。庚案，作蕩出韻，非是。台灣文淵閣四庫本注引作歌字未誤。

## 孔蓋兮翠旍

《洪補》、《朱注》同引句首一有揚字。庚案，王逸注“司命以孔雀之翅爲車蓋”云云，王本無揚字。《藝文類聚》卷九十一及《唐類函》卷一九一載、《北堂書鈔》卷一二〇、卷一四一、《分門集注杜工部詩》卷八注、《杜工部草堂詩箋》卷五注、《王狀元集百家注編年杜陵詩史》卷三十一載洙注、《太平御覽》卷七〇二、卷九二四、《海録碎事》卷十、《記纂淵海》卷九十七引亦並無揚字。

《太平御覽》卷九二四引孔下有雀字。庚案，涉王逸注“以孔雀之翅爲蓋”云云而衍，卷七二引無雀字。上列諸書注引亦同今本，孔下無雀字。

《文選》六臣本旍作旌，《洪補》、《朱注》同引旍一作旌。庚案，王逸注“翡翠之羽爲旗旍”云云，王本作旍。旍，旌字別文，指旌之有衆鈴者也，而旍、旌古通用，故旍、旌二字亦互通。古本作旍。《藝文類聚》卷九十一及《唐類函》卷一九一載、《北堂書鈔》卷一二〇、《太平御覽》卷七〇二、卷九二四、《分門集注杜工部詩》卷八注、《九家集注杜詩》卷五注、《王狀元集百家注編年杜陵詩史》卷三十一載洙注、《記纂淵海》卷九十七、《海録碎事》卷十注引並作旌。《蔣校》引黃本、夫容館本亦作旌。《北堂書鈔》卷一四一及《唐類函》卷一七五載引旍又作旗，蓋涉王逸注文而改。非是。

## 登九天兮撫彗星

《太平御覽》卷九二四引彗作慧。庚案，非是。古本作彗。《北堂書鈔》卷一二〇及《唐類函》卷一七五載、《太平御覽》卷七〇二引亦並作彗。

## 竦長劍兮擁幼艾

《洪補》引《釋文》竦作慫，《朱注》本作慫，引一作竦。庚案，王逸注：“竦，執也。”玄應《一切經音義》卷十八謂“聳故竦、慅、愯三形”。然據《説文》,竦本訓敬立;愯訓驚,或作悚,又訓愯懼,皆無執義。朱駿聲《説文通訓定聲》第一《豐部》謂竦訓執,本字作捧。捧,敷容反;竦,息拱反。二字同部不同紐,不可通假。蓋竦立之引申有高揚義。《廣雅·釋詁》:“竦,上也。”或作聳。《華嚴經音義》上引《切韻》:“聳,高也。”是以與訓執持義同。古本作竦也,作愯者非是。

**蓀獨宜兮為民正**

《文選》六臣本蓀作荃,謂“五臣本作蓀”。《洪補》引蓀一作荃。庚案,説詳前。《蔣校》引黃本、夫容館本並作荃。

# 七 東 君

**暾將出兮東方**

《文選》卷九《射雉賦》徐爰注引暾作暾,《藝文類聚》卷一引暾作暾。庚案,暾、暾皆暾字形訛。《北堂書鈔》卷一四九兩引、《唐類函》卷二載《藝文類聚》、《東雅堂昌黎集注》卷四注、《五百家注昌黎文集》卷四注、《集注分類東坡先生詩》卷四、慧琳《一切經音義》卷九十八引亦並作暾。

慧琳《一切經音義》卷九十八引兮作乎。非是,説詳前。

**照吾檻兮扶桑**

《太平御覽》卷一八八引無吾字。庚案,王逸注:“吾,謂日也。”王本有吾字。《藝文類聚》卷一及《唐類函》卷二載、《北堂書鈔》卷一四九、《補注杜詩》卷十二注、《施注蘇詩》卷三十七注、《集注分類東坡先生詩》卷四注引亦並有吾字。

**夜皎皎兮既明**

《洪補》引皎一作皎,云:“皎字從日,與皎同。”庚案,皎、皎蓋異體文,然《説文》但作皎。《文選》卷十七《舞賦》注引亦作皎。

**駕龍輈兮乘雷**

《考異》謂“《書鈔》卷百二十引輈作轀,與王本異”。庚案,《北堂書鈔》卷一二〇引無此異文,恐劉誤録。王逸注:“輈,車轅也。”王本作輈。若作轀者不辭。《太平御覽》卷三四〇引亦作輈。

**載雲旗兮委蛇**

《洪補》、《朱注》同引委蛇一作逶虵。庚案,委蛇、連語,其異體至雜,古本文質,當作委蛇,委作逶,以訓詁字易之,虵,蛇字隸變也。《文選》卷二十謝靈運《九日從宋公戲馬臺集送孔令詩》注,《太平御覽》卷三四〇、《分門集注杜工部詩》卷三注、《九家集注杜詩》卷一注、《王狀元集百家注編年杜陵詩史》卷三載趙注、《東雅堂昌黎集注》卷四注引並作逶迤,亦其異體也。又,《考異》、《姜校》同引《北堂書鈔》卷一二〇引作委移。今查《北堂書鈔》是卷諸版本皆無此異文。

### 心低佪兮顧懷

《洪補》、《朱注》同引低一作俳,一作僮。《姜校》云:"王逸注云:'則俳佪太息',則王本作俳矣。"庚案,姜説非是。王逸注《楚辭》,其注文多以釋語代本詞。《離騷》"遭吾道夫昆侖",王逸注:"遭,轉也,楚人名轉曰遭。言己設去楚國遠行,乃轉至昆侖神明之山。"注文以釋語轉代"遭"也。《湘君》"君不行兮夷猶",王逸注:"夷猶,猶豫也。言湘君所在,左沅、湘,右大江,苞洞庭之波,方數百里,羣鳥所集,魚鼈所聚,土地肥饒,又有險阻,故其神常安,不肯遊蕩,既設祭祀,使巫請呼之,尚復猶豫也。"注文以釋語"猶豫"代"夷猶"也。《少司命》"竦長劍兮擁幼艾",王逸注:"竦,執也。言司命執持長劍,以誅絶凶惡。"注文以釋語"執持"代"竦"也。類此不煩贅舉。王氏注文"俳佪",即本詞"低佪"之釋語,未可據此謂王本作俳佪也。俳佪,言行不進,無施之於心理情感者,若作俳佪,亦不辭矣。低佪,一聲之轉作嘽咺,歎息貌。心低佪,同《湘君》"女嬋媛兮爲余太息"之嬋媛也,亦言歎息之意也。僮佪,亦其聲變字。《五百家注昌黎文集》卷八注引亦作低佪。

### 羌聲色兮娛人

《洪補》、《朱注》同引聲色一作色聲。庚案,下文因"聲色"二字分叙祀神之樂與靈保之色,先聲而後色,則古本宜作聲色也。《文選》卷二十二謝靈運《石壁精舍還湖中詩》注引亦作聲色。《蔣校》引黄本、夫容館本則倒乙作色聲。

### 觀者憺兮忘歸

《文選》卷二十七沈約《早發定山詩》注引觀者作遊子。庚案,王逸注:"言日色光明,旦燿四方,人觀見之。"王本作觀者。《文選》卷三十四《七啓》注引亦作觀者。

《文選》卷三十四《七啓》注引憺兮作澹然。庚案,兮作然,非是。説詳前。王逸注:"憺,安也。"王本作憺。澹,水摇動也,無安義,當憺字之訛。《文選》卷二十七沈約《早發定山詩》注引亦作憺兮。

### 緪瑟兮交鼓

《洪補》、《朱注》同引緪一作絚。庚案,緪音古登反,絙音縆,非一字。絙,當絚字之訛。絚,緪字省文。羅本《玉篇》系部絚字引作絚,即緪字之訛。《北堂書鈔》卷一〇九及《唐類函》卷九十九載、慧琳《一切經音義》卷七十四引亦並作絚(《考異》、《姜校》引並誤絚作絙)。《文選》卷十八《長笛賦》注引作絙(《姜校》引誤絙作絚)。《記纂淵海》卷七十八引誤作縆。

**簫鐘兮瑤簴**

《洪補》、《朱注》同引簫一作蕭。《聞校》云："一本作蕭,蓋攄之省,簫則蕭之誤。洪邁《容齋續筆》十五引蜀客所見本作攄,又引蜀客說云'《廣韻》訓爲"擊也",蓋是擊鐘,與"絙瑟"爲對耳'。是古本簫作攄之證。"(《姜校》剟聞說,攄訛作攄)庚案,聞說是也。《北堂書鈔》卷一〇九及《唐類函》卷一〇〇載引亦並作蕭,存古本之舊也。《太平御覽》卷五八二引作簫,蓋涉誤本也。

《太平御覽》卷五八二引鐘作皷,《考異》曰:"皷與上複,疑誤。"庚案,其說是也。《北堂書鈔》卷一〇九及《唐類函》卷一〇〇載引亦並作鐘。

王念孫《讀書雜志·餘編下》曰:"瑤讀爲搖,搖,動也。《招魂》曰'鏗鐘搖簴',王注曰:'鏗,撞也。搖,動也。'《文選》張銑注曰:'言擊鐘則搖動其簴也。'義與此同。作瑤者,借字耳。"《聞校》謂瑤"疑搖之誤字。'攄鐘'與'搖簴'對文,言擊鐘甚力,致其簴爲之動搖也"。庚案,王說以瑤、搖二字通假爲允,聞說非也。《淮南子·本經訓》"紂爲璇室瑤臺",高誘注:"瑤或作搖。"《國語·晉語》荀瑤,《墨子》作荀搖。是其相通之證。《北堂書鈔》卷一〇九及《唐類函》卷一〇〇載、《太平御覽》卷五八二引亦並作瑤,用借字也。

**鳴鵾兮吹竽**

《洪補》、《朱注》同引鵾一作鶤,洪云:"鵾與鶤同。"《姜校》謂鵾、鶤一字異體。《北堂書鈔》卷一〇九及《唐類函》卷九十九載引並作鶤。庚案,據《說文》,正字作鶤、鶤,鵾、鶤皆俗體也。

**思靈保兮賢姱**

《北堂書鈔》卷一〇九及《唐類函》卷九十九載引、《後漢書》卷六十《馬融傳》注並同今本。

**翾飛兮翠曾**

《太平御覽》卷九二四引曾作層。庚案,王逸注:"曾,舉也。"王本作曾。曾侯乙墓楚簡、包山楚墓楚簡曾舉字並作䯅,今通作翻。《廣雅·釋詁》:"翻,舉也。"蓋古本作䯅,省作曾。層,訛字。《藝文類聚》卷四十三及《唐類函》卷一九三(《姜校》引誤作一六三)載、《初學記》卷十五及《唐類函》卷九十八載引亦並作曾。

**展詩兮會舞**

《文選》卷三十一江淹《雜體詩三十首·袁太尉淑》注、卷四十六顏延年《三月三日曲水詩序》注、《初學記》卷十五及《唐類函》卷九十八載、《藝文類聚》卷四十三及《唐類函》卷九十八載、卷一九三(《姜校》引誤作一六三)載引並同今本。

**應律兮合節**

《初學記》卷十五及《唐類函》卷九十八載引並同今本。

**靈之來兮蔽日**

《初學記》卷十五及《唐類函》卷九十八載引並同今本。

**青雲衣兮白霓裳**

《北堂書鈔》卷一二九引青雲誤作魚鱗，同卷又引亦作青雲。

《北堂書鈔》卷一二九兩引、《初學記》卷二十六及《唐類函》卷一六九載、《太平御覽》卷十四引霓並作蜺。庚案，蜺、霓異體字。慧琳《一切經音義》卷八十七《藝文類聚》卷一及《唐類函》卷二載引 亦並作霓（《考異》、《姜校》引《藝文類聚》霓誤作蜺）。《太平御覽》卷八引誤霓作電。

**舉長矢兮射天狼**

《洪補》、《朱注》同引射一作躲。庚案，躲，古文射字。《初學記》卷二十六及《唐類函》卷一六九載、《北堂書鈔》卷一二九、《太平御覽》卷三五〇、宋韓醇《詁訓柳先生文集》卷一注（臺灣文淵閣四庫本）、宋文安禮《五百家注柳先生集》（台灣文淵閣四庫本）卷一注引亦並作射。

**援北斗兮酌桂漿**

《考異》、《姜校》並云："《御覽》八百六十一引援作授。"庚案，今查上海涵芬樓藏景宋本、文淵閣四庫本《太平御覽》卷八六一引皆作援字未誤，卷七六〇引援誤作授。《記纂淵海》卷三十一引亦作援。

**撰余轡兮高駝翔**

《洪補》引駝一作馳，云"一無此字"。《朱注》亦云"一無駝字"。《聞校》云："疑當作'高駝'，無翔字。《大司命》'高駝兮冲天'，《離騷》'神高駝之邈邈'，皆曰高駝，可資參證。此句本不入韻，今本有翔字，蓋受下句韻脚'行'字之暗示而誤加一韻也。"庚案，駝、馳隸變字。又，本篇自"青雲衣兮"以下皆六字句，則有翔字是也。下句或本作"翔杳冥"，當涉此句翔字而衍改，可知本有翔字也。

**杳冥冥兮以東行**

《洪補》引杳冥冥兮一作翔杳冥兮。庚案，"翔杳冥"不辭。翔，涉上句而衍，後世或律以六字句法，改"杳冥冥"爲"杳冥"也。王逸注"出杳杳，入冥冥"云云，王本亦無翔字。

《洪補》引一無以字。《聞校》云："當從一本删以字。此句'兮'之作用同'而'，'杳冥冥兮東行'，猶'杳冥冥而東行'也。今本有以字，則全句讀爲'杳冥冥而以東行'，不辭甚矣。"《姜校》亦云："無以字是也。此句兮字作而字解，則不容有兩介詞矣。"庚案，《九歌》兮字，非必皆有虛詞功用，此不煩贅舉，說前"蓀何以兮愁苦"句校語。兮，或用作語氣停頓，故與虛詞連用。《山鬼》"雲容容兮而在下"、"既含睇兮又宜笑"、"采三秀兮於山間"、《國殤》"誠既勇兮又以武"是也。則不得謂兩介詞連用不辭矣。又，以，連詞，猶而也，非介詞。姜說尤非。

# 詹鍈《文心雕龍義證》指瑕

楊 明 照

四十年代以來,詹鍈先生即在高校開"《文心雕龍》"課。一九八二年由上海古籍出版社出版的《文心雕龍義證》,洋洋灑灑,一百三十四萬四千字,可以説是長期慘淡經營的"龍學"巨著。卷首《序例》中曾有如下表白:

> 寫這部書的方法,是要把《文心雕龍》的每字每句,以及各篇中引用的出處和典故,都詳細研究,以探索其中句義來源。上自經傳子史,以及漢晋以來文論,凡是有關的,大都詳加搜考。……對於近人和當代學者的解釋,也擇善而從,間有駁正。從已經發表的各家注解和譯文來看,對原文的理解出入很大,有許多地方是值得商榷的。

《板本叙録》首段又説:

> 《文心雕龍》是我國文學理論批評史上最有影響的一部著作,可是由於古本失傳,需要我們對現存的各種板本進行細緻的校勘和研究,糾正其中的許多錯簡,才能使我們對《文心雕龍》中講的問題,得到比較正確的理解。現在就把多年來在北京、上海、天津、南京、濟南所見的各種板本和抄校本加以介紹,希望能引起《文心雕龍》研究者的注意。

這兩段生花之筆,表明《義證》的作者,大概自我感覺良好。按捺不住的喜悦情緒,必然會涌上心頭,形諸筆端;自鳴得意的自衒自媒,也必然會躍然紙上。不過,夸夸其談容易,付諸實踐,就不是那麼容易的了。三厚册的專著,有這樣那樣的錯誤,固勢所難免。但一些不應該有的錯誤(有的且很突出),却多次出現,則不能不令人感到意外!

本文是由詹先生的"言教身教",引起注意而動筆的。爲了辨明是非,指瑕匡謬,實非得已。下面謹就《義證》中之尚待商榷者,逐條提出膚淺意見,切盼《文心雕龍》研究者有以教之。

《義證》 臺灣著作,如李曰剛《文心雕龍斠詮》。序例第六頁

《斠詮》 李曰剛《文心雕龍斠詮》,一九八二年臺灣版。引用書名簡稱第三八頁

今按:《斠詮》當作《斠詮》。斠讀去聲,音如教,(《集韻》去聲下三十六效:"斠,平斗斛也。")與校通。斠詮,即校詮。斠謂斠勘,詮謂詮釋。其書於《文心》每篇有斠有詮,故取

名《斠詮》(清錢坫《説文解字斠詮》可能是較早以"斠詮"二字名書的)。封面簽署,楷書,字大如錢,斠字絶不應該錯認爲斟。若是斟詮,則李書止有詮釋而無斠勘囉。詹著一再題爲《斠詮》(書中鈔襲、援引李書而標爲《斠詮》的,更是指不勝屈),絶非筆誤。

《義證》　明弘治十七年馮允中刻活字本《文心雕龍》十卷。板本叙錄第一一頁

(《中華文史論叢·〈文心雕龍·隱秀篇〉的真僞問題》)作"明弘治活字本"第三輯二五頁

今按:明弘治十七年馮允中本《文心雕龍》,乃刻本而非活字本。刻本與活字本,原是兩種不同的板本,絶不能合二而一,稱之爲刻活字本。空談非徵,姑先援引直接資料作爲論證。首先,我們只通過弘治本本身即可得三證:①卷端馮允中序首行題"重刊《文心雕龍》序";②卷十第九行下方標"吳人楊鳳繕寫(葉德輝《書林清話》卷七"明人刻書載寫書生姓名"條即舉此六字作爲第一例證)";③卷末都穆跋稱郴陽馮公"爲重刻以傳"。誰都知道,"刊"也,"刻"也,"繕寫"也,皆非活字本所宜有,必爲刻本可知。其次,再據與弘治本有關資料亦可得二證:①錢允治跋:"弘治甲子刻於吳門(見謝恒鈔馮舒校本《文心雕龍》卷末附葉,《讀書敏求記》卷四同)";②沈岩跋:"吾友子遵(蔣杲字)得弘治刻本於吳興書買"(見《皕宋樓藏書志》卷一百十八)。錢功甫、沈寶硯都是精於板本的專家,其言當屬可信。詹鍈却一則曰活字本,再則曰刻活字本,不僅錯誤,而"刻活字本"這一用語,也是未之前聞的!

〔附注〕《天禄琳瑯書目》後編卷十一元版集部著錄的《文心雕龍》,實即馮允中刻本。彭元瑞雖誤爲元版,但並未説是活字本或刻活字本(民國二十三年故宮博物院所編《故宮善本書目》曾改列爲明刻本)。臺北故宮博物院也藏有一部(原昭仁殿舊藏),所編《善本書目》,亦只標爲明刊本。

《義證》　(馮允中本)《隱秀篇》和《序志篇》缺文和元至正刻本同。卷第十末刻"吳人楊鳳繕寫";又《天禄琳瑯》後編十一元版(此以明版誤作元版)十卷,末刻"吳人楊鳳繕寫";又這個本子的卷末正是刻了"吳人楊鳳繕寫"。板本叙錄第一二頁

今按:繕寫馮允中《文心雕龍》者,姓楊,名鳳。乃單名也,非雙名也。詹鍈以"鳳繕"二字爲名,大謬!繕寫連文,出劉向《戰國策書錄》(《管子書錄》、《晏子叙錄》、《列子書錄》、《鄧析書錄》亦有之)。其義與"書"、"寫"、"繕"同。《皕宋樓藏書志》卷一百零九著錄《鐵崖文集》五卷,爲弘治十四年馮允中刻本,卷末有"姑蘇楊鳳書於揚州之正誼書院"十三字,是詹鍈錯標人名之有力旁證。(詹鍈於一頁之內一而再、再而三地標"楊鳳繕"三字爲寫書生姓名,可見絶非手民之誤。)

《義證》　徐𤊹萬曆四十七年(1619)跋語説:"⋯⋯客游南昌,王孫孝穆(即朱謀㙔)云:'曾見宋本,業已抄補。'予從孝穆録之。"板本叙録第一五頁

今按:詹鍈於所引徐𤊹萬曆四十七年跋文中的"王孫孝穆"句下加注"即朱謀㙔"四字,好像證據在手,滿有把握似的。其實,乃强不知以爲知。無徵不信,最好還是引徐𤊹的另一則跋文來印證:"⋯⋯若鬱儀、圖南,真以文字公諸人者也。鬱儀名謀㙔,石城王裔;圖南名謀㙔,弋陽王裔。皆鎮國中尉,與余莫逆。時萬曆己酉(三十七年)十一月二十八日,徐惟起(𤊹字)書於臨川舟次。"(見《重編紅雨樓題跋》卷一)是徐𤊹交往的明王孫中,除朱謀㙔外,尚有朱謀㙔哩!徐𤊹與朱謀㙔、謀㙔同時,又是至交,其言絶非自衒自媒。核諸《明史·諸王傳二》所載謀㙔、謀㙔身世和行徑,亦無不吻合。(《明詩綜》卷八十五朱多炡條顧以安緝評,對謀㙔亦略有評介。)又按:徐𤊹別有一則識語:"《隱秀》一篇,諸本俱脱,無從覓補。萬曆戊午(四十七年)之冬,客遊豫章,王孫孝穆得故家舊本,因録之。亦一快心也。興公識。"(見徐𤊹批校本《文心雕龍·隱秀篇》後)時間和内容都與詹鍈所引跋文同。然則徐𤊹稱朱謀㙔之字先後不同者,蓋各據謀㙔當時所用之字的緣故。詹鍈徑注"即朱謀㙔"四字,未免"誤認顔標作魯公"了。

《義證》　梅慶生音注本　萬曆三十七年刻於南昌。板本叙録第一八頁

今按:梅慶生萬曆己酉《音注》本非刻於南昌,而是在金陵刻的。這除了由梅氏天啓二年第六次校定本卷首黄紙書名葉左下方有"金陵聚錦堂梓'六字可以推知外,(梅氏凡六次重校改刻《音注》,其板皆爲萬曆己酉年所刻者,並非另行開雕),徐𤊹的崇禎己卯(十二年)跋文也是有力的旁證:"此本(即汪一元私淑軒本)吾辛丑年(萬曆二十九年)校讎極詳,梅子庚刻於金陵,列吾姓名於前(列在讎校姓氏上排第五名),不忘所自也。後吾得金陵善本,遂舍此少觀。前序八篇,⋯⋯又金陵刻之未收者。"是徐𤊹與梅慶生的萬曆己酉本直接有關,所言當極爲可靠。説是刻於南昌的,最初爲馮舒傳録的錢允治跋:"按此書至正乙未刻於嘉禾、弘治甲子刻於吳門、嘉靖庚子刻於新安、辛卯(當作辛丑)刻於建安、癸卯又刻於新安、萬曆己酉刻於南昌,至《隱秀》一篇,均之闕如也。"(見謝鈔馮校本卷末附葉)錢氏此跋謂梅之《音註》本刻於南昌,乃想當然之辭,未可遽信。其誤蓋由《音註》本每卷首葉第三行均有"明豫章梅慶生音註"題署,而聯想其書也必然是在南昌刻的吧。錢跋紀年既誤"辛丑"爲"辛卯",則方輿有誤亦不無可能。且錢氏寫此跋時已七十四歲,記誤筆誤,勢所難免。故刻於南昌説,不如徐跋之確鑿可憑。詹鍈過信錢跋,似未能擇善而從。

《義證》 從這兩段跋語(見下)中,可以看出萬曆三十七年梅慶生音注本是謝兆申刻的。板本叙錄第二七頁

今按:梅慶生萬曆三十七年《音註》本問世以後,一再博得好評(見顧起元、曹學佺序及凌雲本凡例)。從未有人説是謝兆申所刻。詹鍈獨持異議,可能是錯會了謝兆申、梅慶生兩家跋文的意思。下面無妨先照鈔謝兆申所撰原文並略爲説明:

> 始徐興公(熰字)得是批點本(即楊慎批點《文心雕龍》)示予,予因取他刻數正之。……焦太史(名竑)讀予是本,以爲善也,當梓。而會梅子庚(慶生字)氏慨文章之道日猥,盍以是書(指《文心雕龍》)爲則?乃肆爲訂補音注,使彦和之書頓成嘉本。……子庚別有《水經注箋》,將次第梓焉。姑識之於此。時萬曆三十有七年,綏安謝兆申撰。(梅慶生天啓二年重修本卷末)

"會梅子庚氏慨文章之道日猥"、"乃肆爲訂補音注、使彦和之書頓成嘉本"、"子庚別有《水經注箋》、將次第梓焉"等句,是這段文字主要意思所在,也是對梅慶生《文心雕龍音註》的極力稱贊,故在天啓二年校定後重修本卷末將其刊出。下面再照鈔梅慶生的識語作何表白:

> 此謝耳伯(兆申字)己酉年初刻是書時(指《文心雕龍音註》)作也。未嘗出以示予。其研討之功,實十倍予。距今一十四載,予復改補七百餘字,乃無日不思我耳伯。六月間,偶從亂書堆得耳伯《雕龍》舊本(指謝氏校本)内忽見是稿(即上面所引者),豈非精神感通乃爾耶!令予悲喜交集者累日夕。因手書付梓,用以少慰云。
> 天啓二年壬戌仲冬至日,麻原梅慶生識(同上)

這段文字可以説是上段文字的注脚,説明他對謝兆申的感激心情和手書付梓的緣由。謝、梅兩家的原文已分別臚列如上,根本沒有梅慶生的《音註》本是謝兆申所刻的任何迹象,不知詹鍈怎麼會那樣理解?何況《音註》本首所列的讎校姓氏,其上排第四人,即爲謝兆申哩!在全書正文中的夾注稱"謝改"者不一而足,是最有説服力的内證。如果該書真爲謝兆申所刻,是無須自冠其姓的啊!(凡梅慶生本人所校正字句的扼要説明,皆未冠有"梅"字,其他各家如"楊改""楊補"、"孫改"、"朱補""朱改"、"許改"等,則都是冠有姓的。)又按:《義證》在這段之前的"九、梅慶生音注本"條,對《音注》本曾有較詳的評介,并具列其款式;而"十五、沈巖臨何焯批校本《文心雕龍》"條,則又説是謝兆申刻的。前言不符後語,出爾反爾,豈不自相矛盾?

最後再録與本文有關的朱謀㙔跋作證:

> 《隱秀》中脱數百字,旁求不得,梅子庚既以注而梓之(按指萬曆三十七年《音

注》本)。萬曆乙卯(四十三年)夏,海虞許子洽於錢功甫(名允治)萬卷樓檢得宋刻(按即錢允治本,並非宋刻),適有此篇,喜而録之。來過南州,出以示余,遂成完璧。因寫寄子庾補梓焉。(見梅慶生天啓二年重修本《隱秀篇》末)

這則跋文言簡意賅,是梅慶生《音註》本非謝兆申所刻最直接最明確的外證,誰都會信服的。不知詹鍈又將何説?

《義證》 合刻五家言本。金陵聚錦堂板,無序跋。正文每半葉九行,每行二十字。眉批列楊慎、曹學佺、梅慶生、鍾惺四家評語。板本叙録第二九頁

今按:五家言即道言《文子》、德言《劉子》、術言《鬼谷子》、辨言《公孫龍子》、文言《文心雕龍》五書,鍾惺"合而評之"(鍾氏《叙五家言》中語)者。其書前有鍾氏及蔡復一叙,對《文心》極爲稱贊,惜皆未署年月。考梅慶生萬曆《音註》本所列"音註讎校姓氏",鍾惺即在其中,是伯敬於舍人書固有説也。筆者見此本凡數部(皆金陵聚錦堂刻),相其紙墨,均比聚錦堂天啓二年梅氏第六次校定本早;而此本《麗辭篇》"微人之學"句所引梅氏"微當作擬"校語,乃出萬曆本而非天啓本(天啓本已改"微"作"徵")。是此本刻於萬曆之季,固已信而有徵矣。每半葉九行,行二十字。篇自爲起訖。注因仍萬曆本,移附每卷後。楊慎、曹學佺、梅慶生、鍾惺四家評語,分別列諸眉端。其款式:
合刻五家言文心雕龍文言卷一

梁　東莞劉　勰彦和　著

成都楊　慎用修

閩中曹學佺能始　合評

竟陵鍾　惺伯敬

五家言的内涵,既避而不談;其書有注無注,亦不著一字。詹鍈自身尚未得其要領,架空介紹,豈不是"以其昏昏,使人昭昭"!

《義證》 抱青閣刻本《楊升庵先生批點文心雕龍》十卷。明張埏、洪吉臣參注。康熙三十四年(一六九五)重鐫,武林抱青閣梓行。日人鈴木虎雄《黄叔琳本文心雕龍校勘記》(見范文瀾《文心雕龍注》卷首引)説:"此書全襲梅本者。"葉德輝的跋語説:

> 注中援據各本,訂譌補闕,一一注明原書原文,在明人注書最有根柢。(《郋園讀書志》集部卷十六)

葉氏的話恐未盡然。板本叙録第三〇頁

今按:此文全爲轉鈔,人云亦云,對抱青閣本的本來面目,毫未觸及;對葉跋的品評,亦太

空洞。這樣的叙錄板本,無異於隔靴搔癢。關鍵就是没有親睹實物——抱青閣本。這裡無妨概述如次:葉跋謂:"此本……兼刻張墉、洪吉臣二家合注。黄叔琳注亦引之(按此語有誤)。注中援據各本,訂譌補闕,一一注明原書原文。在明人注書,最有根柢。……坊刻本余向不取,而在康熙中葉民康物阜之時,其校刻之精,實遠勝於今日,故特爲標出之。"(按葉氏手跋原本現藏杭州大學圖書館。)考抱青閣本係用姜午生本原書上板(如卷一首葉大題"楊升庵先生"之"生",姜本作"生",抱青閣本亦作"生";同葉第九行"爲五行之秀"句之"行",姜本作"行",抱青閣本亦作"行",可證。他篇類此例者尚多,不再枚舉)。而姜本則又據梅慶生萬曆己酉本覆刻者(天啓六年覆刻)。麗廔主人主觀臆斷,褒揚過實,皆緣不曾目覩姜本、梅本致誤。又梅本之八條"音註凡例",人所熟知,抱青閣本乃標爲"武林周兆斗識";全書音注、校正,本梅氏多年力作,亦人所公認,抱青閣本乃署爲"張墉、洪吉臣參注"。其款式:

楊升菴先生批點文心雕龍

　　　　　　　　　　　　　　　　　　　　　　　　　　　張　墉

　　梁劉　勰撰　　　　　　　　　　　　　　　　　　　　參注

　　　　　　　　　　　　　　　　　　　　　　　　　　　洪吉臣

〔附〕姜午生覆刻梅慶生萬曆音注本款式:

　　楊升菴先生批點文心雕龍卷之一

　　　　　　　　　　　　　　　　　　　　　　　豫章梅慶生音注

　　梁劉　勰撰　　　　　　　　　　　　　　　　明

　　　　　　　　　　　　　　　　　　　　　　長山姜午生訂校

詹先生只是轉鈔别人的成文充數,自己却不置一辭,可見未曾親覩抱青閣本。葉德輝評價過高、不合實際的跋語,僅以"恐未盡然"四字了之,亦可看出詹先生對抱青閣本的具體內容,好像也很陌生。叙錄板本如此簡單空洞,"能引起《文心雕龍》研究者的注意"嗎?

《義證》　顧譚合校本《文心雕龍》。北京大學藏,四册,底本爲萬曆刊楊升庵評點梅慶生音注本。板本叙錄第三四頁

今按:北京大學圖書館所藏顧廣圻、譚獻合校《文心雕龍》,一九六四年秋,筆者小住朗潤園親戚家時,曾一再借閱。除照鈔兩家的校語外,并用副本記錄底本的刊刻年地及其行款。近因草擬此文,爰將記錄本檢出,持與詹鍈籠而統之的介紹"底本爲萬曆刊楊升庵評點梅慶生音注本"十七字覈對,顯然有差異:第一、底本不是萬曆三十七年刊的《音註》

本,而是古吳陳長卿(書名葉左下方有"古吳陳長卿梓"六字)覆刻的天啓二年梅氏第六次校定本(卷一首葉板心下欄前後有"天啓二年梅子庚第六次校定藏版"十四小字)。第二、"楊升庵評點梅慶生音注本"的"評"字,萬曆三十七年《音註》本至天啓二年校定後重修本皆作"批"(天啓六年姜午生覆刻本、清康熙三十四年抱青閣重鐫本同)。是"評"字亦誤。可見詹先生叙録《文心雕龍》版本,似乎有點粗心大意。在寥寥十七字中,不僅把顧、譚合校的底本弄錯,連刻印俱佳、疏朗悦目的陳長卿覆刻本卷一首葉第一行大題也沒有看清楚。介紹板本及援引有關資料,都是極其重要的事,竟一錯再錯,不知詹先生將以什麼辭令來答客難、解嘲?

《義證》　張衡《東京賦》:"動物斯生,植物斯長。"卷一第九頁

　　今按:詹著襲自《文心雕龍斠詮》(見卷一第二三頁)。考《文選》張衡《東京賦》並無此二句,惟《西京賦》有之。其文作"植物斯生,動物斯止(敦煌本伯二五二八《西京賦》寫卷、六臣注本、胡刻本皆同。五臣張銑注釋"止"爲"居")。作"止"始叶韻,若是"長"字,則不諧矣。《斠詮》所引固誤,詹鍈只顧照鈔,而未查閱《兩京賦》,其粗疏可知。

《義證》　《孟子·萬章》:"自生民以來,未有如夫子者也。"卷一第二三頁

　　今按:《孟子·萬章》無此文,惟《公孫丑》有之。其文曰:"自生民以來,未有盛於孔子也。"詹著所引《孟子》,篇名既錯,辭句亦與《公孫丑》的原文不符。不知從何處鈔來?

《義證》　《左傳》襄公二十九年:"用而不匱,永錫爾類。"卷一第二九頁

　　今按:《左傳》止有"用而不匱"一句,並無"永錫爾類"句。可見詹著只顧照筆者拙著《文心雕龍校注拾遺》鈔襲,既未查閱《傳》文,又由《校注》所引《詩·大雅·既醉》的"孝子不匱"句,而聯想其下句致誤的吧。

《義證》　《中庸》:"是以聲名洋溢乎格言。"卷一第三五頁

　　今按:詹著襲自《斠詮》(見卷一第三五頁)。《中庸》乃童而習之之書,三十三章中根本無此文。有之,乃作"是以聲名洋溢乎中國"(見第三十一章)。大概老專家不善於思誤書而未予糾正吧(或者是没有發現錯誤,亦未可知——如果没有讀過,也不可能發現)。

《義證》　孔安國《尚書序》正義:"先君孔子生於周末,睹史籍之煩文,懼覽者之不一,遂乃定禮樂,明舊章,删《詩》爲三百篇,約史記而修《春秋》,讚《易》道以黜《八索》,述職方以除《九

丘》。”卷二第五九頁

今按：詹著襲自《斠詮》（見卷一第九五頁）。“先君孔子生於周末……述職方以除《九丘》。”即《僞孔傳序》文。《斠詮》妄加“孔疏”二字固誤，詹著只顧鈔襲而不知其非，雖改換“孔疏”爲“正義”（此《義證》全書中，鈔襲慣用的手法），其誤仍與之同（正義與孔疏一實）。《義證》卷首《序例》曾揚言“凡是有關的，大都詳加搜考。”此條何以只“搜”而不“考”呢！又按：《僞孔傳序》曾登《選》樓（見《文選》卷四十五），習八代文者無不熟悉。不知詹先生一讀否？

《義證》　梅注：“……殷整甲徙宅西河，猶思故處，實始作爲西音。”案此亦見《吕氏春秋·音律篇》。畢沅（《吕氏春秋校正》）注：“《竹書紀年》：‘河亶甲，名整，元年自囂遷於相。’即其事也。”（許維遹）《集釋》：“相，即西河。整甲，即河亶甲。”卷二第二二五頁

今按：《吕氏春秋》十二紀，每紀一卷，每卷五篇，每篇篇名殿正文後（即小題在後），隔一行則另爲一篇，此學人所共知者。《季夏紀》之五篇：一曰《季夏》，二曰《音律》，三曰《音初》。“殷整思於西河”故實，在《音初篇》中，非《音律篇》也。詹著鈔襲《斠詮》，連篇名都未弄清楚（《斠詮》篇名未誤），豈非咄咄怪事！（詹先生很可能是把第二篇最後一行緊接着的小題《音律》二字，看成是第三篇的篇名了。）又按：在這條之前的第三行所引的趙萬里《唐寫本文心雕龍殘卷校記》：“案《吕氏春秋·音初篇》云：‘殷整甲徙宅西河，猶思故處，實始作爲西音。’”其篇名未誤。刹那之間，詹鍈自己寫的案語，却變爲《音律篇》。（《吕氏春秋》全書皆大題在前，小題在後。《荀子·賦篇》、《楚辭·九歌》、《九章》亦然。）

《義證》　《圖書集成·文學典》第一百四十卷《册書部·紀事》引殷洪《小説》：“魏國初建，潘勖字元茂，爲册命文，自漢武以來，未有此制，勖乃依商周，憲章唐虞，辭義溫雅，與誥同風，於時朝士皆莫能措一辭。”卷四第七四二頁

今按：《圖書集成》嫌晚。詹鍈斷句既誤，文字亦有脱落。當據《御覽》五九三文部九“策”下所引者補正：“殷洪（疑爲芸之誤）《小説》曰：‘魏國初建，潘勖字元茂，爲策命文，自漢武以來，未有此制，勖乃依商周憲章，唐虞辭義，溫雅與典誥同風，于時朝士皆莫能措一字。勖亡後，王仲宣擅名於當時，時人見此策美，或疑是仲宣所爲，論者紛紜。及晋王爲太傅，臘日大會賓客，勖子蒲時亦在焉。宣王謂之曰：“尊君作封魏君策，高妙信不可及，吾曾問仲宣，亦以爲不如。”’朝廷之士乃知勖作也。”

《義證》　（《書記篇》）揚雄曰：“言，心聲也；書，心畫也。”囮聲畫形，君子小人見矣。卷五第九

一八頁

今按：《書記篇》所引揚雄的話從"言，心聲也"至"君子小人見矣"，本上下呼應，豁然貫通的。詹鍈卻從中腰斬，分爲兩截，於"心畫也"處加一句號和引號，表示揚雄的話至此終結。又匜號注《法言·問神篇》："彌綸天下之事，記久明遠，著古昔之㖞㖞，傳千里之忞忞者，莫如書。故言，心聲也；書，心畫也。"亦未引"聲畫形，君子小人見矣"二句。可見詹先生始終認爲"言，心聲也；書，心畫也。"纔是揚雄說的，"聲畫形，君子小人見矣。"蓋劉勰附加。像這樣的錯誤，實在是太突出了！《義證》卷首《序例》中曾明言："是要把《文心雕龍》的每字每句，以及各篇中引用的出處和典故，都詳細研究。"試問《書記篇》引用揚雄的話起訖，詹先生恐怕未曾詳細研究吧。

《義證》 黃注："《漢高帝紀》：與功臣剖符作誓，丹書鐵券。"按《漢書》原文作"鐵契"。《漢書·祭遵傳》作"丹書鐵券"。卷五第九五七頁

今按：詹著襲自《斠詮》：（見卷五第一〇九頁）《漢書·祭遵傳》作"丹書鐵券"。又《高祖紀》下作"丹書鐵契"。詹鍈只顧照鈔，並未覺得有誤，吁可怪矣！祭遵爲東漢光武帝中興二十八將之一，《漢書》裡不可能有他的傳。再查《後漢書·馬武傳》論後所列二十八將次第，即有祭遵在內；"丹書鐵券"一語，亦在《遵傳》中。

《義證》 "應"字，元刻本、弘治本、……《兩京遺編》本均作"勝"，那樣和末句"垂帷制勝"的"勝"字重複。張之象本、梅本並作"應"，今從之。……《校注》、《校證》均謂"應"字當作"勝"，解說迂曲，今所不取。卷六第一〇〇八頁

今按：《校證》、《校注》均無"應"字當作"勝"妄斷。茲將其原文分別照鈔如下：

《校證》"應"馮本、汪本、佘本、《兩京》本、王惟儉本作"勝"，徐校云："用韻重二'勝'字。"梅本改作"應"。案"勝"疑"媵"誤，《章句篇》："追媵前句之旨。""媵"即原誤作"勝"。《附會篇》："媵句憔悴。"

《校注》"應"，黃校云：汪作"勝"。按元本、弘治本、活字本、佘本、《兩京》本、《訓故》本、胡本、文溯本、《四六法海》亦並作"勝"，與下"垂帷制勝"句複，非是。張本、何本、梅本、凌本、合刻本、梁本、祕書本、謝鈔本等作"應"，亦非。文津本剜改爲"媵"，是也。《爾雅·釋言》："媵，送也。""心以理媵"，與上句"物以貌求"，文正相應。"媵"與"勝"形近，易誤。《章句篇》"追媵前句之旨"，元本等亦誤"媵"爲"勝"，與此同。《附會篇》："若首唱榮華，而媵句憔悴。"是舍人屢用"媵"字也。

《校證》、《校注》原文,已迻録如上,大可覆按,何嘗有"應"字當作"勝"瞽説? 奇怪的是,《校證》用了四個"勝"字,《校注》用了八個"勝"字,本明白易見,一覽無餘。詹先生竟熟視無睹。豈不是忘己事之已拙,而笑他人之未工嘛!

《義證》　最值得注意的是增補的《隱秀》下半篇兩板,字的刻法和原板有區別。其中"凡"字、"盈"字、"緑"字、"煒"字都和其它各篇這些字的筆畫不同。最特別的是"恒溺思於佳麗之鄉"的"恒"字缺筆作"恒"。胡克家仿宋刻《文選》,"恒"字就缺筆作"恒","盈"字也不同。這可見抄補《隱秀篇》時,照宋本原樣模寫,而梅慶生補刻這兩板時,也照着宋本的原樣補刻。板本叙錄第二四頁

值得注意的是增補的《隱秀》下半篇兩板,字的刻法和原板有區別,其中"凡"字刻作"凡","盈"字刻作"盈","緑"字刻作"緑","煒"字刻作"煒",都和其它各篇的這些字不同。最特別的是"恒溺思於佳麗之鄉"的"恒"字缺筆作"恒",這顯然是避宋真宗的諱。可見抄補《隱秀篇》時,就照着宋刻的原樣模寫,而梅子庚補刻這兩板時,也照着宋本的原樣補刻。卷八第一五二〇頁

今按:《文心雕龍·隱秀篇》中的四百多字補文,自從清代紀昀一再抉發其爲明人僞撰後,幾乎已成定讞,無人懷疑。一九七九年春,詹鍈在《文學評論叢刊》第二輯上,發表的《文心雕龍隱秀篇補文的真僞問題》獨持異議,予以辨白。夷考其實,却有難於信服之感,未敢苟同,曾撰《質疑》一文駁之。這裏僅就詹文中所提出的"凡"、"盈"、"緑"、"煒"、"恒"五字和其它各篇這些字的筆畫不同的説法,略申管見如次:

一、關於"恒"字。　詹文説:"最特別的是"恒溺思於佳麗之鄉"的"恒"字缺筆作"恒",這顯然是避宋真宗的諱。胡克家仿宋刻《文選》,"恒"字就缺筆作"恒",……這可見當年鈔補《隱秀篇》時,就照着宋本的原樣模寫,而梅慶生補刻這兩板時,也照着宋本的原樣補刻。"這樣推斷,未免有些主觀,片面。下面無妨先鈔朱謀㙔的跋文來印證:

> 《隱秀》中脱數百字,旁求不得。梅子庚既以注而梓之(指萬曆音註本)。萬曆乙卯夏,海虞許子洽於錢功甫萬卷樓檢得宋刻,適存此篇。喜而録之。來過南州,出以示余,遂成完璧。因寫寄子庚補梓焉。

朱的跋文只是説許子洽"喜而録之",并未指明許是照原樣模寫的;朱本人"寫寄子庚補梓",也未説是照着許所録的原樣寫寄去的。詹鍈怎能看得出"當年鈔補《隱秀篇》時,就照着宋本的原樣模寫"? 而且補刻的兩板,風格、字體和刀法都跟萬曆三十七年的《音註》本一樣,又怎能説它是"照着宋本的原樣補刻"? 馮舒的跋文還説:"一依功甫原本,不改一字。"巧就巧在"恒溺思於佳麗之鄉"句的"恒"字,馮舒并没有缺末筆作"恒"。難

道精於校讎的馮舒,在"聊自録之"時,忘却了宋帝的諱字不成? 誰都知道,宋代刻書是要嚴格遵守功令避諱字的。如果説"恒"字是避宋真宗的諱而缺末筆作"恒",那麽,補文中的"每馳心於玄默之表"和"境玄思澹"兩句的"玄"字,何以又不避宋始祖玄朗的諱缺末筆作"玄"或改爲"元"呢? 只此一端,"恒"字缺末筆作"恒",是"照着宋本的補刻"之説,已不攻自破。何況徐熥、馮舒、何焯三家所傳録的本子都作"恒",這正好説明梅慶生是有意爲之,以示其出自"宋本"罷了。

二、關於"盈"字。　詹文認爲"盈"字作"盈",同樣是"照着宋本的原樣補刻"的,并舉胡刻《文選》爲例。這也有點臆斷。假如我們按照這種説法去繙檢明代刻的幾種《文心雕龍》板本,馬上就發現:弘治馮允中本,嘉靖江一元本和佘誨本,萬曆張之象本、何允中本和王惟儉本等"不盈十一"的"盈"字都作"盈",這是不是都照着宋本的原樣刻的呢? 恐怕誰也不會這樣唐突。

三、關於"煒"字。　梅慶生天啓重修本"淺而煒燁"句的"煒"字刻作"煒",詹鍈提出"和其它各篇的筆畫不同",也作爲是"照着宋本的原樣補刻"的根據。這是缺乏説服力的。試以王惟儉的《訓故》本爲例:不僅"淺而煒燁"句的"煒"作"煒",其它各篇中凡是從"韋"的字都作"帛",無一例外。誰也不會説它是照着宋本的原樣翻刻的吧。

四、關於"凡"字和"緑"字。　"凡"之作"九","緑"之作"緑","和其它各篇的筆畫不同",也許是由於繕寫者本非一人的緣故。即使是出自一人之手,彼此的筆畫不同,也没有什麽稀奇。如馮舒刻意繕録的《隱秀篇》不過兩葉,三個"妙"字就寫成"玅"或"妙"兩個樣,便是最好的説明。

缺筆也罷,異體也罷,都不能證明《隱秀篇》補文不是贋品,而詹鍈却始終堅信它是真的,故不厭其煩地敢陳短筆如上。

最後再談談兩板有關的問題。兩板補文的字體、刀法和風格,不僅跟宋本(如《四部叢刊》中所景印者)、元本(如上海古籍出版社景印元至正本《文心雕龍》)迥異;與明代萬曆前所刻的《文心雕龍》如馮允中本(刻於弘治十七年,朱頤堀於隆慶三年覆刻)和汪一元本(刻於嘉靖十九年,佘誨於嘉靖二十二年覆刻),亦不一致。而且梅慶生萬曆三十七年《音註》本原刻到天啓二年後的重修,雖經過六次訂正(含剜掉、剜改、剜補、增序、跋、識語及補文),但都是就原板進行的,並未另行開雕。至新增的《隱秀篇》補文,絕不是"照着宋本的原樣補刻",而是在原《隱秀篇》中補換兩板,其風貌異於萬曆《音註》本者甚微,根本不像什麽宋本。詹鍈故爾立異,未必是别具慧眼,有獨得之見。

《義證》　陶潛《歸園田居》:"素心正如此,開逕望三益。"卷九第一五七九頁今按：此江淹所擬雜體詩三十首之一《陶徵君田居》："種苗在東皋，苗生滿阡陌。……素心正如此，開徑望三益。"《江文通文集》卷四；《文選》(卷三十一)詩庚雜擬下亦選有此詩，其爲文通所擬無疑。宋李公焕《箋注陶淵明集》乃强附於原《歸園田居》五首之末爲第六首，湯漢、韓駒皆明斥其不類(原文見第六首後)，詹鍈却視而不見，仍稱之爲陶詩。可是，李日剛的《斠詮》則備受青睞，該鈔録時就鈔録，毫不手軟。不信請看：

> 陶潛《歸園田居》："素心正如此，開徑望三益。"《斠詮》卷六第一三一二頁

鈔録既佔便宜，又不費腦筋，多麼容易；緐檢《江文通文集》和《文選》，必然要困難得多。其受騙上當也固宜。

《義證》 《文選》(張華《勵志詩》)李善注："繮，索也，以御馬也。千里之馬，繫以長索，則爲累矣。"卷九第一六四七頁

今按：此條亦襲自《斠詮》：

> 《文選》張華《勵志》篇："繮牽之長，實累千里。"善注："繮，索也，以御馬也。千里之馬，繫以長索，則爲累矣。卷九第二〇二四頁

考胡刻本《文選》李善注："千里之馬，繫以長索，則爲累矣。"又六臣本李周翰注："繮，索也，以御馬也。"《斠詮》所引注文，既繳繞不清，又先後失序。詹鍈只顧鈔録，没有一檢《文選》覈對，予以糾正，對讀者也太不負責了！

《義證》 《抱朴子·廣譬篇》："貴遠而賤近者，常人之用情也；信耳而疑目者，古今之所患也。是以秦王歎息於韓非之書，而想其爲人。漢武慷慨於相如之文，而恨不同世。及既得之，終不能拔，或納讒而誅之，或放之冗散。"卷十第一八三九頁

今按：此條亦襲自《斠詮》：

> 《抱朴子·廣譬篇》："貴遠而賤近者，常人之用情也；信耳而遺目者，古今之所患也。是以秦王歎息於韓非之書，而想其爲人；漢武慷慨於相如之文，而恨不同世。及既得之，終不能拔，或納讒而誅之，或放之冗散。"卷十第二二二九頁

詹著襲自《斠詮》，已臚列如上。再一追蹤，《斠詮》又襲自李詳《文心雕龍補注》。惟未見有發其覆者，姑識之於此。

《義證》 江淹《雜體詩序》(《全梁文》三十八)："又貴遠賤近，人之常情；重耳輕目，俗之恒蔽。是以邯鄲託曲於李奇，士季假論於嗣宗，此其效也。"卷十第一八四〇頁

今按：《江文通文集·雜體》三十首，有詩有序，序冠全詩之前，本易於查閱者。奇怪的是，

詹鍈不直接援引江集,而乞靈於《全梁文》。殊不知嚴書所注出處爲"《文選·雜體詩》注"六字,而李善在大題下的注又極簡略,亦末引有此文。致詹鍈無可奈何,只得以《全梁文》敷衍塞責。(所加括符注語,誤"三十八"爲"十八")可見詹先生既不明白"素心正如此,開徑望三益"詩句,原爲江淹擬作(宋李公煥《箋注陶淵明集》曾誤爲陶詩);又不知道《江文通文集》,至今尚在廣爲流傳(《四部叢刊》等都收有之,也有單行者)。

《義證》　明張雲璈《選學膠言》:"此習由來已久,《北史·魏收傳》:收與邢邵俱以才名,互相訾毀。邵云:'江南任昉,文體本疏,魏收非直模擬,亦大偷竊。'收聞之云:'伊常於沈約集中作賊,何竟道我偷任!'《邢邵傳》:袁翻以文章位望稱先達,嘗有貴人初授官,大宴客,翻與邵俱在座,翻意主人必託己爲讓表,主人竟命邵作之,翻甚不悦,每謂人云:'邢家小兒常客作章表,自買黄紙寫而送之。'皆此類也。"卷十第一八四二頁

今按:詹鍈於此條"張雲璈"上冠一"明"字,於下條"趙翼"上冠"清人"二字,顯然示其不是同一時代的兩位學者(諒非手民之誤)。《選學膠言》共二十卷(每卷一本),并非小部頭書。詹鍈所引者(在最後一卷既無小題,又未標明卷數,頭一句便是"此習由來已久",真有點莫名其妙。可見詹先生不曾查閱原書,只是照別人的成文鈔襲充數了事,錯否均與己毫不相干,何必管它。這裏無妨先將此條張書原文小題及頭幾句補録如下:

　　文人相輕(魏文帝《典論·論文》)

　　"文人相輕,自古而然。傅毅之於班固,伯仲之間耳,而固小之"云云。此習由　　來已久,厥後……皆此類也。卷二十第九至第十頁(《文淵樓叢書》本)

又按:張氏於《選學膠言》外,還撰有《簡松草堂文集》十二卷,《四寸學》六卷。特別是《四寸學》,俞樾曾極爲推崇:

　　　要其學有根柢,不爲無根之游談,則猶是乾嘉老輩典型。非後來塗聽道説者所　　能望也。卷首第二頁(原燕京大學圖書館校印本)

"乾嘉老輩"學者之一的張雲璈,是有較高知名度的。詹鍈可能不太熟悉,故轉引其人其書時,仍照標爲明張雲璈《選學膠言》,連朝代都弄錯了而不自知。

本文所論列的二十五則,皆詹著中之最待商榷者。操觚至此,不禁想起《文心雕龍·指瑕篇》的四句警語:"凡巧言易標,拙辭難隱";"斯言一玷,千載弗化"。詹先生在《序例》裡説了一些"巧言",但在《義證》裡暴露的不少"拙辭",却是永遠磨不掉的啊。著書之不能輕率將事,即此可見。敢不引以爲戒! 八十九叟弢翁謹識

一九九八年四月於川大寓樓學不已齋

# 《晋書》時誤補校(八)

## 牛 繼 清

54.(元帝永昌元年)閏十二月,帝崩。(卷十三頁 370)

按是年閏十一月,卷六《元帝紀》載閏十一月己丑(十日)崩。《宋書》卷二十四《天文志二》同誤。

55.(成帝咸康)五年四月乙未,月犯畢距星。(卷十三頁 372)

按四月乙巳朔,無乙未。《宋書》卷二十四《天文志二》作:"咸康五年四月辛未,月犯歲星,在胃。占曰:'國饑民流。'乙未,月犯畢距星。"辛未二十七日。該年閏四月乙亥朔,乙未二十一日,疑《宋志》原脫"閏月",此爲襲《宋志》而誤。

56.(咸康)六年三月甲辰,熒惑犯太微上將星。(卷十三頁 372)

按《宋書》卷二十四《天文志二》作"甲寅",是月己亥朔,甲辰六日,甲寅十六日。疑當從《宋志》作"甲寅"。

57.(咸康六年)四月丙午,太白犯畢距星。占曰:"兵革起。"一曰:"女主憂。"六月乙卯,太白犯軒轅大星。占曰:"女主憂。"(卷十三頁 372)

按是年四月己巳朔,無丙午;六月戊辰朔,無乙卯。《宋書》卷二十四《天文志二》同誤。

58.(咸康)七年三月壬午,月犯房。(卷十三頁 372)

按三月甲午朔,無壬午。疑爲"壬子"之誤,壬子十九日。《宋書》卷二十四《天文志二》同誤。

59.(咸康七年)八月辛丑,月犯輿鬼。(卷十三頁 372)

按是月辛酉朔,無辛丑。疑爲"辛巳"之誤,辛巳二十一日。《宋書》卷二十四《天文志二》同誤。

60.(穆帝永和元年)九月庚戌,月又犯畢。(卷十三頁 373)

按是月戊辰朔,無庚戌。疑爲"庚辰"之誤,庚辰十三日。《宋書》卷二十四《天文志二》同誤。

61.(永和二年)四月丙戌,月又犯房上星。八月壬申,太白犯左執法。(卷十三頁 373)

按四月甲午朔,無丙戌;八月壬辰朔,無壬申。《宋書》卷二十四《天文志二》同誤。

62.(永和三年六月)戊戌,月犯五諸侯。(卷十三頁 373)

按是月丁巳朔,無戊戌。《宋書》卷二十四《天文志二》同誤。

63.(永和)四年七月丙申,太白犯左執法。甲寅,月犯房。丁巳,月入南斗,犯第二星。乙丑,太白犯左執法。(卷十三頁 373)

按七月辛巳朔,丙申十六日,無甲寅,丁巳,乙丑三日,《宋書》卷二十四《天文志二》同誤。下文接"十月甲戌"條(見下條校記),疑"甲寅"前脫"八月"二字,八月辛亥朔,甲寅四日,丁巳七日,乙丑十五日。

# 《五朝小説》與《説郛》

程　毅　中

　　《五朝小説》是一部古代小説的總集，收了魏晋至明代的作品約四百多種，卷帙較多。所以説約四百多種，因爲各處藏本的種數多少不同，統計不出精確的數字。《中國叢書綜録》所收的一部，大約是根據上海圖書館藏本著録的。它把掃葉山房石印本《五朝小説大觀》與《五朝小説》合并著録，不同的子目注明于後，很便于比較。全書分"魏、晋小説"，"唐人小説"，"宋人百家小説"，"皇明百家小説"四編。魏晋可以分爲兩朝，因而命名爲"五朝小説"。

　　這部叢書的編者是誰，未見著録，恐怕不是一個人。魏晋小説書前的序，署名爲若上野客；唐人小説的序，署名爲桃源居士；宋人小説的序，署名爲桃源溪（疑當作漁）父；皇明小説的序，署名石閭沈廷松。《中國人名大辭典》收録了沈廷松，釋文説"嘗編明百家小説"，就是根據《五朝小説》立目的。黄霖、韓同文編的《中國歷代小説論著選》注釋説："桃源居士，不詳，疑即是馮夢龍。"又説："《五朝小説》題爲馮夢龍所編輯。"[①]不知有何依據。至于年代，則宋人小説序後有"壬申春日"的紀年，皇明小説序中有"甲戌小寒日"的記載。"皇明"的提法顯然出自明代人的手筆，那麽"甲戌"最晚是崇禎七年（1634）；"壬申"當早于甲戌，則最晚是崇禎五年（1632）。魏晋和唐代兩編都没有紀年的文字，無從稽考。毛澤東故主席曾批閱過一部《明人百家小説》，據《毛澤東讀文史古籍批語集》的編者注是"萬曆元年刊"[②]，不知是否確有版本依據。如果確有萬曆元年（1573）刻本的話，那麽甲戌紀年還要推前到正德九年（1514），似乎太早了一些。可能此書開始刻于萬曆元年，而序則作于萬曆二年甲戌。北京圖書館編《西諦書目》著録有鄭振鐸先生藏的《明人百家小説》一書，注爲明末刻本。我所見《五朝小説》本的《明人百家小説》，目録頁和版心都作"明人百家"，下面挖掉了"小説"二字。而《中國叢書綜録》所著録的《五朝小説》，則著明爲《皇明百家小説》，又不知所據是否另一版本。

　　這四編的體例不完全相同，可能是先後分別編印的。魏晋小説分傳奇家、志怪家、偏録家、雜傳家、外乘家、雜志家、訓誡家、品藻家、藝術家、紀載家十類，共十二卷。唐人小説和宋人小説則分偏録家、瑣記家、傳奇家三類，明人小説不分類，只列一百零八帙。以上是根據南京圖書館藏本的目録。我所見的《五朝小説》，除石印本《五朝小説大觀》外，都是殘本。北京大學圖書館藏本，只存唐人小説、宋人小説兩編；南京圖書館藏本，皇明小説只存二十五種，從内容看，其餘部分正文也有殘缺。《中國叢書綜録》所著録的子目，唐人小説裏誤收了《夢書》、《鼎録》、《尤射》、《儒棋格》、《籟記》、《竹譜》六種，本當屬於魏晋時代的著作。南京圖書館藏本《夢隽（不作“書”）》等四種列在卷十一藝術家，《籟記》等兩種列在卷十二紀載家，當爲原貌。《五朝小説大觀》比較易見，其子目與南京圖書館藏本相同，似出于同一版本。

　　値得研究的是，北京大學圖書館還藏有單行本的《唐人百家小説》和《宋人百家小説》兩書，與《五朝小説》行款字體相同，但版面乾净，字迹清晰，而它所收的書（帙）比通行的《五朝小説》本多出不少。我最初以爲它是《五朝小説》的早期印本，但經過仔細核對，發現它不僅收書較多，而且版面也稍有不同，似爲《五朝小説》的祖本之一，與宛委山堂本《説郛》及其他叢書又有錯綜複雜的關係。現介紹概況如下。

　　《唐人百家小説》顯著的特點是篇目很多，共有一百四十八帙，而《五朝小説》的唐人小説只有一百零四帙。《中國叢書綜録》所著録的子目除了誤收的六種之外，還少了《商芸小説》、《樹萱録》、《葆化録》三種，多了《杜陽雜編》、《劉賓客嘉話録》、《隋唐嘉話》三種，也還是一百零四種。《唐人百家小説》多了四十四種，實際上還有彼無此有的書目。《五朝小説》所未收的唐人小説，如《仙吏傳》、《英雄傳》、《東城老父傳》、《高力士傳》、《劍俠傳》、《黑心符》、《治病藥》、《李謩吹笛記》、《異疾志》、《鬼冢志》、《南柯記》、《紫花梨傳》、《白猿傳》、《才鬼記》、《靈鬼志》、《袁氏傳》、《獵狐記》、《任氏傳》、《人虎傳》、《東陽夜怪録》等，都見于清代蓮塘居士編的《唐人説薈》，其中一部分又見于明代冰華居士編的《合刻三志》。蓮塘居士《唐人説薈序》説：“舊本爲桃源居士所纂，坊間流行甚少，計一百四十四種，每種略取數條，條不數事。今復搜輯四庫書及《太平廣記》、《説郛》等，得一百六十四種。”以往通行的《五朝小説》中的唐人百家小説只有一百零四種，因此我對于蓮塘居士所説有一百四十四種的桃源居士舊本，曾表示懷疑，認爲增出的品種大概出于《合刻三志》，而且多數還是妄造書名，亂題撰人。現在看來，《唐人説薈》所依據的舊本確有可能是某一部一百四十四種的《唐人百家小説》，還有一些是不見于《合刻三志》的。《唐人百家小説》的篇目，大部分見于《唐人説薈》和《合刻三志》，李劍國先生和我都曾作過一些辨證。我還準備另寫專文介紹，這裏暫不詳考。

　　《宋人百家小説》收書更多，共一百九十五帙，而《五朝小説》中的宋人小説只有一百四十三帙（北京大學圖書館藏本目録只有一百四十一帙），《五朝小説大觀》與之相同，與《中國叢書綜録》所著録的版本次序又略有不同。同治八年（1869）有一個《宋人小説類編》的編者餘奭，他根據的《宋人百家小説》，則是一百五十二帙。雖然傳奇家只剩了十一篇，但前面偏録家一百十帙，瑣記家三十一帙，還和單行本《宋人百家小説》相同，只是第四十三帙江休復《鄰幾雜志》換成了王惲《彭蠡記》，第一百十三帙張禮《遊城南注》換成了謝翱《西臺慟哭記》。大概是原有缺卷,把後面傳奇家的篇目拿來替補的。傳奇家從第一百四十二帙開始,也和單行本《宋人百家小説》相同。單行本《宋人百家小説》的傳奇家,從第一百四十二帙到一百九十五帙,比《五朝小説》本多了四十四種,其中大多數又見于自好子《剪燈叢話》。《剪燈叢話》的篇目,我曾撰《十二卷本〈剪燈叢話〉補考》一文考索其出處,③現在摘録于此,再加補充,注明所知的出處,依照《宋人百家小説》的序次一并轉録于後,④以便研究參考:

一四二　蘇轍《游仙夢記》　見《夷堅支癸》卷七《蘇文定夢遊仙》,原作《夢仙記》,作者不誤。

一四三　蔡襄《龍壽丹記》　實爲沈括撰,見《夢溪筆談》卷二十(胡道静校本第三五四條)。

一四四　沈括《惠民藥局記》　實爲周密撰,見《癸辛雜識》別集上《和劑藥局》。

一四五　洪邁《鬼國記》　即《夷堅志補》卷二十一《鬼國母》,作者不誤。

一四六　洪邁《鬼國續記》　見《夷堅支癸》卷三,作者不誤。

一四七　洪芻《海外怪洋記》　實爲洪邁撰,即《夷堅志補》卷二十一《海外怪洋》。

一四八　楊胐《閩海蠱毒記》　實爲洪邁撰,即《夷堅志補》卷二十一《黃谷蠱毒》。

一四九　洪邁《福州猴王神記》　即《夷堅甲志》卷六《宗演去猴妖》,作者不誤。

一五〇　洪邁《鳴鶴山記》　即《夷堅志補》卷二十二《鳴鶴山》,作者不誤。

一五一　何遠《韓奉議鸚哥傳》　即《春渚紀聞》卷五《隴州鸚歌》,作者不誤。

一五二　謝良《中山狼傳》　實爲明馬中錫撰,見《東田文集》卷五(《畿輔叢書》本卷三)。又見《唐人百家小説》一〇一帙,題唐姚合撰。已見《五朝小説》本《宋人百家小説》偏録家。

一五三　王惲《彭蠡小龍記》　實爲沈括撰,見《夢溪筆談》卷二十(胡道静校本第三四五條)。

一五四　謝翱《西臺慟哭記》　作者不誤,有元人張丁注本。又附見陸大業刻本《晞髮集》。

一五五　王明清《邢仙傳》　見《玉照新志》卷五,作者不誤。

一五六　劉子翬《蘇雲卿傳》　實出《宋史》卷四五九《蘇雲卿傳》,似據宋自適所記蘇翁本末,見張世南《遊宦紀聞》卷三。

一五七　宋祈《辛讜傳》　當作宋祁撰,即《新唐書》卷一九三《辛讜傳》。

一五八　陸游《姚平仲小傳》　見《渭南文集》卷二十三,作者不誤。

一五九　王惲《洪羲傳》　實爲周密撰,即《齊東野語》卷七《洪端明入冥》。

一六〇　趙彥衛《朱冲傳》　見《雲麓漫鈔》卷七,作者不誤。

一六一　周密《王實之傳》　即《齊東野語》卷四《潘庭堅王實之》,作者不誤。

一六二　陳侃《方萬里傳》　實爲周密撰，即《癸辛雜識》別集上《方回》。

一六三　陸友仁《暢純父傳》　見《硯北雜志》卷上，作者不誤。

一六四　羅大經《楊夫人傳》　即《鶴林玉露》丙編卷四《誠齋夫人》，作者不誤。又見《湖海新聞夷堅續志》前集卷一人倫門《治家勤儉》。

一六五　周密《吳興向氏傳》　即《癸辛雜識》前集《向胡命子名》，作者不誤。

一六六　劉渭《樂平耕民記》　實爲洪邁撰，即《夷堅丁志》卷十四《劉十九郎》。

一六七　沈括《吳僧文捷傳》　見《夢溪筆談》卷二十(胡道静校本第三五一條)，作者不誤。

一六八　吳錡《江亭龍女傳》　見元無名氏《異聞總錄》卷四，前半段《詩人玉屑》卷二十一引作《冷齋夜話》，而今本不載，疑當爲釋惠洪撰。後半段或出《夷堅志》佚文吳錡，生平不詳。本篇亦見《綠窗女史》卷八，題宋無名氏撰。

一六九　鄭景璧《紅裳女子傳》　實爲周密撰，即《齊東野語》卷十八《宜興梅塚》。《永樂大典》卷二八〇九引《夷堅志》之《紅梅》條，事同而文簡。

一七〇　李袥《陳盼兒傳》　實爲陳世崇撰，見《隨隱漫錄》卷二。

一七一　曹嘉《嚴蕊傳》　實爲周密撰，即《齊東野語》卷二十《台妓嚴蕊》。

一七二　秦觀《眇倡傳》　見《淮海集》卷二十五，作者不誤。

一七三　陳忠《菊部頭傳》　實爲周密撰，即《齊東野語》卷十六《菊花新曲破》。

一七四　吳師宣《耿聽聲傳》　實爲周密撰，即《齊東野語》卷十五《耿聽聲》。

一七五　虞防《針異人傳》　實爲周密撰，即《齊東野語》卷十四《針砭》。

一七六　趙與時《林靈素傳》　實爲耿延禧撰，見趙與時《賓退錄》卷一，明言耿延禧作。

一七七　張邦基《李博傳》　見《墨莊漫錄》卷九，作者不誤。

一七八　岳珂《何蓑衣傳》　即《桯史》卷三《姑蘇二異人》，作者不誤。

一七九　張世南《張鋤柄傳》　見《遊宦紀聞》卷四，作者不誤。

一八〇　李述《棋待詔傳》　實爲何薳撰，即《春渚紀聞》卷二《劉仲甫國手棋》《祝不疑劉仲甫》。

一八一　陳直《謝石拆字傳》　實爲何薳撰，即《春渚紀聞》卷二《謝石拆字》。

一八二　陳直《張鬼靈相墓》　實爲何薳撰，即《春渚紀聞》卷二《張鬼靈相墓術》

一八三　洪邁《神咒志》　實取《酉陽雜俎》、《夷堅志》，不全爲洪邁撰。本篇亦見《唐人百家小説》、《合刻三志》，題唐雍益堅撰。雍益堅名見《酉陽雜俎》前集卷五。

一八四　周密《仙箕傳》　即《齊東野語》卷十六《降仙》，作者不誤。

一八五　蘇軾《子姑神傳》　見《蘇軾文集》(中華書局版)卷十二，作者不誤。

一八六　沈括《紫姑神傳》　見《夢溪筆談》卷二十一(胡道静校本第三六七條)，作者不誤。

一八七　何薳《中雷神記》　即《春渚紀聞》卷二《中雷神》，作者不誤。

一八八　崔伯易《金華神記》　見張邦基《墨莊漫録》卷十，作者不誤。

一八九　洪邁《江南木客傳》　即《夷堅丁志》卷十九《江南木客》，作者不誤。

一九○　方亮《獨脚五通傳》　實爲洪邁撰，即《夷堅支癸》卷三《獨脚五通》。

一九一　向曾《聖琵琶傳》　即《太平廣記》卷三一五《畫琵琶》條，出《原化記》。又附元兆、墓石二條，亦見《廣記》卷二一○、三一五。本篇又見《合刻三志》，題楚何曾撰。

一九二　洪邁《妖巫傳》　"琵琶卜"條，出自唐張鷟《朝野僉載》卷三；"沈子與僕"條，見《夷堅志補》卷二十；"鄧城巫"條，見《夷堅丁志》卷十；"荆南妖巫"條，見《夷堅丙志》卷二十。不全爲洪邁撰。

一九三　何薳《瓦缶冰花傳》　即《春渚紀聞》，卷二《瓦缶冰花》，作者不誤。

一九四　蔡襄《萬安橋傳》　《端明集》卷二十八、《宋蔡忠惠文集》卷二十六有《萬安渡石橋記》，即此篇。本篇後附皂隸下海投文故事，似出後世傳説，又附會明人蔡錫事。筆者在北京大學圖書館閲覽本書時匆匆瀏覽，未及詳記内容，記憶容或有誤。宋人萬安橋傳説亦見方勺《泊宅編》卷中及《湖海新聞夷堅續志》補遺《追攝江神》。

一九五　洪邁《續劍俠傳》　雜取《太平廣記》豪俠類故事及《夷堅志》之《花月新聞》等，均見四卷本《劍俠傳》，不全爲洪邁撰。本篇亦見《合刻三志》，題元喬夢符撰，更不可信。

以上五十四帙，第一四二至一五一帙亦見于《五朝小説》本的《宋人百家小説》；一四二、一四三、一四四、一四五、一四六、一四七、一四八、一四九、一五一、一五二、一五三、一五五、一六○、一六一、一六二、一六三、一六五、一六六、一六七、一六九、一七五、一七八、一七九、一八○、一八一、一八二、一八四、一八五、一八六、一八七、一八八、一八九、一九○、一九三等，共三十四篇，都見于《剪燈叢話》；一八三、一九二等兩篇又見于《唐人百家小説》單行本；一六八、一六九、一七○、一七一、一七三、一七四、一八六等六篇又見于《緑窗女史》；一八三、一九一、一九二、一九五等四篇又見于《合刻三志》；一七六《林靈素傳》則見于《古今説海》及宛委山堂本《説郛》。除去重複收録的，只有一五○、一五四、一五六、一五七、一五八、一五九、一六四、一七二、一七七、一九四等十篇是僅見于《宋人百家小説》的。新發現的篇目確實不多，但作爲一種罕見的版本，還是很值得研究的。

《五朝小説》與許多叢書有交叉互見的關係，從版本源流上説，哪一種書在前，哪一種書在後，是一個很難判斷的疑案。近人多認爲《五朝小説》是利用宛委山堂本《説郛》的殘版重新編印的。如《中國叢書綜録》的編者注及昌彼得先生《〈説郛〉考》、⑤陳先行先生《〈説郛〉再考證》，⑥都持此説。從《五朝小説》的某些版面比《説郛》更爲模糊看，的確可以認爲《五朝小説》用的就是《説郛》的殘版。但是，如果現存《唐人百家小説》和《宋人百家小説》的"繁本"是《五朝小説》的祖本的話，那麼問題還可以深入探討。

研究者曾指出，《説郛》的初版在每種書的作者名下都有校閲者的姓名，這在與《説郛》版式相同的叢書如《廣漢魏叢書》、《廣百川學海》、《雪堂韻史》等書裏可以見到，在宛委山堂本《説郛》裏則被删除或挖掉了。只有第六卷的《聖門事業圖》，還保留着"嚴之麟校閲"的字樣。現存的《唐人百家小説》、《宋人百家小説》兩種單行本上也有校閲者或另署輯者的姓名。如《宋人百家小説》中的《家王故事》、《玉堂逢辰録》、《澠水燕談録》、《紹熙行禮記》、《御寨行程》、《茅亭客話》、《幕府燕閒録》、《洛中紀異録》、《異聞記》、《暘谷漫録》、《猴王神記》、《鳴鶴山記》、《江亭龍女傳》等作者名下都署有"陶宗儀輯"，《避戎嘉話》、《清夜録》、《梁溪漫志》、《春渚紀聞》、《閒燕常談》、《桯史》、《譚淵》等作者名下則署"陶宗儀閲"。這些迹象很值得注意，似乎表示它承襲自陶宗儀所輯《説郛》的舊本。與之版式相同的《合刻三志》、《八公游戲叢談》等書中也有校閲者的署名，而收録小説篇目很多的《剪燈叢話》則没有校閲者。從這一點看，似乎可以認爲《剪燈叢話》更晚于《唐人百家小説》等書。然而《剪燈叢話》書前有虞淳熙的序，而虞淳熙卒于天啓元年（1621）。⑦如果虞序不是僞造的話，那麼《剪燈叢話》當編輯于天啓元年之前，刻印或在其後。而《唐人百家小説》、《宋人百家小説》中還有校閲者的署名，似在其前。然而書中的"校"字却刻作"挍"或"較"，又應刻于天啓之後。那麼序言中的"壬申"紀年，只能是崇禎五年（1632）了。但據説《明人百家小説》已有萬曆元年的刻本，那麼《宋人百家小説》的序，也有可能作于前一個壬申，即隆慶六年（1572），書中的"挍"字、"較"字則是天啓之後重印時挖改的。這種可能性也不能排除。《唐人百家小説》和《宋人百家小説》中個別書下還保留着"校"字。

《五朝小説》較之《唐人百家小説》、《宋人百家小説》，卷帙有所削減，删去了校閲者的姓名，版面上又有挖改的痕迹，實際上確實不是一個版本。即以序言來看，《宋人百家小説》的序標題作"宋人小説序"，而《五朝小説》則挖掉了"小説序"三字，只剩下"宋人"兩字，令人莫名其妙。目録之前的"宋人百家小説"，則挖掉了"小説"兩字，也有殘痕可見，真不知出于什麼用意。但它並不是在《宋人百家小説》原版上挖改的，它的初印本已經是一個翻刻本。只要拿序言這一頁來比較，第一行"亡"字上作橫不作竪，第二行"卜"字右邊作點不作橫，第六行"庚"字末筆作捺不作點，顯然與《宋人百家小説》不是一個版本。又如第一帙《錢氏私誌》，《五朝小説》本除了删去"輯"字和"錢震瀧閲"四字外，第七行"羣"字不作"群"，第九行"取"字不作"耴"，"携"字不作"攜"，都與《宋人百家小説》單行本不同，顯然不是一個版本的挖改。然而兩個版本刻得非常相似，如果不把兩本放在一起對比，就很容易誤認爲同一版本。

再看《説郛》本,《錢氏私誌》第一頁與《五朝小説》本纖毫無異,甚至斷痕缺筆都相同,然而第一行"私"字上却多了一撇,又不像是一個版本。如果利用舊版重印,爲什麼要挖改一個"私"字,令人百思不得其解。是翻刻還是挖改,還是抽換了一些版子,就需要逐篇逐頁核對。《合刻三志》、《緑窗女史》、《八公遊戲談叢》等都與《五朝小説》有相同的篇目,版式相同,是不是同一副版子,也需要逐篇對比,并從其避諱字和版面的清晰程度來推斷其刷印年代的早晚。現在只有《緑窗女史》有影印本可以利用。所謂順治四年重刻的宛委山堂本《説郛》根本是一個謊言。從書中多處"胡"字、"夷"字的空缺,就可以看出它是入清以後挖去的。如卷五十二《明皇十七事》中四個空框,應爲"羯胡犯闕"四字;《傳信記》中五個空框,其中三個應爲"胡"字;卷一一一《趙飛燕外傳》有多處缺字,在《緑窗女史》裏都作"夷"字;卷一一二《緑珠傳》中空缺二字,《緑窗女史》本作"匈奴";同卷《霍小玉傳》中"雛"字上缺一字,《唐人百家小説》本《豪客傳》作"胡"字。從這一點看,《五朝小説》如果是在順治四年之後利用《説郛》殘版編印的話,又怎能還用"皇明小説"的名稱呢? 我所見南京圖書館藏本,《皇明小説序》挖去了"小説序"三字,"皇明"二字却還保留着。第一帙王世貞的《皇明盛事》題目也沒有改。《皇明百家小説》當編印在明亡之前,其前的魏晉、唐、宋部分應該更早。

《五朝小説》肯定編印于《皇明百家小説》之後,大概在崇禎七年之後纔有《五朝小説》的總稱的。但是也有可能更早一些,因爲《明人百家小説》也許早有萬曆元年刻本,而《唐人百家小説》也許還有蓮塘居士所説的一百四十四種本。總之,《五朝小説》的底本,不止一種版本。最初可能是分編刻印的單行本,其次是五朝合編的重刻本,現在見到的又是經過挖改的重印本。如果説《五朝小説》是用《説郛》殘版編印的話,那麼書中還有一些《説郛》所沒有的品種又是什麼時候補刻的呢? 根據目前所知的情況,無論《説郛》或《五朝小説》的底本都是在明亡以前刻的。

在明代人編的叢書裏,有不少是半頁九行二十字;左右雙邊,行款字體與《説郛》相同。似乎當時有一種統一的規格,可以互相通用,配補成各種大小不等、性質各異的叢書。《唐人百家小説》、《宋人百家小説》也是如此,但和《説郛》却不是一個版子。莫友芝《郘亭知見傳本書目》卷十《説郛》一百二十卷下注:"路小洲云:坊中所售《五朝小説紀事》一書,即用《説郛》原板移易次第改標行目爲之者。"又説:"明人有書帕本,往往刷印此書數十種,即改稱某叢書。余嘗見《唐宋叢書》即是也。"⑧這類叢書的確不少,可是哪一種編印在前,誰是妄造書名、亂題撰人的始作俑者,還有待于進一步的研究。我們應該注意到,版式相同的不一定就是一個版本,而沒有校閲者署名的是否出于重印時的挖改,也需要重新考慮。

六年前,我在《〈説郛考〉評介》一文中曾提出:"希望有條件有興趣繼續研究《説郛》版本的學者,也能分工合作,對分藏于海內外各處的《説郛》不同印本和同一版式的有關叢書,選印若干張照片,匯集在一起作仔細的比較,然後判別其刷印的早晚,那就可以使《說郛》源流的研究更深入一步了。"⑨我在那篇文章裏只簡略地介紹了北京大學圖書館所藏的《宋人百家小說》,當時我還認爲它就是《五朝小說》的早期印本。後來纔覺察到它是另一個刻本。最近幸而有機會見到了南京圖書館藏本的《五朝小說》,雖然匆匆瀏覽,未能作詳細的紀錄,但是也得到了一些新的認識。因此不揣譾陋,先把所發現的資料和問題,提供愛好古代文言小說和關心古籍版本源流的同道參考。限于個人的條件,無力取得有關各書的照片或複印本,只憑印象作一些初步的推斷,疏失在所不免。還希有條件得見《說郛》、《五朝小說》不同印本及其他有關叢書的同道賜予匡正。

　　附記:本文在查閱資料時承南京圖書館沈燮元先生指教,并親自從書庫找出了秘藏的《五朝小說》,蒙北京大學彭牧女士代抄了《唐人百家小說》和《宋人百家小說》的目錄,并致謝忱。一九九八年二月。

① 《中國歷代小說論著選》(上),江西人民出版社 1982 年 10 月第 1 版,250 頁。
② 《毛澤東讀文史古籍批語集》,中央文獻出版社 1993 年 11 月第 1 版,45 頁。
③ 《文獻》1990 年 2 期,書目文獻出版社。
④ 參考陳良瑞《〈剪燈叢話〉考證》載《文學遺産增刊》第十八輯,山西人民出版社 1989 年 3 月第 1 版;李劍國《宋代志怪傳奇叙錄》附考《存目辨證》,南開大學出版社 1997 年 6 月第 1 版。
⑤ 《〈說郛〉考》,臺灣文史哲出版社 1979 年第 1 版。
⑥ 《〈說郛〉再考證》,載《中華文史論叢》1982 年 3 輯,上海古籍出版社。
⑦ 據臺灣中央圖書館編《明人傳記資料索引》引鄒漪《啓禎野乘》卷三。
⑧ 按此說不確。《唐宋叢書》的子目與《說郛》有相同的,但所收的書往往比《說郛》更全,如《唐國史補》爲三卷本,《孔氏雜說》爲四卷本,《異苑》爲十卷本,《說郛》都祇有一卷。似《唐宋叢書》編印在前。
⑨ 《書品》1992 年 2 期,中華書局。

# 晁補之的家世和早期事迹

## 孔 凡 禮

關于晁補之的生平，學術界研究得不多，本文試着先開個頭。

一

《名臣碑傳琬琰之集》中集卷三四張耒撰《晁太史補之墓志》（以下簡稱《墓志》）説補之曾祖乃宗簡，祖父乃仲偃，父乃端友；没有説高祖。

晁説之《嵩山文集》卷一九《宋任城晁公［仲詢］墓表》：

> 曾祖諱佺，贈太師中書令。……實生三子。……其仲子文元公，達而顯於朝。伯，侍郎公；季，尚書公：不達，則在鄉黨郡國爲顯人也。

黄庭堅《豫章黄先生文集》卷二三《晁君成墓志銘》：

> 曾王父諱迪，贈刑部侍郎。君成乃補之之父端友之字。

晁補之《鷄肋集》（以下簡稱《集》）卷二一《積善堂記》：

> 文元公……兄弟三人。伯，刑部侍郎，補之高祖也。

這就是説，晁迪是補之的高祖。

文元名迥，字明遠。文元乃謚。子宗慤，字世恭，謚文莊。父子俱爲名臣。《宋史》卷三〇五同傳。附帶説一下，《宋史》卷四四四補之傳説補之是宗慤曾孫，誤。

晁補之的家族世系，可用簡表表示（祖父以下全録，然不包括祖父輩，録至補之之兒子輩）：

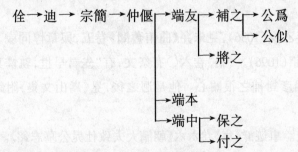

（其依據除上面提到的外，端本詳《集》卷六十《告六叔父寺丞文》、卷六十八《夫人閻氏墓志銘》，公爲、公似詳《墓志》，餘詳後述）

晁氏是宋代的望族。周必大《平園續稿》卷三十五《迪功郎致仕晁子與墓志銘》盛贊晁迥、晁宗愨父子"以文章德業被遇真宗、仁宗,繼掌內外制,賜第京師昭德坊,子孫蕃衍……奕葉聯名,文獻相承,舉天下無他晁"。

喻汝礪在《晁具茨先生詩集》的序言則云:"比起宋代開國以來著名的藏書家王溥(文獻)、李昉(文正)、畢士安(文簡)、趙安仁(文定)來,晁氏尤瓌富閎溢,所藏至二萬卷,故其子孫焠掌勵志,錯綜而藻繢之,皆以文學顯名當世"。

陸游《家世舊聞》卷下云:"昭德晁氏多賢,自蔡京專國以來,皆安於外官,無通顯者。有疏族居濟州,以京薦爲大晟府協律郎,舉族恥之。"

這樣的環境,對晁補之的成長,無疑有着十分重要的意義。從《集》中,可以看出補之與幾個叔輩和弟輩的交往、倡酬、切磋。他們都是詩人,有的還同時是藝術家和學者。現在就來做一些考察。

端彥。字美叔。登仁宗嘉祐二年(1057)進士第,與蘇軾爲同年。少時即從歐陽修游,與軾交厚。《蘇軾詩集》卷十三有《懷西湖寄晁美叔同年》、卷三五有《送晁發運右司同年兄赴闕》。前者作於熙寧七年(1074),時端彥提點兩浙刑獄。後者作於元祐七年(1092),時端彥爲江淮荊浙等路發運使,蘇軾時知揚州,而補之爲揚州通判。《集》卷十五《陪發運右司叔父集金山次韻》,就作於通判揚州時。發運右司就是端彥(元祐四年七月晁端彥爲右司郎中,見《續資治通鑑長編》卷四三〇,故兼稱右司)。詩中云:"幸繼阮咸集,恐慚疏受聲。"用的是阮籍、阮咸和疏廣、疏受叔侄的故事。

《集》卷十七有《和二叔父少監入館見賜詩》、《次韻四叔父寄賀二叔父少監入館並見寄詩》。此二叔父即端彥。二詩約作於元祐八年,補之入朝爲著作佐郎。而端彥爲秘書少監,參《宋會要輯稿》第一二〇冊《選舉》三三之一九。前者有"歌行元白辭濤壯,書畫鍾王筆勢精"之句,知端彥善詩、善書。四叔父乃端仁,詳下。蘇頌《蘇魏公文集》卷五、卷十有詩及端彥,贊其"騷雅深情"、"林泉高興"。沈遘《沈氏三先生文集·雲巢編》卷一、劉攽《彭城集》卷一五多詩及之。

端彥生於仁宗景祐二年乙亥(1036),見朱弁《曲洧舊聞》卷五,與章惇同歲。紹聖初,得罪惇,謫陝州。卒於紹聖二年(1096)。《集》卷六〇有祭文,有"先君早世,孰憐其孤,亦叔父志,教之譽之"之語。足見端彥對補之很關心。他是迥之後,見《嵩山文集》附錄引《晁氏世譜》。

端仁。字堯民。迪之後。事迹詳《集》卷六六《朝請大夫致仕晁公墓志銘》。補之稱之爲四叔父。《集》卷一一有《寄懷壽光主簿四叔父》詩,端仁墓志謂嘗爲壽光主簿,可以爲證。

《山谷外集詩注》卷五有《次韻答堯民》,卷六有《同堯民游靈源廟……》、《八音歌贈晁堯民》、《走答明略適堯民來相約奉謁故篇末及之》，作於元豐二年。明略乃廖正一之字，元豐二年登進士第。時黄庭堅爲北京國子監教授。二人交甚厚。

元祐七年末，蘇軾爲兵部尚書，端仁與軾有交往。見《嵩山文集》卷一七《汝南主客文集序》之集，端仁所撰也。補之所撰墓銘謂有文集十卷，當即此書。已久佚。陳師道《後山集》卷七《上晁主客》，乃爲端仁作，時端仁爲主客郎中，作於建中靖國元年（1101）。

卒於崇寧元年（1102），年六十八。《集》卷二三有《蔡州叔父金部挽歌辭》五首。蓋端仁嘗除知蔡州，嘗官金部。中有"並直儀曹前後聽，當簷種竹已青青"，叙元祐末同官於朝事，同卷尚有《蔡州叔父金部挽辭別二首》。

端中。補之季父。事迹詳《集》卷六八《雄州防禦推官晁君墓志銘》。

字元升。上引《墓志銘》有"江南黄庭堅嘗見其所作而歎曰：'永懷而善怨，蔚然類騷'"之語。《豫章黄先生文集》卷一九《答晁元忠書》有其句。知元忠乃端中之又一字。

《山谷外集詩注》有《寄晁元忠十首》、《次韻晁元忠西歸十首》，作於元豐五年。前者補之次韻題爲《感寓十首次韻和黄著作魯直以將窮山海迹勝絶賞心晤爲韻》，見《集》卷四。後者次韻題爲《西歸七首和泗州十五叔父》，知端中乃補之十五叔父，見《集》卷四。庭堅與端中書，有"去歲不利秋官"之語，知端中元豐四年曾應秋試。端中"西歸"，當以"不利秋官"之故。庭堅寄詩有"著書蓬蒿底"、"濟岱有佳人，肌膚若冰雪"之句，知端中自秋官不利之後，對科試已心灰意懶。

宋吴幵《優古堂詩話》的《水從樓前來中有美人泪》條引端中《西歸》詩："安得龍山潮，駕回安河水。水從樓前來，中有美人淚。"並謂韓駒（子蒼）取其意代人作詩。明楊慎《升庵詩話》卷九《晁詩》條亦引此詩，並謂給晏幾道的《留春令》（見《全宋詞》繁體字本第二五三頁）的創作以深刻的影響。早於此二人，端中的友人周行己在所撰《浮沚集》卷四《晁元升集序》中已引此四句，並贊其"高趣"。這説明，這四句已成爲幾代詩人傳誦的名句。很可惜，《西歸》詩僅見於此。《優古堂詩話》還引了端中的《猛虎行》殘句。

端中長補之二歲，少嘗同硯席。元豐二年，補之登進士第。《集》卷十四有《復用前韻答十五叔父任城相會見和詩……》，中有"咸也復幸青雲賞，歸來濁酒厭獨傾，疲馬却走諸任城"之句，叙登第後與端中相會。"咸"，阮咸，補之於端中爲姪，故云。任城，屬濟州，今爲濟寧市，屬山東。

元祐六年，端中與周行己同登進士第（《晁元升集序》）。初調趙州平棘尉，賦泫陽樓，補之盛贊之（《端中墓志銘》）。紹聖元年，補之知齊州，《集》卷一六有《出都呈十五叔父》詩。紹聖四年，補之母楊氏卒，服喪歸里，《集》卷一八有《赴元老劉園之集呈十二朝請十五推官二叔父兼呈元老邦式諸公》詩，情誼甚親。《珊瑚鉤詩話》有端中文一篇。

端中卒於元符三年(1100)。補之贊其詩文草隸,爲唐"元和以前勝士",嗟其不遇。

端智。端仁之弟,見《集》卷六二《壽安縣太君公孫氏行狀》。

字祖禹。見賀鑄《慶湖遺老詩集》卷二《遇晁掾端智》詩之序。

補之《晁氏琴趣外編》卷三《臨江仙》調下原注:"呈祖禹十六叔。"知端智小於端中。緊次此首同調詞首云:"十歲兒曹同硯席。"補之與端智幼時同窗。端智熙寧五年,參加兖州類試,參本文第二部分叙述。以上所云賀鑄詩,作於元豐二年九月,謂端智時爲滏陽法曹掾。以上所云《公孫氏行狀》云端智官磁州司法參軍,與賀詩合。蓋磁州爲滏陽郡,見《元豐九域志》卷二。是時,賀官滏陽都作院,見夏承燾《唐宋詞人年譜·賀方回年譜》。

將之。《集》卷一六《筮地告先考著作文》稱"男補之將之"。《集》卷一《求志賦》提到"予仲",即予之弟。《釋求志》謂"予仲,無斁也"。知無斁爲將之之字。但是,以上所引《晁君成墓志銘》,却不見將之之名。這就説明將之乃庶出。黄宗羲所撰《墓銘例》有"庶出不書"之例,參拙撰《范成大年譜》宋孝宗乾道五年"是歲王邁中進士邁乃成大之女婿"條紀事。

《同文館唱和詩》卷五有補之和鄧忠臣《重九考罷⋯⋯》詩,題爲《八弟預薦慎思兄以詩爲慶復次韻並寄八弟》(慎思乃忠臣之字)。《集》卷一六有此詩,題作《慎思聞家弟無斁捷解見貽用前韻》。知八弟乃將之。時爲元祐二年。元祐八年,將之被薦爲學官。見范祖禹《范太史集》卷五五《手記》。收入《手記》的人,或在才華上,或在立身行事上,都有其特異之處。説明將之當時已有相當的聲望。

陳師道《後山詩注》卷五《次韻無斁雪後二首》,乃曹州作,次紹聖三年。注謂將之時爲曹州教官。師道集中,寄酬將之之詩,多達十多首。"敬問晁夫子,官池幾許深"乃《後山集》卷四《寄無斁》首二句,備見情誼。張耒《柯山集》卷九有《同毅夫賀無斁教授》,首云"吾聞宛朐民"。"宛朐",曹州。毅夫,孔平仲字。查《清江三孔集》中平仲之詩,已無及將之者,蓋已佚矣。將之所往來者皆勝流。

將之旋爲寶應令,《集》卷七有送行詩。元符元年,補之與將之卜居緡城(金鄉),《集》卷一八有詩。

崇寧間,將之爲桐州通判,見《宋會要輯稿》第三九二四頁。宣和初,葉夢得知潁昌府,見《四朝名臣言行録》。夢得是補之、將之的外甥。潁昌府乃許昌郡。夢得知許昌時,包括蘇軾的次子蘇迨(仲豫)、幼子(蘇過)在内的許多知名之士都從夢得游。將之也從金鄉來到了這裏,時游於許昌西湖之上,"輒終日忘歸,酒酣賦詩,唱酬迭作,至屢返不已,一時冠蓋之盛如此。有《許昌唱和集》"(元陸友《硯北雜志》卷上)。蘇過《斜川集》卷三即有《次韻晁無斁與葉少蕴重開西湖唱酬之詩》。少蕴,夢得字。《許昌唱和集》已佚。宣和間,將之爲冀州通判。見《宋會要輯稿》第七五四頁。卒時不詳。

　　清道光十年(1830)刊本《晁氏叢書》卷首,謂將之有《敝帚集》十卷,已佚。其書,明晁瑮《晁氏寳文堂分類書目》(明抄本)有著録。晁瑮爲明嘉靖二十年(1540)進士,見《明清進士題名碑》。《張太岳文集》卷一七、《沱村先生集》卷六有祭瑮文。將之《敝帚集》之佚,或在明末。

　　説之。字以道,一字伯以,自號景迁生。端彦之子。元豐五年進士。元祐中,蘇軾以文章典麗可備著述科薦之於朝。元符三年上書,崇寧元年入黨籍,爲邪中。

　　靖康初,以著作郎召遷秘書監,除中書舍人。應詔上書,慷慨陳辭。並作《負薪對》,揭露金人凶殘狡黠,表示與金人不兩立。以至六百多年以後,金人的後裔——滿人建立的清王朝的乾隆盛世在修《四庫全書》時,還對此畏懼,對這一篇文章大加删改,以致面目全非。説之的議論,未能采納,於是去職。高宗建炎三年(1129)正月卒,年七十一。以上叙述,據説之《嵩山文集》附録的《雜文》及《負薪對》近人張元濟校勘表寫成。

　　補之稱説之爲四弟。《集》卷六有詩及之,詩作於崇寧元年退居金鄉後。

　　《集》卷二一有《次韻無極以道寄金山寺佛鑑五絶》。《嵩山文集》卷六有《癸未歲余與開封解安行同知定州外縣……》詩。癸未當崇寧二年(1103)。查同上書卷二○附録的《晁氏世譜》,知此外縣即無極(今屬河北)。《嵩山文集》卷六有《河中府追懷亡二兄……》詩。二兄即補之。

　　陸游《渭南文集》卷一八《景迁先生祠堂記》謂:“公之文章,本二百卷,中原喪亂後,其家復集之,益以南渡至歿時所作,纔得六十卷。”今所傳《嵩山文集》凡二十卷,與陳振孫《直齋書録解題》卷十八同。其六十卷本或未刻,或刻而已久佚。《集》卷六有《題四弟以道橫軸畫》。補之和説之都是畫家,鄧椿《畫繼》卷三俱有傳。

　　詠之。字之道,《宋史》卷四四四有傳。初名深之,字深道。《黃豫章先生文集》卷二○有《晁深道祝詞》。黃庭堅字之叔予(《集》卷六作叔與),資敏强記,補之贊爲“吾家千里駒”,説之之弟。見朱弁《曲洧舊聞》卷三、晁公武《昭德先生郡齋讀書志》卷四下。元祐七年,蘇軾守揚州,見之,贊之爲奇才。登進士第,又中宏詞第一。

　　建中靖國元年冬,補之守河中。《集》卷一七有《守蒲次新安西先寄府教授之道弟》。蒲即河中,時詠之爲河中府教授。補之到任以後,有《用評字韻和答府教授十二弟》詩,贊其“少年已自得聲名”。崇寧元年春,補之罷河中,《集》卷一七有《罷蒲乾濠道中寄府教授之道弟》。《宋史》謂詠之爲河中府教授爲元符末以前事,誤。崇寧元年九月,以元符三年應詔上書論事事,入黨籍,居邪下。《續資治通鑑長編拾補》卷二○詳其事。《集》卷六有《次韻四弟以道十二弟叔與法王唱和兼示無斁弟二首》,作於崇寧元年罷官回金鄉時。詩云:

　　　　只今竄林下,織衣而耕食。緬懷兹二士,吾宗氣相得。吾春種桃樹,子曉尋嵩日。

知説之、詠之兄弟罷官後居嵩山。

《昭德先生郡齋讀書志》著録詠之《崇福集》三十五卷、《四六集》十五卷,已佚。卒年五十二,約在北宋末。

他如端禀、端禮,後面還要談到。

較晚於補之的有載之、冲之、謙之。載之字伯禹,《郡齋讀書志》卷四下著録其《封丘集》二十卷,不傳。

冲之字叔用,有《晁具茨先生詩集》十五卷傳世。詩屬江西派。據喻汝礪詩序,冲之乃迥之後。據《曲洧舊聞》,冲之乃載之之弟。

謙之乃端仁幼子,見端仁的墓志銘。紹興七年(1137),謙之刊《集》於建陽,並爲跋,見《集》卷末,時爲福建路轉運判官。

冲之之子公武,撰《昭德先生郡齋讀書志》行於世。弟公遡,有《嵩山居士集》五十卷傳世。從兄弟輩有公邁,字伯咎,《渭南文集》卷十四有《晁伯咎詩集序》,稱公邁"學問贍博",此集不傳。公邁從孫百談,"以經術取高第"(《晁子與墓志銘》)。

晁氏從晁迥到晁百談二百多年間,文人學士輩出,在有宋一代是極少見的。

<h2 style="text-align:center">二</h2>

《墓志》和《宋史》卷四四四補之本傳關於補之早期事迹的記載很疏略,今爲考補。

《宋史》本傳説補之是濟州鉅野人。大約補之就出生在鉅野。《集》卷六五《晁夫人墓志銘》説"世家開封,後徙鉅野"。夫人是補之的第二姊,長補之一歲。補之出生這一年——皇祐五年(1053),父端友登進士第,没有出仕。這些,都可以看作出生於鉅野的理由。鉅野今屬山東。

《集》卷六八《右通直郎楊君墓志銘》:"自我爲兒時,從壽光夫人於外氏,舅愛我厚,導我於學。"此楊君,即補之之舅。壽光夫人謂母親楊氏。舅字節之,以字行,長補之十歲。舅居任城。元豐間,蘇軾在黄州,嘗見節之,贊美節之之詩賦。見此墓志銘。《清江三孔集》卷二一孔平仲《夢錫楊節之孫昌齡見過小飲》稱"節之瓊樹枝,秀氣發扶疏"。

補之十歲時,跟隨父親寓居洛陽。《集》卷二〇《守蒲過洛思十歲時侍先君寓居泣涕成詩二首》其一首云:"建春門外柳依依,迸淚當年綵服嬉。"洛爲宋之西京。據《宋史》卷八五:西京京城五十二里九十六步,東三門,建春乃其中之一。洛陽名公卿園林,爲天下第一。補之的友人李格非,後來專門寫了《洛陽名園記》。大約因爲這個緣故,父親端友嘗有意築室於伊川之上(見其二自注)。可惜没有實現。

洛陽給補之幼小的心靈以深刻的印象。如果説鉅野離洛陽還不算太遠,那他十二歲時跟隨父親到越州上虞(今屬浙江),可以說是一次長途旅行。《集》卷一《求志賦》是補之自述幼年、少年、青年的經歷的賦。他寫道:

歲執徐之青陽兮,余先子乎東征。橫武林之大江兮,往始寧之南邑。

《爾雅》謂"執徐"爲辰年。根據補之父子的生平考察,蓋爲甲辰,即英宗治平元年(1064)。"青陽"謂春季,亦見《爾雅》。《集》卷一《釋求志》:"武林,餘杭也。始寧,上虞也。"《晁君成墓志銘》謂端友曾經做過上虞令。端友的"東征",就是赴上虞令任。從鉅野到上虞,要穿過今天江蘇全省,浙江省北部,行程約計二三千里。這就大大地開拓了補之的視野。他在《求志賦》中寫道:

路會稽以周流兮,求歷山之所在。

《釋求志》:"歷山,舜所耕也。"《嘉泰會稽志》卷九:歷山在蕭山縣西北八十里;又引舊經云:在會稽縣。說法不全同,是因爲時代久遠,需要作一番考察。這就是"求歷山"句的意思。

越州自虞舜、夏禹、越王勾踐、秦始皇以來,有許多名勝古迹存在,有許多神話故事、歷史故事流傳。這些,對補之都有巨大的吸引力。在《求志賦》中,補之提到了居住在苧羅山的美女西施和自投曹娥江的孝女曹娥,提到了越王的勾踐二臣范蠡、文種以國霸而其結果或走或死,提到了朱買臣的妻子因不堪飢寒而離異,提到了嚴助有功漢室然因與淮南王往來而被誅,補之對他們提出了自己的評價。提到了禹的葬地會稽山——苗山,提到了王羲之的蘭亭曲水。他還登上上虞縣北五十里的夏蓋山,"聊以觀乎遠海",等等。

治平二年,祖父仲偃卒。《集》卷六八《雄州防禦推官晁君墓志銘》謂叔端中十五歲時仲偃卒,而端中長補之二歲。可證。於是,父端友以丁憂去上虞令任(《晁君成墓志銘》)。

但是,補之卻留在常州。《墓志》謂:"年十三,從王安國於常州學官。安國名重天下,於後進少許可,一見公,大奇之。"《同文館唱和詩》卷十余幹《次韻贈無咎學士》:

毗陵城如金斗方,往事歷歷那能忘。相逢童子佩蘭芳,禿髮人指誰家郎。……戲笑豈復爲兒狂,追昔宓子初登堂。辭鋒峭拔轟刀槍,器識沉遠包氏羌……

毗陵,常州。余幹是補之常州的學友,他在詩裏回憶了同窗時的情況。《集》卷十《贈余樗年試院作》:

平生車馬走四方,結交童齔老相忘。異哉余子久彌芳,吳人猶記稱周郎。河豚入網獲芽長,宜興罨畫烟水蒼。風雪春服真少狂(原注:時王平甫方教授毗陵,樗年所最厚也)。橫戈筆陣倒千槍,叔鷲獨步禹出羌(原注:樗年奏藝開封第一,故云)。……

樗年乃幹之字。宜興屬常州,常州有罨畫溪。這裏回憶了兒時在常州的同窗生活。補之倡於前,幹和於後。

幹,常州晉陵人。見《同文館唱和詩》卷四蔡肇《次韻上呈樗年主簿鄉兄》。同上卷四幹所作《初入試院》自注："去年八月檢潦，嘗宿牛頭山祖堂寺。"牛頭山在江寧縣西四十里，見《輿地紀勝》卷十七《建康府·景物下》。幹詩作於元祐二年，時與補之同爲開封府秋試考官。據幹詩，幹元祐元年嘗官於金陵。又，幹爲元豐五年進士，見《咸淳毗陵誌》卷十一。

《集》卷十六《夔州録事參軍江君[朴]墓志銘》謂朴爲衢州開化人；朴之子炳，"與補之治平中俱學江南，相好也"。"江南"就是指常州，炳爲補之在常州另一同窗。

補之從出生到就讀常州，受父親的影響很大。《集》卷三四《張穆之觸鱗集序》："補之爲兒，從先君學，先君多爲補之言故里中前輩賢士長者。"卷六○《祭外舅兵部杜侍郎文》："聞詩與禮，於我先君。"卷六八《右通直郎楊君墓誌銘》："先君以文詞德義寬厚愛人，有美名州閭，人慕學之。"補之後來的實踐證明，他發揚了父親的美德。

補之不久就回到了鉅野。《集》卷六十《祭外舅兵部杜侍郎文》："從先君南，年十有五。方舟蘭陵，遇公於旅。"杜侍郎，名純，字孝錫。外舅，岳父。事迹詳《集》卷六二純《行狀》、《宋史》卷三三○傳。《輿地紀勝》卷七《鎮江府·縣沿革·丹陽縣》："梁置蘭陵郡。"這一年是治平四年（1067）。

補之與父往南，不知爲何事。《晁君成墓志銘》及其他有關資料，均未詳言。按常情而論，到達預定地點以後，勢必有一些耽擱，然後又自南回去，又必須費出一些時日。補之回去以後，來到京師上太學，大約是熙寧元年（1068）或二年間事。

《集》卷五十二《上杭州教官呂穆仲書》云："遊上庠，以服天子之教化。"書作於熙寧四年，時年十九，在杭州。上庠，即指太學，是宋代的最高學府。從以下的叙述看，補之遊上庠的時間不長。《集》卷六十三《寂默居士晁君墓表》：

> 諱端稟，字大受。……熙寧中，與補之同試開封。……無幾何，舉詞賦爲開封第一。"

以下叙：

> 屈於禮部。又三年，始以經術第進士。意不自得，欲從制舉。……時王湖州石父亦制舉，……居士數從石父道往古。……石父固以"直言"舉勸之。而居士故倦遊，不復萌意，亦會其科廢云。

石父，張耒《明道雜志》作中父（中甫），名介。《宋史》卷一五六《選舉》二："制舉無常科，所以待天下之才傑，天子每親策之。""直言"是"直言極諫"的簡稱，是制舉中的一科。介於嘉祐六年（1063）八月考試制科，入第四等。見《續資治通鑑長編》卷一九四。《嘉泰吳興志》卷一四謂介於熙寧六年四月知湖州，十二月赴闕，故以"湖州"稱之。《蘇軾詩集》卷十四《同年王中甫挽詞》題下宋人施元之注謂介"知湖州，去郡，卒"。是介之卒，在熙寧六年後不久。蘇軾挽詞作於熙寧九年，是在他死了以後不短的時間。介之卒，約在熙寧七年或八年。

據此,知端稟登進士第爲熙寧六年事。與補之同試開封,爲秋試,即解試,乃熙寧二年八月,時補之年十七。

端稟"才氣俊偉",補之對他有很深的了解。端稟"有詩數十百首,至今傳杭、滁間"(《墓表》)。《輿地紀勝》卷四二《淮南東路·滁州·景物下》有晁端受《清風亭》、《翠微亭》、《無心亭》三詩,《詩》欄有晁大受"琅邪山色連雲緑"一首。證以補之之言,晁端受蓋爲晁端稟之誤。其《翠微亭》一詩,《宋詩紀事》卷二五引《滁陽志》亦録,亦謂爲晁端受作,並誤。詳考各種記載,並無晁端受其人。只緣端稟字大受,遂誤端稟爲端受。以此關補之家世,故詳之。《雲間志》卷下有端稟《醉眠亭》詩。

《宋史》本傳:"十七歲,從父官杭州。"有誤。《集》卷六十六《蘇門居士胡君墓志銘》:"熙寧初,補之先子保州府君適越。"補之從行。據《蘇軾文集》卷十《晁君成詩集引》,父適越,乃爲就杭州新城令任。他們在路途中,結識了知淮陽軍胡俛(公謹)及其子戩(叔文)。淮陽軍治下邳,補之拜俛於下邳,俛亟稱之,並與戩定交,"居歲餘而別"(並參《集》卷六六《尚書司封員外郎胡公墓志銘》)。

古人用"初"字,比較靈活。這裏説的"初",大約爲熙寧三年。因爲補之熙寧二年秋試不售,回到鉅野家中,再從鉅野適越州,至少需要幾個月的時間,那就到了熙寧三年了。就是從京師直接走,也應爲熙寧三年的事。

據以上所叙,補之到父親新城任所,實爲熙寧四年十九歲的事。上引補之《上杭州教官呂穆仲書》可證。

在蘇門四學士中,最早拜於蘇軾之門的是晁補之。《集》卷五一《上蘇公書》:"某濟北之鄙人,生二十年矣。"卷五二《及第謝蘇公書》:"補之始拜門下,年甫冠。"蘇軾於熙寧四年十二月到杭州通判任,見《東坡烏臺詩案》。補之與蘇軾交往,始於熙寧五年。

補之盛贊蘇軾是"哲人"(《集》卷一《求志賦》)。在文學創作上,在學術研究上,補之認爲,他從蘇軾那裏受到的最大教益,是知其"所趨"。意爲蘇軾給他指明了大方向;好像走出了荆棘險阻的羊腸小道,踏上了康莊的大道,可以左右馳騁(《集》卷一《釋求志》)。

蘇軾一方面給他熱情的鼓舞。補之到杭州後,"覽觀錢塘人物之富麗,山川之秀異,爲之作文以志之,名曰《七述》",送給蘇軾看,蘇軾大爲贊揚,説:"吾可以閣筆矣。"原來,蘇軾也有意爲錢塘作賦。(《墓志》並參《張右史文集》卷四二《次韻奉酬無咎兼呈慎思天啓》)。

補之自己的説法則有所不同。《集》卷二八《七述》首云:"予嘗獲侍於蘇公,蘇公爲予道杭之山川人物,雄奇秀麗,夸靡饒阜,名不能殫者。"於是"爲《七述》,意者述公之言而非作也"。這裏,似乎包含了這樣的事實:蘇軾看了補之的初稿以後,鼓勵之餘,也談了自己的一些想法,補之吸收到了自己的作品中,使作品比較地完美。爲了尊重蘇軾,所以做了以上叙述。

蘇軾另一方面,對補之悉心指導,李昭玘《樂静集》卷十《上眉陽先生》云:

> 友人晁補之自新城侍親歸,云:辱在先生門下,雖疾風苦雨,晨起夜半,有所請質,必待見先生而後去,先生亦與之優游講析,不記寢食,必意盡而後止。晁君氣豪博,辯博俊敏,下筆輒數千言,紆餘卓犖,文盡其妙。嘗曰:此文,蘇公謂某如此作;此文,某所作,蘇公以爲然者也。

補之所叙爲在杭時事。

畢仲游《西臺集》卷六《策問·文體》原注云:“熙寧中,兗州類試,中選者解頭晁補之、晁端禮、晁端智、晁摶之、李昭玘、李格非、李罕。”“類試”也稱“解試”、“鄉試”。《集》卷八《次韻答葉學古》云:“我濫鄉老薦”,就是指這件事。補之家鄉鉅野,當時屬京東西路,京東西路治兗州,見《元豐九域志》卷一。所以鄉試在兗州舉行。鄉試又稱鄉舉。《集》卷六〇《祭外舅兵部杜侍郎文》叙治平四年遇杜純於旅中,以下云:“却後五年,初隨鄉舉。”知兗州類試爲熙寧五年事。其時,補之自杭州回至鉅野。還有一件事也能證明兗州類試爲熙寧五年事。因爲參加類試的晁端禮(次膺)於熙寧五年登進士第。見《樂静集》卷二八《晁次膺墓志銘》。

現在,對參加類試者作一些考察。

晁端禮。上面已經提及。他的事迹除詳於《晁次膺墓志銘》外,尚有晁説之《嵩山文集》卷一九《宋故平恩府君晁公墓表》。他長於補之七歲,有《閑齋琴趣外編》傳世。

晁端智。本文第一部分已及。

晁摶之。端仁(堯民)長子,見《集》卷六十七《朝請大夫致仕晁公墓志銘》。《詩話總龜》前集卷三九引《王直方詩話》:

> 元豐中,晁無咎(補之)詩極有聲。無已(陳師道)以詩戲之曰:“聞道新文能入樣,相州紅纈鄂州花。”蓋是時方尚相州纈、鄂州花也。晁堯民子摶之云。

知摶之與王直方(立之)有交往。

李昭玘。以上多處提及。字成季,自號樂静先生。《宋史》卷三四七有傳,謂“少與晁補之齊名,爲蘇軾所知”。《集》卷六《題李秀才成季負日軒》(原注:李自號天隨子)、《次韻李成季感事》,皆作於早期,寫鄉居生活。昭玘與補之同登元豐二年進士第,見《集》卷十四《復用前韻得唐公……》。

李格非。字文叔。《宋史》卷四四四有傳。傳謂格非爲濟南人,不知何以參兗州類試。以濟南屬京東東路,類試應在青州參加。疑格非之祖籍或在兗州及其所屬。前人尚未有研究及此者,當考。格非登熙寧九年進士第,見《太平治迹統類》卷二八。《集》卷六《同李主簿叔文飲北莊》,疑“叔文”爲“文叔”之誤,作於早期。《集》卷十二《與李文叔夜飲》,約作於元祐末。卷七《禮部移竹韻次李員外文叔》,作於建中靖國元年。補之嘗贊格非女清照之詩,見朱弁《風月堂詩話》。

李罕。冀州信都人。父太,官至駕部員外郎。罕登進士第,不詳年份。補之嘗應罕之請,爲太作墓志銘。文在《集》卷六四。文謂罕乃"場屋舊",即指兗州類試。

參加兗州類試的,或有叔端中(元升)。《集》卷二十一詩題:"宿采石。追懷沈丘叔父同應詔渡此,今二十七年矣。而叔父謝世,補之方遠適,泣涕成篇。"端中卒於元符三年,前已及。元符三年距熙寧五年,首尾計爲二十七年。端中嘗爲沈丘(今屬河南)令,沈丘叔父即謂端中,參《集》之端中墓銘。

《集》卷五九《謝解啓》云及"早濫舉首",乃謂兗州類試。此啓作於元豐元年,説明北宋時期只有當屆發解的學子,才能參加禮部試即省試;如果禮部試不中,需要重新參加解試。補之於熙寧六年春,參加了禮部試,未中。《集》卷八《次韻答葉學古》:"愧非鳴鳳祥,斥去還林丘。"乃由此而發。以上所引之《謝解啓》"早濫舉首"句後爲"輒困退飛",亦謂禮部試不中。

補之禮部試失利以後,回到了杭州新城。熙寧六年冬,蘇軾來到新城,見到了補之,作了詩。《集》卷八《次韻蘇公和南新道中詩二首》,即作於此時。詩其一首云"山園芙蓉開,寂寞歲雲晚,公來無與同,念我百里遠",可證。蘇軾原作已佚。(《蘇軾詩集》卷十有《陌上花》,作於熙寧六年秋,《集》卷二十有《陌上花八首》,乃緣軾作而作。補之自京師回至新城,或爲秋季事。)

《集》卷八《次韻答葉學古》:"三月我渡江。"寫的是北渡。其時是熙寧七年,父端友新城令任滿,回朝任著作佐郎。見《晁君成墓志銘》。補之在北歸途中,初次與張耒相晤。《柯山集》卷四六《祭晁無咎文》:"念初相遇,盱眙送旅。一見如舊,綢繆笑語。"同上書卷一《後渡淮賦·序》:"甲寅之秋,自正陽涉淮,作《涉淮賦》。既至泗之臨淮邑。"耒字文潛,楚州淮陰人。《宋史》卷四四四有傳。據傳,時耒第進士,赴臨淮主簿任。臨淮,縣名,屬泗州,在州北六十里;盱眙,泗州州治:見《元豐九域志》卷五。甲寅即熙寧七年。

《集》卷五《再次韻文潛病起》叙初見時情景:"淮浦見之子,春風初策名。頗訝謫仙人,有籍白玉京。"把張耒比作和李白一樣超塵脱俗的人。

《柯山集》卷一九《休日不出》其一:"十年淮海夢,一笑相逢地。"亦叙與補之初晤。作於元祐元年。謂"十年",實爲十年略多。

在蘇門四學士中,補之與張耒的情誼最深厚。《集》卷一《求志賦》、《釋求志》引黃庭堅之語,贊耒如明月,"升白虹兮貫朝日",與"天地具美"。

熙寧八年,父端友病逝於京師。見《晁君成墓志銘》。補之扶喪歸濟州家鄉服喪,見《集》卷一《釋求志》。

　　熙寧十年丁巳春，蘇軾罷知密州，經濟南赴京師，道經汶上（在今山東境內），見到了補之，時補之尚在喪服中。《集》卷一四《用寄成季韻呈魯直》：

　　　　湖州太守諸儒長，可獨進賢無上賞。曾語黃公四坐驚，竟吟佳句汶陽城（自注：丁巳年，余謁蘇湖州於汶上，座中爲余誦黃魯直詩）。

此詩作於元豐二年（1079），時蘇軾除知湖州，故以湖州稱之。黃庭堅（魯直）時爲北京教授。已見前。補之與庭堅見面，是元豐二年秋間事，在登第後不久。

　　《集》卷一三《贈麻田山人吳子野》題下自注：“余見李公誠之於汶上，蘇密州在焉，始聞子野名。”詩起四句云：

　　　　汶陽我昔見蘇、李，人言吳子歸未幾。長嘯春風大澤西，却望麻田山萬里。

此詩這裏仍叙熙寧十年相晤事。詩作於元豐間。蘇密州即謂蘇軾，以蘇軾嘗知密州，故以密州稱之。李誠之，名師中。《宋史》卷三三二有傳。卒於元豐元年，見《續資治通鑑長編》卷二五三熙寧七年五月戊戌紀事注文。補之崇寧間賦《滿江紅》弔之，見《晁氏琴趣外編》卷二。

　　子野名復古，再舉不第，築庵居潮陽（今屬廣東）直浦都麻田山中。見嘉靖《廣東通志》卷五六、嘉靖《惠州府志》卷一五《吳復古傳》。蘇軾熙寧十年初過濟南時，第一次見到了復古，復古爲蘇軾講出世間法，軾因作《論養生》。見《蘇軾文集》卷五七《答吳子野》第一簡、《與吳秀才》第二簡。復古旋離蘇軾，返回潮陽麻田。補之詩中所云“吳子歸未幾”猶言返麻田爲此前不久事。

　　這裏要着重説一下，補之登第前接受影響最深的是蘇軾。蘇軾和補之的關係，較之黃庭堅、張耒，顯得更密切。《集》卷五四有《代蘇翰林爲皇弟諸王賀冬至表》等十二文，乃補之代蘇軾作。其他與蘇軾接近的人，皆無此種情況。所以，當建中靖國元年補之聽到蘇軾去世的噩耗時，一方面“顧惟冥頑，迄未聞道”，悔恨自己沒有好好讀書，辜負了蘇軾的教誨，一方面“沉痛刿腸”，悲痛欲絶（見《集》卷六十一祭軾文）。

1991 年 3 月撰稿

1998 年 2 月修訂

# 禪家"不辭向汝道"與不立文字

## ——"不辭"釋義再辨

劉 瑞 明

朱自清先生《禪家的語言》中説：

我們知道禪家是"離言説"的，他們要將嘴挂在墙上。但是禪家却最能够活用語言。正像道家及以後的清談家一樣，他們都否定語言，可是都能識得語言的彈性，把握着、運用着，達成他們活潑無礙的説教。不過道家以及清談家只説到"得意忘言"、"言不盡意"，還只是部分的否定語言，禪家却徹底的否定了它。《古尊宿語録》卷二記百丈懷海禪師答僧問"祖宗密語"説："無有密語，如來没有秘密藏。……但有語句，盡屬法之塵垢。但有語句，盡屬煩惱邊收。但有語句，盡屬不了義教。但有語句，盡不許也，了義教俱非也。更討什麼密語！"這裏完全否定了語句，可是同卷又記着他的話："但是一切言教祇如治病，爲病不同，藥亦不同。所以有時説有佛，有時説無佛。實語治病，病若得瘥，個個是實語；病若不瘥，個個是虚妄語。實語是虚妄語，生見故。虚妄是實語，斷衆生顛倒故。爲病是虚妄，祇有虚妄藥相治。"又説："世間譬喻是順喻，不了義教是順喻。了義教是逆喻，捨頭目髓腦是逆喻，如今不愛佛菩提等法是逆喻。"虚實順逆却都是活用語言。否定是站在語言的高頭，活用是站在語言的中間；層次不同，説不到矛盾。明白了這個道理，才知道如何活用語言。"(見《朱自清古典文學論文集》(上)，上海古籍出版社)

朱先生這個論述深入淺出，對我們準確理解禪僧的某些易誤解的語録，很有啓發作用。《五燈會元》卷一《釋迦牟尼佛》："吾有正法眼藏，涅槃妙心，實相無相，微妙法門，不立文字，教外別傳，付囑摩訶迦葉。"其中"不立文字"云云一意，便是否定言語，人們熟知。其他的相似而更明白的説法，又如六祖慧能所言"諸佛妙理，非關文字"，黃檗希運禪師所言"形于紙墨，何有吾宗？"因此，每當僧徒向老師就佛理的具體問題請求給以詳解時，老師會以種種説法表示不應、不需、不用解釋，因而始終不作解釋。例如：《五燈會元》卷七《德山宣鑒禪師》："僧問：'如何是菩提？'師打曰：'出去！莫向這裏屙。'問：'如何是佛？'師曰：'佛是西天老比丘。'雪峰問：'從上宗乘，學人還有分也無？'師打一棒曰：'道甚麼？'曰：'不會。'至明日請益，師曰：'我宗無語句，實無一法與人。'"打提問者，寓示本不該問。以"西天老比丘"作答，等于說"佛就是佛"，答而未答，表示不願作答。"我宗無語句"便是明白告訴不立文字，要靠自悟。僧問"如何是祖師西來意？"五代居遁禪師的語錄："待石烏龜解語，即向汝道。"永遠也不解說。他的另一著名答言："此一問最苦。"五代雲門文偃以"不可雪上加霜"拒斥請益。唐靈鷲閑禪師一上法堂就堵衆僧之口："是汝諸人本分事。若教老僧道，即是與蛇畫足。"北宋保寧仁勇禪師甚至以"老僧入拔舌地獄去也"的駭人聽聞的話，表述答言的惡果。

　　燈語中這種情況另有一種習見的表述格式，是"我不辭向汝道，恐……"，也應是不能、不該向求問者講的意思，"恐"句領起申述原因。這原因本都是即性成佛因而不立文字這個道理，禪僧却有意說成各種相關的不同情況。

　　[1]《五燈會元·卷八·天竺子儀禪師》："上堂：'久立，大衆更待甚麼？不辭展拓，却恐悮于禪德，轉迷歸路。時寒，珍重！'"不辭展拓，即不能解說得清楚明白。原因却是以自己水平低下，不當的理解會貽誤求問者來作謙說，這是第一種。又如：

　　[2]同書卷八《招慶道匡禪師》："問：'如何是南泉一綫道？'師曰：'不亂向汝道，恐較中更較去。'"據文意，"不亂"當是"不辭"成誤，《景德傳燈錄》卷二十一正作"不辭"。"較"用爲不足、差次義。句言：你接受了我的錯誤理解，會成低等中更低等的。

　　[3]同書卷三《鹽官齊安國師》："師一日喚侍者曰：'將犀牛扇子來。'者曰：'破也。'師曰：'扇子既破，還我犀牛兒來。'者無對。（投子代云：'不辭將出，恐頭角不全。'）"這不是直接問禪，是隨機而言，故無"不辭與汝解說"之類的話，而是"我無需回答"的隱說。"頭角不全"寓不成熟，低能。

　　[4]同書卷三《百丈懷海禪師》："山曰：'却請和尚道。'師曰：'不辭向汝道，恐已後喪我兒孫。'"喪兒孫，指斷絕法嗣。即言：我一說解便暴露低能，門徒離去，再也無有。這同上一類稍有不同。

　　[5]《祖堂集》卷十四，《百丈和尚》："有人云：'學人道不得，却請師道。'師曰：'我不辭向你道，恐後欺我兒孫。'"此言"欺"，指對低水平的嘲笑、諷刺、輕視之類。

　　[6]《五燈會元·卷十四·大陽警玄禪師》："山曰：'何不道取一句？'師曰：'道即不辭，恐上紙筆。'""道即不辭"也是你要我說，我却不能說。"恐上紙筆'即留下承擔錯誤的筆據，成爲人們耻笑的把炳。

　　[7]同書卷五《青原行思禪師》："曰：'和尚也須道取一半，莫全靠學人。'師曰：'不辭向汝道，恐已後無人承當。'"是退一步說：我一說便錯，你也跟着而錯，便有人指誤于你。你自然說是我講的，那時我會否認這樣錯講而不承當責任。所以我現在索性一句也不說。這又

是一種故做調侃的趣說。

[8]《祖堂集·卷十六·南泉和尚》:“師持錫到韶州,刺史問:‘十二種頭陁,和尚是第幾種?’師乃振錫一下。刺史再問;師云:‘太鈍生。’師敲繩床,謂衆云:‘大衆共他語話。’對云:‘却請和尚共他語話。’師云:‘我不共他語話。’僧云:‘和尚爲什摩不共他語話?’師云:‘不辭共他語話,恐他不解語。’”前言“太鈍生”,後言“不解語”,便是以“朽木不可雕也”做拒不示教的理由,這又是一種。

[9]《敦煌變文集·廬山遠公話》:“佛法難思,非君所會,不辭與汝解脱(說)。似頑石安在水中,水體性本潤,頑石無由得入。”

[10] 同上:“汝欲見吾之鼓(教),不辭對答往來。蟭螟共鵬鳥,如同(何)飛對?”這兩例情況同請問燈語相似。

[11]《五燈會元·卷九·仰山慧寂禪師》:“師曰:‘何不現神通?’曰:‘不辭現神通,祇恐和尚收作教。’”此例却是老師問學生爲什麼不現示自己高水平,學生回答:只怕老師采用了我的高見再教授別的人。也是風趣活潑的說法。這同老師自說高明而嫌學生低能一樣,實際上都不是在倡說自我,主旨仍是基于一落言詮便成執着僵化,而啓迪他人明心自悟。

　　總之,不論從禪宗理論,傳燈示教的大局,還是從上述各例的具體文意來說,“不辭解說”都是不能做解說的意思。因此,“不辭”之義必然落實爲“不能”。這在學界却所見不一。這是由研究敦煌變文中“不辭”之義而涉及禪籍的。情況如下所叙。

[12]《秋胡變文》叙秋胡要出外遊學,母親用“父母在堂,子不得遠遊”之語婉勸止息此念。兒子再次請求,“其母聞兒此語,泣淚重報兒曰:‘吾與汝母子,恩□義重,吾不辭放汝遊學。今在家習學。何愁伎藝不成? 縱放汝尋師□,起(豈)即立成官宦,汝不如忍意在家,深耕淺種,廣作蠶功,三餘讀書,豈不得達? 好與孃團圓,又與少年新婦常相見。……’”例中詳細的語境也充分限定了“不辭”是“不能”義。但此義未經揭示,所以《華東師大學報》1958 年第 1 期徐震堮《敦煌變文集校記補正》言:“‘辭’字與上下文意不屬,似誤。”不屬,即“不推辭”的常義在此不適,這是對的。但“辭”字不誤。這個銳敏的發疑引起了討論。

《中國語文》1985 年第 4 期項楚《敦煌變文詞語校釋商兑》却說:“‘辭’即‘推辭’之‘辭’,‘不辭’即不推辭、不拒絶,亦即願意。《韓朋賦》(明按,當是《秋胡變文》)例句大意是說,我本來也願意放你去遊學,只是在家自學也可成才,出外遊學亦未必有成。言下之意仍是不願放兒遊學,但語氣十分委婉,細膩地表達了母親的複雜心理。”應當說這完全講反了文意;母親本來不願兒子遊學。項文又示證了以下五例,以爲都是不推辭的常義。

[13]《唐太宗入冥記》:“我不辭便道注得‘□□(十年)天子’,即得,忽若皇帝不遂我心中所求之事,不可却□□三年伍年,且須少道。”先已注了十年,轉想不便,因想不能如此注。

因而後文叙改成僅加五年命録。若是言不推辭增加十年,這特意叙言的改成五年就不成跌宕。

[14]《八相變》:"奉旨迴而不辛(辭),慮王妃之勿信。空將白馬,由恐狐疑。車匪鄙詞,難爲的實。"其實是説不能這樣返回,因而下文申述了原因。這是因果句,不宜改説成轉折句。

[15]《大唐新語·持法》:"故人或遺以數兩黄連,固辭不受,曰:'不辭受此歸,恐母妻詰問從何而得,不知所以對也。'"已明言"固辭不受",若又説不推辭,便大爲矛盾。

[16] 白居易《酬思黯相公見過弊居戲贈》:"訪我入窮巷,引君登小臺。臺前多竹樹,池上無塵埃。貧家何所有? 新酒三兩栢。停栢款曲語,上馬復遲迴。留守不外宿,日斜宫漏催。但留金刀贈,未接玉山頹。家醞不敢惜,待君來即開;村妓不辭出,恐君驟然咍。"項文例僅引後一韵。詩必是言于自醖之酒自負故欲奉飲,而家妓自嫌,憾而不能獻醜,有情趣。這次待客,有賞景、品酒,并無侍妓,也可佐證。

[17]《開天傳信記》:"唐裴寬子諝復爲河南尹,諝素好詼諧,嘗有投牒,悮書紙背,諝判云:'這畔似那畔,那畔似這畔,我也不辭與你判,笑殺門外著靴漢。'"按,此例中是"不推辭"的表層義雙關"不能"的深層意。悮書紙背,不合格式,除了赤脚的種田人,一般有公文常識的人,都會譏笑,因而是不應作判的。但我畢竟寫有這首判詩,這便是不拒絶判的一層。所判的只是取笑語,將更使人耻笑,對你申叙的事情,我仍隻字不及如何處理,不能作判。如僅作"不推辭"解,便泯失了那深層之意,冲淡了"詼諧"之味。

也許有感項文所釋不確,江藍生于《語言研究》1985 年第 1 期著文《敦煌變文詞語瑣記》,首條即"不辭","尋繹其義,爲'不可'也,'不能'也。所謂'不可''不能',非謂能力不及,而是主觀上認爲不適宜而不願做。"這是首次揭示新義而確。所示例句爲例[1][2][4][7][9][11][12][13]。

《敦煌語言文學論文集》(江蘇古籍出版社 1988 年)有袁賓《變文詞語考釋録》文,對"不辭"再言:"項説極確。"又有張涌泉文《敦煌變文校札》也説:"'不辭'是推辭不得、不得已的意思。"這同"不推辭"却是大同小異。

1990 年,郭在貽等《敦煌變文集校議》却對例[13]另言:"'不辭'除'不推辭'義外,尚可做讓步復句關聯詞,義同'即使'、'縱然'。試把此用于例中:我即使注得十年天子,他即得延生,或者不能滿足我心中之事。顯然語不順暢,也不直接。即令有此義,也不會只見個別孤例。"

看來,江藍生的確釋未被學者們接受。《漢語大詞典》"不辭"仍釋爲"不辭讓;不推辭"、"不向人告别"、"文詞不順,不成文"的三項常義。没有采納"不能"的釋義是顯然的。但也未采納"即使、縱然"義。在"不推辭"義下全然也不及應釋成"不能"義的例句，也就是説新發現的疑難還未解決，需要再作討論。因此本文對各種意見評述如上，並從禪宗不立文字的觀點説明"不能"釋義的合宜。

江先生"不能"的釋義未曾對"辭"字做出解釋，也就不能明白常義"推辭"的不適。本文以爲這個"辭"字是"稱説"義，"不辭"即不説（做什麽），以指不能做、不用做。今口語仍如此。例如："我這麽忙，你閑坐着，不説把我幫一下。""你没説想法去借些錢來"，也就是：不能幫我一下、不能想法借錢。還可對比，宋元時的"不道"一詞就是不會、不能義，"道"也正就是稱説義。《朱子語類·卷九十八·張子之書一》："'繼之者善'便是公共底，'成之者性'便是自家得底。只是一箇道理，不道是這箇是，那箇不是。"言不可能有差别。《河南程氏遺書·二上》："又如抱石沉河，以其重愈沉，終不道放下石頭，惟嫌重也。"王實甫《破窰記》第四折："則今日寫本申朝，不道的饒了你哩也。"《金瓶梅》第五回："我笑你只會扯我，不道咬下他左邊的來。"各例中都言"不會""不能"。

正因爲"不辭"有"不能"之義，所以禪僧用它來表達"不能向你講"的意思。但"不能"義不限于這種固定意思的表述，具有詞義使用的普遍性。前引變文及其他詩文例句已足以可見，下面再示一些例句，更可見詞義的必然。

［18］《五燈會元·卷十三·洞山良價禪師》："師曰：'何不且住？'曰：'某甲不辭住西天，有人不肯。'"言不能住在西天。

［19］《伍子胥變文》："不辭骸骨掩長波，父兄之讐終不斷。"我不能盲目渡江而死，因父兄之仇未報。就是定要安全渡江以謀報仇，不能死。講成不拒絶死，同原意相反。郭在貽等把此例講成：縱使我死于江波，父兄之仇也不忘記；也有隔。

［20］《維摩詰經講經文》："我今還同鳴布鼓，維摩直似振春雷。不辭便往傳尊旨，必被他家挫辱回。幸有光嚴童子里，不教伊去唱將來？"文中另處又言"不堪問疾"與"不辭"同指。

［21］《敦煌歌辭總編》第一〇八二首："聲聞弟子如來告，汝往維摩問疾因，出來皆説無詞報。"第一〇八三首："有何遇，無詞報？""無詞"同于"不辭"。言不能報命，即不能去問疾。正因爲"辭"是述説義，所以可换爲同義的"詞"。這也可足證不是推辭義。

［22］《王梵志詩一百一十首》的第一百首是："我不畏惡名，惡名不須畏。四大亦無主，任你痛謗誹。你自之（置）于我，于我何所費？不辭應對你，至到無氣味。"直到我死，都不用理會你的誹謗。

［23］敦煌斯三八七七卷背《戊戌年洪洞鄉百姓令狐安定請地牒》："其地主今緣年來不辭承料。"伯二二二二卷背《咸通六年敦煌鄉百姓張祇三狀》："其地不辦承料。"都是説分得該地的主人未耕種，也未能交納税賦，他人可申請自種。"不辭""不辦"都言未能。

[24] 杜甫《赤霄行》:"孔雀未知牛有角,渴飲寒泉逢抵觸。赤霄玄圃須來往,翠尾金華不辭辱。"如果孔雀不到地面來飲水,尾巴就不會被牛角觸辱。

[25]《雨四首》之二:"江雨舊無時,天晴忽散絲。暮秋霑物冷,今日過雲遲。上馬回休出,看鷗坐不辭。高軒當艷溟,潤色静書帷。"仇注:"回馬、看鷗,避雨之事。"本在江畔觀景,下起大雨來。只好上馬回去,也不能坐着看鷗了。"不辭"一作"不移",大違事理。因爲不知詞有"不能"一義,用常義又不合宜,淺人于是妄改爲"不移"。

[26]《江頭五咏·鸂鶒》:"故使籠寬織,須知動損毛。看雲猶悵望,失水任呼天。六翮曾經剪,孤飛卒未高。且無鷹隼慮,,留滯莫辭勞。"是勸鳥安心籠居,仇注言"留此可免搏擊"是對的,但他避言了"不拒絕勞苦"的常義于此不安。"莫辭勞"即不用勞苦覓食。

[27]《長江二首》之二:"浩浩終不息,乃知東極深。衆流歸海意,萬國奉君心。色借瀟湘闊,聲驅艷溟沉。未辭添霧雨,接上過衣襟。"詩人由衆流匯海而喻"萬國奉君心",因而自歎未能爲國君盡綿薄之力,猶如即令霧雨也可增江流。王道俊《杜詩博議》言:"江流之大,不辭霧雨。"便是不知句實是詩人自言。而江流不拒絕霧雨却是笨拙之句,豈詩人所措。《讀杜心解》:"此不特江流騰躍,即再以霧雨,亦所不辭矣。"誤與王道俊相同。

[28] 高駢《殘春遣興》:"畫舸輕橈柳色新,摩訶池上醉青春。不辭不爲青春醉,只恐鶯花也怪人。"言不能不爲春光而一醉。"不拒絕"不能形成雙重否定説法。

[29] 李商隱《昨夜》:"不辭鶗鴂妒年芳,但惜流塵暗燭房。"只宜是不能妒,決不會言不推辭妒。

[30] 劉禹錫《西山蘭若試茶歌》:"僧言靈味宜幽寂,采采翹英爲嘉賓。不辭封緘寄郡齋,磚井銅爐損標格。何況蒙山顧渚春,白泥赤印走風塵。欲知花乳清味冷,須是眠雲跂石人。"此茶只宜山泉之水等情,不能寄贈城中友人。

[31] 陳亮《桂枝香·觀木樨有感寄吕郎中》:"不辭散落人間去,怕群花自嫌凡俗。"言此花只宜在仙鄉,不能散在凡俗之地,以免群花自卑。

看來,"不能"的釋義是完全應當成立的。

前叙的袁賓文章在主"不推辭"義時又説:"關于'不辭',尚可進一步申説之,變文中的'不辭'常置于轉折復句的副句(前分句)裏。……更加引人注意的是,據我們通檢《祖堂集》和《五燈會元》,兩書共有'不辭'十五例,竟全部使用在轉折復句的副句中。""此外,我們搜集到的全部這類句例,均系第一人稱口吻,恐怕也是這種復句在使用場合方面的一個特點。"

其實,所言的這些語法問題并非如此。首先,從道理上來説,不論是"不推辭"還是"不能"的詞義,絶不會涉及而制約到語法,就如同一般的動詞不會限于在單句、復句、復句的主句或副句,不會限于某一人稱一樣。其次,從例句事實言,應當説大部分是復句,用在叙結果的分句,分句的前後則無一定。如例〔9〕〔10〕〔12〕就在後一分句中。也不限于因果句,如例〔21〕〔22〕〔25〕〔26〕〔27〕〔28〕〔29〕。又如《五燈會元》卷十一《葉縣歸省禪師》:"僧請益'柏樹子'話,師曰:'我不辭與汝説,還信麼?'"甚至不是復句。至于人稱,如例〔21〕宜是"(他們)出來皆説無詞報""有何遇,(你們)無詞報?"例〔23〕〔24〕〔26〕〔31〕中主語也都是代言的第三人稱。

# 《晉書》時誤補校（九）

## 牛　繼　清

64.（永和四年）十月甲辰，月犯亢。（卷十三頁373）

按十月庚戌朔，無甲辰。《宋書》卷二十四《天文志二》作"甲戌"，甲戌二十五日，當是。

65.（永和）四年七月丙申，太白犯左執法。甲寅，月犯房。丁巳，月入南斗，犯第二星。乙丑，太白犯左執法。占悉同上。十月甲辰，月犯亢。占曰："兵起，將軍死。"十一月戊戌，月犯上將星。三年六月，大赦。是月，陳逵征壽春，敗而還。七月，氐蜀餘寇反，亂益土。九月，石季龍伐涼州。五年，征北大將軍褚裒卒。四年四月，太白入昴。是時，戎晉相侵，趙地連兵尤甚。七月，太白犯軒轅。占曰："在趙，及爲兵喪。"甲寅，月犯房。十月甲戌，月犯亢。占曰："兵起，將軍死。"八月，石季龍太子宣殺弟韜，宣亦死。其十一月戊戌，月犯上將星。五年正月，石季龍僭號稱皇帝，尋死。（卷十三頁373—374）

"校勘記"引"周（若年）校：右數行舛亂重復，幾不可讀。此處'七月丙申'、'甲寅'、'丁巳'、'乙丑'、'十月甲辰'、'十一月戊戌'六條宜删併入'四年四月'文内，并校正其次第。"

按將上引文與《宋書》卷二十四《天文志二》對讀，我們可以發現"四年七月"條在前，"四月"條在後的次第并不亂，原因是用它來説明的事情并不相同，這樣的例子在同《志》中甚夥，不繁征引。然"四年四月"條下重出了"七月甲寅"、"十月甲戌"、"十一月戊戌"三條，當屬訛衍，應予删去。

66.（永和）六年二月辛酉，月犯心大星。占曰："大人憂，又豫州分野也。"丁丑，月犯房。占曰："將相憂。"（卷十三頁374）

按是月壬寅朔，無丁丑，上有"辛酉"（二十日）。《宋書》卷二十四《天文志二》同，然下有"三月戊戌"條，疑爲"乙丑"（二十四日）、"丁卯"（二十六日）之一誤。

67.（永和八年）八月戊戌，熒惑入輿鬼。占曰："忠臣戮死。"丙辰，太白入南斗，犯第四星。（卷十三頁375）

按是月戊午朔，無戊戌、丙辰兩日。《宋書》卷二十四《天文志二》同誤。

68.（永和十二年）八月癸酉，月奄建星。（卷十三頁375）

按是月甲午朔，無癸酉。《宋書》卷二十四《天文志二》同誤。

69.（晉穆帝）升平元年四月壬子，太白入輿鬼。丁亥，月奄井南轅西頭第二星。（卷十三頁376）

按是月庚寅朔，無丁亥，《宋書》卷二十四《天文志二》同誤。上有"壬子"（二十三日），疑爲"丁巳"（二十八日）之誤。

# 《回回館課集字詩》回回文研究

## 劉　迎　勝

　　清江藩所編《四譯館考》卷九、卷十爲《集字詩》,其中卷九有《回回館課集字詩》兩首,在漢詩之下注回回番字及番語音譯,很是奇特。清四譯館的前身爲明四夷館,隸屬翰林院。回回館爲其中之一館,主持波斯語教學。此"集字詩"之下所注回回字番文即波斯文,而番語音譯爲回回字番文的漢字注音。今録此"集字詩"如下。

　　爲便于排印,原文中回回字番文按斯坦因·嘎斯《波—英字典》①轉寫爲拉丁字,但元音字母不區別短長,并略去輔音字母上下音點,以減少排印困難。原詩分行不規則,這裏的分行號系筆者録寫時所加。

## 第　一　首

1. 高　　臺　生　遠　想,
   buland siffat kham dur andisha,
   百郎得塞法哈恩都兒俺迭捨,

2. 秋　　色　信　無　　邊;
   tir – mah rank wafa nist karana;
   體兒媽黑郎克我法乜思忒克剌納;

3. 野　　水　沉　殘月,
   biyaban　　ab furu – raftan muhaq,
   比呀巴恩　阿卜府羅勒夫貪母哈革,

4. 寒　風　斷　晚　烟;
   sarma bad kukm shaban – kah bukhar;
   塞兒媽巴得户坤　捨榜噶黑卜哈兒;

5. 蟬　鳴　花　徑　　裏,
   zhimura bank gul du – tah astar,
   日母勒邦克故勒堵他黑 阿思忒兒,

6. 雁　　過　　　畫　樓　　前；

　　aswar　gudashtan　naqshin　qalima pish；

　　阿思斡兒　故得石貪　納革石尹　革裏默撒石；

7. 有　　客　　來　閑　　　聚，

　　hast　mihman　biya　faraghat　jama'at，

　　哈思忒　米黑媽恩　比呀　法刺額忒　者媽額忒，

8. 因　　留　　入　酒　　　泉。

　　sabab　baz – dashtan dar – amadan sharab chashma.

　　塞百卜　巴子打石貪　得刺默丹　捨刺卜扯石默。

## 第 二 首 生查子

1. 月　　出　　影　蛾　　眉，

　　mah bar – amadan saya　parwana　abru，

　　媽黑　百刺默丹　撒夜迫兒窪納阿卜羅

2. 露　　　下　羅　衫　　濕；

　　shab – nam zir　lay daman tar；

　　捨卜南　節兒刺衣　打蠻 忒兒；

3. 舊　　日　一　分　心，

　　kuhna　ruz　yak　fariq　dil，

　　科黑納羅子夜克法裏革的勒，

4. 如　　今　　千　萬　　積；

　　jun　aknun　hazar　tuman　warzidan；

　　初恩阿克努恩哈咱兒 土蠻 我兒即丹；

5. 睡　　　　起　懶　生　香，

　　khusbidan bar – khastan kahli kham buy，

　　虎思比丹百兒哈思貪噶黑裏哈恩鉢衣，

6. 輕　　寒　　來　兩　　袖；

　　sabuk　sarma biya　sir　astin；

　　塞卜克塞兒媽比呀些兒阿思梯尹；

7. 誰　　知　角　枕　　秋，

　　gudam　danistan kusha balish tir – mah，

　　〔革〕搭恩打你思貪科捨 把力石體兒媽黑，

8. 催　　得　黃　花　　瘦。

　　taqaza yaftan　zard　gul laghar.

　　忒噶咱呀夫貪則兒得故勒刺額兒。

```
正教序班加二級邵繩武
　　　　　　　　王之綸
譯字官生　　　　邊之鍵
　　　　　　　　邵光顯
　　　　　　　　朱承孝翻譯
```

　　江蘩爲清翰林院提督四譯館少卿，漢陽人。康熙二十七年（1688）曾任四譯館提督少卿的許三禮作序刊刻的《增定〈四譯館則〉》卷六，有自明弘治七年（1494）至崇禎三年（1630），一百餘年間曾任明四夷館提督卿與提督少卿者名單，及清順治元年（1644）至康熙二十七年（1688）四夷館任職人員名表，其中最後一名爲許三禮的後任趙崙（康熙二十七年就職），江蘩未列其中。[②]江蘩之《四譯館考》刊于康熙三十四年（1695）其任職少卿在此前。

　　集字詩之下署名的邵繩武亦見于上引《增定〈四譯館則〉》卷七。書中先列舉明代自弘治三年（1491）起至天啓七年（1627）歷任回回館屬員 24 人，接着在“本朝屬員，八館官職名，回回館”項下列出二名教師。其第一名即邵繩武，書中介紹他曰：“順天府大興縣人，順治十一年（1654）進授鴻臚寺序班教師”，與他同時任此職的還有李三臺。此卷不見王之綸之名。譯字官生中亦不見邊之鍵、邵光顯、朱承孝之名。但在同書卷二十“各館師生校閱姓氏補”項下，列有“回回館候補教師序班王之綸”及四位“本館繼業”生的名字，其中第二名即邊之鍵。惟邵光顯、朱承孝兩名“譯字官生”不見記載。邵繩武自順治十一年（1654）起就職于回回館，至康熙二十七（1688）《增定〈四譯館則〉》刊行時，已任教三十餘年，其同事李三臺也爲王之綸所取代。

　　從《增定〈四譯館則〉》卷七所列明代弘治三年（1419）以後職教回回館的屬員 27 人名單（明代 24 人，清代教師 3 人）看，教師姓氏分布很不平衡。居首位的是李姓。李姓明代先後擔任回回館教師自弘治三年起的有八位（序號表示在 27 人中的排序）：

1. 弘治三年（1491）任職的李鈺，字克用，山東歷城人。序號 1。
2. 正德四年（1509）任職的李尚質，字崇本，山東歷城人。序號 7。
3. 嘉靖四十五年（1566）任職的李龍，字乾甫，山東歷城人。序號 13。
4. 同年任職的李鳳來，字德儀，山東歷城人。序號 14。
5. 萬曆三十二年（1604）任職的李如鬆，字維壽，山東歷城人。序號 19。
6. 同年任職的李如梓，字維用，山東歷城人，序號 20。
7. 同年任職的李允登，字士達，山東歷城人，序號 21。
8. 同年任職的李茂春，字時甫，山東歷城人。序號 23。

這八人均出自山東歷城,顯然屬于同一家族。特別是萬曆三十二年(1604)同時任職的李如鬆(字維壽,序號 19)與李如梓(字維用,序號 20)從姓名、序號看,其輩份也相同。而上述清順治年任回回館教師的李三臺則系順天府大興縣人,從籍貫上看似不屬于此家族。是否有可能是山東歷城李氏因久居北京而改稱籍順天府大興縣,筆者存疑。

回回館屬員中邵姓教師居次位。《增定〈四譯館則〉》共列出四位:

1.邵浚明,字汝勵,"浙江杭州府仁和縣人,嘉靖四十五(1566)進歷鴻臚寺主簿"。序號 15。

2.邵樹德,字可久,"順天府大興縣,籍浙江仁和縣人。萬曆三十二(1604)進歷太僕寺少卿制敕房辦事"。序號 18。

3.邵緒美,字憲之,"順天府大興縣人,天啓七年(1627)進授鴻臚寺序班教師。"序號 24。

4.邵繩武,字烈公。前已述及,系順天府大興縣人,順治十一年(1654)年起就職于回回館任教師。

回回館邵姓屬員顯然出自同一家族。邵浚明嘉靖四十五年(1566)任職時尚登録爲杭州府仁和縣人。38 年後,當邵樹德受命任職時,改登録爲順天府大興縣人,但仍注出"籍浙江仁和縣"。再過 20 餘年,當邵緒美天啓七年(1627)就職時,直接登録爲順天府大興縣人,不復注明原籍。康熙年刊刻《增定〈四譯館則〉》時,回回館當班教師就是邵氏家族的邵繩武。自明嘉靖年起,此家族就職于回回館已越百年。

《四譯館考》卷九、卷十的集字詩的作者即江繁。江繁在此書序言中說,四譯館中"十日一行考課,以觀肄習之勤惰焉",就是說他作"集字詩"的目的是用于考察各館學生的學習水平。他還介紹了自己作"集字詩"的方法:"于各館《雜字》中比合連屬,綴成韻語。雖未免有補輯之痕,而順口成章間有思致。唯"西天"一館乃真實名經,梵貝贅牙,終難牽合。因每館附一、二詩,并録其字及語音于本字之下,亦奇觀也。字分單體、復體,有縱橫悉如其舊"。這是說,他從《華夷譯語》中選取漢字連綴成詩,故名曰"集字詩"。

《回回館集字詩》的翻譯者由回回館首席教師邵繩武領銜。其下共署的三名"譯字官生",即在官辦波斯語學校學習的學生。所謂"翻譯",實際上不過是把原漢詩中的漢字一個一個地注上對應"本字",即波斯原文,再加"語音",即漢字注音。

回回館爲教學需要編有波斯語—漢語詞典《回回館雜字》。日本學者本田實信曾將《雜字》所收詞匯一一編號,[③]便于學人研究使用。今將譯字官生們譯寫漢詩時所注回回字,與北圖善本部藏明四夷館本《回回館雜字》(以下簡稱爲《回雜》)和《回回館譯語》(以下簡稱爲《回譯》)[④]略作比較,并參照以會同館本《雜字》,以研究其間之關係及回回館的教學工作。《雜字》詞匯的序號基本以本田實信的編號爲準。《雜字補》所收詞匯除注明本田實信標號以外,還注明筆者所排的該詞在《雜字補》中的編號。而會同館本《雜字》的編號以北圖善本部所藏袁氏本排序爲準,⑤與本田實信所據諸抄本略有區別。

# 第 一 首

### 第一行

buland"百郎得"對漢字"高"。"通用門"序號第 724."buland,高,百郎得"即此。柏林國立圖書館藏明抄本、東洋文庫藏明抄本、倫敦大英圖書館藏明刊本與日本内閣文庫藏清抄本注音爲"百藍得"。《回雜》葉 96B 詞中輔音 n-之上缺失一個音點,寫作 bul?d,無法讀出:《回譯》詞首輔音 b-之下多兩下音點,誤寫爲 puland。"會同館本""通用門"序號第 1631 詞"高,白藍得"即此。意爲高的,長的,大的。

siffat"塞法"對"臺"字。"宫室門"序號第 352."suffat,臺,塞法"即此。此字爲阿拉伯語,指大廳一端的高臺,清真寺裏的涼棚。原詩"高臺"不能徑以波斯語詞匯 buland siffat 來翻譯,應表述爲 siffat – ibuland。

kham"哈恩"對"生"字。并見第二首詩"生查子"第三行。"飲食門"字號第 568."kham,生,哈恩"即此字。其意爲生的、末成熟的、末加工的、空想。原詩句"高臺生遠想"中的"生"爲動詞,波斯語 kham 無此意。

dur"都兒"譯"遠"字。"通用門"序號第 682."dur,遠,都兒"即此字。其意爲遥遠的,遠距離的。此字作爲復合詞構成部分見于"會同館本""地理門"序號第 67.(1077)"遠路,刺吸.都兒",擬爲 rah – i dur。

andisha"俺迭捨"對"想"字。"人事門"序號第 216."andisha,想,俺迭捨"。這是個名詞,意爲思索、挂念、由動詞 andishidan 而來。"遠想"不能徑以波斯語詞匯 dur andisha 來翻譯,從語法上説應表述爲 andisha – yi dur。但波斯語中并無 andisha – yi dur"遠想"這類詞。

### 第二行

tir – mah"體兒媽黑"對漢字"秋"字。并見第二首詩"生查子"第四行。"時令門" 103."tir – mah,秋,體兒媽黑"即此。"會同館本""節令門"序號第 84.(1094)音譯爲"體兒,媽謔"。此詞由 tir(伊朗陽曆四月,公曆 6 月 22 日至 7 月 22 日)加上 mah(月份)構成,其義爲體兒(tir)月,爲夏季首月。此詞雖現在各種字典中已不標明"秋季"的意義,但其形容詞形式 tir – mahi 今天仍表示"秋天的,秋熟的"意義。波斯語另有一個詞 payiz 表示秋天。

rank"郎克"對漢字"色"。"聲色門"序號第 605."rang,色,郎克"即此。"會同館本""聲色門"序號第 1591 詞"顏色,郎革"同此。《回雜》葉 80B 與《回譯》葉 87A 波斯文與本集字詩均將尾輔音 g 寫爲 k,作 rank。此詞作爲復合詞組成部分見于四夷館本同門序號第 602 詞"rangin,濃,郎幾尹";第 603 詞"bi－rang,淡,別.郎克";及第 604 詞"rang－kardan,染,郎克.克兒丹"等;"秋色"不能徑以波斯語詞匯 tir－mah rank 這種中國式的組合來翻譯,而應表述爲rang－i tir－mah。

wafa"我法"對漢字"信"。"人事門"序號第 237."wafa,信,我法"即此。此詞爲阿拉伯語,意爲信守、承諾、忠誠、覺悟,結束。

nist"乜思忒"對漢字"無"。"通用門"序號第 671."nist,無,乜思忒"即此。並見"會同館本""人事門"序號第 1422 詞"無,呆思忒"。這個詞是波斯語動詞不定式 budan(有、在、是)的現在時第三人稱單數否定形式,爲下文出現之 hast"是"、"有"的反義詞(本詩第四行 hast"哈思忒"有)。即由 na(不、没)加上 ast(或 hast,他是、他在)構成,義爲他不是,他不是。四夷館本"通用門"序號第 762 詞爲"paknist,巴克.乜思忒,無妨"。

karana"克剌納"對漢字"邊"。"方隅門"序號第 641."karana,邊,克剌納"即此。指邊緣、角落、邊界、末端、海岸。"無邊"不能徑以波斯語詞匯 nist karana 這種中國式的組合來翻譯,而應表述爲 karana nist。原詩"信無邊"之"信"表示"相信",而 wafa 則表示"信守",不容混淆。

### 第三行

biyaban"比呀巴恩"對"野"字。"地理門"序號第 54."biyaban(或 bayaban)野,比呀巴恩"即此。意爲指荒原,沙漠,荒野。"會同館本""地理門"序號第 35.(1045)音譯爲"比啞邦"。

ab"阿卜"對"水"字。"地理門"序號第 47."ab,水,阿卜"即此。意爲水份,液體,汁液,河,湖,海。此字作爲復合詞組成部分亦見于同門序號第 84."pa－y ab,淺,玼呀卜":"身體門"序號第 346."ab－i dida,泪,阿卜.底得";"花木門"序號第 466."gul－ab,薔薇,克剌卜";"會同館本""地理門"序號第 61.(1071)"山水,賽剌卜",即 sail－ab;同門序號第 62.(1072)"水流,阿必.勒汪",即 ab－i rawan;同門序號第 63.(1073)"水深,阿必.母阿克",即 ab－i maghak;同門序號第 64.(1074)"水淺,阿必.玼丫卜",abi－i payab。"野水"不能徑以波斯語詞匯 biyaban ab 這種中國式的組合來翻譯,而應表述爲 ab－i biyaban。

furu－raftan"府羅勒夫貪"對"沉"字。"通用門"序號第 715."furu－raftan,沉,府羅.勒夫貪"即此。《回譯》波斯文詞首輔音 f－之上缺失一個音點。這個復合動詞見于四夷館本"時令門"序號第 122 詞"aftab－furu－raftan,阿夫他卜府羅.勒夫貪,酉",即日落。它由副詞 furu(向下,朝下)加上"會同館本""人事門"序號第 1407 詞"去,勒夫貪",即 raftan 構成。直譯沉沒,浸入,潛入。此字作爲構詞成份見于"會同館本""天文門"序號第 1033"月落,媽諕.府羅.勒夫貪",擬爲 mah furu raftan。

muhaq"母哈革"對"殘月"。"天文門"序號第 32."muhaq,殘月,母哈革"即此。此字爲阿拉伯語,指下弦月。陰曆每月之末早晨、傍晚都看不到月亮的,介乎于舊月和新月之間的四個晚上。"野水沉殘月"不能徑以波斯語詞匯 biyaban ab furu – raftan mahaq 這種中國式的組合來翻譯。前已述及"野水"應表述爲 ab – i biyaban。"野水"在此句中爲地點狀語,表示"殘月沉入野水之中",故"野水"ab – y biyanban 應爲介詞 dar"在……之中"的賓語。furu – raftan 爲動詞不定式,在這裏使用不當。

第四行

sarma"塞兒媽"對"寒"字。并見第二首詩"生查子"第三行。"節令門"序號第 109."sarma,寒,塞兒媽"即此。此字意爲冬天,嚴寒,是由形容詞 sarm 派生的性質名詞。"會同館本""節令門"序號第 95.(1105)音譯同此。

bad"巴得"對漢字"風"。"天文門"序號第 6." bad,風,巴得"即此。"會同館本""天文門"序號第 8.(1018)音譯爲"把得"。亦指空氣,呼吸。此字作爲復合詞構成部分見本門:序號第 25."bad – i saba,東風,巴得.塞巴",意爲西風、微風;序號第 26."bad – i samum,薰風,巴得.塞木恩",指非洲和阿拉伯沙漠地帶的幹熱風;序號第 27."bad – i dabur,金風,巴得.得卜兒",意爲西風;序號第 28."bad – i saym,朔風,巴得.撒因",指齋戒風。bad(風)作爲復合詞構成部分還見于"器用門"序號第 503."badban,蓬巴得巴恩",意爲阻風蓬、帆船;并見"器用門"序號第 510."bad – wizan,扇,巴得月簪";亦見于"會同館本""天文門"序號第 27.(1037)"風吹,得米得匿.把得",即 damidan – i bad。"寒風"不能徑以波斯語詞匯 sarma bad 這種中國式的組合來翻譯,而應表述爲 bad – i sarm。

hukm"户坤"對"斷"字。"人事門"序號第 252."hukm,斷,户坤"即此。此字爲阿拉伯語,意爲命令、裁決、判斷。

shaban – kah"舍傍噶黑"對漢字"晚"。"時令門"序號第 106."shaban – gah,晚,舍傍.噶黑"即此。東洋文庫所藏明抄本、巴黎國民圖書館所藏清抄本、巴黎亞洲協會所藏清抄本、倫敦大英博物館所藏明刊本音譯均爲"捨榜.噶黑。"此字由 shab"晚"的復數 shab – an,加上 gah 構成。《回雜》葉 14B 和《回譯》葉 16A 均作 shaban – kah,其倒數第二個輔音 g – 寫爲 k – 。shab"晚"見于"雜字補"通用門序號第 191.(968)"夜,捨卜,shab";"會同館本""節令門"序號第 89.(1099)音譯同此;此字作爲復合詞組成部分亦見于"四夷館"本"天文門"序號第 8."shab – nam,露,捨卜"。gah 意爲時間、地方、地點,作爲復合詞組成部分見于"四夷館本""地理門"序號第 70."guzar－gah，渡，古得兒.噶黑"。

　　bukhar"卜哈兒"對"烟"字。"天文門"序號第 15."bukhar，烟，卜哈兒"即此。亦指汽、蒸氣、霧氣。此字爲阿拉伯語。"晚烟"不能徑以波斯語詞匯 shaban－kah bukhar 這種中國式的組合來翻譯，而應表述爲 bukhar－i shab。"斷晚烟"之斷爲動詞，意爲"吹斷"，而 hukm 意爲判斷，使用不當。

　　第五行

　　zhimura"日母勒"對"蟬"字。"鳥獸門"序號第 404."zhimura，蟬，日母勒"即此。此詞本田實信末能查到。阿位伯語稱蟬爲 ziz；而波斯語稱蟬爲 zanjira。存疑。

　　bank"邦克"對"鳴"字。"鳥獸門"序號第 409."bang，鳴，邦克"，即此。意爲喊叫聲、呼聲、喧鬧聲。中國穆斯林把禮拜前呼喚人們前來的呼詞稱爲"宣邦克"。《回雜》和《回譯》波斯文均作 bank，詞末濁輔音 g 寫爲清輔音 k。

　　gul"故勒"對漢字"花"。并見第二首"生查子"第四行。"花木門"序號第 431."gul，花，故勒"即此，試比較"會同館本""花木門"序號第 1154 詞"花，谷力"。"會同館本"河西譯語中亦有"花，谷立"。⑥元明時代河西地區已深受波斯文化影響，此爲例證之一。亦指薔薇。《回譯》葉 62A 誤作 kul。此字作爲構詞成份亦見于本四夷館本"花木門"序號第 466 詞"gul－ab，古刺卜，薔薇"(試比較"會同館本""花木門"序號第 1201 詞"薔薇花，古刺卜")序號第 446 詞"gul－i nilufar，古勒，你魯法兒，蓮"。"會同館本""衣服門"序號第 1516 詞"伏忒亦.谷力，花手巾"，即 futa－yi gul；四夷館本"衣服門補"序號第 877 詞"guldar，故勒搭兒，花樣"；"會同館本""聲色門"序號第 1590 詞"谷力窒兒，花樣"，即 gul－war。

　　du－tah"堵他黑對"徑"字。"地理門"序號第 72."du－tah，徑，堵他黑"即此。此詞由 du(數詞 2)加上 tah(件，塊；褶痕，曲折)構成，義爲雙倍的。應表示雙倍半徑，所謂"徑"即直徑。亦作 du－ta。du"都"見于"數目門"653."du，二，都"。明《回回曆法》在記一周七日時提到"都.閃別"，意爲"月二數"；而在陳誠《西城番國志》中則稱爲"第四日"。回曆以公曆星期五爲一周之開始，故"周二日"相當于公曆星期四。原詩中的"花徑"不能徑以波斯語詞匯 gul du－tah 這種中國式的組合來翻譯。"花徑"之"徑"非"直徑"而意爲"小徑"。道路在波斯語中稱 rah 故"花徑"應表述爲 rah－i gul。

　　astar"阿思忒兒"對漢字"裏"。"衣服門"序號第 530."astar，裏，阿思忒兒"即此。指一種適于做衣帽裏子的粗薄料子、任何物體的内部、衣服的裏子、畫的底色。又寫作 astr。作爲復合詞組成部分見于"會同館本""衣服門"序號第 1512 詞"表裏，阿卜勒思忒兒"，即 abra－astar。"蟬鳴花徑裏"中之"鳴"爲動詞，這裏 bang 爲名詞。而"花徑裏"之"裏"非衣服裏子之

"裏"而爲介詞。"蟬鳴花徑裏"在波斯語中可表述爲短語 bang – i zhimura dar rah – i gul。

### 第六行

aswar"阿思斡兒"對"雁"字。"鳥獸門"序號第 393."aswar,雁,阿思斡兒"即此。"會同館本""鳥獸門"(序號 1237)爲"雁,塞外兒"。此字本田實信未能找到滿意的解釋。是否與 sawar(騎兵隊)有關,尚待研究。

gudashtan"故得石貪"對"過"字。"通用門"序號第 732."gudashtan,過,古得石貪"即此。巴黎國民圖書館藏清抄本注音爲"故得石貪"。依正字法此詞應拼作 guzashtan,但《回雜》和《回譯》都寫作 gudashtan,比正字法所要求的少一個音點。而且音譯亦作"古得石貪",與 gudashtan 的拼法相吻合,這説明不是偶然筆誤,回回館譯員所操方言確實把 guzashtan 讀作 gudashtan,而且按自己的口語拼寫。此詞爲動詞不定式,意爲通過,經過,穿過,擦身而過,度過。其現在詞幹 guzar 見于四夷館本"地理門"第 70 詞"gudar – gah,古得兒噶黑,渡"。此字作爲短語構成部分見于"會同館本""人事門"(序號 1459)之"過御橋,古得失忒匣.僕力.傻希",gudashtan – i pul – i shahi。

naqshin"納革石尹"對漢字"畫"。"器用門"序號第 484."naqshin,畫,納革石尹"。此字爲阿拉伯語,是 naqsh(圖畫)這個字的雙數,在波斯語中當復數用。今義同。

qalima"革裏默"對"樓"字。"宮殿門"[⑦]序號第 351."qalima,樓,革裏默"。qalam 在吉爾吉斯語中,指房梁柱的四角形木的削尖頂端(見拉德洛夫《突厥語方言詞典》)。

pish"撇石""前"字。"方隅門"序號第 636."pish,前,撇石"。按,"會同館本""通用門"序號第 1624 詞"撇失,前"即此。今義同。此字作爲構詞成份見于"會同館本""人事門"(序號 1457)之"引領,撇失.克兒丹",即 pish – kardan。"樓前"不能徑以波斯語詞匯 qalima pish 來表述,而應表述爲 pish – i qalima。"雁過……樓前"似可表述爲 aswar az pish – i qalima gudasht。

### 第七行

hast"哈思忒"對漢字"有"。"通用門"序號第 670."hast,有,哈思忒"及"會同館本""人事門"序號第 1421 詞"有,諕思忒"即此。這個字是波斯語系動詞不定式 budan(有、在、是)的現在時第三人稱單數。亦表示是、在。其否定式爲 nist(即本詩第一行 nist"乜思忒"無)。

mihman"米黑媽恩"對"客"字。"人物門"序號第 157."mihman,客,米黑媽恩"即此。意爲來賓、女婿。

biya"比呀"對漢字"來"。幷見第二首詩"生查子"第三行。"人事門"序號第 256."biya,來,必呀"即此。巴黎國民圖書館藏清抄本音譯爲"比呀"。此字爲動詞 amadan("會同館本"

“人事門”。序號1406)之“來,阿默丹”的命令式第二人稱單數由amadan的現在時幹a(y),加上命令時前綴bi-構成,義爲:你過來! 主賓結構“客來”之“客”(mihman)爲第三人稱單數,“來”(biya)爲命令式第二人稱單數,不適用此。

　　faraghat“法刺額忒”對“閑”字。“通用門”序號第708.“faraghat,閑,法刺額忒”即此。此字爲阿拉伯語,意爲空閑、閑暇、休息、平静,安寧。《回譯》葉104A波斯文詞中輔音gh-之上少一個音點,誤寫作fara'at。

　　jama'at“者媽額忒”對“聚”字。“通用門”729.jama'at,聚,者媽額忒”即此。此爲阿拉伯語,集會,聚集,團體,人群,軍隊。

　　第八行

　　sabab“塞百卜”對漢字“因”。“通用門”序號第739.“sabab,因,塞百卜”即此。此字爲阿拉伯語,意爲繩索或任何將東西互相聯繫之物,又意爲原因、緣故、手段、方法、理由、動機。“因留”之“因表示因此,這裏sabab使用不當。

　　baz-dashtan“巴子打石貪”對“留”字。“人事門”序號第266.“baz-dashtan,留,巴子.打石貪”即此。東洋文庫藏本此字音譯爲“巴子.把石貪”,其中之“把”字爲“打”字之誤。此詞由baz(動詞前綴,向後,返回)加上動詞dashtan(擁有)構成。意爲制止,限制,禁止,拘留,拘禁。動詞不定式,與原詩“因留”意義不符。

　　dar-amadan“得刺默丹”對“入”字。“人事門”序號第212.“dar-amadan,入,得刺默丹”即此。“會同館本”“人事門”(序號1409)譯音與此同。這是個復合動詞,由前綴dar加上“會同館本”“人事門”(序號1406)之動詞“來,阿默丹”(amadan)構成。動詞不定式。意爲出現、出來、離開、挣得(收入)。“入”大約指後一層意思。

　　sharab“舍刺卜”對“酒”字。“飲食門”序號第549.“sharab,酒,捨刺卜”即此。“會同館本”“飲饌門”序號第1522音譯同此。《回譯》及巴黎國民圖書館清抄本注意爲“舍刺卜”。此字爲阿拉伯語,亦指飲料、酒杯、一杯酒,作爲復合詞組成部分見于“會同館本”“飲饌門”序號第1549詞“酒飯,阿失.捨刺卜”,即ash-sharab。

　　chashma“扯石默”對“泉”字。“地理門”序號第48.“chashma,泉,扯石默”即此。意爲泉水,源泉;孔,洞,眼。《回雜》(葉7A)此字在sh和m之間多出一個“牙”。《回譯》此字起首輔音ch-少一個音點。“會同館本”“地理門”51.(1061)音譯爲“扯失默”。“酒泉”不能徑以波斯語詞匯sharab chashma來表述,而應表述爲chashma-yi sharab。“入酒泉”之“入”不能以動詞不定式dar-amadan表示。“入酒泉”似可表述爲ba-chashma-yi sharab dar-amad。

# 第 二 首

## 第一行

mah"媽黑"對"月"字。"天文門"序號第 3."mah,月,媽黑"即此。指月亮,亦見于"時令門",第 98 詞,彼處指月份。"會同館本""天文門"6.(1016)音譯爲"媽譿",并下注"音黑"。"時令門"98.釋義爲"月份"。作爲復合詞組成部分并見于第一首詩第一行 tir－mah"體兒媽黑"秋。

bar－amadan"百剌默丹"對漢字"出"。"人事門"序號第 211."bar－amadan,出,百剌默丹"及"會同館本""人事門"(序號 1408)之"出,白剌默丹"即此。這是一個復合動詞,由前綴 bar(表示加重,上升)加上"會同館本""人事門"(序號 1406)之動詞"來,阿默丹"(amadan)構成。動詞不定式。義爲上升、高聳、出現、走出。"會同館本""天文門"序號第 22(1032)"日出"爲"阿伏他卜.白剌默丹",即 aftab bar－amadan。"阿伏他卜"意爲"日"、"太陽",故"月出"表述爲 mah bar－amadan。

saya"撒夜"對"影"字。"天文門"序號第 22."saya,影,撒夜"即此。意爲影子,陰影。原詩"影蛾眉"之"影"是動詞,這裏不適用。

parwana"迫兒窪納"對"蛾"字。"鳥獸門"序號第 405."parwana,蛾,迫兒窪納"即此。這是一個派生詞,由 par(羽毛,翅膀,鰭)加上後綴 wana 構成。

abru"阿卜羅"對"眉"字。"身體門"序號第 303."abru,眉,阿卜羅"即此。"會同館本""身體門(序號 1477)譯音與此同。這是一個與英文 brow(眉毛)共同源于古老的原始印歐語的詞匯,梵文作 bhru。波斯語無"蛾眉"這種表示法。

## 第二行

shab－nam"舍卜南"對"露"字。"天文門"序號第 8."shab－nam,露,捨卜南"即此。東洋文庫所藏明抄本、巴黎國民圖書館所藏清抄本、巴黎亞洲協會所藏清抄本及倫敦大英博物館所藏明刊本譯音均同。《回譯》音譯爲"舍卜南"。"會同館本""天文門"音譯爲"捨卜喃"。按,這個詞由 shab(夜晚)和 nam(濕氣,水滴,眼淚)組成。

zir"節兒"對漢字"下"。"方隅門"序號第 633."zir,下,節兒及"會同館本""通用門"序號第 1635 詞"下,接兒"即此。其意爲下面、下方、低處,今義同。此字爲名詞或介詞,作爲復合詞組成部分見于"會同館本""器用門"序號第 1359 詞"肚帶,節兒湯革",即 zir－tang,直譯"下面緊"。馬具的一種,指馬肚帶。"露下"之"下"爲動詞,這裏 tir 使用不當。

lay"剌衣"對漢字"羅"。"衣服門"序號第 524."lay,羅,剌衣"即此。這個波斯字顯然是漢字"羅"的音譯。羅是一種全部或部分采用條形絞經羅組織、質地疏薄的絲織物。斯坦因.嘎斯《波英字典》説,lay 是一種從中國或印度運來的綢料(頁 1114)。其實羅的原産地是中國。

daman"打蠻"對"衫"字。"衣服門"序號第 531."daman,襟,打蠻"即此。指裙子、衣襟、底邊、邊緣、盡頭、山脚。"羅衫"不能徑以波斯語詞匯 lay daman 的漢語式組合表示,而應表述爲 daman－i lay。

tar"忒兒"對漢字"濕"。"地理門"序號第 81."tar,濕,忒兒"即此。意爲潮濕的,濕潤的。此字爲形容詞,而原詩"羅衫濕"之"濕"字爲動詞,故不應用 tar,而可用 tar shudan"變濕"。

## 第三行

kuhna"科黑納"對"舊"字。"通用門"序號第 697."kuhna,舊,科黑納"即此。"會同館本""數目門"序號第 1661 詞"舊,顆謔兒捏"注音中的"兒"字衍。意爲老的、舊的、過時的。此字作爲復合詞構成部分見于"會同館本""節令門"序號第 112.(1122)"舊年,撒力,顆謔捏",即 sal－i kuhna。

ruz"羅子"對漢字"日"。"時令門"序號第 99."ruz,日,羅子"即此。意爲天、白天。"會同館本""節令門"序號第 88.(1098)音譯同此。此字作爲復合詞組成部分亦見于"時令門"序號第 133."har－ruz,逐日,哈兒羅子"("會同館本""節令門"序號第 103.(1113)"每日,謔兒.羅子",即此。)并見于"會同館本""節令門"序號第 100.(1110)"今日,因.羅子",擬爲 im－ruz;及序號第 104.(1114)"幾日,詔得.羅子",擬爲 chand ruz。"舊日"不能徑以波斯語詞匯 kuhna ruz 的漢語式組合表示,對比上述"會同館本""節令門"序號第 112.(1122)"舊年,撒力.顆謔捏",即 sal－i kuhna,"舊日"之波斯語習慣表述當然爲 ruz－i kuhna。

yak"夜克"對"一"字。"數目門"序號第 652."yak,一,夜克"及"會同館本""數目門"序號第 1594 詞"一,葉克"即此,亦表示"唯一的"。此字作爲復合詞組成部分見于四夷館本"方隅門"序號第 649 詞"yak－dar,間,夜克.得兒";"會同館本""節令門"序號第 116.(1126)"一年,葉克.撒力",即 yak sal。明洪武十六年(1383)刊本《回回曆法》在"釋七曜數及本音"一節中有"日一數,也.閃别",即波斯語 yak shanba,其中之"也"即波斯語 yak,意爲"一"。陳誠《西域番國志》在叙述哈烈(今阿富汗赫拉特)周各日的名稱時,也説"第三日"爲"亦.閃别"。yak shanba 相當于公曆星期日。回曆每周以公曆星期五爲首,故公曆星期日爲"第三日"。西安碑林藏《大秦景教流行中國碑》碑文寫于大"耀森文日",即此 yak shanba。

fariq"法裏革"對"分"字。"通用門"序號第 728."fariq,分,法裏革"即此。此字爲阿拉伯語,意爲伙、隊、班、組、派別、群、一支軍隊等。

dil"的勒"對"心"字。"身體門"序號第 311."dil,心,的勒"即此。意爲心臟、肚子、心情、注意力。波斯語没有"一分心"yak fariq dil 這種説法。

第四行

jun"初恩"對漢字"如"。"通用門"序號第 694."chun,如,初恩"即此。意爲(1)由于、因爲,(2)當……時,(3)如何、怎樣(指方法、身體)(4)如同、象……一樣。《回雜》葉 92B 詞首輔音 ch‐ 之下缺兩音點,誤寫作 j‐。此詞作爲復合詞構成部分見于四夷館本"通用門補"序號第 938 詞"chun‐ka,初恩期,既"。

aknun"阿克努恩"對"今"字。"通用門"序號第 695."aknun,今,阿克奴恩"即此。巴黎國民圖書館藏清抄本注音爲"阿革奴恩"。《回譯》波斯文詞末輔音 n 之上缺失一個音點。意爲今天、現在、目前、但是、然而。"如今"不能徑以波斯語詞匯漢語式組合 chun aknun 表示,單用 aknun 即可。

hazar"哈咱兒"對"千"字。"數目門"序號第 663."hazar,千,哈咱兒"及"會同館本""數目門"序號第 1613 詞"千,一咱兒"即此。基數詞。今義同。此字作爲復合詞組成部分見于"會同館本""數目門"序號第 1614 詞"萬,得謊.謊咱兒",即 dah hazar。

tuman"土蠻"對"萬"。"數目門"序號第 666."tuman,萬,土蠻"即此。此字爲突厥語,亦指萬人隊、萬户(軍事單位和行政單位)其在波斯語中拼法不固定,作爲詞組構成部分見于四夷館本"通用門補"序號第 975 詞"tuman salagi,土蠻,撒勒幾,萬歲"。"會同館本""數目門"序號第 1614 收了另外一個詞"萬,得謊.謊咱兒",即 dah hazar,這是一個純波斯詞。

warzidan"我兒即丹"對"積"字。"通用門"序號第 734."warzidan,積,我兒即丹"即此。意爲耕種,使自己習慣,鍛煉,盡力,執行,從事。動詞不定式。波斯語中并無"千萬積"hazar tuman warzidan 這種概念,況且 hazar tuman 這兩個數詞如修飾 warzidan 亦應置于其後。

第五行

khusbidan"虎思比丹"對"睡"字。"人事門"序號第 275."khusbidan,睡,虎思必丹"即此。意爲睡覺,躺下,休息,乃 khuftan(虎夫灘,見"時令門"第 124 詞)的同義詞。動詞不定式。又作 khuspidan。

bar‐khastan"百兒哈思貪"對"起"字。"人事門"序號第 268."bar‐khastan,起,百兒.哈思貪"及"會同館本""人事門"(序號 1417)爲"起,白爾,哈思貪"。這是個復合動詞,由前綴 bar(上升,見序號第 211 詞)加上 khastan(起來,出現)構成。動詞不定式。原詩的"睡起"意爲從睡夢中起來,不能徑以漢語方式用波斯語詞匯 khusbidan bar – khastan 表述,而可表述爲 bar – khastaz khwab。

kahli"噶黑裏"對"懶"字。"人事門"208."kahili,懶,噶黑裏"及"會同館本""人事門"(序號 1443)爲"懶惰,噶漢力"即此。此字爲阿拉伯文,意爲懶散、遲緩、萎靡不振。

kham"哈恩"對"生"字。見第一首詩第一行。"飲食門"序號第 568."kham,生,哈恩"即此。意爲生的、末成熟的、末加工的、空想。原詩之"生"意爲"產生",與 kham"生的"意義不合。

buy"鉢衣"對"香"字。"器用門"序號第 483."buy,香,鉢衣""會同館本""花木門"序號 1156 詞"香,波亦"即此。意爲香味,氣味,指燒的"香"。

第六行

sabk"塞卜克"對"輕"字。"通用門"序號第 707."sabuk,輕,塞卜克"及"會同館本""通用門"序號第 1642 詞"輕,塞卜克"即此。意爲輕的、容易的、輕微的、敏捷的、輕率的。

sarma"塞兒媽"對"寒"字。并見第一首詩,第二行。"節令門"序號第 109."sarma,寒,塞兒媽"即此。意爲冬天,嚴寒。"會同館本""節令門"95.(1105)音譯同此。"輕寒"意爲微寒。波斯語并無 sabuk sarma"輕寒"這種表述法。

biya"比呀"對漢字"來"。并見第一首詩,第四行。"人事門"序號第 256."biya,來,必呀"即此。爲命令式第二人稱單數,意爲"你過來!",在此不適用。

sir"些兒"對"兩"字。"數目門"序號第 667."sir,兩,些兒"即此。sir 爲重量單位,約相當于今 75 克。此字與四夷館本"花木門"序號第 450 詞"sir,西兒,蒜";及四夷館本"飲食門"序號第 556 詞"sir,飽,些兒"拼法完全相同。

astin"阿思梯尹"對"袖"字。"衣服門"序號第 532."astin,袖,阿思梯尹"。《回譯》波斯文倒數第二個字母之下缺兩點,無法讀出。今義同。原詩"兩袖"之兩爲數詞,不能用波斯語重量單位 sir"兩"對譯,而可表述爲 du astin。

第七行

gudam"〔革〕搭恩"對"誰"字。原音譯首字不清。"通用門"序號第 740."kudam,誰,革搭恩"即此。意爲哪一個。《回雜》葉 98 與《回譯》葉 108A 均波斯文將起首輔音 g – 寫作 k –。

danistan"打你思貪"對"知"字。"人事門"序號第 214."danistan,知,打你思貪"及"會同館本""人事門"(序號 1429)"知,打他(按"他"字應爲"你"字之誤)思貪"即此。意爲知道、統轄、管理。動詞不定式。原詩"誰"爲第三人稱單數,動詞人稱應與其一致,動詞不定式不適用。

kusha"科捨"對"角"字。"方隅門"序號第 646."gusha,角,科捨"即此。指角、角落、鈎。《回雜》葉 86A 與《回譯》葉 94B 波斯文詞末輔音 g 均寫爲 k。

balish"把力石"對"枕"字。"衣服門"序號第 539."balish,枕,把力石"及"會同館本""器用門"序號第 1336 詞"把力失,枕"即此。巴黎國民圖書館藏清抄本注音爲"巴力石"。指枕頭、坐墊、靠墊。因中國銀錠形似枕頭,又意爲銀錠,指 50 兩一錠的銀子。元代波斯文史料言及銀子時,常以"把力石"爲單位。一"把力石"銀子,相當于漢文中一錠銀子。

tir‒mah"體兒媽黑"對"秋"字。并見第一首詩第一行。"時令門"103."tir‒mah,秋,體兒媽黑"及"會同館本""節令門"84.(1094)"體兒.媽謔"即此。此詞由 tir(伊朗陽曆 4 月,公曆 6 月 22 日至 7 月 22 日)加上 mah(月份,見第 98 詞,見第二詩"生查子"第一行)構成,其義爲體兒(tir)月,爲夏季之首月。

第八行

taqaza"忒噶咱"對"催"字。"人事門"序號第 261."taqaza,催,忒噶咱"即此。此字爲阿拉伯語,意爲要求、請求、推動。

yaftan"呀夫貪"對"得"字。"通用門"序號第 704."yaftan,得,呀夫貪",即此。意爲找到、發現、獲得、得到。動詞不定式。此詞作爲派生詞基本成份見于四夷館本"通用門"序號第 705.詞"na‒yaftan,失,納.呀夫貪"。原詩"催得"之得爲助詞,而 yaftan 爲動詞不定式,在此不適用。

zard"則兒得"對"黃"字。"聲色門"序號第 596."zard,黃,則兒得"即此。"會同館本""聲色門"序號第 1584 注音同此。此字作爲復合詞的成份見于"花木門"第 438 詞"zard‒alu,杏,則兒打魯",直譯黃色的李子,四夷館本"珍寶門補"序號第 892 詞"zard‒yashm,則兒得.夜深,黃玉"。

gul"故勒"對"花"字。并見第一首詩第三行。"花木門"序號第 431."gul,花,故勒"及"會同館本""花木門"序號第 1154 詞"花,谷力"即此。"會同館本"河西譯語中亦有"花,谷立"。⑧亦指薔薇。《回譯》葉 62A 誤作 kul。此字作爲構詞成份亦見于"花木門"第 466 詞"gul‒ab,古剌卜,薔薇("會同館本""花木門"第 1201 詞"薔薇花,古剌卜")及第 446 詞"gul‒inilufar,古勒你魯法兒,蓮":四夷館本"衣服門補"第 877 詞"gul‒dar,故勒搭兒,花樣";"會同館本""衣服門"第 1516 詞"伏忒亦谷力,花手巾,",即 futa‒yi gul;"會同館本""聲色門"第 1590 詞"谷力窒兒,花樣",即 gul‒war。原詩的"黃花"不能徑以漢語方式用波斯語詞匯 zard gul 表述,應表述爲 gul‒i zard。

laghar"刺額兒"對"瘦"字。"身體門"序號第 316. "laghar, 瘦, 刺額兒"即此。意爲瘦弱的。波斯語"花"gul 不能用"瘦"laghar 修飾。

中國學者研究和教授非漢族語言有悠久的歷史。波斯歷史悠久,文化發達,在古代和中古時代是與中國往來最爲密切的西方大國之一。自公元 10 世紀以來,波斯語一直是伊斯蘭東部世界最重要的學術語言。唐元以後入華的以西域人爲主體形成的回回民族中,有相當部分其祖先母語爲波斯語。在没有漢化之前,波斯語在中國既是一種外語,也是一種少數民族語言。

波斯語文的教授在中國有漫長的歷史。入華定居的波斯人生活在中國西北諸族文化或漢文化的汪洋大海的包圍之中,他們爲保存自己的文化風俗,在自己的種群集團和宗教社團之内曾進行波斯語文和安息語文的教習。本世紀初普魯士王國考察隊在我國新疆吐魯番地區進行了四次發掘,掠走大批文物,其中包括許多摩尼中古波斯文和摩尼安息文以及摩尼粟特文的經卷。經學者研究,大約從公元 8 世紀起,吐魯番地區曾有過一個相當穩定的操伊朗語的種族團體,他們在那裏生活了數百年,最後被遷居于此的畏兀兒人(回鶻人)所同化。此外,唐玄宗時入華的西域各國王子使者因"安史之亂",歸國無路,在唐居留數代。後來被唐政府編入神策軍。這些波斯移民團體内也有波斯語教學活動。[9]

在蒙元帝國遼闊的國土内,蒙古文、漢文和回回文(即波斯文)是主要的官方文字。爲了便于在政府中任職的西域各族官員與漢人溝通,元政府在各重要機關中均設有回回譯史、回回椽史、回回令史等官職,以備譯寫文書之需。爲了培養翻譯人材,元世祖忽必烈于至元二十六年(1289)八月始"置回回國子學",即官辦波斯語學校。回回國子學,按元代制度,屬翰林院。[10]世祖以後,或許回回國子學的員額有所省減。延祐元年(1314)四月,因回回文字便于關防取會數目",元仁宗下旨依舊制重設回回國子監官,以"篤意領教"。在這所學校中不僅教授波斯語,還教授一種"亦思替非"的文字,即波斯財務會計習用的縮寫數詞。[11]

保留至今的陶宗儀《書史會要》中有"回回字",共收録了 29 個字母。"回回字"這個概念在元代主要指波斯字,所以陶宗儀所收録的 29 個字母也應當是波斯字母。其中 28 個是阿拉伯文字母,另一個是字母 Lam 與字母 Alif 合成的復合字母。筆者推測其數目之所以不是 32 個,是因爲波斯人在阿位伯文基礎上創制的另外 4 個字母,當時還未被看作獨立字母,被歸并在與之相近的阿拉伯字母之下,所以没有列出。[12]

明承元制,繼續與周邊各族、各國往來。爲造就翻譯人材,在翰林院内設置四夷館。西方學者如伯希和、威立德和本田實信在研究四夷館時,[13]都把四夷館理解爲"翻譯處",或"翻譯局"。其實,四夷館是一所學習、研究亞洲諸民族語言文化的學校和研究所,其中的漢字

"館"的含義爲學校。所以"四夷館"是明代翰林院的"亞洲研究院"。這是我國最早結構完備的、帶有語言教授功能的"亞洲研究院"。

四夷館設于明永樂五年(1407)。《明實録》記其成立云"因四夷朝貢、言語文字不通。命禮部選國子監生蔣禮等三十八人隸翰林院,學譯書。人月給米一石,遇開科仍令就試,仍譯所作文字。合格準出身,置館于長安左門外處之"。⑭明代丘濬提到:譯字官生"初以舉人爲之,其就禮部試,則以番書譯其所作經義,稍通者,得聯名于進士榜,授以文學之職而譯書如故。其後又擇俊民,俾專其業。藝成,會六部大臣試之。通者冠帶。又三年授以官,蓋重其選也"。⑮

四夷館初設時包括八館,曰:韃靼、女直、回回、西番、西天、百夷、高昌、緬甸。教授"四夷語言"的教師,在設館之初當多爲通曉本族文字的少數民族人士。明代繼承元傳統,仍以回回文和畏兀兒文作爲與西域諸部、諸國交通的主要書面語,故四夷館中設有回回館和高昌館。回回館的教師,從譯回回圖書的馬沙亦黑等人和成祖的波斯語譯員均爲回回人判斷,有可能是通曉波斯語的回回人。從習者既從國子監生中選出,則多應爲漢人。今天保留下來的《回回館雜字》和《回回館譯語》以漢字注回回語,也説明這一點,隨着時間的推移,教師漸變爲漢人。滿清入關後,繼承了明代的四夷館的全套制度,但改名爲"四譯館",仍然保留了回回館和高昌館。

明初編寫的《華夷譯語》實際上衹是一部蒙—漢對譯字書。四夷館建立後,爲教學和翻譯,動員所屬各館編寫番—漢對譯詞匯表,成爲一套叢書,也稱爲《華夷譯語》。《回回館雜字》和《回回館譯語》爲這種《華夷譯語》的組成部分。

我國收藏《回回館雜字》最全的是北京圖書館。北圖藏本《回回館雜字》爲清初同文堂抄本,原書版框高 227mm,寬 150mm,計 103 葉,205 頁。北圖藏《回回館譯語》爲清初刻本,原書版框高 192mm,寬 137mm,計 112 葉,224 頁。這兩種版本的基本內容相同,衹在譯音擇字上略有不同。大體上《回回館雜字》譯音擇字時不太考慮選擇常用字,而《回回館譯語》則趨向于選擇常用字譯音。從這個觀點出發判斷,在"四夷館本"系統中,《回回館雜字》應當更爲古老些,而《回回館譯語》則較爲晚近些。

通過上述比較,可看出《集字詩》中所注番語完全來自于明四夷館中的回回館所編之《回回館雜字》。在現存四夷館本《回回館雜字》各種抄本、版本中,"集字詩"所據之本與北圖藏本極爲接近。不但與四夷館本平行的會同館本《雜字》未見譯字官生使用,而《集字詩》所注詞匯也不包括四夷館本的《雜字》補的內容。這説明清四譯館用的是明初編成的《雜字》。但江蘩在《四譯館考》"目録"中説,回回館"存館雜字九百一十四"。查北圖藏本《回回館雜字》,僅收語匯 777 條,加上補充詞匯共計 1010 條,與此不合,此點存疑。

　　《回回館雜字》自永樂年四夷館建館時編寫，至清康熙末江蘩編《四譯館考》，邵繩武與譯字官生譯這兩首《集字詩》時已歷二百餘年，一直被回回館奉爲學習波斯語的金科玉律。《集字詩》所注回回字十分工整，大多數拼寫正確。這表明，歷明至清數百年中回回館教師教授回回文時，能正確地教會譯字生掌握波斯文字母的書寫。

　　《集字詩》所注番文是一面寶貴的鏡子，透過它可以了解現代外語教學法傳入以前，我國傳統正規番語教育的若干缺陷。

　　其一是，回回館波斯語教育的基本內容是教授詞匯，學生的任務主要是死記詞匯的讀音、拼法，教師不講詞類，不習語法，即用學習漢字的方法教習與漢語完全不同的回回語文。例如：第一首中的："高臺"徑以波斯語詞匯 buland siffat 來翻譯，暴露出譯者根本不懂波斯語表示修飾關係的耶扎菲結構（'lzafa'）其實應表述爲 siffat – i buland。原詩中的"秋色"徑以波斯語詞匯 tir – mah rang 這種中國式的組合來翻譯實際上不通，而應表述爲 rang – i tir – mah。"野水"不應徑以波斯語詞匯 biyaban ab 的中國式組合來表述，而應表達爲 ab – i biyaban。"寒風"不能徑以波斯語詞匯 sarmabad 這種中國式的組合來翻譯，而應表述爲 bad – i sarm。"晚烟"不能徑以波斯語詞匯 shaban – kah bukhar 這種中國式的組合來翻譯，而應表述爲 bukhar – i shab。"樓前"不能徑以波斯語詞匯 qalima pish 來表述，而應表述爲 pish – i qalima。"雁過……樓前"似可表述爲 aswar az pish – i qalima gudasht。

　　原詩中"無邊"不能徑以波斯語詞匯 nist karana 這種中國式的組合來翻譯。波斯語習慣上將謂語動詞置于句末，故應表述爲 karana nist。原詩"野水沉殘月"一句不能徑以波斯語詞匯 biyaban ab furu – raftan mahaq 這種中國式的組合來翻譯。如前所述，"野水"在此句中爲地點狀語，表示"殘月沉入野水之中"，故"野水"ab – y biyanban 應爲介詞 dar"在……之中"的賓語。furu raftan 爲動詞不定式，這裏使用不當。這類例子在《譯字詩》中還可找出許多，因上述諸點已經在論述中説明，兹不贅。

　　中國式的波斯語早在明代《回回館來文》中已經大量出現，《譯字詩》表現得更爲明顯。這説明，回回館漢族教師脱離波斯語的語言環境已經很久，水平一代不如一代。

　　其二是，回回館在教授波斯語詞匯時，并不講授回回字的原義，僅要求學生死記《回回館雜字》的漢字釋義，把《雜字》中的回回字與釋義之間的關係理解爲一一對應關係，造成誤解。例如原詩句"高臺生遠想"中的"生"爲動詞，而所對之回回字 kham 雖然釋義爲"生"（熟的反義詞）并無"產生"的意義。原詩"信無邊"之"信"表示"相信"，而 wafa 則表示"信守"。譯者不辨 wafa 之原意，造成混淆。原詩"斷晚烟"之"斷"爲動詞，意爲"吹斷"，而 hukm 意爲判斷，使用不當。原詩中的"花徑"不能徑以波斯語詞匯 gul du – tah 這種中國式的組合來翻譯。"花徑"之"徑"非"直徑"，而意爲"小徑"。道路在波斯語中稱 rah，故"花徑"應表述爲 rah – i gul。這類誤解回回字原義的錯誤已在上面詳述,這裏不再重復。

其三是,把兩種語言的翻譯視爲簡單硬譯,不考慮波斯語的習慣表達法。例如原詩中的"遠想"徑以波斯語詞匯 dur andisha 翻譯完全不通。雖然從修飾關係上説"遠想"可表述爲 andisha – yi dur,但波斯語中并無 andisha – yi dur"遠想"這類概念。這類問題已在文中闡明,限于篇幅兹不贅述。

這些缺陷説明,回回館臣歷明清兩代一直拘泥師承,抱守《雜字》二百餘年不敢逾越;其教學方法世代因襲而無改進。這樣培養出來的學生實際上無法成爲合格的翻譯人材。而與同一時期民間經堂教學中波斯語教學,水平大相庭徑。[16] 説明官辦回回語文教學不改革已無出路。

① F. Steingass, A Comprehansive Persian – English Dictionary, second impression.
② 《四譯館則》,京都帝國大學文學部,東洋史研究室重刊,昭和二年。
③ 〔日〕本田實信:《論〈回回館譯語〉》,載《北海道大學文學部紀要》,第 11 期。
④ 《北京圖書館古籍珍本叢刊》,第六册,經部,書目文獻出版社。
⑤ 《北京圖書館古籍珍本叢刊》,第六册,經部,書目文獻出版社。
⑥ 見《北京圖書館古籍珍本叢刊》經部 6,頁 604。
⑦ 《回譯》作"宮室門"。
⑧ 見《北京圖書館古籍珍本叢刊》經部 6,頁 604。
⑨ 見拙文《唐元時代中國的伊朗語文與波斯語言教育》,載《新疆大學學報》,1991 年,第 1 期,頁 18—21。
⑩ 《元史》卷 81《選舉志》"學校"條;《元史》卷 87《百官志》"翰林兼國史院"條。
⑪ 穆扎法爾.巴赫提亞爾:《"亦思替非"考》,刊于《伊朗學在中國論文集》,葉奕良編,北京大學出版社,1993 年,頁 44—50。
⑫ 《唐元時代中國的伊朗語文與波斯語言教育》,頁 22。
⑬ 《四夷(譯)館—翻譯局研究史料》,載《倫敦大學亞非學院學報》,1943—1946 年,卷 9—3(Norman Wild, Material for the Study of the Ssu I Kuan〔Bureau of Translators〕), in Bullin of the School of Oriental and African Studies, University of London, Vol. Ⅺ – 3, 1943 – 1946.)
⑭ 《太宗實録》,卷 48。
⑮ 《大學衍義補》,卷 145。
⑯ 參見拙文《〈米諾哈志〉的作者及其波斯語動詞分類原則初探》,刊于《中亞學刊》,中華書局,1990 年。

# 《晉書》時誤補校（十）

## 牛 繼 清

70.（升平四年）十二月甲寅，熒惑犯房。丙寅，太白晝見。庚寅，月犯楗閈。（卷十三頁377）

按是月己亥朔，無庚寅，《宋書》卷二十四《天文志二》同誤。上有"甲寅"（十六日）、"丙寅"（二十八日），下接"五年正月乙巳（八日）"條，該年閏十二月己巳朔，庚寅二十二日，疑"庚寅"前脱"閏月"。

71.（升平五年）十月丁未，月犯畢大星。（卷十三頁377）

按十月甲子朔，無丁未。《宋書》卷二十四《天文志二》同誤，然上有"十月丁卯（四日）"條，則此當爲日干支之誤。

72.（孝武帝太元）二年三月，熒惑守羽林。占曰："禁兵大起。"九月壬午，太白晝見，在角。角，兖州分野。升平元年五月，大赦。（卷十三頁378——379）

按升平元年在太元二年前二十年，且《晉書》卷八《穆帝紀》升平元年五月不載有赦，必有誤。《宋書》卷二寸上《天文志二》作"三年六月，熒惑守羽林，占曰：'禁兵大起。'九月壬午，太白晝見左角，兖州分。元年五月，大赦"，無"升平"年號。兩《志》引文均上承太元元年四月條"占曰：'有赦。'"則應屬太元。《晉書》卷九《孝武帝紀》太元元年"夏五月癸丑，地震。……于是大赦"。當從《宋志》，《晉志》誤衍"升平"。又《晉志》"二年二月"當係抄録"三年六月"時訛舛。

73.（太元九年）十一月乙巳，（太白）又晝見。（卷十三頁379）

按十一月庚辰朔，無丁巳。

74.（太元十二年）六月癸卯，太白晝見，在柳。十月庚午，太白晝見，在斗。十三年正月丙戌，又晝見。（卷十三頁379）

按十二年六月乙丑朔，無癸卯。十三年正月壬辰朔，無丙戌。

75.（太元）十五年九月癸未，熒惑入太微。十月，太白入羽林。（卷十三頁380）

按九月丁未朔，無癸未。"十月"《宋書》卷二十五《天文志三》作"十一月"，姑存疑。

（安帝隆安）四年六月辛酉，月犯哭泣星。（卷十三頁381）

按六月庚辰朔，無辛酉。《魏書》卷一百五之二《天象志二》作天興二年（當隆安四年）"七月己未，月犯鎮星，在牽牛。辛酉，月犯哭星"。七月己酉朔，辛酉十三日，是。此"六月"爲"七月"之誤。（宋書）卷二十五《天文志》同誤。

76.（安帝元興二年）十月甲戌，太白犯泣星。十一月丁酉，熒惑犯東上相。（卷十三頁382）

按十月辛卯朔，無甲戌；十一月庚申朔，無丁酉。《宋書》卷二十五《天文志》作"十月甲戌，太白犯泣星。十一月丁丑，熒惑犯填星。辛巳，月犯熒惑"，丁丑十八日，辛巳二十二日。疑《晉志》有脱誤。

讀書劄記

## 讀周乾溁《陳奇猷〈呂氏春秋校釋〉數事議》後

### 陳 奇 猷

(1)《貴因》篇"取不能其主,有以其惡告王"。我從王念孫説,讀有爲又,以取同趣,并以爲語欠順,有脱字,依文法於"不能"下補"殉"字。此是常例。周先生反對此説,以爲"取(通趣)"當在"不能"下,"不能趣其主","趣其主"蓋"赴其主之難"之略語。周先生增"之難"爲解。請周先生舉一二此類略語之例以證其説。周先生所舉《韓非子‧忠孝》"盜跖犯刑赴難"語,亦未略去"難"字。

(2)"楚三圍宋矣而不能亡,非不可亡也,以宋攻楚,奚時止矣"。觀上文"勢等則不能相并,治亂齊則不能相正"及下文"凡功之立也,賢不肖彊弱治亂異也",可知楚三圍宋而不能亡宋,乃由於楚與宋治亂齊之故,因此,即使楚再三圍宋亦不可能亡宋,好比"以宋攻宋,以楚攻楚"一般,永無結果的。在兩"攻"字之間脱去"宋以攻"是很自然的(因爲抄書者抄到上"攻"字時攔筆他去,再來抄寫時,以爲抄到的是下一個"攻"字,於是接抄下一"楚"字,遂成"以宋攻楚")。此例在古籍中常見,如《疑似》篇"故墨子見歧道而哭之"爲"故墨子見練絲而泣之,楊子見歧道而哭之"脱剩字,乃在兩"見"字之間脱去"練絲而泣之楊子見"八字即其例。周先生謂我"所改之幅度甚大"。案改得合理,幅度大點有何不可? 此補四字,而《疑似》篇補至八字之多呢!

(3)《呂氏春秋》引周五鼎所著之象,其中四鼎分別爲饕餮、象、倕、鼠,皆是動物,而竊亦當是動物,不是一個圖案。我經長期研討,發現甲骨文中有文如(圖一),《甲骨文編》作爲"不能辨認的字"而列入《附錄上》。我詳加考訂,以爲即"离"字,而"竊"爲"离"的繁體(皆詳《呂氏春秋校釋》)。觀圖可知离是"曲狀甚長,上下皆曲"的動物。1988 年《考古》第 10 期圖版伍印有一山西侯馬牛村古城

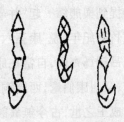

圖一

晉國建築遺址出土的一塊碎陶片，陶片上有一圖象，見(圖二)，與甲骨文"离"字相似，可能即是离(螭)，可參考。周先生説，"螭曲"實爲一詞，不可分割，因爲是唐蘭先生引用過此詞。這我就不懂了！至於以彝器中"S"形圖案名爲"螭曲"，是何時何人定的名，爲何名"螭曲"，"螭"字是何意義？這些當別論，此不贅。

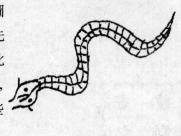

圖二

　　按：周乾濚文見《文史》第四十二輯。


# 《史記·楚世家》記楚熊繹受封時間之誤

沈　長　雲

　　楚之封始於熊繹。熊繹受封於何時，這是楚史研究中的一個重要問題。現在不少人，包括一般的辭書和通史著作，都説周成王始封熊繹於楚蠻之地，根據是《史記·楚世家》中的一段記載：

　　　　熊繹當周成王之時，舉文、武勤勞之後嗣，而封熊繹於楚蠻，封以子男之田，姓芈氏，居丹陽。楚子熊繹與魯公伯禽、衛康叔子牟、晋侯燮、齊太公子呂伋俱事成王。

司馬遷在這裏言楚熊繹之封當周成王時，話説得很肯定。然而《左傳》中却有一段與此內容相似的話，在談到熊繹活動的時代這點上，與《史記》載文相矛盾。《左傳》昭公十二年記楚靈王之語云："昔我先王熊繹，與呂伋、王孫牟、燮父、禽父并事康王，四國皆有分，我獨無有。"持此與《史記》的記載相對照，可知上引《史記》的後一句話顯然抄自《左傳》，但却改"并事康王"爲"俱事成王"。《史記》改對了没有呢？讓我們結合其它史實，先看一看《左傳》的記載是否有誤。

　　《左傳》提到與熊繹一起"并事康王"的，還有呂伋、王孫牟、燮父、禽父四人。其中呂伋爲齊太公子，《竹書紀年》説"康王六年，齊太公望卒"(《太公呂望墓表》引，見王國維《輯校》本)，呂伋繼太公呂望爲齊侯，自當在康王六年以後，故《左傳》説他"事康王"并不誤。王孫牟是衛康叔封之子，又叫康伯髦，西周銅器銘文稱他作伯懋父。康叔封爲成王諸父，但排行較小，其受封時間在成王之世，古今無異説。康叔封始爲諸侯時，王孫牟大約還是童稚，所以王孫牟的活動時間應在康王時期。《世本》言"康伯名髦"，宋忠注曰："即王孫牟也，事周康王爲大夫。"(《史記·衛康叔世家》索隱引)銅器銘文如《師旂鼎》、《小臣宅簋》等也能證明伯懋父活動於康王之世。可見《左傳》説王孫牟事康王也没有錯誤。同樣，晋侯燮父爲唐叔虞之子，叔虞爲成王兄弟輩，受封亦在成王之世，這在《左傳》中不止一個地方及《史記·晋世家》中都有明確的記載。近人或據春秋時期的金文《晋公螻》説唐叔虞封在武王之世，斯不足信，已有學者撰文指出(李學勤《晋公螻的幾個問題》，載文物出版社《出土文獻研究》1985 年版)。作爲晋國第二代封君的燮父，按常理也應與吕伋、王孫牟同時。至於伯禽，他在位的時間很長，直到康王十六年才去世(《史記集解》引徐廣曰："皇甫謐云伯禽以成王元年封，四十六年，康王十六年卒。")因此，説伯禽"事康王"也不違理。總之，《左傳》所言吕伋等四人事康王都没有錯誤。既然如此，那末《史記》在襲用《左傳》這一則史料時却偏偏將四人(以及楚之熊繹)"并事康王"句改爲"俱事成王"，就顯然是没有道理的。

查《史記·三代世表》康王釗欄目下，并列有魯公伯禽、丁公吕伋、晋侯燮及康伯等人，這説明太史公仍舊相信伯禽等人是康王時代的人物。却不知爲什麽，同表中又偏偏將與此四人一道共事的楚熊繹列於成王誦欄内，如此割裂《左傳》，并自亂其例的作法，顯然是不足爲訓的。

司馬遷在《三代世表》中還寫道："楚熊繹，繹父鬻熊事文王"，這個説法與他在《楚世家》中提到的鬻熊以下的世系也不相合。在《楚世家》中，鬻熊至熊繹中間還有熊麗與熊狂兩世，《三代世表》却把他們莫名其妙地給略去了，由是熊繹由鬻熊的重孫變成了鬻熊的兒子，難怪他的世系要被提前了。然而這樣一來，楚人的世系却成了一筆糊塗賬，這當然也是不足取的。

其實，按照《史記·楚世家》所列楚之世系來看，熊繹是康王時的人物，原是很清楚的。楚祖鬻熊事文王，自然是周文王時期的人。從文王數到康王是四世；從鬻熊開始，經熊麗、熊狂，到熊繹剛好也是四世。因此，將熊繹歸入康王之世的人，自是十分合理的。若將熊繹挪至成王之世，兩支世系就必然發生錯亂。或者設想周楚兩支世系未必配合得完全密合。這種可能也是有的。但鬻熊事文王之事既無法否認，只要承認鬻熊之下還有熊麗與熊狂兩世，則熊繹爲成王之世的人物就絶少有可能性。如果再將周康王和楚熊繹以下的世系再作一番排比，問題就更清楚了。從熊繹至熊渠共五世(六王)，熊渠生當周夷、厲之世；從周康王數至夷王共六世(七王)，已經比楚人多了一世一王，若將熊繹置於成王之世，則周王室較楚之世系將更多出二世二王，就更難説得通了。可見，無論怎樣排比周、楚兩支世系，楚熊繹都只能列在周康王時爲妥，熊繹與齊侯吕伋、衛王孫牟、晋侯燮父、魯伯禽并事康王是不容置疑的。

通過以上考證，可以肯定上引《史記·楚世家》"俱事成王"的一句話是抄錯了《左傳》。由是，這句話前面的"熊繹生當周成王之時……封熊繹於楚蠻"云云，也是靠不住的。"熊繹生當周成王之時"應改訂爲"熊繹生當周康王之時，康王封熊繹於楚蠻"，才符合歷史真實。

當然，爲了盡量估計到司馬遷寫作《史記》時的嚴謹態度，我們還應考慮到他在對《左傳》進行上述改動時是否看到過什麼別的原始材料上記載着成王封楚熊繹的事。然而，就我們今天接觸到的古文獻來說，在《史記》以前，確實沒有任何這方面的記載。《國語·晋語》有一則成王盟諸侯於岐陽的記載，其中提到了楚，或與司馬遷的認識有些瓜葛。那上面説："昔成王盟諸侯於岐陽，楚爲荆蠻，置茅蕝，設望表，與鮮卑(案：公序本作"鮮牟"，注同。)守燎，故不與盟。"然而仔細分析這上面記載的盟會舉行的情況，楚人似并未取得參加盟會的資格，亦即尚未被列爲諸侯，相反，却被視作蠻夷，同鮮牟(亦東夷國也)擔任盟會的勤雜與守衛燎火的工作，亦即繼續着其祖鬻熊以來的勤勞王事的職務。這個盟會舉行的時間是在成王親政并普遍分封諸侯以後，蓋已屆乎成王末年。其時楚人尚處於附庸或臣僕的地位，那麽他們終因勤勞王事而最後被封的時間，也只能歸之於周康王時期了，故《史記·楚世家》有關楚分封的一句話理應正作：周康王舉文、武勤勞之後嗣，封熊繹於楚蠻。

# 楊雄姓氏甄別

## 李　解　民

楊雄(前53—18)是西漢後期著名的文學家、哲學家和語言學家。但對這樣一位重要學者的姓氏，許多常見工具書的著錄並不正確，有必要進行甄別。

《辭源》、《辭海》、《漢語大字典》、《漢語大辭典》等均寫成"揚雄"，並以此爲"揚"字可用作姓的例證。《漢書》有傳，其姓中華書局點校本也作"揚"。(本文所引《漢書》及《史記》、《後漢書》、《三國志》均據1997年11月縮印本。)

我們的甄別，就從《漢書》本傳入手。卷名作"揚雄傳"，開篇云：

> 揚雄字子雲，蜀郡成都人也。其先出自有周伯僑者，以支庶初食采於晋之〔楊〕〔揚〕，因氏焉，不知伯僑周何別也。揚在河、汾之間，周衰而揚氏或稱侯，號曰揚侯。會晋六卿爭權，韓、魏、趙興而范中行、知伯弊。當是時，偪揚侯，揚侯逃於楚巫山，因家焉。楚漢之興也，揚氏遡江上，處巴江州。而揚季官至廬江太守。漢元鼎間避仇復遡江上，處岷山之陽曰郫。有田一壥，有宅一區，世世以農桑爲業。自季至雄，五世而傳一子，故雄亡它揚於蜀。

順便先糾正其中的一處標點失誤。"范中行"應作"范、中行"。"范"指范氏，"中行"指中行氏，均爲晋六卿之一，不能混合連讀。書中顏師古《注》相應處也要改正。

中華點校本採用王先謙《漢書補注》爲底本，參校北宋景祐本、明末毛晉汲古閣本、清乾隆武英殿本、同治金陵書局本。上節文字，除第一個"揚"字外，其餘"揚"字《補注》本原均作"楊"。點校本將底本所有"楊"字改爲"揚"，出校勘記説："景祐、殿本都作'揚'，下文及注原作'楊'者並照改。"

傳世漢魏古書，楊雄之姓，或作"楊"，或作"揚"。就前四史而論，《漢書》大多從手作"揚"，但《東方朔傳》、《趙充國傳》、《王貢兩龔鮑傳》從木作"楊"；《史記》僅在《司馬相如傳》出現過一次，當係後來竄入，其字從木；《後漢書》全從木作"楊"而無從手作"揚"者；《三國志》則全從手作"揚"而無從木作"楊"者。這説明古書"楊"、"揚"混用情況相當普遍，僅據古書本身文字難斷是非正譌。但深入考究，還是可以作出明確結論的。

先看點校本《漢書》所改的"楊"字。"楊在河、汾之間"，顏師古《注》云："應劭曰：'《左傳》霍、楊、韓、魏皆姬姓也。楊，今河東楊縣。'"應劭所引，出自《左傳·襄公二十九年》。楊爲西周宗室後裔封國，地在《漢書·地理志》河東郡楊縣，早已被學界所公認。《左傳》"楊"字，刊本多作"揚"。阮元《十三經注疏校勘記》云：楊，"諸本作'揚'。《石經》初刻'楊'，後改從手。段玉裁云初刻作'楊'是也。"楊伯峻《春秋左傳注》贊同此説，云："今從《石經》初刻、金澤文庫本及段玉裁説作'楊'。"段、阮、楊三人的意見完全正確，糾正了傳刻本的誤譌。點校本改"楊"爲"揚"，是從譌改正，改了不該改的正字；而第一個"揚"，實屬譌字，卻又當改而不改。

從姓氏用字看，"楊"可用作姓而"揚"不用作姓。《元和姓纂》有"楊"而無"揚"，云："楊，周武王第三子唐叔虞之後。至晉出公遜於齊，生伯僑，歸周，天子封爲楊侯，子孫以國爲氏。一云周宣王曾孫封楊，爲晉所滅，其後爲氏焉。或曰周景王之後。楊雄自敍云伯僑不知周何別也。"明確以楊爲楊雄之姓。《唐書·宰相世系一下》云："楊氏出自姬姓，周宣王子尚父封爲楊侯。一云晉武公子伯僑生文，文生突，羊舌大夫也。又云晉之公族食邑於羊舌，凡三縣：一曰銅鞮，二曰楊氏，三曰平陽。"後敍世系有楊震，是爲楊脩高祖。據《三國志·魏書·曹植傳》裴松之《注》所引《典略》載楊脩答曹植書云"脩家子雲"，直稱楊雄爲同姓本家。同樣表明楊雄姓楊。

今可考最早誤傳楊雄姓字從手的當數宋人劉攽。他在《漢書刊誤》中云："楊氏有兩族，赤泉氏從木，子雲從手。而楊脩稱'脩家子雲'，又似震族亦是'揚'。今書中華陰之族從木從手相半，未知所從。"劉氏之言原本含糊其詞，模棱兩可，自相矛盾，不足爲訓。吳仁傑《兩漢刊誤補遺》、段玉裁《經韻樓集》卷五、王念孫《讀書雜志》四之一三、朱駿聲《臨嘯閣詩文稿》、王先謙《漢書補注》等均有精當駁辨，惜《漢書》點校者未能認同。

傳世古書由於輾轉抄刻，很容易出現文字譌變；但碑石銘辭直接出於當時人之手，多能保持原來面貌。已有學者從漢魏碑刻中發現楊雄姓字從木的證據。王念孫《讀書雜志》四之一三云：“余考《漢郎中鄭固碑》云‘君之孟子有楊烏之才’，烏即雄之子也，而其字從木，則雄姓之不從手益明矣。”陳直《漢書新證》補充資料云：“青海出土漢趙寬碑云：‘雖楊、賈、斑、杜，弗或過也。’字並作‘楊’，從木不從手。”這是最直接的鐵證。楊雄姓字明白可考，不存在任何疑問。中華點校本《漢書》、《後漢書》、《三國志》中所有楊雄姓字應統一從木，還歷史本來面目，避免繼續傳譌，貽誤世人。

# 《房仁裕碑》的立碑之年與房仁裕卒年

## 李　燕　捷

　　房仁裕，官拜唐左領軍大將軍，兩《唐書》無傳。《八瓊室金石補正》卷三六有崔融撰《贈兵部尚書忠公房仁裕碑》，據云此碑拓本闕其上截，故今日所見碑文已殘缺不全，現摘録如下：

　　　　（上略）遭□□失馭，海内騷動，公時年十八，雄略過人，出入將（下缺）……（上缺）制葬事官給。尋而奪禮。（下略）遷鄭州刺史。屬河洛建都，周漢光宅四方，（下缺）周衛惟穆，公以年過强仕，夜行可□□□闕上（下缺）會病，□□□中使相望，名醫結轍，春秋□十六，粵以二年歲（下缺）（下略）（上缺）皇□中興乃（下缺）（下略）。

《唐文續拾》卷二亦載此殘碑，然將《八瓊室金石補正》所謂“春秋□十六”之闕字，補爲“春秋七十六”。

　　按《唐文續拾》將“春秋□十六”作“春秋七十六”，可能是所見拓本字迹較清晰可辨，故我們可據之將房仁裕享年確定爲七十六歲。至于卒年和立碑之年，由于碑文殘缺，已不明了，然亦非無迹可尋，試考證如次。

　　先説立碑之年。《八瓊室金石補正》引《筠清館金石記》云：

　　　　仁裕之名，不見于《唐書》。今有其母李夫人碑，立于永徽三年（652），其時仁裕以左領軍大將軍奪情起用，此碑所云葬事官給，尋而奪禮，即其事。仁裕之葬，碑存“粵以二年”四字，永徽後之二年，則顯慶丁巳歲也，是碑爲顯慶二年（657）所立矣……撰文之崔融，字文成，封清河公，謚曰文。

按陸增祥所作按語未及立碑之年，可是在本碑之前即爲房仁裕母李氏碑，顯慶元年（656）立（永徽三年誤），本碑之後爲張胤碑，顯慶三年（658年）立，《八瓊室金石補正》體例，是以立碑志之年編排順序的，顯然，陸增祥是相信了《筠清館金石記》的説法。

其實將立碑之年確定在顯慶二年是錯誤的。根據有三:第一,碑文在"春秋□十六"之上叙述的是房仁裕染病,皇帝遣使探望,請醫治療等等,并未言卒。所以,緊接"春秋□十六"之下的"粤以二年"顯然是房仁裕的卒年,而非葬期,據此四字即定立碑之年,尚欠妥當。第二,崔融,兩《唐書》有傳,據云因撰武則天哀冊文,用思精苦,絕筆而死,年五十四歲。按武則天卒于神龍元年(705年)十一月二十六日,次年五月下葬,故崔融之卒當在神龍年間。若以神龍二年(706年)五十四歲前推,顯慶二年時崔融年才五歲。撰寫碑文非同兒戲,顯然不是五歲孩童所能爲之。第三,考《舊唐書》卷二七《禮儀志》載:

> 龍朔二年(662年)八月,所司奏:"司文正卿蕭嗣業,嫡繼母改嫁身亡,請申心制。據令,繼母改嫁及爲長子,并不解官。"既而有敕:"雖云嫡母,終是繼母,據禮緣情,須有定制。付所司議定奏聞。"司禮太常伯隴西郡王博乂等奏稱:"……依集文武九品已上議,得司衛正卿房仁裕等七百三十六人議,請一依司禮狀,嗣業不解官……"

據此,龍朔二年房仁裕尚在,故房碑之立絕非顯慶二年了。

那麼此碑立于何時呢?按碑文中有"皇□中興乃"寥寥數語,"皇"字後面的闕字,可以肯定是"唐"字,而"皇唐中興"四字則透露出了此碑之立在唐中宗復闢之後,而撰碑之崔融最遲卒于神龍二年,則此碑之立只能是在神龍元年或神龍二年這兩年間。

立碑之年即定,再考卒年。《舊唐書·禮儀志》所記龍朔二年房仁裕等議蕭嗣業事,是可見關于房仁裕的最後一個繫年。據此,及以上所考定的立碑之年,房仁裕卒于龍朔二年至神龍二年之間。又據碑文,房仁裕卒于某二年,但自龍朔至神龍,年號變換頻繁,"二年"衆多,故尚難確定卒于何時。

按碑文除記載享年之外,還有兩處提到房仁裕的年齡,一處曰:"遷鄭州刺史,屬河洛建都,周漢光宅四方,(下缺)周衛惟穆,公以年過强仕,夜行可□□□闕上(下缺)。"考《舊唐書》卷四《高宗紀》顯慶二年十二月載:

> 丁卯,手詔改洛陽宮爲東都,洛州官員階品并準雍州。

按碑文所謂"河洛建都"當即指此年此事。從碑文可以看出,房仁裕在改洛陽爲東都之際,由鄭州出發夜行赴闕,(此行目的可能是前去朝集)這一年,房仁裕已"年過强仕"。按《禮記·曲禮》云:"四十曰强,而仕。"孔穎達疏曰:"强有二義,一則四十不惑,是智慮强;二則氣力强也。"所以歷史上稱四十歲爲强仕之年。碑云房仁裕"年過强仕",説明顯慶二年時爲五十餘歲。另一處曰:"遭□□(《唐文續拾》補此二字爲"煬帝",是)失馭,海內騷動,公時年十八,雄略過人,出入將(下缺)"。據此,隋朝末年房仁裕十八歲。如果將房仁裕十八歲假定在隋末大業十二年(616年)至大業十四年(618年)這三年期間,則七十六歲卒時爲上元元年(674年)至上元三年(676年)間。而據碑文,房仁裕是卒于"二年",那麼即爲上元二年(675年)。

所以房仁裕可能生于隋開皇二十年（600年），十八歲時爲大業十三年（617年），與"煬帝失馭，海内騷動"合；至顯慶二年時五十八歲，與"年過强仕"合。

　　至于房仁裕的享年，《八瓊室金石補正》作"□十六"，《唐文續拾》作"七十六"，可知原碑或拓片"十六"二字是確定無疑的，而"七"字這一格模糊不清，故《八瓊室金石補正》以空格處理，《唐文續拾》補此格爲"七"字，也許是所見拓本較爲清晰，但也不排除陸心源據殘字妄補之可能。房仁裕卒于龍朔二年以後，故已不可能是五十六歲，而"六"字在殘損左下一點後，模模糊糊亦近于"七"，所以房仁裕的享年有六十六歲之可能。果爾，則房仁裕卒于麟德二年（665年）。但這純係一種推測，或一種可能性。在無新材料發現之前，姑且依《唐文續拾》七十六歲之説，房仁裕卒于唐上元二年。